福建科技特派员制度创新与实践

福建省科学技术厅 编著

·北京·

图书在版编目（CIP）数据

福建科技特派员制度创新与实践 / 福建省科学技术厅编著. —北京：科学技术文献出版社，2023.6
ISBN 978-7-5235-0354-6

Ⅰ.①福… Ⅱ.①福… Ⅲ.①农业科技推广—研究—福建 Ⅳ.①F327.57

中国国家版本馆 CIP 数据核字（2023）第 103920 号

福建科技特派员制度创新与实践

策划编辑：丁芳宇　　责任编辑：韩　晶　　责任校对：王瑞瑞　　责任出版：张志平

出 版 者	科学技术文献出版社	
地　　址	北京市复兴路15号　邮编　100038	
编 务 部	（010）58882938，58882087（传真）	
发 行 部	（010）58882868，58882870（传真）	
邮 购 部	（010）58882873	
官方网址	www.stdp.com.cn	
发 行 者	科学技术文献出版社发行　全国各地新华书店经销	
印 刷 者	北京时尚印佳彩色印刷有限公司	
版　　次	2023年6月第1版　2023年6月第1次印刷	
开　　本	710×1000　1/16	
字　　数	438千	
印　　张	28.75	
书　　号	ISBN 978-7-5235-0354-6	
定　　价	168.00元	

版权所有　违法必究

购买本社图书，凡字迹不清、缺页、倒页、脱页者，本社发行部负责调换

编委会名单

顾　问　陈秋立
主　编　游建胜
副主编　陈国华　刘小婧　林继扬
编　委（按姓氏笔画排序）
　　　　　　王　飞　许　立　李汉生
　　　　　　陈　曦　陈志群　林文绍
　　　　　　林有辉　罗　铭　罗桂英
　　　　　　周　琼　柯春煌　徐雅颖
　　　　　　高　凌　寇　涛　曾玉荣

序

民族要复兴，乡村必振兴。习近平总书记在党的二十大报告中深刻指出：全面建设社会主义现代化国家，最艰巨最繁重的任务仍然在农村。坚持农业农村优先发展，坚持城乡融合发展，畅通城乡要素流动。加快建设农业强国，扎实推动乡村产业、人才、文化、生态、组织振兴。习近平总书记强调：必须坚持科技是第一生产力、人才是第一资源、创新是第一动力，深入实施科教兴国战略、人才强国战略、创新驱动发展战略，开辟发展新领域新赛道，不断塑造发展新动能新优势。农业科技创新是推动农业农村高质量发展、全面推进乡村振兴的重要支撑，也是实现农业农村现代化、建设农业强国的关键所在，必须摆在"三农"工作和科技创新发展的重要位置。农业科技工作要认真贯彻落实党的二十大精神和习近平总书记对福建工作的重要指示批示精神，找准农业农村现代化的着力点和主攻点，增强自主创新能力，提高科技成果转化和产业化水平，共同做好全面推进乡村振兴这篇大文章，为谱写全面建设社会主义现代化国家福建篇章作出应有贡献。

科技特派员制度发端于福建、发源于南平。2002年8月，时任福建省省长的习近平同志在《求是》杂志发表署名文章《努力创新农村工作机制——福建省南平市向农村选派干部的调查与思考》，距今正好20周年。科技特派员制度是习近平总书记在闽工作时深入总结基层经验、科学深化提升、大力倡导推动的一项重要的农村工作机制创新。这项制度从萌发、创立到成形，凝结着习近平总书记对"三农"工作的深邃思考和战略考量。20多年来，科技特派员制度在全国各地形成了诸多创新范式，引领着广大科技工作者"把论文写在田野大地上"，对于促进农业农村经济发展起到了巨大的推动作用。

福建始终牢记习近平总书记嘱托，将科技特派员制度作为科技体制机制创新的重要抓手，坚持人才下沉、科技下乡、服务"三农"，不断深化改革、创新机制、拓展领域，持续推动科技特派员制度走深走实，进一步擦亮新时代科技特派员"金字招牌"。截至2022年，全省共选派（认）6.45万人次科技特派员下基层服务，实施科技开发项目1.71万项，项目总投资超过1000亿元，引进推广"五新"技术、产品超过 4 万项（次）。科技特派员创业和技术服务在福建实现了乡镇和重点行政村全覆盖、一二三产业全覆盖，有力促进了乡村振兴和产业转型，实现了搞活基层、用活人才、激活发展的多方共赢。

本书围绕贯彻落实习近平总书记关于科技特派员制度的重要指示批示精神，梳理总结 20 多年来福建在推进科技特派员工作中形成的主要成效、典型经验和创新做法。全书由特别访谈、发展报告、优秀案例 3 个主体部分组成。特别访谈记录了对推行科技特派员制度亲历者、福建省人民政府原副省长、十届福建省政协副主席李川同志的采访，科技特派员制度当年在福建如何萌发、形成和发展，这背后的故事由他们娓娓道来。发展报告主要介绍科技特派员制度的整体概况与发展演变，以及福建省科技特派员制度实践模式与各地发展情况。优秀案例围绕机制体制创新、模式经验创新和路径成果创新等 3 个方面，集中展示了 20 多年来涌现出来的典型案例及其经验做法，旨在充分发挥典型案例引领示范带动作用，推动科技特派员制度在坚持中不断拓展提升、发扬光大。希望本书的出版，能给广大农业科技工作者、科技管理部门工作人员、农业技术创新主体和众多阅读者带来有价值的思考和启迪，共同推进科技特派员制度在新时代新征程上保持蓬勃生机和旺盛活力，在全面推进乡村振兴中续写新的宏伟篇章，将党的二十大报告擘画的农业农村现代化发展蓝图变成美好现实。

福建省科学技术厅党组书记、厅长

二〇二二年十一月

目 录

● 特别访谈篇　　　　　　　　　　　　　　　　　　　　　　　　1

李川同志访谈实录 2
守正创新，勇毅前行，奋力谱写新时代科技特派员工作福建篇章
　　　　游建胜 10

● 发展报告篇　　　　　　　　　　　　　　　　　　　　　　　　15

科技特派员制度发展进程
　　　　——福建省科技发展研究中心　　刘小婧 16
科技特派员制度发展模式
　　　　——福建省科技发展研究中心　　刘小婧 19
科技特派员制度的机制及功能
　　　　——福建省科技发展研究中心　　刘小婧 26
福建省科技特派员制度发展情况
　　　　——福建省科技发展研究中心　　刘小婧 38

● 机制体制篇　　　　　　　　　　　　　　　　　　　　　　　　49

打好"组合拳"，实施"集团战"，为八闽乡村振兴插上腾飞的
　　科技"翅膀"
　　　　——福建省农业科学院 50
创新选认，探索服务新机制
　　　　——福州市科学技术局 57
拓展服务领域，发挥引擎带动作用
　　　　——厦门市科学技术局 60

i

助力产业转型，打造泉州样板
　　——泉州市科学技术局 63

围绕产业链部署创新链，"借梯登高"破瓶颈
　　——南平市科学技术局 67

三明市探索科技特派员制度发展新机制
　　——三明市科学技术局 73

漳州创新"科特派+"机制，深化新时代科特派内涵
　　——漳州市科学技术局 78

创新动能播撒车间田野，科技之花绽放红土大地
　　——龙岩市科技开发与科技特派员服务中心 84

搭台促销，唱响一二三产融合戏
　　——莆田市农业生态环境与能源技术推广站原瑞芬 89

院县合作科技平台，探索服务新模式
　　——福建省农业科学院科技服务处王小安 93

用心用情用力，科技特派员帮扶在畲乡
　　——闽江学院陈栩 97

"一基三核"深耕科技创新，以食为本助力产业发展
　　——闽南师范大学薛山 102

创新科技小院模式，促进尤溪茶业和人才培养深度融合
　　——福建商学院吴芹瑶 107

多措并举抓管理，勠力同心谋创新
　　——邵武市科技特派员工作站 112

顺昌县杉木产业全产业链机制创新
　　——顺昌县科技特派员管理服务中心 117

科技特派员"N+1"服务模式
　　——福建中艺文化传媒有限公司科特派·新知青团队 122

模式经验篇 — 127

全方位深化产学研合作，把论文写在产业第一线
　　——中国科学院海西研究院泉州装备制造研究中心黄东晓……128

脚下有泥，心中有光
　　——福建省农业科学院吴敬才……131

科特派为百合产业升级增添"芯"动力
　　——福建省农业科学院生物技术研究所园艺生物技术团队……136

平潭薯类新品种新技术示范推广
　　——福建省农业科学院作物研究所纪荣昌……139

数字赋能，推动光泽县生态稻渔产业实现品牌行销
　　——福建省农业科学院数字农业研究所生态稻渔产业数字农业科技服务团队……142

科技引擎催生"菌"业先锋
　　——福建省农业科学院卢政辉……150

科技特派员扎根农村，助力诏安县乡村振兴
　　——福建省农业科学院亚热带农业研究所……154

构建龙岩"普惠金融"平台，助力当地数字经济发展
　　——厦门大学"数字红土地"团队……160

新型树脂基碳带的研究，助力长汀企业发展
　　——厦门大学新材料研究团队……164

产教融合，科技兴渔
　　——厦门大学骆轩……167

构建有效创新体系，促进区域创新发展
　　——福建师范大学泉港石化研究院……170

燕子窠生态茶园新模式，服务茶产业发展
　　——福建农林大学根系生物学研究中心廖红团队……173

踏遍八闽大地送科技，助力产业振兴焕生机
　　——福建农林大学陈清西……176

洛江区产—学—研融合创新的模式案例
　　——华侨大学王奇志 178
不忘初心，润物无声
　　——闽南师范大学科研处黄俊义 183
超高强度气缸套新材料，拓展服务链
　　——三明学院高浩 187
创新"链式科特派"精准服务模式
　　——龙岩学院邱占林 192
守护河湖，造福百姓
　　——福建水利电力职业技术学院河湖健康科技服务团队 196
打造循环生态农业发展模式，提升养殖业综合经济效益
　　——漳州职业技术学院农产品的新型加工方法及工艺
　　　　改进团队 199
永远的科特派
　　——原南平市委农办谢福鑫 204
精准扶贫，扎根大山，助力贫困户逆袭
　　——三明市农业科学研究院药用植物研究所周建金 208
研发集成技术，促进漳州特色产业提质增效
　　——漳州市农业科学研究所 215
林业产业惠民基地模式
　　——龙岩市林业科学研究所 220
发挥团队资源，创新服务方式
　　——宁德市农业科学研究所、宁德市扶贫开发服务中心
　　　　吴寿华 225
引智母校资源，助力闽东海洋产业振兴
　　——福建省和宁德市科技特派员韩坤煌 228
"螺"特派助推特色产业，助力绿色发展乡村振兴
　　——武夷山市水产技术推广站李庆华 233

目 录

心系百姓，矢志富民
  ——福安市农业农村局张富民 ... 237

农业科技带来农村先进文化火种
  ——漳浦台湾农民创业园管委会 ... 241

盐碱地上谱写生态家兴曲
  ——惠安滨海盐碱特色产业科技服务团队 ... 244

探索实施"三全模式"，赋能林下经济发展
  ——武平县万安镇科技特派员工作站 ... 249

优化农业结构，促进优势产业发展——葡萄棚内套种马铃薯
  ——周宁县农业技术推广站兰毓芳 ... 253

平和蜜柚与有益微生物的结缘
  ——蜜柚废果生物处理技术团队 ... 258

跨专业组团助力企业转型升级，延伸产业链建设农业示范园
  ——食品加工及其剩余物资源化利用技术团队 ... 263

"空巢"村变身创业"网红"村
  ——科技特派员创新工作站陈清 ... 270

● 路径成果篇   273

"科特派"引智招商——助力笋竹产业
  ——国家林业和草原局竹子研究开发中心吴良如 ... 274

高性能纤维增强复合材料开发和示范应用
  ——中国科学院福建物质结构研究所王剑磊 ... 279

让七叶一枝花成为"致富花"
  ——福建省农业科学院苏海兰 ... 285

政和白茶的科技"追梦人"
  ——福建省农业科学院陈常颂 ... 289

梁野山下耕耘忙，稻花香里谱新篇
  ——福建省农业科学院水稻研究所喜浪科技服务团队 ... 293

"万山"佳果富"万家"
　　——福建省农业科学院龙眼枇杷团队 297

多茶类加工技术与产品创新
　　——福建省农业科学院张应根 301

数字"裂变"里的农业"聚变"
　　——福建省农业科学院数字农业法人科技特派员 305

稻花香里庆丰年
　　——福建省农业科学院优、特水稻推广服务团队 311

科技下乡，为养殖保驾护航
　　——福建省农业科学院畜牧兽医研究所吴胜会 316

"国鱼"的健康守护者
　　——福建省农业科学院生物技术研究所许斌福 319

优质水稻品种"佳辐占"助推农业产业升级
　　——厦门大学水稻遗传育种团队 324

解码大黄鱼体色，助推渔业产业升级
　　——厦门大学高品质大黄鱼育种研究团队 326

"旧时豪门名贵品，今日百姓桌上餐"，种业创新助推鲍鱼产业
　　高质量发展
　　——厦门大学福建省鲍鱼种质创新与良种繁育技术
　　　　服务团队 328

品牌研创，服务乡村振兴
　　——厦门大学嘉庚学院林筠 332

以草代木粮，菌草技术助力福建省乡村振兴
　　——福建农林大学林占熺团队 336

耕耘茶情三十载，茶香芬芳蕴科技
　　——福建农林大学郭玉琼 340

晚熟桃品种选育及配套栽培技术示范推广
　　——福建农林大学邱栋梁 346

目 录

绿色提质增效技术助力平和县乡村振兴
　　——福建农林大学土壤改良助力蜜柚提质增效团队 ……………350

"再生稻+"低碳高效节能新农业模式应用
　　——福建农林大学生命科学学院浦城再生稻优植团队 ………355

开展蔬菜种业创新，保障菜篮子安全，助力老区乡村振兴
　　——福建农林大学钟凤林 ……………………………………………361

红土铸魂，深耕大地，服务乡村产业发展
　　——龙岩学院王海斌 …………………………………………………365

产学研结合，提升企业创新力
　　——龙岩学院童长青 …………………………………………………370

不忘初心担使命，科技下乡解近渴
　　——三明学院邢建宏 …………………………………………………374

以"氟"造福促发展，服务地方再出发
　　——三明学院氟新材料科技特派员团队 …………………………379

妙用菌渣变废为宝，"小菌菇"成就大产业
　　——福州市蔬菜科学研究所珍稀食用菌技术创新团队 ………384

优质粮食作物新品种引进及绿色高效栽培技术研究示范
　　——宁德市农产品质量安全检验检测中心王和寿 ……………388

助力企业高质量发展，促进连城甘薯产业全面振兴
　　——龙岩市农业科学研究所何胜生 ………………………………393

产研融合谋发展，深耕一线助振兴
　　——莆田市涵江区白沙乡村振兴服务团队 ………………………397

发挥部门优势，气象"高科技"助力生态"高颜值"
　　——漳州市气象局枇杷气象服务团队 ……………………………401

组团队，精技术，助力推食用菌产业
　　——省市两级科技特派员金文松 …………………………………405

心系"三农"，汗洒永春
　　——永春县种植业服务中心尤有利 ………………………………411

科技赋能红豆杉，产业兴百姓富
　　——明溪县林业科技推广中心欧建德 ………………………… 416
首席科学家带来花蛤工厂化育苗新产业
　　——贝类饵料微藻供给技术团队 ……………………………… 421
科技特派员助力福建永安竹加工产业提质增效
　　——国际竹藤中心竹质建筑工程材料加工与利用创新团队 …… 424
发挥星创天地优势，打造科技特派员创新创业港湾
　　——福建拓天生物科技有限公司 ……………………………… 431
一尾逆流而上的鱼
　　——柘荣县农业农村局林干云 ………………………………… 434
争取政策支持，助力乡村振兴
　　——永安市教师进修学校荚友根 ……………………………… 438

后　　记 ……………………………………………………………… 445

特别访谈篇

福建科技特派员制度创新与实践

李川同志访谈实录

访谈对象：李川，1950年10月生。1997—2000年任南平市委副书记、市长，2000—2003年任南平市委书记，后曾任福建省副省长和十届福建省政协党组副书记、副主席。
访 谈 组：刘小婧　高凌　陈志群
访谈日期：2022年8月9日
访谈地点：福建省福州市

采访组：2002年8月，时任福建省省长的习近平同志在《求是》杂志发表署名文章《努力创新农村工作机制——福建省南平市向农村选派干部的调查与思考》，充分肯定了三农工作中"高位嫁接、重心下移、夯实农村工作基础"的"南平机制"的探索，充分肯定了科技特派员、下派村支书、流通助理等三支队伍的作用与意义，体现了总书记对"三农"工作和机制创新的深度思考，表达了总书记对"三农"工作怎样的情怀与理念呢？

李川：《努力创新农村工作机制——福建省南平市向农村选派干部的调查与思考》是2002年8月习近平同志发表在《求是》杂志上的调研文稿。这篇关于"三农"工作机制的思考和他当年的博士论文一脉相承。20多年过去了，文章的思想光芒始终照耀着我们前行在乡村振兴的大道上。

习近平同志在福建工作了十七年半。这段时间是习近平新时代中国特色社会主义思想形成的一个重要的历史时期。可以说，习近平同志在福建十七年半，办了十七年半的党校，影响、教育、培养了一大批干部，我们都是习近平同志的学生。习近平同志对我们的影响是深刻的、深远的。

我在南平工作的六年间，习近平同志先后亲临南平调研指导16次。我也多次到省里向他汇报工作，听他教诲。努力创新农村工作机制一直是习近平同志关心的主题之一。

南平是福建省粮食主产地，是粮食短缺的福建省唯一粮食自给并能够提供商品粮的地区。福建省委省政府对南平的"三农"工作尤其是粮食生产高度重视，寄予厚望。1997年9月党的十五大召开前夕，时任福建省委主管农村工作副书记的习近平同志，把全省农委主任会议放在南平召开，专题研究部署农村新一轮创业，并一直惦记着省委召开的农村工作会议精神在南平的落实情况。次年开春前的一月份就带领省直部门的领导深入闽北乡村基层，就调动农民种粮积极性、推广新技术和优良品种促进农民增收、在家庭联产承包责任制条件下推动农村水利建设、金融扶持农村经济发展、加强农村基层组织建设等一系列农村工作的突出问题进行深入的再调查再研究。在山间田野的小道上，习近平同志深情地回忆起他当年的知青生活，回忆他在正定农村工作的实践探索，研究南平"三农"工作的路径。习近平同志带着我们进村入户，考察基层干群关系，研究农村新一轮创业的有效推进措施。习近平同志用他亲身积累的理论与实践经验，谈做好地方领导工作的思路和方法，言传身教。尤其是他领导宁德人民摆脱贫困的"滴水穿石"精神，让我们深刻领悟他治理地方的独特作为，为之深受教育和激励。

采访组：有人说，如果没有当年习近平同志的推动，或许就没有今天科技特派员机制的蓬勃发展、处处开花。您能不能给我们讲讲，当年发生在习近平同志和科特派之间的故事？

李川：1998年春夏，南平全域遭受了200年一遇的特大洪灾，全域10个市县无一幸免。南平300万人民如何在灾后的城乡废墟中站起来、重新发展，习近平同志心心念念。在领导我们抗灾和恢复重建的过程中，习近平同志总在我们身边，共同感受，共同探索灾后重新发展的路径。1998年10月，习近平同志又来到南平，和我们研究灾后重建工作并开出"药方"："必须把农业和农村经济增长转移到依靠科技进步和提高劳动者素质的轨道上来！"科特派的思想"种子"就此播下。

当时南平的情况非常紧迫。灾后的民众急需安抚和发动，灾后的发展急需盘算和谋划。循着习近平同志对"三农"工作的思考，南平市委决定，市委、市政府班子成员带上全市乡科级以上干部悉数到农家去驻村三昼夜，身入心入调研基层工作的真实状况。当地史无前例的千人大调研轰轰烈烈展开。事情就从这里开始，故事也从这里发生。

读万卷书不如行万里路。农业、农村、农民的现实深深地教育了我们。我们过去也没少下基层，也没少调查研究，但身入心入与隔山喊话、雾里看花是不同的。"想要知道梨子的滋味，就要亲口尝一尝。"习近平同志强调的田野调查是个好办法，对于领导岗位上的同志，这一课一定不能少。

农民朋友告诉我们，过去的农村工作领导就像把篮球扔在水面上，从上面看，篮球落在水面上，水花四溅，落实了。实则，农民是水下的沙子和石子，篮球离他们还有一层深深的水。我们如梦初醒。调研中我们感悟到，我们的党政领导和现实中的"三农"好似两个游离的、互不衔接的循环体：行政系统自上而下又自下而上效率越来越高的自我循环，联产承包分散的个体农村生产主体自主经营一年四季日复一日的自我循环。连接两个循环体的基层组织建设成了两头的共同期盼。与此同时，影响"三农"发展的五个"结"一环紧扣一环：一是全球性的科技发展与乡村"三农"的科技落后；二是经济全球化的大市场与分散的小农生产；三是金融的逐利本性与"三农"发展的资金缺血；四是产业价值链日益向高端集聚与种养业初级产品弱势分化；五是农村发展亟须强有力的基层党组织与农村组织无钱办事、无人办事、无能力办事的矛盾。

习近平同志的问题导向的方法论理论深刻睿智。找问题是本事，解决问题更是真本事。"三农问题"是个社会性问题，解决问题是个系统工程。"三农"工作中的两个循环体、五个"结"、五对矛盾的解决，从何入手？突破口在哪里？习近平同志十分明确地指出："农业的根本出路在科技，在教育"，"在脱贫致富奔小康过程中，要把科技放在优先发展的地位"，斩钉截铁，一语中的。那么如何实现呢？正如习近平同志在文章中指出的，"我们会没少开，文件没有少发，口号年年喊，工作年年抓，但仍然收效不大"，"其中根本的原因之一，是适应新形势新任务的农村工作机制尚未建立起来。这就迫切要求我们必须及时对现有的农村工作机制进行改革和创新"。习近平同志同时指出："这种改革和创新并不是要抛弃过去的一切'另起炉灶'，而是要在继承的基础上对已不适应农村市场经济发展的部分环节进行改革，使之发展成为一种新的农村工作机制。"

循着习近平同志给我们的思想引导，我们着力南平农村工作机制创新的探索，并把突破口放在科技导入上。闽北农村基层科技力量不足和科技服务缺位导致农村科技的落后，而落后的科技使得农产品品质不优、产量不高，农产品结构性过剩，难以推动农业产业结构的调整和农业产业化的进程。另外，南平全市机关事业单位中有2800多名农业科技人员，其中690人具有中高级职称，这是非常宝贵的人力资源，应该盘活。我们决定把这批有知识、有能力、素质高的人才充实到基层去。我把这个想法报告给习近平同志，得到了习近平同志的热情支持。

1999年2月，首批225名科技特派员在开春时节集中培训后隆重出发，下派进驻215个村，覆盖全市1/6的行政村。他们放下原来单位的工作，全天候服务农村农民。像吴敬才这位刚从德国进修回来的农业局农艺师，就被我们特派到延平区王台镇溪口村，住到农家去帮助果农高接换种，用新品种新技术经营果园。自此，"科技特派员"这个出自传统记忆又承载着振兴"三农"使命的称谓响彻田野大地，农村工作机制创新探索的大幕就此拉开。

采访组：在当时的时代背景下，下派科技特派员的做法肯定存在一些议论。在具体实践中，科技特派员做了哪些事、取得哪些成效后才得到了社会的广泛认同？

李川：这之后，科技特派员队伍下沉乡村的身影和足迹一直牵动着我们的心。我们发现，科技特派员进驻乡村受到了农民的热忱欢迎，因为他们得到了直接具体的帮助，又没有增加他们的负担；科技人员满怀热情，他们的才干得到了发挥，市委、市政府关心他们，农民欢迎他们，他们有着满满的使命感和荣誉感。倒是我们体制内的一些人有些怀疑和担心。不过很快，成功的事实教育了大家。科技特派员扎根乡村、辛勤工作，为广大农民带去了先进的技术和经验，有效帮助农民发展生产、脱贫致富，大大激发了农村农民创新创业创造的热情。

回想南平农村工作机制创新探索的历程，其实并不一帆风顺。任何创新探索的社会实践、任何新生事物的成长都要用实践的成功去统一认识、统一行动，进而使之制度化。在这个过程中，习近平同志的亲自指导和支持，党委政府的意志力，以及实践的成效是创新探索得以坚持并获得成功的关键。"南平机制"探索过程中涌现出一大批先进的人物和成效显著的案例。以全国劳动模范詹夷生为代表的科技特派员，以全国优秀基层党务工作者张根生为代表的村支部书记，以及受到党委政府表彰的大批先进典型的金融、流通、企业助理们，他们深受农民欢迎和尊敬，受益农民相传的"榛仙""葡萄仙""菇王"的口碑就是他们的业绩。中央组织部组织二局副局长张金豹总结评价这一批批下派进村的干部："他们每一个人都是一面旗，每一个人都是一本书，每个人的身后都有一串生动的故事"，就是他们的生动写照。"科特派早春下乡，夏天还没到,就听到底下传来一片叫好声。"从地方到中央的媒体大量报道了科技特派员的行动和业绩,科技特派员在农村很快站稳了脚跟,这为农村工作机制创新的进一步拓展和深化创造了条件。

采访组:对于下派的科技特派员,当时是如何充分发挥他们的积极性、主动性和创造性的?

李川:有人问这些下派干部的积极性、主动性和创造性是如何调动起来的?每个人的人生都有追求,人是需要激励的,被激发的热情将迸发出巨大的创造力。我们确实想了各种办法来调动更多下派干部的积极性、主动性和创造性。通过多种激励方式的叠加,我们看到在同一批人身上产生的不同变化,他们的能量发生了聚变。

一是精神激励。我们充分彰显科特派群体的社会价值并予以热情宣传。让他们感受到,党和政府赋予了他们光荣崇高的使命,农民群众也将改变贫困的热切期盼寄托在他们身上,这种责任、期盼始终伴随着他们。同时,为了营造鼓励创新创业的舆论氛围,南平市委决定,地方媒体的头版减少甚至退出关于领导干部的报道,留出更多版面大量宣传报道下派干部的事迹;为了帮他们创造良好的工作、生活环境,我们明确要求有关各方对派出的干部给予更多关心和帮助,下派干部家庭困难,部门解决不了的,可以直达市委、市政府协调解决。从人的心里激发出"士为知己者奋斗"的亢奋。

二是利益激励。通过营造优厚的政策环境,给予下派干部优先提拔和职称评聘等待遇,工作经费由市里的专项资金报销,在编制、职务、工资、表彰激励、机构改革人员分流上也都采取了相应的保障措施,解除他们的后顾之忧;同时我们引入市场机制,鼓励并保护利益共同体的建立和利益兑现。真正让科技特派员能够下得去、留得住、得实惠,也让"干与不干大不一样""干好干坏大不一样"真正得以实现。

三是事业激励。通过政策上突破、机制上推动,在社会上形成了"写在田野大地上的论文重于发表在刊物上的论文"的浓厚氛围。干部们争先恐后争取下派,下派后不仅自身,甚至动员起全家和社会关系为服务对象服务,有的下派干部为了帮助农民解决资金难题,拿出了自己的家庭存款,还有人把自己在城里住房的房产证抵押给银行。他们在下派中力争上游,不仅改造了所服务的农民群众,也改造了自身。时至今日,那个不用扬鞭自奋蹄、充满创业激情的人文环境还深深为干部群众所留恋。

习近平同志关心关爱下派干部的场景依然历历在目。2002年4月10日南平电视台报道:"连日来,习近平一行马不停蹄,风雨兼程","习近平对近年来南平市在全市范围内掀起的创业竞富热潮,进一步激发全市广大干部群众的创业激情表示赞赏,并高度评价了干部下派工作的做法","习近平表示,南平市下派干部工作取得的成效是显著的,这些成效除了体现在农业和农村工作方面外,还体现在密切了党群干群关系,巩固了党的执政地位"。殷殷期望,溢于言表。

采访组: 有人说,从科特派、村支书、流通助理到龙头企业助理、金融助理,是一盘事先谋划的大棋,您同意这个观点吗?如果是,那这五者之间的关系是怎么样的?它们深层的意义是什么?

李 川: 农村工作机制创新是一个涉及方方面面又关系千家万户的系统工程,确是一盘大棋。横亘在"三农"发展中的"五个结",有着内在逻辑关系,必须一个结一个结地解,互相创造条件,互为开辟道路,一步一个脚印地推进。解每一个结都要有具体的方法路径,探索是逐步深化的。

科技特派员推动农业的品质提升和增产,为农产品在市场上的竞争力提升提供了物质基础;增产后农产品的市场营销上升为突出问题,科技特派员为流通助理进村开辟了道路;科技和营销的进步对农业扩大再生产的资金需要日益急迫,为金融助理进入农村开辟了道路;而农村农民的生产发展到一定程度,希望获得种植养殖环节以外的增值效益,于是又对农产品加工企业助理的派遣提出了新的要求;多支专业化的人才队伍下沉农村,他们作用的有效发挥需要强有力的农村基层组织进行引导和保障,向"软弱乏力"的农村基层组织派去更得力的支部书记就成了农村工作机制创新的关键。这就是在习近平同志亲自指导下,农村发展所急需的高质量要素一个接着一个地下沉农村,被习近平同志亲自总结的"高位嫁接、重心下移、夯实农村工作基础"的"南平机制"的形成过程。创新农村工作机制的一盘大棋渐次在广大农村展开,从星星之火到燎原乡村大地,创新机制探索的每一步都离不开习近平同志的精心指导。当时习近平同志几乎走遍了南平市的每个县,深入到科技特派员、村支部书记和流通助理、金融助理、企业助理分布的村庄,深入田间地头,深入农民的家里调研、考察,并进行具体地总结、指导、提升。

对于这一支支下派队伍,习近平同志在调研后给予了高度评价。"下派到村里任党支部书记的这批机关干部，一到农村就深入农民家中和田间地头，知百姓难，解百姓忧，千方百计，扎扎实实地为村里办公益事业，把党的路线方针政策和优良作风带给了农民，把党和政府的关怀送给了农民。他们还因地制宜，积极带领农民调整农业结构，创办龙头企业，搞活市场流通，促进了农村经济的发展和农民增收。"习近平同志如数家珍。

采访组：二十多年来，科技特派员制度从一开始的星星之火，到现在已经实现全省乡镇和重点行政村全覆盖，福建的农业科技水平有了明显提升，农业科技进步贡献率逐年提高，同时科技特派员制度从一产向二三产扩展。大家都说，福建省农业农村科技取得的成效，离不开科技特派员发挥的主力军作用。对于科技特派员制度接下去的发展，您有什么建议吗？

李川：科技特派员机制实施20多年来，每前进一步，习近平总书记都给予了无微不至的最充分最热情的关心。2019年，党中央为科技特派员制度推行20周年召开专题会议，习近平总书记专门作出重要批示。2021年3月，习近平总书记到福建视察第一站看的是科技特派员工作的茶园，见到的第一个人就是科技特派员。在武夷山与茶农拉家常时，习近平总书记特意谈起了科技特派员制度的由来，并再次叮嘱，要很好地总结科技特派员制度，继续加以完善、巩固、坚持。可以看出，习近平总书记对科特派工作寄予很大的期望。

南平是习近平总书记创新农村工作机制的实验田，在总书记的倡导和推动下，兴起于福建的科技特派员制度被推向全国，为开创我国新世纪农村工作新局面提供有力抓手。作为策源地，福建省委、省政府始终坚持把深入实施科技特派员制度作为加快推进乡村振兴和高质量发展的重要着力点与突破口，先后出台《关于新时代坚持和深化科技特派员制度的意见》等多份政策性文件，持续推进科技下乡、服务"三农"。省直部门组成了以省科技厅牵头的联席会议制度，形成常态化推进机制，筹措专项引导资金并带动各设区市和县（市、区）支持科技特派员创新服务，全省已累计选派（认）科技特派员超过6万人次，有力促进了精准扶贫、乡村振兴和绿色发展。

目前，我国已完成农村脱贫的阶段性任务，正在全面实施乡村振兴战略，科特派工作任重道远。

第一，制度上要与时俱进。制度高于技术，科技特派员工作在习近平总书记的亲自关心下，已成为国家的一项制度安排。作为制度，其具有明确的规定性和稳定性。党的十八大以来，在以习近平同志为核心的党中央坚强领导下，我国乡村发生了极其深刻的变化，今天的农村已不再是 20 年前的农村。家庭联产承包责任制条件下独立的分户分散个体经营的小农经济已日益走上新的集合、集体、集约的联合经营，传统的农民已日渐分化，造就出大批新农人，农村城镇化、一二三产业联动的城乡经济融合日益改变着农村的面貌。但是，乡村发展的路还很长，习近平总书记教导我们，乡村振兴要有足够的历史耐心，"农业的根本出路在科技，在教育"，我们必须长期坚持贯彻落实。科技特派员工作作为制度必须适应变化中的农村实际，贴紧农村现实的需要，形成有机的机制，而不仅只是个体的、随机的、分散的甚至是松散的。作为一项需要长期实施的制度，科特派的培养要纳入教育体系，要系统造就具有科特派技能的人才。高校科研机构及其派出的科技人员要与嫁接服务对象形成有机的连接，将科技从高校科研机构通过科特派传导到乡村农业产业，结合科研、科普教育培训，形成可落地的利益共同体，通过利益共享保证责任共担。党政机关的职能功能设置上要引入科技特派员机制，以有效克服两个循环体的游离，上级党委政府对农村的领导体制、机制和工作方式方法要适应农村发展的要求。

第二，科技特派员制度的巩固有赖于制度的有效性。制度的功能作用在于执行的有效性。科特派的出发点和落脚点是为了科技文明的传导，提高农民的科技文化素质，有效解决农村发展中的科技落后问题，这是科技特派员工作的初心。越有效，农民越欢迎。形式主义解决不了实际问题，农民也不会为形式主义的成本买单。科技特派员制度还要有效解决科技特派员的后顾之忧，使之保持旺盛的激情，多重激励的叠加要长期维护。

第三，科技特派员制度的坚持有赖于政策的持续性。"三农"工作是党和政府各项工作的重中之重，这是我国国情决定的，是党和政府建设和治理国家长期不变的指导方针。习近平总书记一再强调乡村振兴要有足够的历史耐心。缩小城乡差距，化解发展的不平衡，核心是化解人的发展不平衡。农业是人在操作推动的产业，"农业的根本出路在科技，在教育"。农业现代化必须通过人的现代化去实现。"高位嫁接"是实现传统农民转化为现代新农人的一条有效和可行的独特路径，科技特派员是种子，是催化剂，是酵母。科技特派员作为科技的载体，要牵引多元的高素质要素与农村、农业、农民相结合，产生文明成果的嫁接效应，持续传导，久久为功。科技特派员的选派是党委政府的行为，是党委政府为民服务意志的具体体现。科特派工作要一任接着一任持续推进，需要持续深化、长期坚持下去。

守正创新，勇毅前行，奋力谱写新时代科技特派员工作福建篇章

游建胜

1995—1999 年，时任福建省委副书记的习近平同志针对当时农村科技服务"线断、网破、人散"的现象，多次深入农村基层调研，从理论和实践上做了大量科技兴农的探索，为福建省推行科技特派员制度指明了方向。南平市据此将破解"三农"问题的突破口放在科技、放在提高农业科技水平上，于 1999 年 2 月正式选派科技特派员到乡村开展科技服务。2002 年 8 月，时任福建省省长的习近平同志在《求是》杂志发表署名文章《努力创新农村工作机制——福建省南平市向农村选派干部的调查与思考》，提炼总结了"高位嫁接、重心下移、夯实农村工作基础"的农村工作机制，为科技特派员制度的形成发展奠定了坚实基础，也为开创我国新世纪"三农"工作新局面提供了有力抓手。

2019 年 10 月，习近平总书记对科技特派员制度推行 20 周年作出重要指示，强调科技特派员要在科技助力脱贫攻坚和乡村振兴中不断作出新的更大贡献。2021 年 3 月，习近平总书记来闽视察时强调，要很好总结科技特派员制度经验，继续加以完善、巩固、坚持，深入推进科技特派员制度。福建省牢记习近平总书记嘱托，不断深化改革、创新机制、拓展领域，把深入实施科技特派员制度作为加快推进乡村振兴和高质量发展的重要着力点与突破口，作为党史学习教育"我为群众办实事"实践活动内容，加强统筹谋划、集聚创新资源，持续推进科技特派员制度走深走实。福建科技特派员的工作成效和其中的科技特派员优秀代表被中央主流媒体多次大篇幅报道，福建推行科技特派员制度的经验和做法得到了国务院大督查的通报表扬，并多次在全国科技特派员现场会中做典型经验交流。在推行科技特派员制度方面，在国家层面上发出了"福建声音"。

一、坚持上下联动，形成整体推力

一是加强顶层推动。在率先出台《关于新时代坚持和深化科技特派员制度的意见》基础上，福建省委、省政府多次召开专题会议，研究部署科技特派员工作体制、机制和政策创新，聚焦服务"三农"、服务企业、服务基层，推进科技特派员工作在坚持中不断拓展提升、发扬光大。成立以省科技厅为牵头单位的联席会议制度，形成常态化推进机制，每年筹措1亿元专项资金并带动各设区市设立专项资金，支持科技特派员开展工作和项目实施、星创天地建设等。省纪委和驻省科技厅纪检监察组运用"室组联动"模式开展科技特派员专题调研，发挥监督保障和促进完善作用，打通科技特派员制度落实的"最后一公里"，促使好事办好、实事办实。

二是发挥地方主动。建立健全考核激励机制，应用宣传发动、现场会、观摩会、经验交流、督察调研等方式，调动市、县、乡工作积极性，共同擦亮科技特派员"金字招牌"。市、县两级设立科技特派员工作联席会议，部分县（市、区）建立科技特派员服务中心、乡镇服务站、行政村工作室等工作机构，确保科技特派员工作落实，全省实现了科技特派员创业和技术服务乡镇和重点行政村全覆盖。福州、厦门结合闽东北闽西南两个协同发展区建设，每年各出资3000万元，对口支持南平、宁德、龙岩、三明4个山区市的科技特派员工作，并引导科技人员在项目、成果、技术方面给予大力支持，有效缓解科技与人才资源区域分布不均衡问题。

三是强化多方互动。各设区市立足区域主导产业，优化"科技特派员+"服务模式，有的与下派村党支部书记、农村基层党组织结合，有的与专业合作社（公司）、农户结合，有的与金融助理、流通助理结合，有的与示范基地、创业平台结合，形成多渠道、多形式、多元化的科技特派员服务格局。建成启用福建省科技特派员服务云平台，截至2022年"互联网+"科技特派员服务体系，及时为解决产业技术问题提供方案，至今已解答用户提出的问题25 127个，发布农时农事28 348篇，实时提供语音、图文、视频通话4.6万余次。

二、坚持精准选认，强化对接落地

一是供需对接更加精准。克服行政指派倾向，防止脱离基层实际简单"拉郎配",坚持适应基层、按需选认的市场化导向,形成"基层提出需求、市县主动认领、省里统筹安排"的"订单式"需求对接机制,确保选准人、选对人、选最需要的人,增强科技特派员"做给农民看,领着农民干,带着农民赚"的自觉性、自愿性和自主性。

二是转化衔接更加紧密。应用科技特派员服务云平台,提供在线选认、信息发布、知识服务、成果对接、互动咨询、动态跟踪等功能,为农民和企业提供"菜单式"服务,突出服务供给的有效性和配合度。推动实施以企业技术需求为导向的揭榜选认新机制,对"揭榜"的科技特派员按照合同金额一定比例补助,提升技术转移和成果转化的效率效能。

三是选认渠道更加宽阔。打破行业、地域、身份等限制,既选认本省科技人才,又选认省外乃至境外、国外人才;既选认高校院所科技人员进企入乡服务,也鼓励其他专业人员和优秀乡土人才投身科技特派员队伍。目前,福建省已实现科技特派员创业和技术服务乡镇和重点行政村全覆盖、一二三产业全覆盖。截至2022年,全省已累计选认科技特派员64 519人次,全年在一线开展服务的各级科技特派员超过1万人次;仅2017年以来就从中国科学院、北京大学、清华大学等高校院所以及上海、江苏、浙江等地选认省外科技特派员1569名,从台港澳地区选认科技特派员538名(其中台胞477名),并在全国率先选认外国专家作为科技特派员。

三、坚持人才下沉,拓展服务内涵

一是助力乡村振兴。结合机关党的建设,瞄准乡村振兴存在的科技和人才短板,动员全省4619人次科技特派员投身"我为群众办实事"实践活动,累计服务企业12 000家,服务基层农村经济合作组织近7000家,直接服务农民181 580人次,间接服务农民1 010 120人次,实施科技开发项目4000多项,新建示范基地6800多家,为基层企业、农户和村集体经济增加收入7亿多元,有效解决了群众和企业"急难愁盼"问题,充分发挥科技创新对乡村全面振兴的重要支撑和人才第一资源作用。

二是助力产业融合。以项目为抓手,推动科技特派员从科技服务向生产、加工、检测、流通、销售等全链条、全要素服务转变,延长农业产业链,优化农业产业结构。探索科技特派员团队或个人带"货"(科研成果或技术)

上岗、提"质"增效考评机制，以成果转化与产品开发为导向，2021—2022年建立科技特派员助力产业融合发展示范点35个、科技特派员助力产业转型示范点39个，将科技特派员服务领域从侧重一产拓展到二三产，促进创业与创新、创业与就业有效融合，加速推动人才、知识、技术、成果、资金等要素在县域流动。

三是助力产业转型。坚持科技特派员服务产业转型和乡村振兴"双轮驱动"，进一步扩大工业领域科技特派员选认比例，推动企业科技特派员向产业科技特派员升级。全省累计选认工业领域的个人科技特派员8697名，累计服务企业33 228个，促进科技服务向生产、加工、检测、流通、销售等全链条、全要素服务转变，构建科技特派员全产业链服务新格局，带动产业转型、地方经济和特色产业发展。

四、坚持团队协作，提升服务层次

一是倡导组团服务。大力推动科技特派员由"单兵作战"向"联队组团"转变，选认不同专业领域科技特派员组成团队科技特派员和法人科技特派员，开展跨专业、跨领域、跨区域的全产业链产业技术服务，支持以"一县一团""一业一团"等方式组建科技特派员服务团，提高科技特派员服务的协同化和组织化程度，全力打造现代产业示范样板。全省已累计选认团队科技特派员3830个、法人科技特派员715个，实施科技开发项目17 124项，项目总投资超过1000亿元，引进推广新品种、新技术、新产品、新工艺、新装置超过4万项次。

二是构建利益共同体。以技术和成果为纽带，按照市场化运作的方式，探索激励科技特派员与服务对象结成利益共享、风险共担的共同体，努力让科技人员在面向经济主战场时实现名利双收。支持科技特派员在符合相关规定的前提下，携技术、项目、资金到农村领办创办经济实体，或以科技成果和知识产权入股等多种形式，与服务对象结成"风险共担、收益共享"的利益共同体。努力破解利益共同体中的"最后一公里"问题，保护科技特派员以知识和技术服务参与分配的合法收益，为深化科技体制改革蹚出一条新路。截至2022年由科技特派员创办企业（经济组织）和形成利益共同体已达6427家。

三是建设星创天地。推进集科技示范、创业孵化、特色服务于一体的星创天地建设。面向农业农村主导产业，引导科技特派员通过星创天地深入农村开展多种形式的科技服务，激发农村创新创业活力，为科技人员扎根农村提供广阔舞台。全省省级及以上、地市级星创天地分别达到 157 家、106 家。

五、坚持改革创新，打造长效机制

一是注重政策引领。在巩固科技特派员享受已有政策的同时，梳理全省科技特派员制度存在的不足，坚持问题导向和目标导向，研究提出能够真正落到实处的、可操作性强的扶持措施。要持续完善正向激励政策体系、优化科技特派员创新创业软环境，真正让科技特派员能够下得去、留得住、得实惠。

二是注重示范引领。及时总结科技特派员的好经验好做法，树立典型、突出示范，让广大科技特派员要学有样、对标先进，引导科技特派员服务模式的转型升级和拓展优化，推动科技特派员服务乡村振兴和服务一二三产业取得更好实效。制定发布了首个科技特派员地方标准《科技特派员服务规范》，科技特派员管理和服务更加规范化和制度化。获批建设全国骨干科技特派员培训基地，承接甘肃等兄弟省市科技特派员培训班，发挥福建省作为科技特派员制度策源地的示范和辐射带动作用。

三是注重实效引领。改变"一年一选认"的办法，省级科技特派员一个任期延长到两年或视情况予以多次选认，让科技特派员更加专注服务，鼓励以实实在在的业绩引领科技特派员走深走实。持续以项目后补助的方式，按实际绩效支持团队（法人）科技特派员和星创天地开展工作。尝试依托科特派云平台开展科技特派员业绩积分量化考核，实行动态管理，健全并完善科技特派员考核、评价和退出机制。

（作者系福建省科学技术厅党组副书记、副厅长）

发展报告篇

福建科技特派员制度创新与实践

科技特派员制度发展进程

——福建省科技发展研究中心 刘小婧

经过 20 多年的发展，我国的科技特派员制度发展经历可分为 4 个阶段。政府为科技特派员制度的实施发挥了重要指导作用。科技特派员制度对我国农村经济的发展起到了极其重要的推动作用。

一、调研试点阶段

科技特派员制度起源于福建南平，南平市为贯彻执行党中央解决"三农"问题的决策，展开了长时间的深入调研，通过对农村农民的具体实地考察和访谈，切实了解到农民的实际需求，围绕农村实际发展过程中存在的问题进行分析，明确科技是当代农村发展最为迫切的需要。1999 年起，南平市将农业经济发展的重点放在农业技术的推广和服务上，组织了一批优秀的农业科技人员下沉一线，主动向农民开展技术服务，将农村科学技术具体转化为农业成果，成为我国科技特派员制度的发端。一经实施便取得了显著的成效。经过三年的探索和发展，时任福建省省长的习近平同志对科技特派员工作给予充分肯定，科技特派员制度逐渐成形。2002 年 11 月，科技部在南平召开科技特派员工作现场会，并在宁夏、陕西、甘肃、青海、新疆等西北五省开展科技特派员试点工作。2004 年 9 月，在宁夏召开现场会，对中西部地区试点工作进行全面部署。2004 年底科技部出台《关于开展科技特派员基层创业行动试点工作的若干意见》，提出将科技特派员试点由西北部、中西部扩展到全国。

二、示范推广阶段

2006 年，科技部出台《关于加强和推进科技进步示范市（县、区）建设的意见》《科技富民强县专项行动计划实施方案（试行）》提出推广科技特派员的科技服务模式。2006年，科技部召开全国科技特派员试点工作会议，总结试点地区的经验做法，出台《新农村建设科技促进行动》，将科技特派员制度作为完善农村科技服务体系的机制创新。2007年8月，《关于深入实施星火计划的若干意见》将基层创新等创新性推广方式纳入科技特派员制度体系。2007年11月全国科技特派员工作经验交流会的召开标志着科技特派员制度已进入大力示范推广阶段，科技特派员制度已推行至我国31个省（自治区、直辖市）。

三、深入推进阶段

2008年3月，科技部出台《新农村建设民生科技行动方案》鼓励科技特派员积极创新形式，与农民结成利益共同体。2009年，《关于深入开展科技特派员农村科技创业行动的意见》在全国范围内掀起了科技特派员创业活动高潮。2010年，共青团中央、科技部联合发布了《关于开展"农村青年科技特派员创业行动"试点的通知》，以农村青年科技特派员创业行动为载体，推动农村科技成果转化和应用。2011年出台的《关于印发新形势下加强县市科技工作意见的通知》推进科技特派员农村科技创业行动，鼓励有条件的地方建立科技特派员培训基地或科技特派员创业学院，2012—2015年的中央一号文件均提出通过政策扶持促进科技特派员在服务"三农"和助力脱贫攻坚中发挥重要作用。

四、创新发展阶段

在各地科技特派员工作实践中，出现了不同形式的科技特派员工作站。2016年5月，为了深入实施创新驱动发展战略，国务院出台《国务院办公厅关于深入推行科技特派员制度的若干意见》进一步健全了科技特派员的制度框架，激发广大科技特派员创新创业热情，推动现代农业全产业链增值和品牌化发展，促进农村一二三产业深度融合。2017年，国务院出台《国家技术转移体系建设方案》《关于加快构建政策体系培育新型农业经营主体的意见》鼓励科技特派员以参与技术入股等形式，获取合理收益。《乡村振兴战略规划（2018—2022年）》《关于推进农业高新技术产业示范区建设发展的指导意见》

等鼓励和支持科技特派员成为农村科技创新创业的骨干力量。2019年10月，习近平总书记对科技特派员制度推行20周年作出重要指示，强调要把科技特派员制度作为科技创新人才服务乡村振兴的重要工作进一步抓实抓好，在科技助力脱贫攻坚和乡村振兴中不断作出新的更大贡献。

科技特派员制度已经进入快速创新发展的阶段，中央和地方政府对这项政策的具体实施给予了大力的支持，为农村经济发展注入了新的活力。政策的推广从最初的强制推行转变到现在的主动推广，进一步激发了科技人员科技服务积极性以及农民和企业的生产热情。

科技特派员制度发展模式

——福建省科技发展研究中心 刘小婧

一、政府主导型

政府主导型是科技特派员制度在社会主义新农村建设中发展的基础阶段。由于政策和理论上的准备相对不足，社会动员不够充分，宜采取"政府主导、个体特派员为主体、农民零星参与"的推广模式，政府作为原始动力，是机制的主要推动方。政府部门通过对科技特派员本人保留干部编制、专业技术职称、工资、奖金、福利等，充分调动其积极性。强化对农民的培训力度，提高农民的综合素质。同时，政府部门整合科技特派员专项资金与社会主义新农村建设支农资金，提高资金使用效率，并在金融领域加大对农村的扶持力度，为制度完善提供资金保障。该模式以个体科技特派员为主体，充分尊重其意愿和需求，实行双向选择，发挥其科技优势。在组织形式上，科技特派员更多采用无偿技术服务、技术咨询等形式，损失由政府加以垫付。由于农民科学文化素质相对偏低、市场化意识不强，以及对科技特派员制度认识不深等诸多因素的影响，此模式农民的参与规模不大，通常只是一些综合素质较高的农民（如农村实用技术人才）零星参与其中。同时，这一推广模式中由于缺乏必要的法律保护和进入渠道，社会资源大规模支持的条件仍未成熟，社会影响不大。

我国大多数地区农村市场经济发展尚不成熟，具有自主创新精神的企业家供给不足，加上市场调节的盲目性、滞后性以及市场农业的脆弱性和低效益，使得完全依靠市场化机制来构建新型农村科技服务体系的主导模式需要花费较多的时间和资源，且速度缓慢、效率低下，创新构建活动具有不均衡性。因此，单纯市场化的农村科技服务体系主导模式构建难以适应我国市场农业快速发展的客观要求。再者，由于我国制度框架和社会发展进程的特殊性，"大政府、小社会"的基本格局导致农村科技服务组织对政府存在较强的先天依赖性，自主、自立、自治性较差，加之农村科技服务本质上具有公共物品的性质，因而政府对新型农村科技服务体系主导模式的构建负有引导责任。这里的政府引领原则有三层含义：第一，政府通过构建新型公共农业科技推广服务体系来引导其他科技服务组织的发展；第二，农村科技服务体系主导模式的构建和运行成本要由政府财政给予必要的支持；第三，政府应通过政策法律等适度干预措施，提高主导模式构建的预期收益，降低其创新构建风险，改善其创新构建环境，增强新型科技服务体系的整体服务功能。

南平市政府先后下派了"科技特派员""村支部书记""乡镇长流通助理""乡镇长、村主任金融助理""龙头企业和重点项目经理助理"等5支队伍，构建的新型公共农业科技推广服务体系的"南平机制"，即属于政府主导型的公共科技推广服务的科技特派员模式。

通过下派这五支队伍，确立了"高位嫁接，重心下移，互动联动，一体运作"的"南平机制"，这一机制的实施在基层构筑了一个相对较高素质的人才群体，使农村人才匮乏的问题初步得到了改变，较好解决了基层工作的断层，使农村各项工作落到了实处。这五支队伍所牵引的上级部门和社会力量在基层的相互融合、相互作用，打破了制约农村经济发展的科技、流通、金融"瓶颈"，推动了龙头企业的发展，在农村开始建立起了新型的社会化服务体系，加快了农业产业化步伐，促进了农村经济结构的调整，促进了农民思想观念的转变，提高了农民的科技文化素质，推进了农村民主法制和精神文明建设的进程，增强了党和政府对农村工作领导的有效性，进一步密切了党群干群关系，实现了农村社会稳定。由于农村经济的提速，南平市的主要经济指标增长速度进入福建省的前列或中上游，全市经济发展进入了一个速度较快的生长周期。同时，社会其他方面也出现了可喜的变化，信访群众减少了，基层基础工作得到了有效的强化。

二、"科技特派员+企业(公司)+专业协会(合作社)+大学(科研院所)+农户"型

按照服务主体、服务客体和服务目标群体的参与情况，从开始简单的"科技特派员+农户"模式到后来复杂的"科技特派员+企业(公司)+专业协会(合作社)+大学(科研院所)+农户"模式，这种科技特派员服务的模式主要由以下7种情况逐渐推进。

1. "科技特派员 + 农户"模式

这是科技特派员制度开始实施时的简单模式,科技特派员直接面对下派村农民群众开展服务。主要服务行为:协助村两委制订农业科技服务工作计划、为群众举办实用技术培训、实地指导农民群众应用农业"五新"、接受群众咨询和现场帮助解决生产中的技术难题;遇到自己无法解决的问题时,通过科技特派员网络和行业服务组协调联系相关技术人员到村服务。这种模式的科技特派员一般都是实行无偿服务的。

2. "科技特派员 + 专业大户 + 农户"模式

科技特派员在科技服务过程中采取服务牵引和典型示范的方式,重点对经济条件较好、接受能力较强的专业户进行服务,对专业户的科学技术应用、结构调整、经营机制等方面起到示范和引导作用。重点与具备一定经济实力、接受科技能力较强的专业大户结合,通过对专业大户在技术应用、结构调整、经营管理等方面的周到服务,增强专业大户的科技应用水平,搞好农业结构调整,提高依靠科技致富的能力,同时形成"邻居效应",发挥示范和引导作用,使农民主动、自愿地采纳新技术、新品种。这种模式是科技特派员在科技服务中普遍采用的模式,特别是在科技应用和结构调整方面,专业户的示范作用明显。在该模式中,科技特派员的服务绝大多数是无偿的,而被科技特派员培养、扶持的专业户再去指导别的农民时,有些人则实行有偿服务。

3. "科技特派员 + 农业科技园区(科技示范基地)+ 农户"模式

把科技特派员派驻到农业科技园区(科技示范基地),或由科技特派员租赁土地或设施,建立示范园、示范场、示范片等示范基地,创建农业科技园区(科技示范基地),在园区或基地直接为农户展示具有高收益的新技术,使园区或基地成为农户学习新技术的试验基地。通过对国内外优质品种和先进适用技术的引进、试验和示范,对已经熟化的科技成果,通过园区或基地的示范与辐射带动,促进周边农户共同发展。该模式中,科技特派员以科技园区或示范基地作为推广农业新品种、新技术、新成果的展示平台,积极引导农民使用新技术,不断提高农民生产管理水平,促进农业产业结构调整,实现农业增效、农民增收。

4. "科技特派员 + 专业协会（合作社）+ 农户" 模式

科技特派员领办或引导、组织成立农民专业协会或合作社，以专业户、科技示范户等为骨干，同时吸纳有意愿和需求的其他农户。科技特派员作为领办者或指导者起领军作用，以专业协会或合作社为平台，向其成员和其他农户传递科技、流通等信息，开展综合服务。专业协会提供的信息具有较强的指导性，作为行业组织，能较好把握行业的动态，及时了解市场的动向，并带动其他农户与市场有效地连接起来。科技特派员可以出资入股专业协会或合作社，获得应有回报。

5. "科技特派员 + 企业（公司）+ 农户" 模式

在新型农村科技服务体系中，政府让科技特派员进入公司、企业服务，成为主导模式之一。具体可分为三种情况：将科技特派员派往农业产业化龙头企业，为企业提供技术、管理、信息和品牌打造等方面服务，促进企业发展壮大，通过企业对农户从事农产品生产、流通、加工等产生带动作用；科技特派员在下派村以技术入股、技术承包、资金入股等形式为企业提供关键技术服务；科技特派员个人创办或者领办企业，与周边农户结成利益共同体，企业为农户提供生产技术、信息等，农户向企业销售农产品。这种模式的科技特派员一般都能得到或显性或隐性的利益回报。

6. "科技特派员 + 企业 + 专业协会（合作社）+ 农户" 模式

企业根据市场需求决定产品类型，并根据产品标准寻求生产原材料。科技特派员在为农户提供服务的过程中根据农民的组织化需求创办专业协会或合作社，指导农户按照企业的生产技术标准生产农产品，并负责收购农户的合格产品，依据企业的原料需求将收购的原料销售给企业。在该模式中，企业与科技特派员领办、创办的专业协会或合作社签订销售协议，并为专业协会或合作社提供一定的设备或资金支持，同时专业协会或合作社与农户签订生产、收购协议。科技特派员负责指导农户进行标准化生产和专业协会或合作社的日常运作。企业、科技特派员、专业协会或合作社及农户通过契约关系形成了风险共担、收益共享的利益共同体。

7. "科技特派员 + 大学（科研院所）+ 基地" 模式

农户对科技服务具有弱选择性和非排他性，普通的技术服务对经验丰富的农户帮助十分有限，"科技特派员＋大学（科研院所）＋基地"的专家大院模式可以弥补这些不足，其具体构建方式就是大学（科研院所）在地方政府的支持下，通过设置相对固定的专家大院场所或利用现有的专家大院场所，实现大学（科研院所）各类专家也就是"科特派"与基地的对接，并由此使科技服务惠及农户。专家大院模式的运作采取政府引导、专家指导、企业主导、经济合作组织参与的方式；在运行机制上，推行企业化管理、社会化服务、实体化经营、多元化投资；在发展方式上，依托龙头企业、农村专业技术协会等组织，对内实行现代企业化管理，对外实行有偿化服务；在管理形式上，按照谁主办、谁受益、谁管理的原则，明确管理职责，健全管理制度。

"科技特派员＋大学（科研院所）＋基地"的专家大院模式，所体现的大学（科研院所）与产业基地和农户的合作主要不是一般常规性和普及性的科技服务，而是依靠大学（科研院所）特有的专家资源，实行"科特派"的形式，来对企业和农户生产技术、管理、经营方式等进行服务、改善和升级，因而是一种更深、更广的合作。这种合作能够促进企业、农户的技术或品种升级，能够提高生产经营绩效并使用户获得在普及性科技服务中所无法获得的差别化利润；大学也会因此缩短教学、科研与实践的差距，更好地培养技能型人才，提升办学实力和社会影响力；科研院所也会因此使自身的研究能更好地适应农村经济发展的科技需求，从而使科研走上良性循环的轨道，并且在促进农民增产增收的同时为自己创造效益。

漳州国家农业科技园专家大院的建设形成了一种新的农业科技推广体系。其主要做法：一是以科技示范项目为载体，依托农业科技企业，加快农业科技成果转化；二是以龙头科技企业为科技示范的实体，使农民、专家与龙头企业能长期合作，创建利益共同体；三是针对农民的技术需求，邀请国内外专家为科技大户和农民进行培训；四是加强国际合作与交流，提高园区研发与创新能力；五是整合科技资源，与科教单位全面合作。

三、科研单位主导型

根据市场导向原则，科技特派员必须以农业生产者的科技需求为中心。在现行的推广模式下，人们从事推广活动的宗旨就是要把研发的科技成果推销给广大的农户，因此，无论科研人员还是推广人员，主要关心的仍然是技术成果本身而非市场需求。不可否认，目前农业科研人员一般也会从市场和应用角度来考虑研究课题的实际价值，但多半不能真正明了农户的需要到底是什么。结果，科研人员往往痴迷于自己的技术创新，却很少意识到农户对他们的产品可能不感兴趣。许多推广人员满以为自己提供了非常有益于农户的良好科技成果，但却不知何故就是推广不出去。总之，过分专注技术而忽视农户的需求是现行农业科技推广模式的一个致命缺陷。

科技特派员在实际当中发现问题，然后去研究问题、解决问题，边生产、边研究、边示范带动推广。因此，科研院所的科技特派员，其服务必须尽可能与农业生产者的科技需求相符合，这包括技术创新者的核心价值观符合使用者的利益追求；技术功能符合使用者的效益预期；技术产品和服务质量能够满足使用者的要求，并在可能的条件下，超越使用者的期望，从而保证技术供给的"顾客"满意，甚至使顾客满意最大化。显然，如果科研院所的科特派服务与农业生产者的市场需求不一致，就会在相当程度上限制农业科研成果的经济贡献和社会效益，也会造成农业科研和科技服务投入的浪费。

专家作为科技特派员联系或入驻农业企业和农村，根据企业和农民的需要进行服务。采用包括网络远程培训在内的适宜方式，下乡、进村开展技术培训、讲座，并巡回现场指导相关服务对象的科学生产。系统推广一批农业生产实用技术，对基层农技推广人员、科技特派员、企业技术人员、核心农户、农民专业合作组织等开展技术培训及现场技术指导，并通过他们辐射、惠及千家万户。

一是组织科技人员带项目、技术到企业，转化科技成果。加快现有先进适用技术、成果的推广应用和产业化步伐。二是帮助企业开展技术创新，组织广大科技人员积极参与企业关键技术攻关，研究生产中存在的问题和需要解决的技术问题。三是帮助企业提高经营管理水平。组织广大科技人员深入企业，发挥科技顾问作用，协助处理科技事务；为企业培养技术和管理人才。四是针对企业发展急需的人才，发挥科研单位科技资源优势，采取多层次、多专业、多形式的各类培训，为企业培养科技、管理等方面的人才；探索产学研合作的有效模式和长效机制。

四、科技中介服务型

科技特派员为企业、农民、利益共同体开展引进高科技技术、物质、信息等科技中介服务，从而收取一定的报酬。改革开放以来，福建省的农村科技中介工作有了长足的发展，中介服务体系初具雏形，对全省农村经济发展起到了积极的推动作用。但是，由于缺乏引导和扶持，农村科技中介组织发展滞后，没有形成规模化、规范化、市场化，带动作用还不够突出。科特派通过与高等院校、农业科研单位展开"科农携手"合作，形成高层面的"高位嫁接"。将大量先进实用技术、优良品种和生产开发性项目源源不断地导入农村，以直接、便捷的方式实现了低成本的农业科技推广和普及。高校和科研单位也通过科技特派员机制，找到了科研成果迅速转化为生产力的有效通道。科技特派员制度所采取的双向选择的运行机制，是将科技人员置于一定的市场氛围中，让农业技术的需求方（农民、企业）和技术的供给方（科研人员、推广人员）根据对技术的需求和供给间的均衡关系进行价格谈判，从而实现技术交易的过程。科特派除了采取行政措施外，还应按照市场经济规律来解决科技成果与农民的结合问题，大力鼓励科技人员以资金入股、技术参股等形式，与农民群众，尤其是专业大户、龙头企业结成经济利益共同体，实行风险共担、利益共享，形成农业科技推广的投入回报机制。

科技特派员制度的机制及功能

——福建省科技发展研究中心 刘小婧

科技特派员制度源于群众的需要、基层的探索和实践的创新。在其建设、运行过程中，形成了科技特派员的组织职能和岗位责权，及其随着发展、完善过程所开展的调整与配置。在科技体制和农业科技推广体系改革中，逐步建立起政府支持、推动，多部门协调管理；围绕下派科技人员，以解决"三农"实际需求、兼顾科技人员切身利益为目的，开展长期、主动的农村科技服务体系和创业支持建设；以政府引导、市场主导，推进科技服务、创业业绩与利益报酬相挂钩的科技人员价值体现形式；围绕科技服务开展综合性的"三农"服务，满足了农村发展对科技要素的需求；实施项目推动，根据科技人员的技术专长和意愿确定选派方向；实现技术咨询、紧密承包、自主投资兴业带动等多种服务、创业形式；整合科技力量，推行企业科特派、法人科特派，创新运行体系和模式等。在实践中，以满足"三农"需求为根本出发点，实事求是、因地制宜，坚持市场主导与行政推动相结合，建立和完善了一批相应的工作制度，不断推进、形成适应不同需求、不同目的的多种运行机制，创新了新时期科技服务"三农"的体制建设思路与方向。

一、科技特派员制度的早期机制

1. 组织保障机制

科技特派员的下派管理工作，由各级农委牵头，各级科委、林委、人事局、农业局参加，在各级农委设立科技特派员办公室，负责日常管理。组建了由精干力量组成的日常工作班子，为进一步的实施方案制定、人员选派等工作打下良好基础。

2. 人员选派机制

确定"双向选择"的原则，根据全市产业结构调整的需要和各地农民的实际需求，选择下派人选，把政府选派与基层需要结合起来，在科技人员和基层农民之间找到最佳结合点。在此基础上，要求被选派人员是具有农村工作能力、表现优秀的中青年科技人员；派往地方一为重镇强村，二为边远贫困、条件差的乡村；工作要求是在基层工作，使强村更强、弱村变强。

3. 利益机制

探索按照市场经济运作规律，解决科技成果与农民结合的基本问题，将科技人员个人的利益同农民的收益挂钩，在帮助农民致富的同时，科技人员也从中得到合理的经济回报。鼓励和支持科技特派员以资金入股、技术参股、技术承包、有偿服务、合股经营等形式，与农民群众和专业大户、龙头企业结成经济利益共同体，实行风险共担、利益共享，形成了农业科技推广的投入回报机制，既调动了广大科技人员的积极性，大大提高了科技服务的质量和效果，也增强了农民对科技特派员的信心，推动了农村经济的可持续发展。

4. 待遇保障机制

制定"四保四优"政策。在科技特派员下派期间，保留下派干部的编制，不转其行政关系，原单位不得进人顶编；保留下派干部的原职务；保证原单位工资、奖金、福利全额发放，不影响正常调资；保留下派干部的专业技术职务，不影响正常的职称评定。在机构改革中优先占用所在单位编制；在同等条件下优先予以提拔；职务工资在下派期间优先上浮一级；年度考核优秀名额优先考虑。

5. 工作条件保障机制

建立了必需的财力支撑体系，市财政每年划出250万元专项经费，专门用于科技特派员驻点村项目开发补助；各级财政每年都从紧张的经费中划出专项经费用于科技特派员工作；相关职能部门和派出单位也为科技特派员工作提供了一定的经费支持。发动社会各个层面支持科技特派员工作，不断总结、推广先进典型，在全社会营造浓烈的舆论氛围。

6. 制度保障机制

由各级组织部门和农委、科技局牵头的"科技特派员办公室"对科技特派员工作实行统一严格的管理，在驻村考勤、业务培训、项目实施、考核奖惩等方面制定了一整套的规章制度。

7. 引进与培训机制

南平市政府与福建省农业科学院联合创办了南平市科技特派员进修学院，成立了福建省农业科学院驻南平科技兴农服务队和科技特派员服务站；举办岗前培训班、考察学习、工作交流等，拓宽下派人员的知识面，提高下派人员实际解决"三农"问题的能力。

8. 一体运作机制

针对解决制约农村经济发展的科技、人才、流通和资金问题实施一体运作。在下派科技特派员的基础上，在全市各级党政机关和事业单位中选派优秀后备干部到发展较好或问题较多的村，经村党支部大会选举后，担任村党支部书记。通过从公务员中下派村支书这一形式，逐步扭转农村带头人匮乏的问题，强化农村党支部在农村各项工作中的核心作用，使各级党委政府的"千条线"，通过村支书这"一根针"牢牢地扎入农村基层，推动农村经济发展、基层组织强化和民主法制进程。通过政府人力资源的注入，把分散的农民经纪人队伍组织起来，围绕产品或产业形成区域性的农产品流通组织或专业协会，使用现代化的营销方式拓宽流通渠道，积极开拓市场。

二、科技特派员制度的制度功能

通过相关运行机制的建设，形成了科技特派员这一新制度的丰富内涵，初步实现了把政府的资源与社会的资源有机结合起来，把政府的愿望和农民的需求有效统一起来，把下派干部与农民群众的利益有机联系起来；初步实现了"高位嫁接"，疏通知识型干部进入农村的管道，解决农村人才匮乏问题，把现代农业建立在农村先进生产力发展水平和农民群众素质的提高上；初步实现了"重心下移"，接通党的方针政策通往农村基层的管道，弥合乡村工作断层，使党对农村工作的领导力量前移，使方方面面的力量都来关爱农民、关心农业、关注农村；初步实现了"一体运作"，打通各种社会资源向农村倾斜的管道，解决以往"三农"工作方法上单兵突进的缺陷，发挥了各方力量，实行多管齐下，探索并实践了整体推进"三农"工作的新路子。

1. 激活农村经济细胞

下派干部组成的五支队伍，形成了相互配合、一体运作的工作力量，他们以"富裕一方百姓"为己任，充分发挥自身优势，给农村带去了新技术、新项目、新观念和资金、信息，架起了科技、加工、营销为一体的发展平台，改变了农村的面貌，促进了农村经济的发展。在下派干部的牵引和服务下，过去农民"想种不敢种、想种不能种"的问题得到了很大程度的解决，广大农村调整了产业结构，形成了多种经营、全面发展的良好局面。畜牧业成为南平农业产业结构调整的突破口，建成了我国南方最大的奶牛基地、中国优质鸡产业化基地、中国岩茶基地和笋竹产业基地。大批党的干部和具有较强专业知识的技术人员到农村任职、工作，在农村产生了强烈的"冲击波"。农民群众说知识干部的到来好比第二次知青下乡，大批干部下来是对"三农"的一次投入，"搅活"了平静的大山。下派干部带动了各级政府将所掌握的资金、项目、政策、信息等社会资源向农村倾斜，使农村在较短时间内能够比较迅速地集聚起经济发展的爆发力。他们在基层坚决执行中央"多予、少取、放活"的方针，认真落实市委、市政府放低财政增长期望值、减降木竹规费、实行集体林经营制度改革等政策措施，把党的富民政策原原本本地送到千家万户，减少了政策的"中梗阻"，充分发挥了富民政策的威力。他们通过为农民群众提供有效的科技、金融、流通等方面的服务，打破了制约"三农"发展的诸多"瓶颈"，初步解决了多年来农民群众"想干不知道怎么干、想干没法子干"的问题，推动了农村经济的发展，拉动了农民收入的增长。最明显的是科技特派员的到任，解决了以往农村科技服务缺位、不到位的问题，使农民群众找到了可以与之朝夕相处的科技顾问、免费的"财神爷"。大批科技特派员活跃在田间地头，手把手地教着农民，与农村中的大户、龙头企业结成利益共同体，不遗余力地推广新技术、引进新品种，使传统农业生产方式得到改变，农产品品质逐步提高，实物总量不断增加。在将科技源源不断注入农村的同时，流通助理及时跟进，他们在农村整合流通资源，培植流通队伍，改革农村供销社，组建行业协会、同业公会、商业总会和专业合作社，用新型流通组织牵引着农民与市场接轨。与此同时，金融助理也积极推动农村金融服务机制的创新，逐步加大信用户、信用村、信用乡镇的创建力度，推进金融与农民的密切链接，打造信用农村，努力解决农民贷款难的问题，实现信用社发展与农民金融需求的"双赢"。

无论是下派村支书，还是科技特派员、流通助理、金融助理，大家都扭住农村经济发展来使力气、做工作，农民的生产积极性慢慢高涨起来，特别是在制约他们发展的科技、流通、资金"瓶颈"被逐步打破后，农民们不再徘徊观望，不再"等靠要"，不再让政府在后面"赶着跑"，而开始自觉地跟着市场走，主动调整种植结构，向发展优质高效农业的方向走，推动了传统农业向现代农业转变。

2. 党领导农村工作的有效性日趋增强

大批下派干部到农村工作，实现了党对农村工作领导力量的前移。尤其是农村党支部书记下派，把党对农村工作领导的"针尖"牢牢扎进了农村。与农民村支书相比，下派村支书具有许多优势：一是没有宗族、宗派关系的影响和利益的冲突；二是不同于农民干部要为维持生活种地创收，工作精力集中，群众24小时都能找到村支书；三是上头通，办事、跑项目找人方便；四是能力比较强，会办事，善于做群众思想工作；五是拿国家工资为村民服务，不要群众负担，让农民得实惠。下派村支书充分发挥这些优势，加强村级组织建设，重视协调村两委关系，改变了基层党组织比较薄弱的状态，基本解决了无人管事、无章理事的问题，提高了村级组织领导经济工作的能力，增强了村党支部的战斗力、凝聚力和创造力。下派干部长期住在农家吃"派饭"，与百姓朝夕相处，他们改行政指挥为服务牵引、改评比达标为典型示范、改居高临下为贴近群众，办了大量的实事好事，解决了许多积累已久的问题和矛盾，拿到了进入群众心坎的"门票"。

3. 加快农村社会进步

下派干部在推进农村经济发展的同时，始终注意坚持两手抓，从转变群众的思想观念入手，努力推进农村民主政治建设，促进农村社会不断进步。他们在村里建起了图书室，恢复了广播喇叭，办起了文化、科技夜校，采取各种通俗易懂、喜闻乐见的方式广泛地宣传党的方针政策，普及民主法制，推广科学技术，强化信用意识，农民群众的思想观念在悄悄变化，整体素质得到提高。崇尚科学的氛围上来了，学科技、用科技有了热度，乡土技术人才多了起来。科技的力量在这里得到充分体现，出现了像武夷山市枫林村群众"不信神灵信科技、拆了庙堂建书堂"和建阳市水吉镇"菩萨身边信徒稀、科技课堂无虚席"的喜人景象。农民群众的信用意识强了，农村社会诚信氛围日渐浓厚。

讲诚信的人多了，借款不还的人少了，支持信用社发展的力量大了。在下派村支书的努力下，村级民主管理、民主办事的各项规章制度建立起来了，村务公开全面推进，农民群众的民主政治意识逐渐增强，自我教育、自我管理、自我服务的氛围逐渐形成。伴随着"高位嫁接、重心下移、一体运作"工作的展开，农民群众真正得到了需要的帮助，他们对发展的信心增强了，主动发展的意识增强了，思发展、比发展的氛围越来越浓，户与户之间、村与村之间、乡与乡之间展开了发展的竞赛，寂静的群山开始沸腾起来。

4. 形成"三农"工作新机制

全国科技特派员机制从解决"三农"发展推广到提升工业发展，科技特派员不仅是推动县域经济发展的重要力量，也是促进科技与农村产业结合的桥梁。科技特派员工作也是统筹城乡发展、推进社会主义新农村建设和企业科技进步的重要抓手，形成了"高位嫁接、重心下移、互动联动、一体运作"的农村工作机制。

一是发挥科技特派员在促进现代农业发展上的作用。面对人口增长、人均耕地面积下降、农业资源短缺和污染严重等的制约，要提高农业综合生产能力、农业生产效益，实现农业和农村经济发展从资源依赖型向技术驱动型转变，从初级产品向精深加工和高附加值产品转变，必须走新型现代农业发展道路。加强科技特派员的工作，发挥科特派作用，把技术、信息、管理、资金等各种生产要素有效地配置到农业生产体系中，应用高新技术改造传统农业，培育新的经济增长点，推动农村技术市场和资本市场的发展，必将加快农业产业化进程，带动新的社会化分工与协作，有力促进传统农业向现代农业转变，推动现代农业的发展。

二是发挥科技特派员在加速农业科技成果转化上的作用。随着农业结构调整的深入推进，农业生产逐步向专业化、规模化、产业化发展，市场竞争加剧，对农产品质量提出了更高的要求，对科技的依赖程度越来越高。当前，农业技术人员知识更新速度跟不上经济发展的变化、不适应农民多样化的技术需求，有限的农业技术人员服务跟不上千家万户的需要，农民千家万户小生产适应不了千变万化的大市场等矛盾日趋突出。在新的形势下，创新农业科技成果转化机制，发挥科特派作用，加速推进农业科技进步，成为农业农村工作面临的重要任务之一。科技特派员要立足当地实际，紧扣农业生产中急需解决的问题，瞄准市场需求，以项目实施为载体，开展试验研究和示范，积极引进推广农业新品种、新技术、新设备，有效连接农业科技成果转化的各个主要环节，把一批又一批科技成果直接传授给农民或应用到农业生产实际，解决科技成果在生产一线转化中的具体技术问题，让农民在"家门口"亲眼看到科技成果应用的效果。

三是发挥科技特派员在构建农村科技服务新体系上的作用。现有农村科技服务体系的工作机制还不合理，与农民的需求有较大差距。把科技特派员制度引入农村科技服务体系，进一步激活农业生产的"细胞"，实现国家机关循环体与农业循环体的有机融合。要充分发挥科特派的作用，与县、乡农技、畜牧等推广站工作职能有机衔接，开设科技服务窗口，拓展服务功能，引导农民关注市场信息、指导生产，解决农产品销售的问题，为现有农村科技服务体系注入活力。科技特派员工作作为科技体制改革的探索、深化和延伸。通过鼓励科技特派员与农户、企业、协会、基地等结成利益共同体，形成新型的符合社会主义市场经济要求的农村科技推广服务新模式，实现在市场经济规律下的科技特派员与企业、农民的"互动"和"双赢"，发挥科技人员才干，进一步提高农民收入，促进区域经济发展。

四是发挥科技特派员在建设社会主义新农村与培育新型农民上的作用。目前我国正处在农业和农村经济结构调整的关键阶段。向广大农民普及科技知识、推广农业先进实用技术是调整产业结构、提升技术水平、培育新型农民和建设社会主义新农村的重要环节。大力开展农民技术培训，培育"有文化、懂技术、会经营"的新型农民。通过科技特派员工作，有效组织引导大批科技人才、管理人才开展科技服务，深入田间地头开展科技培训，传授科技文化知识，提供致富信息，提高农民科学文化素质和现代市场竞争意识，为社会主义新农村建设培育新型农民。

三、科技特派员制度发展的强大功能

1. 整合功能

社会主义新农村建设的首要任务是发展生产，发展现代农业，实现农民增收、农业增效和农村发展。农业的发展"一靠政策，二靠科技，三靠投入"。

也就是说，发展现代农业不仅需要国家政策支持，还需要科技、人才、信息、管理等现代生产要素的投入。当前中国正处于"工业反哺农业、城市支持农村"的新阶段，中央把"让公共财政的阳光逐步照耀农村"作为新时期财政支持"三农"的基本指导思想，财政支持"三农"政策出现了重大转变。科技特派员制度作为一个开放的系统，为现代城市的各种资源有效配置到农村找到了突破口。科技特派员制度具有强化宏观调控和统筹集成，打破部门之间、地方之间、军民之间、产学研之间条块分割、相互封闭的格局，加强各方面力量的协调集成，形成全社会协调一致和分工合作的良性机制，推动全社会科技资源的整合和共享等功能。

2. 动力功能

体制和机制创新是科技特派员制度深入发展的关键。科技特派员制度是在中国不发达的市场经济向现代市场经济过渡过程中，为解决"三农"问题而采取的特殊举措，它是科技体制改革的产物。科技特派员制度的深入发展正是能够与时俱进，不断创新，不断自我完善，才能在实践中打破一切阻碍科技与经济结合的体制观念约束，为发展现代农业、建设社会主义新农村注入新的生机和活力。

3. 培训功能

培训是科技特派员制度的一个重要功能。农村的贫困源于落后的思想观念和缺少先进的实用技术。著名经济学家舒尔茨说："在解释农业生产的增长量和增长率的差别时，土地的差别是最不重要的，物质资本的差别是相当重要的，而农民能力的差别是最重要的。"科技特派员在创业行动中，为提高农民对科技的认识，加快科技成果的推广和应用，利用现场培训、技术示范、课堂教学、组织外出参观等多种形式，向农民、农村技术员传授科技知识和农业生产技术。科技特派员在创业行动中肩负着提高农民的能力，把农村巨大的人口压力转化为人力资源优势，为社会主义新农村建设培育和造就"有文化、懂技术、会经营"的新型农民的任务。

4. 科普功能

从科普的角度，利用大众传播媒介，加强对科技特派员行动的宣传。大众传播媒介是指广播、电视、报纸、杂志以及其他出版物。运用这些宣传手段，使本地农民深入了解科技特派员行动的内涵，同时也激发起农民对科技致富的渴望，从而改变农民对采用新技术所持风险的看法。加强对现有科技人员的培训和严格科技特派员行动中科技人员的筛选过程。各单位在挑选科技特派员时，应本着对人民负责的态度，严格把关，使挑选出来的每个科技特派员都是本行业的专家或技术能手。同时要加强对现有科技人员的培训，使其跟上科技进步的脚步。构建农业科技信息网络平台。科技特派员的根本目的是通过对农民进行农业技术知识的教育和咨询，使他们增进知识、提高技能、转变观念、提高经济效益。现在，在西部农村，电话、电视已基本普及，计算机也将逐步进入农民家庭，网络技术将在农技推广中发挥越来越重要的作用。农业部门可以开通农业科技信息网络平台，及时收集并利用网络公布各类农业科技、生产、销售等信息，农民也可以在科技特派员的协助下利用网络发布自己的供求信息，促进农产品市场的流通和繁荣。农技站可以统一配备上网计算机，以方便指导农民使用网络，解决农民的实际生产问题。

5. 转化功能

提高科技成果转化效率是实施科技特派员制度的又一重要功能。农业科技成果转化是实现其潜在生产力转化为现实生产力的关键，是科技与经济相结合的重要纽带。完善的农村科技服务是科技成果转化为现实生产力的保证。当前中国的科技成果转化率低、应用率低、对经济增长贡献率低的根本原因是受科技成果的有效供给不足、有效需求不足及转化机制不健全等因素的影响。实施科技特派员制度以后，一些大专院校、科研院所的科技人才带资金、带成果、带技术深入农村开展创业活动，促进科研与需求的有效对接，建立供需方双向沟通机制，促进了科技机构与农村、科技人员与农民、科技成果和先进技术与农业生产的有效对接，加速科技成果的快速转化，提高了农业科技对农业经济增长的贡献率。

6. 市场功能

科技特派员制度在一定程度上是针对政府技术部门传统配置技术服务资源低效，甚至无效的格局，探讨让市场参与对技术服务资源的配置，从而激活了科技人员，使其按照市场运行的基本原则和普遍的利益机制，对所拥有的农业技术进行经营，并将技术服务的个人收益予以合法化。这种制度安排，一方面满足了农民为提高收入而对农业技术的需求；另一方面为技术人员实现技术的价值提供了一个有效的平台。实践证明，通过市场行为配置农业技术服务资源将有效地提高农业技术服务的效率，在保证技术人员通过同农民的利益结合中取得技术收益的前提下，有利于不断提高技术人员对农民的服务能力。通过试点的引导和示范，最终将不断促进当地农业技术服务市场的发育，从而不断提升农业技术和农业技术人员的价值。

7. 推动功能

科技特派员在农村大力推进农村科技推广、动物疫病防治、农村现代物流、金融支持、信息服务"五大"服务体系建设，有助于防范和化解在农村规模生产经营中所遇到的信息不灵、资金不足、品质不优、产销脱节、疫病危害、管理低下、效益不高等问题，实现一家一户小生产与社会化大生产的有效对接；有助于发展现代农业，推进社会主义新农村建设；有助于帮助农民尽快掌握先进技术和市场信息，增强农民的持续就业增收能力；有助于推进城乡和经济社会良性互动、协调发展。

四、科技特派员制度发展的资源聚集

1. 物质资源聚集

自然资源，影响农业生产的气候、土壤、湿度的不同，对科技特派员在科技项目的类型、科技含量、资金使用、创新风险的要求也不同。社会主义新农村建设提出优化农业区域布局，在气候条件适宜区域建设经济作物产业带和名特优新稀作物产业带，在南方草山草坡和西南岩溶地区发展草地畜牧业，在缺水地区发展旱作节水农业。总体来看，自然条件越恶劣，对技术要求越高，越易采取"政府主导、个体特派员为主体、农民零星参与"的推广模式。当然，农村地区的经济社会发展水平，如经济总量、人均GDP、财政收入、农业工业增加值、对外开放等经济因素，这些直接决定着科技特派员制度推广的模式。

2. 人力资源聚集

不同地区科技特派员的储备不同，特别是利益的驱动使得其流动性增强，可能与当地农业、农村出现一定程度的错位。农民的综合素质通常与经济社会发展水平相关，经济发达的农村，农民的综合素质一般较高。在社会主义新农村建设过程中，"加大市场人才、智力资源对农村的支持，加大城市科技、教育、医疗等方面对农民的服务"，使得不同地区人力资源流动加速，在一定程度上会提升欠发达地区农村的人力资源水平。在一定时间范围内，人力资源丰裕度高的区域宜采用"政府引导、法人科技特派员为主体、农民社会广泛参与"或"政府指导、科技特派员为组织主体、农民全面参与"的推广模式。

3. 制度资源聚集

各地均有一些政策法规、规章制度等资源聚集，科技特派员制度作为众多制度之一，必然受到其他制度的影响和制约。法律、政策健全与否，及其执行情况如何，都会对科技特派员和农民的利益产生不同的影响。任何一项制度的发展都是从不完善到完善的，科技特派员制度的完善同样要靠时间的检验、实践的修正，各地科技特派员制度本身的完善水平也是不同模式选择的依据，如福建南平在制度的实施、推进和发展上已经积累了大量的经验，宜采用"政府引导、法人科技特派员为主体、农民社会广泛参与"或"政府指导、科技特派员为组织主体、农民全面参与"的推广模式。社会主义新农村建设中制度法制化和规范化力度加大、进程加快，有利于政府职能转变、角色调整，构建科技特派员制度长效机制，使该制度不断完善。

4. 社会资源聚集

在一个地区通过创造和维持社会关系和社会组织模式来增强经济社会发展潜力的因素。不同地区科技特派员制度的制定和实施，包含着不同的内涵，发挥的作用程度也不同。社会资源越丰富，所带来的关系网络越通达，信息就越畅通，资源则越丰富。实践证明，科技特派员制度中三大系统的信息对称程度越高，制度绩效水平也越高。随着各种社会力量投入社会主义新农村建设，党政机关、人民团体、企事业单位和社会知名人士、志愿者来到乡村进行结对帮扶，以及外出务工人员的回引等使各地区社会网络更加丰富，有利于科技特派员制度向互动或自动阶段的推进。

5. 技术资源聚集

通过科技特派员及其背后科研团队的集体攻关，将知识和技术通过政府与市场的作用带给农村劳动者，提高了劳动者素质，推动了农村的科技进步。

因此，科技特派员制度的完善和推广对社会主义新农村建设意义重大。社会主义新农村建设加快发展，要求经济结构调整必须在更宽领域、更高层次上展开，"按照高产、优质、高效、生态、安全的要求，调整优化农业结构"，而农村经济增长更加依靠科技进步和劳动者素质的提高。科技特派员的技术资源聚集作用，为农村社会进步提供了可靠的技术资源。

6. 文化资源聚集

文化资源聚集是指不同的思想、观念、风俗、习惯等的集聚。人类的经济活动总是在特定的社会环境中与特定的约束条件下进行，文化作为一种非正式制度，不同的文化资源对不同地区经济活动主体思维方式和行为模式的影响不同，对于不同地区科技特派员制度推广模式的选择有着深远的影响。例如，中州文化的封闭、保守特色，使其更重视政府作用和大项目的作用，发展模式通常为"政府主导、能人参与"。齐鲁文化的保守、务虚，同样使其重视政府的作用和大项目作用，发展模式为"政府主导、民众参与"。吴越文化重开放实用，使其既重视国家资本，也关注民间资本，发展模式为"政府引导、社会参与"。岭南文化强烈的开放性、冒险进取心等特质，使县、乡级基层政府更易获得放权，更加注重国外资金的引进，发展模式为"政府指导、企业主导、社会、民众广泛参与"。社会主义新农村建设提出繁荣文化产业，保护和发展有地方和民族特色的优秀传统文化，会对科技特派员制度产生一定的"场"作用，同时，文化交流也有利于科技特派员制度向更高层次发展。

科技特派员制度已成为推动区域经济发展的强大动力，有效地解决了科技与农村产业发展对接问题，以及提高农民素质的"瓶颈"问题，有效地激发了农村自我发展能力，是整合政府资源和社会力量、形成合力服务"三农"发展的有效途径，是统筹城乡发展和推进社会主义新农村建设的重要抓手，是将国家意志、群众意愿、市场需求和产业发展相衔接的多赢制度。

福建省科技特派员制度发展情况

——福建省科技发展研究中心　刘小婧

一、福州市

一是创新选认程序。强调上一级科技特派员要从下一级科技特派员中择优推荐，带动省、市、县三级科技特派员选认。近三年来，福州市共认定省级科技特派员超过1000名、市级科技特派员超过2500名（图1），以及一批省市团队、法人科技特派员，实现省市科技特派员在乡镇全覆盖，带动县级科技特派员在2197个行政村全覆盖，人才领域涵盖了农村一二三产业。

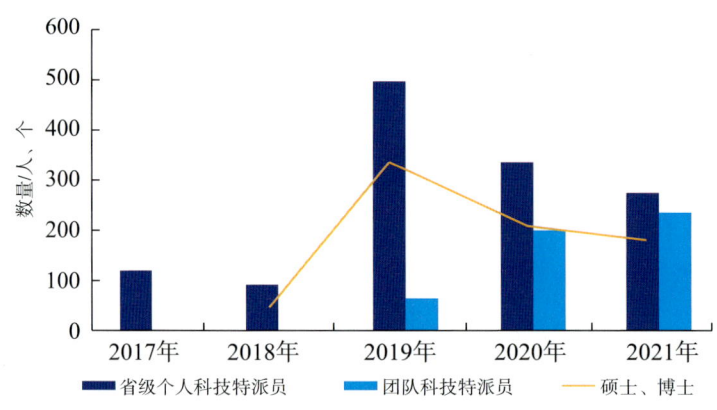

图1　福州市科技特派员及团队科技特派员情况

二是保障经费投入和使用。突破科技扶持资金只能拨付到派出单位的限制，资金可直接拨付受援单位；允许省市级科技特派员从工作经费中提取5000元包干费用。市财政逐年增列科技特派员经费，专项经费从原来的210万元增加到2019年的1260万元、2020年的1560万元，2021年继续安排1560万元，支持包括科技特派员工作经费、后补助项目、星创天地补助奖励、信息化建设、工作和宣传经费等。

三是加强工作联动。市直有关部门推荐和各县（市、区）组织遴选相结合申报选派，实现横向左右与市直有关部门联动，多渠道推荐人才；纵向上下与省科技厅、县（市、区）联动，带动省、市、县三级工作开展。

四是相互合作更加深入。选择了一批高校院所的科技特派员项目进行网上推广，推动成果落地转化。积极推动科技特派员与受援单位建立利益共同体，截至2021年共有29个科技特派员与21家企业建立了利益共同体关系。实现创业和技术服务领域一二三产业融合发展，涌现出如海欣食品养殖、加工、销售的全产业链发展，有伦农业运用数字化平台服务"三农"等创新领域，合作领域更加深入，合作机制更加持久。

二、厦门市

一是创新推行"下派制"和"平台制"。厦门市"下派制"辐射厦门市岛外四区23个镇街，实现行政村全覆盖。每个镇街3人，全脱产开展科技服务1年。

二是拓展延伸帮扶服务。组建"厦门赴临夏州科技扶贫工作队"，重点围绕攻关当地特色产业，将扶贫"施工图"陆续变为致富"实景图"，积极探索出一条系统化、全方位的科技扶贫协作发展新路。开展闽西南合作，从资金、技术、项目、人才等方面支持三明市、龙岩市科技特派员工作，鼓励厦门市科技特派员到三明市、龙岩市开展技术服务和产学研合作。厦门市财政安排3000万元用于支持三明市、龙岩市开展科技特派员工作。

三是完善"厦门市科技特派员与技术服务对接平台"。建立科技特派员技术服务、成果转化数据库，定期公布高校、科研院所、国有企事业单位科技人员的专业技术特长和基层需求等信息，推进需求精准对接。

三、漳州市

一是充分发挥科技特派员生力军作用。拓展"科特派+现代农业""科特派+美丽乡村""科特派+精准扶贫"，创新"科技特派员+"工作机制。漳州在全省率先实现科技特派员行政村全覆盖、乡镇科技特派员工作站全覆盖和省级科技特派员乡镇全覆盖"三个全覆盖"。例如，云霄县组建科技特派员巡回培训小组，积极整合科技特派员与下派村第一书记和驻村蹲点、挂钩帮扶干部，实现协调联动、"一人双岗"，形成"科技特派员+"新格局。

二是找准漳台农业合作优势，首创选认台胞科技特派员。突出漳州对台区域特点，建立台胞科技特派员工作站，解决区域支柱产业升级与产业链延伸的关键共性技术问题 320 多个，培养本土科技人才 1100 多人，提升区域产业创新能力，大力推进海峡两岸技术和产业融合。2019—2020 年共选认台胞科技特派员 54 人次，帮扶 18 个行政村、37 家企业（专业合作社）。

三是立足产业发展需求，引入行业顶尖技术团队。选认湖南师大刘少军院士等 5 名高层次人才为漳州科技特派员，组建院士科技特派员服务团队。通过"订单式"精准对接，与企业联合研究，充分发挥各自资源优势，在科研成果推广、人才培养、平台建设等方面深化合作，共建科技创新及研发体系。漳州市科技特派员及团队科技特派员情况如图 2 所示。

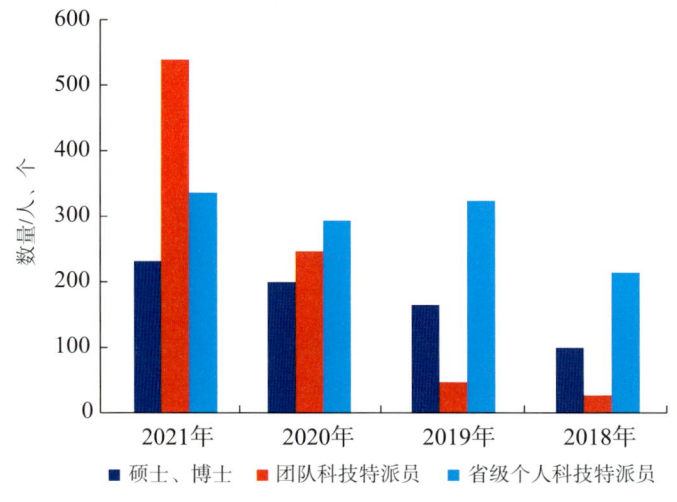

图 2　漳州市科技特派员及团队科技特派员情况

四、泉州市

一是实行正向激励。设立科技特派员专项经费，从 2017 年开始市本级每年安排 600 万元，2020 年起每年增加到 1000 万元。将县（市、区）科技特派员工作纳入实施乡村振兴战略综合考核，按评分排序前 3 名分别奖励 50 万元、

30万元、20万元，用真金白银正向激励科技特派员工作。

二是探索服务新模式。组织建设泉州国家级、省级农业科技园区，探索"园区＋科技特派员＋基地＋农户"的创业创新推广服务模式，2020年园区总产值达到710亿元，已建成核心区和示范区面积19 790公顷。泉州国家农业科技园区在全国157家国家农业科技园区创新能力监测评价中居第9名。打造特色星创天地，按照"城市众创、农村星创"布局，摸索总结出"科研创新驱动""互联网＋电商""特色产业""龙头企业"等多种星创天地发展模式，累计培育国家级星创天地13家、省级星创天地29家、市级星创天地57家。

三是推进三产融合。坚持选认不限地域、不限来源、不限服务领域，按照供需精准对接的原则，推进一二三产业融合发展。率先在全省开展法人科技特派员工作，以科技人员联合体或法人科技特派员的形式参与科技服务与创业，累计组建153个科技特派员（法人）团队，服务范围涵盖制鞋智能成型工艺设备开发、山茶油资源综合开发、金线莲有性繁殖、乐创生态推广服务等产业。拓展服务的深度和广度。截至2021年服务第一产业占比54.39%，第二产业占比34.35%，第三产业占比11.26%，服务领域已拓宽到电子信息、机械制造、计算机网络、电商等二三产业。

五、三明市

一是加强精准施策。先后制定出台了《关于进一步加强科技特派员工作的通知》《进一步落实科技特派员制度若干措施》《关于进一步完善三明市科技特派员工作联席会议制度的通知》《三明市科技特派员专项资金管理办法》等一系列政策措施，有力推动了科技特派员工作开展。

二是以平台扩大覆盖面。充分利用相关高校、科研院所创新资源，在乡镇、园区设立科技特派员工作站，搭建集技术引进、应用技术研究、成果推广转化、人才培养、技术培训等于一体的工作平台，服务领域由原先的"三农"范畴向二三产业延伸。以服务平台提升成效。推进厦明火炬新材料产业园科技特派员服务中心、市农科院科技特派员培训中心建设，搭建科技特派员学习交流、"三创"辅导、技术对接、成果展示的平台，提升科技特派员服务成效。依托高校、科研院所和龙头企业，建设一批集科技示范、创业孵化、特色服务于一体的星创天地，以市场化机制、专业化服务和资本化运作方式，聚集创新资源和创业要素，促进农村创新创业的低成本、专业化、便利化和信息化。2020年，省级以上星创天地累计达12家，其中国家级7家，聚集各类创新创业人员727人，入驻孵化的创业企业112家、创新创业团队77个。

三是加强区域协作推动共赢发展。以开展京闽科技合作为契机，积极对接北京市科委，在全省首次通过京闽区域合作选认北京科技特派员。探索由北京市科委牵线搭桥、从北京引进科技人才的定制科技特派员模式。以闽西南协同发展区建设为契机，建立厦明科技合作会商机制，主动加强与厦门市科技局、厦门大学对接。2020年，厦门大学选派了12名科技专家和3个团队作为省级科技特派员到三明市开展科技服务。

六、莆田市

一是工作站建设。围绕全市强产业、兴城市"双轮"驱动部署，按照"建设一个工作站，对接一批专家，培育特色产业，开展技术培训，带动服务覆盖"的布局，推动建设乡镇（街道）科技特派员工作站，2019年莆田市在全省率先成立了科技特派员促进中心，负责协助开展全市科技特派员日常管理工作，完善技术供需对接机制。截至2021年已建成工作站22个，组织发动科技特派员积极服务鞋服、工艺美术、食品、电子信息、高端装备等"343"重点产业。2020年，莆田市选认省市级科技特派员共计514名，服务"三次"产业的人员比例为57.0%、17.7%、25.3%。

二是实施培育库工程。梳理农业产业化龙头企业、农业重点科研项目等，摸底储备和培育遴选一批重点后备企业，建立省级星创天地、科技特派员后补助项目培育库，开展点对点辅导培育、指导申报，协调解决企业申报过程中发现的问题，推动莆田市星创天地数量快速增长。2020年，全市新增省级星创天地3家。

三是加强校地合作。在全省率先建立高校科技特派员工作站，福建农林大学先后与秀屿区和涵江区政府联合建立科技特派员工作站，涵江区工作站针对生态农业产业发展需求，探索"低投入、高质量、有效益"的乡村生态产业发展之路，服务乡村振兴，引进高校科技人员30多名，协助规划、指导建设田园综合体、生态休闲农场、美丽生态经济综合体等乡村生态产业振兴项目11个，累计引进国内外特色优良品种60余个，带动50多项科研成果落地转化。秀屿区工作站围绕乡村振兴战略总体规划设计、产业开发、智慧乡村等方面，开展科技研究与实践服务，推动牡蛎壳粉土壤改良、水产品精深加工等科研成果落地转化。

四是开发服务平台。开发推广"莆田市科技特派员服务平台"，为科技特派员开展服务提供信息化支撑，并及时发布成果、市场等方面信息，实现科技特派员在线管理、科技信息线上发布、技术线上指导。重点服务方面，联合市科技特派员联席会议成员单位，组建研发机构、高企、果蔬安全检测等市级团队科技特派员8个，服务行业重点工作、重点项目或重点产业。

七、南平市

一是加强组织领导。市、县两级成立工作领导小组，建立联席会议制度。乡镇（街道）成立科技特派员工作站，制定工作制度，开展常态化科技服务。同时推行市、县领导包片建设示范点的做法，"点线面"结合打造产业科技服务示范区。为加强绩效管理，制定《南平市科技特派员管理办法》和科特派标准。实行科技特派员服务积分制管理，加强工作管理，将积分排名情况纳入县（市、区）绿色发展考核指标体系，推动科技特派员扎实开展服务。实行一体运作，整合科特派、驻村第一书记、乡镇流通助理3支下派队伍和挂钩帮扶干部、党群工作者等工作力量，一体运作，有力推动农村社会治理、扫黑除恶等工作，促进党群干群关系。

二是推动科技服务精准对接。选派对象上，在省级选认科技特派员的基础上，重点围绕贫困村、圆梦村、项目重点村、乡村振兴示范村的科技服务需求，选派市级专职科技特派员，脱产到基层开展科技服务，并在经费、项目等方面加大支持保障力度，推动农业产业转型升级。选派类别上，构建集个人、团队、法人、服务团于一体的富有南平特色的科技特派员服务体系。围绕南平市七大绿色产业、三大创新和健共体项目，组建重点项目团队169个，法人科特派15个、行业科特派服务团9个，开展跨区域团队服务，提高服务成效。

三是加强保障激励，激发科技创新内生动力。第一，支持利益共享。制定培育发展利益共同体的兼职兼薪、财政奖励和产权激励等政策，截至2021年全市备案了52家科技特派员与服务对象结成的利益共同体，使科技特派员真正实现"名利双收"。第二，加强导向激励。每年评选奖励一批"明星科特派"

及利益共同体、优秀科研项目、服务之星等典型代表,对年度考核优秀的科技特派员给予省级2500元、市级1500元的奖励,同时可享受评聘职称、晋升职级方面的优惠政策。

四是加强平台建设支撑作用。第一,打造创新创业平台。在全市打造科技特派员工作站和科技特派员创新创业示范基地300多个,并精中选优,改造提升各具特色、涵盖不同产业的现场精品教学示范点43个,推动"一轴两翼"3个示范片区建设,打造参观学习线路12条。第二,完善服务云平台。与电信公司合作建设福建省科技特派员服务云平台(南平中心),实现科技特派员在线管理、专家在线指导、线上培训、成果展示等功能,提高科特派管理效率和服务质量。第三,成立科技特派员学院。通过学院开展科技特派员制度研究和科技特派员培训,2019年以来,共举办培训班5期,培训人数近600人。同时不断完善课程设置,提高办学条件,争取将其打造成为省级科特派学院。

八、龙岩市

一是着力抓好科技特派员选认工作。充分发挥市场作用,改传统的"行政式下派"为"市场式选认",对已经为农户、农业企业或合作社服务的科技人员,优先推荐选认为科技特派员。坚持"好中选优,优中选强"原则,保证科技特派员队伍质量。结合乡村振兴试点,会同市乡村振兴办对全市12个乡村振兴特色乡(镇)、110个试点村选认科技特派员。通过科技特派员指导和培训,推进乡村振兴工作。

二是开展脱贫攻坚科技帮扶到户活动。设立45万元科技帮扶到户专项资金,每个县确立2个以上科技帮扶示范点,组织科技特派员挂钩示范点。把科技特派员工作与革命基点村脱贫攻坚结合起来。向革命基点村优先选认科技特派员,开展种植、养殖或农产品加工示范项目,引领革命基点村打赢脱贫攻坚战。

三是推进"订单式"需求对接。在省市科技特派员选认过程中,依托福建省科技特派员服务云平台与龙岩市科技创新服务平台科特派模块,征集农业企业、合作社、家庭农场等农村基层技术需求,形成需求清单,充分发挥线上线下相结合的平台优势与专业服务能力,为各高校、科研院所和企业等团队科技特派员、法人科技特派员及个人科技特派员提供"订单式"需求清单。

四是项目带动,区域协作强示范。充分利用好厦门市支持龙岩市科技特派员工作专项经费,会同市财政局制定出台了《龙岩市闽西南协同发展区科技特派员专项资金管理办法》,对项目申报、管理、验收作出具体规定,使项目管理有法可依、有章可循。设立龙岩市科技特派员专项资金,用于市级科技特派员工作经费、主持项目和星创天地补助。

九、宁德市

一是强化组织领导。进一步完善市科技特派员工作联席会议制度,增补市海洋与渔业局、水利局、林业局为联席会议成员单位,抽调3名干部作为联席会议办公室专兼职工作人员,充实加强工作力量。创新选认方式,由原来的"一年一认"改为"一认三年",同时延长服务时间,由原先的每年不少于2个月改为每年不少于5个月,确保队伍服务对象、服务时间相对稳定,推进科技特派员工作常态化、长效化。

二是创建派驻机制。针对乡村振兴需求,建立科技特派员驻乡联村服务机制,重点服务全市110个省级乡村振兴试点村和306个产业薄弱村,实现科技特派员乡镇派驻和行政村科技服务全覆盖。抓住"选、派、认"三个关键环节,切实提高了资源配置的科学性、人才队伍的稳定性和技术服务的覆盖面。强化高位嫁接,围绕宁德市"8+1"特色产业遴选高端人才组建乡村振兴专家服务团,并设立了17个专家服务基地。

三是完善服务机制,提升服务实效。坚持"三个紧密结合"的服务定位,切实提升服务实效。突出项目带动,促进乡村产业发展。各级科技特派员坚持把产业振兴作为重点,积极开展农业全产业链科技服务,以实施项目为抓手,引导农民引进适应市场需求的新品种、新技术,发展生态农业和高优农业,推进农业结构调整。2020年以来,全市科技特派员共引进适应市场需求的新品种375个、新技术307项,帮助驻点村的企业、合作社、家庭农场围绕"8+1"特色产业申报各类项目152项,通过项目示范带动,增加农民收入。例如,市级科技特派员兰毓芳对接周宁县纯池镇三门桥村产业薄弱村,实施葡萄棚内套种马铃薯项目,利用葡萄清园后的空闲季节发展粮食作物的生产,提高了土地利用率,每亩可增收4000元左右,带动了全村农民套种的积极性。

十、共性分析

部分地市在实施科技特派员制度中形成的运行机制表明，组织保障机制、人员选派机制、人员管理机制、待遇保障机制、利益机制、工作机制、目标机制、任务机制、工作条件保障机制、金融保障机制、制度保障机制、考核激励机制是各地在科技特派员制度的建设与发展中基本上都有推行的运行机制。其中，涉及制度实施、工作开展保障方面，主要有组织保障机制、工作机制、目标机制、任务机制、工作条件保障机制、金融保障机制和制度保障机制；涉及人员选派、管理和利益驱动方面，主要有人员选派机制、人员管理机制、待遇保障机制、利益机制和考核激励机制。

一是组织保障机制。各地基本上形成了由地方主要职能部门组成的工作领导小组，地方行政分管领导任组长，或是建立科技特派员工作联席会议制度，负责实施科技特派员工作的组织领导、工作制定、协调管理等。领导小组或联席会议办公室一般设在地方科技主管部门。

二是工作条件保障机制。各地主要是根据本地的工作目标，确定工作的切入点，形成推进工作开展的手段、方法、思路和工作原则。根据目标、任务，以及各地政府和社会各方资源条件，在各级政府的专项工作经费支持、项目经费支持、人员派出单位的工作条件支持、服务地政府的工作条件支持、服务对象（企业等）的工作条件支持，以及对科技特派员创业的相关政策倾斜、提供条件平台等方面，形成政策或制度保障。

三是人员选派及管理机制。各地基本上均遵循自觉、自愿、双向选择的选派原则，并在选派人员的素质要求、人员选择的来源范围、人员派往的服务地范围和要求，以及人员的申报、遴选、审批等程序方面形成系统选派规范。制定了服从于目标、任务的科技特派员服务期限要求，一般均鼓励科技特派员连选连派，延长服务期限。有些地方允许科技特派员根据农时季节、实施项目需要和当地实际，灵活掌握在基层的服务时间，但要求1年内应有1/3以上时间在服务单位工作；对派出人员单位规定了人员和数量的相对稳定；界定了派出人员与原单位的关系；对不能胜任工作的人员，确定了调整办法；明确了对科技特派员日常管理的归属；建立了科技特派员档案、信息资料库；形成了驻点服务目标责任书等。

四是待遇保障机制。各地根据自身的政府和社会资源条件情况，制定对派出人员的相关政治、经济待遇。一般均体现在行政机关、事业单位在职的派出人员原职级、专业技术职务及编制，在下派期间给予保留（原单位不能进人顶其编制），可参加正常调资和职称评定，待遇视同在岗，并由原单位发放；年度考核优秀名额不占原单位指标；任职期满后其职称评定在同等条件下应给予倾斜；有下派经历者，机构改革时优先聘（录）用；对表现突出、政绩显著、群众公认的人员，给予表彰和奖励；明确交通费、生活费等补助的标准、发放办法；享受原单位在职工资、福利、奖金等待遇；对家属予以关心和照顾等。

五是利益机制。各地主要是按照市场经济运作的规律，促进科技特派员的个人利益与其服务对象的收益挂钩，在帮助服务对象致富的同时，从中得到合理的经济回报。一般均鼓励和支持科技特派员以资金入股、技术参股、技术承包、有偿服务、合股经营等形式，与服务对象结成经济利益共同体，实行风险共担、利益共享。

机制体制篇

福建科技特派员制度创新与实践

打好"组合拳",实施"集团战",
为八闽乡村振兴插上腾飞的科技"翅膀"

——福建省农业科学院

习近平总书记强调,创新是乡村全面振兴的重要支撑,要坚持把科技特派员制度作为科技创新人才服务乡村振兴的重要工作进一步抓实抓好。科技特派员制度推行20多年来,作为福建省政府直属的综合型农业科研机构,福建省农科院为全省科技特派员的主要派出单位,不忘科技为民初心、牢记服务"三农"使命,坚决响应党中央号召和省委、省政府部署,自觉主动、坚定不移地深入推行科技特派员制度,推动农科院科技特派员选派数量始终处于全省领先,科技特派员工作始终走在全省前列,农科院以科技特派员(个人、法人、团队)和乡村振兴科技服务团队为主体构建的400人左右的科技特派员团队,已成为福建省科技特派员群体中一支不可或缺的骨干力量。随着中国特色社会主义现代化建设事业的阔步向前和创新驱动发展战略、乡村振兴战略的深入实施,省级农业科研单位科技特派员工作现状与现代农业高质量发展的要求、与广大农民群众对美好生活的期盼还有一定差距,需要省级农业科研单位主动适应新时代新任务新要求,坚持问题导向,加大改革创新,深化实践探索,促进科技特派员工作再上新台阶。

一、主要做法与创新举措

(一)主要做法

1. 坚持组织推荐与个人自愿有机结合

坚持按需选派、双向选择、突出重点、保证质量的原则,根据全省科技特派员选派条件要求,每年选派300名以上有基层科技服务工作经验的科技特派员,其中高级职称占比超过50%。在开展调研,了解各地产业发展情况,特别是征集农业重点县、新型农业经营主体关键技术需求的基础上,通过职能处室"引"、科技人员自愿"领"、研究所与基层科技部门双向"派",做到组织推荐和个人自愿相结合,实现了专业对口、各得其所、人尽其才。

2. 坚持个体服务与团队服务有机结合

根据全省十大乡村特色产业发展的要求,在充分发挥科技特派员个体作用的同时,积极组建法人、团队科技特派员。2020年,农科院16个研究所全部组建法人科技特派员,全院组建157个团队科技特派员。2019年起,在延平区、光泽县、明溪县等地开展科技特派员集团服务试点,推动科技特派员服务向区域优势特色产业全产业链环节延伸拓展。农科院数字所牵头在光泽县实施"互联网＋生态食品产业链关键技术开发应用"重大科技项目,建设光泽生态食品产业链信息服务平台,实现水稻、畜牧、水产、蔬果、茶叶、中药材、物流等七大产业服务全程信息化,为光泽县建设中国生态食品城、打造"数字光泽"打下坚实的基础。2021年,在与光泽县长期合作的基础上,农科院与光泽县签署共建全国农业科技现代化先行县合作协议,围绕光泽县肉鸡、水稻、茶叶、中药材等产业发展要求,委托数字所、水稻所、畜牧所等10个法人科技特派员,全面落实先行县"八个一"重点任务。近年来,依托地方农业科学研究所,农科院与地方政府共建"基层农科院"协同创新机制,已在南平市、莆田市、宁德市、龙岩市、漳州市等5个地级市,分别建成农科院区域分院。其中,南平分院围绕水稻、茶叶、食用菌、蔬菜、水果等南平区域特色产业,先后选派24个团队科技特派员、100余名科技特派员到闽北开展农业科技服务,示范推广农业科技项目112项,累计创造经济效益5亿多元。

3. 坚持产业需求与服务供给有机结合

建立院所联系国家和省现代农业示范园区、重点县服务机制,农科院先后与3个设区市、24个特色农业及扶贫开发重点县签订了战略合作协议,每个重点县由一个研究所牵头对接,筛选了具体合作项目,选派了相应的科技特派员持续开展科技服务,助推了宁化河龙贡米、屏南高山蔬菜、政和县白茶、云霄淮山、长汀河田鸡等地方优势特色产业发展壮大。水稻所牵头的团队科技特派员依托谢华安院士领衔的河龙贡米院士工作站,建立了3个优质稻核心示范片,主推的5个优质稻新品种面积达5000多亩,还通过推广稻田彩绘艺术,扩大河龙贡米品牌影响力。茶叶所法人科技特派员2019年在福建省主要茶区示范推广茶树栽培化学农药"双减"增效技术及农机农艺融合模式55万亩,实现示范区内肥料利用率提高12%，化肥减施25%，农药减施25%，茶叶平均增产3%，有力助推了全省茶产业绿色高质量发展。

4. 坚持项目带动与平台示范有机结合

注重引导科技特派员领衔科技服务项目，年实施农业科技服务项目近400项。2017年以来，以科技特派员为责任专家，在全省50多个县（市、区），主要与农业新型主体合作建设了300多家院所两级科技示范基地，通过示范基地开展新品种新技术新模式的示范引领，"做给农民看、带着农民赚"。生物资源所科技特派员帮助德化县英山珍贵淮山农民合作社实施科技示范项目，建立淮山浅生槽定向栽培标准化技术示范基地，筛选3个淮山新品种，推广浅生槽定向栽培良好生产技术，结合套种竹荪，每亩增产淮山500千克、出产干竹荪60千克，实现增收上万元，不仅带动1000多户农户种植淮山1500亩，而且使之发展成为国家级示范合作社，合作社创办的加工企业产值超亿元。农业生态研究所与畜牧兽医研究所组成的团队科技特派员围绕长汀河田鸡特色产业，在河田镇兰秀家庭农场实施科技精准扶贫项目，通过不同功能性草资源搭配组合，建立河田鸡林下生态种养示范基地，并帮助组建香草家禽专业合作社，免费向贫困户提供鸡苗、技术培训、产品销售等服务，带动60多户贫困户实现精准脱贫。

5. 坚持培训农民和培育主体有机结合

在开展科技特派员服务中，既注重抓好面上的科技推广普及工作，提高农民科学种养水平，积极培育乡土人才队伍；又积极开展科企协作，重点培育新型农业经营主体。全院科技特派员与近千家农业龙头企业、农民合作社保持长期协作关系，增强了农村创新创业的新动能。2009年以来，农科院坚持每月1次开展农村实用技术远程培训，培训面覆盖全省所有乡镇，每年培训企业技术骨干、农民、农技员100万人次以上。此外，通过开展田间地头实地培训，每年培养各级青年致富带头人30多人、"乡创客""田秀才""土专家"等100多人。农业工程研究所科技特派员吴飞龙持续10多年对接服务福建星源农牧科技股份有限公司，建立了农牧生态循环农业技术集成模式，公司被评为国家现代农业示范区畜禽养殖示范基地，发展成为省级农业产业化龙头企业，年产值突破3亿元。古田县鹤塘明艳茶叶专业合作社理事长余海燕，在茶叶所、食用菌所等10多位科技特派员的长期指导下，从辍学的小姑娘蜕变为远近闻名的乡村能人，获得全国乡村优秀致富带头人、全国优秀农民工、全国巾帼建功标兵、福建省五一劳动奖章、福建省青年五四奖章标兵等10项省级以上荣誉。

6. 坚持落实政策与创新机制有机结合

认真贯彻落实国家和省科技特派员各项政策措施，建立健全科技服务激励机制，调动科技特派员下基层创新创业、到农村服务发展的积极性和创造性，放大科技特派员的制度效应。福建省先后出台了《福建省人民政府关于深入推行科技特派员制度的实施意见》《科技成果转化管理办法》《科技服务奖励办法》等政策文件，创新利益保障、导向激励和考核评价机制，明确优秀科技特派员工作业绩在职称评聘时可作为科技成果或破格条件等，明确鼓励科技特派员与企业结成利益共同体，明确规定成果转化或技术服务收益按科技人员70%、研究所15%、研究院15%的比例进行分配，明确将技术推广奖纳入科技奖励办法范畴。通过开辟优秀科技特派员职称晋升绿色通道，全国优秀科技特派员苏海兰顺利晋升副高级职称。

（二）创新举措

1. 突出重点聚焦

突出服务福建省十大乡村特色产业，突出引领区域农业农村现代化，突出新型农业经营主体培育和农村致富带头人培养，引导科技特派员服务资源向重点区域、重点产业聚焦，向重点企业、龙头企业汇集，向重点任务、重大项目倾斜。2020年起，为进一步破解创新链与产业链脱节问题，推进政科企、产学研深度融合，进一步鼓励倡导科技特派员进企业开展创新创业创造，福建省农科院"以企业出题、专家答卷"的方式，在16个特色产业强县和县域政府、农业龙头企业，合作建设农业产业研究院21个，涉及水稻、旱地作物、蔬菜等种植业，茶叶、生猪、果树、食用菌等福建农业主导产业、优势特色产业，全院有50多名科技特派员担纲农业产业研究院院长、副院长或理事会成员，领衔科技联合攻关项目25项，研发经费总额1500多万元。

2. 拓展集团服务

围绕培育特色产业强县强镇、特色农产品优势区和省级特色乡镇、乡村振兴示范村建设，以县域为单位，加强各研究所各专业的科技特派员队伍力量统筹，通过签订院县合作协议、落地科技特派员工作站、共建科技示范基地和农业产业研究院等多种方式，建立"科技特派员集团服务"模式，突出规模效应、集团优势和融合活力，打造了一批科技特派员集团服务示范区。与延平区共建的全省首个科技特派员集团服务试验示范区，有7个研究所、8个团队、30多位科技特派员来开展果蔬、花卉、食用菌、水产等产业科技服务。

3. 加大工作宣传

积极做好科技特派员工作宣传，既普及科学知识、加强成果推介，又弘扬科学家精神和新时代科技特派员精神。2018年以来，农科院认真总结科技特派员服务"三农"工作的典型经验、典型模式、典型机制，每年开展科技特派员典型案例征集活动，连续三年汇编成册。2021年，委托第三方机构开展典型案例网络投票和专家评审，取得了广泛的社会关注，投票网页总浏览量突破300万次，总投票数逾120万次，有23个优秀典型案例在学习强国上刊载。2021年出版《科技特派员制度实践与思考——福建省农业科学院科技特派员二十年》。2022年，省电视台纪录片《知行田野——科特派》拍摄宣传了农科院5个科技特派员个人和团队典型。2017年以来，每年评出院科技服务先进个人50人、院科技服务先进集体10个左右。2022年，积极参与省科技厅最美科技特派员学习宣传活动，推荐上报25名最美科技特派员候选人。

二、实施进展与成效

（一）科技特派员队伍不断壮大

先后选派个人科技特派员3500多人次，基本覆盖了福建省全部县（市、区），涌现出吴敬才、苏海兰、黄新忠、吴飞龙等一批知名科技特派员工作典型人物。

（二）科技特派员工作不断创新

先后积累了科技下乡"双百"行动、闽宁合作科技特派员产业扶贫、乡村振兴科技服务团队等典型经验，探索创新了"科技特派员＋重点县＋示范基地""科技特派员＋新型农业经营主体＋贫困户"等服务模式，打响了农科院科技特派员工作品牌。

（三）科技特派员成效不断显现

先后实施产业发展和科技扶贫项目4000多项，示范推广新品种、新技术、新成果 800 个，解决区域农业重大、关键、共性技术问题和企业生产难题近万个，建立科技示范基地、示范点 1200 多个，每年培训农民、农技人员 100 多万人次，累计创造社会经济生态效益逾 100 亿元，有力地助推了福建省各地特色农业产业发展。2020 年，12 名科技特派员获得省"最美农业专家"称号，2019 年在北京召开的科技特派员制度推行 20 周年总结会议上，福建省农科院苏海兰、黄新忠受到科技部通报表扬，苏海兰作为全国科技特派员代表在大会上作典型发言。2021 年 9 月，苏海兰应邀出席中央宣传部举办的"科技报国　创新为民"中外记者见面会，向世界介绍科技特派员事迹。在 2021 年全国文化科技卫生"三下乡"推介展示活动中，福建省农科院科技特派员团队获得"优秀团队"荣誉称号。

三、经验与启示

（一）坚持以人民为中心

始终遵循党的"三农"工作总方针，组织动员更多科技人员加入科技特派员队伍，投身"三农"一线主战场及乡村振兴最需要、最迫切的地方、领域和环节，将个人抱负与农村发展紧紧相连，将个人成长与农民致富携手并进，进一步密切与农民群众的血肉联系，做有用的科学研究，开展高效的科技服务，让科技特派员到农村"下得去、留得住、干得好"，真正"把论文写在田野大地上"。

（二）坚持以问题为导向

加强产业问题调研，着眼乡村产业振兴的重点、短板和弱项，加快生成核心成果与关键技术，突破农业重大领域发展"瓶颈"制约，加强高质量科技供给，引导农业绿色发展、高质量发展。实现科技特派员人才链、创新链、价值链、成果链与产业链"无缝衔接"，形成一个"全覆盖、全方位、全过程"的科技特派员运行体系。

（三）坚持以人才为根基

强化人才优先意识，选准选好"想干事、能干事、干成事"的科技特派员。要在科技特派员管理上用心思，变管理为服务，将科技特派员从烦琐、不必要的体制机制束缚中解放出来，破除形式主义、官僚主义的干扰，确保将主要精力投入下基层创新创业和服务"三农"中。

（四）坚持以项目为抓手

打好全要素集成的"组合拳"，将科技特派员优势资源合理配置、导入农村，推进产业链条的垂直整合和产业环节的技术集成，形成科技服务合力，搭建一个支撑乡村振兴的"大产业、大项目、大融合"的科技特派员创新创业平台。

（五）坚持以创新为动力

深化经验总结和实践探索，紧追时代发展步伐，以改革的精神不断完善科技特派员激励机制，激发科技特派员在乡村创新创业创造的积极性。使科技特派员将科研事业与产业经济深度融合，实现产业共同体、利益共同体"两个共同体"。

四、创新亮点

创新科技特派员组织形式，在做好"规定动作"——坚持选好选准科技特派员的同时，创新设计"自选动作"——依托16个研究所组建23支乡村振兴科技服务团队，不断夯实一支懂农业、爱农村、爱农民的科技服务"三农"工作队伍。乡村振兴科技服务团队实行首席专家负责制，下设3～4个岗位。团队首席专家、岗位专家要求副高级职称以上，并至少拥有3年以上省级科技特派员履历，团队成员中科技特派员占比要求达到或超过80%，基本实现了科技特派员队伍、乡村振兴科技服务团队两支队伍相融相促、相辅相成，同扛一面科技服务大旗。乡村振兴科技服务团队通过加强调查研究、制定责任清单、开展产业服务、创新工作机制、夯实工作合力等举措，实现科技特派员服务从"个人服务"到"集团作战"的转变，从科技人员到"产业高参"的转变，推动了科技特派员制度进一步落地见效。2018年以来，通过科技服务，福建省农科院年示范推广农业"五新"技术500多项，示范推广面积70万亩，解决区域关键共性技术"瓶颈"问题、企业生产技术难题300多项，年新增经济社会效益12亿元以上。

创新选认，探索服务新机制

——福州市科学技术局

近年来，福州市坚持和深化科技特派员制度，不断完善政策，创新选认方式、宣传方式，积极探索服务新模式，加大项目扶持力度，强化平台建设，促进科技特派员工作走深走实。

一、主要做法

（一）完善政策体系

近年来，根据中央和省的精神，结合福州市实际，先后出台《关于推行科技特派员制度的实施办法》《关于进一步加强我市科技特派员工作的意见》《福州市关于进一步坚持和深化科技特派员制度的工作方案》《福州市深入推进科技特派员制度服务乡村振兴的若干措施》4个文件，充分体现了市委、市政府对科技特派员这项工作的高度重视。同时还出台了科技特派员工作管理、专项经费管理、工作样板点建设等配套举措，建立完善科技特派员工作政策规章体系，多方面实施工作创新。

（二）优化选认选派

2017年以来，福州市累计选认市级科技特派员2941名，其中，福清市536名、永泰县374名、连江县370名、闽清县351名、闽侯县278名、长乐区272名、罗源县210名、晋安区170名、仓山区167名、高新区117名、马尾区65名、鼓楼区16名、台江区15名。在以下几方面逐年优化选认选派：一是加强与大院大所大学对接，推动"高位嫁接"，至2022年选认高校院所人才占比超过70%，产学研带动更为明显；二是逐步加强对高层次人才、特殊人才、龙头企业的选认，共选认特殊人才109名，其中比较有亮点的有院士1名（大连工业大学国家海洋食品工程技术研究中心）、境外人才1名（澳大利亚籍)、省外人才 77 名、技能大师 24 名、台籍人才 57 名,同时把选认台胞科技特派员作为一项硬性任务,助力打造台胞台企登陆的第一家园;三是面向 344 家市扶龙头企业及市级农业产业化龙头企业选认 103 名,产业对接度进一步提升;四是坚持逐级择优选认,形成县、市、省三级梯次,程序更加优化,结构更加合理;五是保持省市级科技特派员在 129 个乡镇全覆盖、县级科技特派员在 2195 个行政村全覆盖。

(三)完善管理体制

制定科技特派员工作管理办法、专项经费管理办法、工作样板点建设标准等配套规章,推动具体工作创新,推进落实各项保障措施;建立市、县两级科技特派员工作联席会议制度,各部门合力推进科技特派员工作开展;面向每年服务超千人的省、市、县三级科技特派员队伍,开发并采购科技特派员数字化服务管理平台,推进线上管理与服务,实现"掌上科特派";在科技特派员专项资金管理中推行经费项目化、提取包干费、可直拨受援单位等务实创新;建立科技特派员日常管理和年度考核机制,建立履职服务"双随机一公开"检查机制。

(四)聚焦服务产业

围绕福州七大特色产业,服务农业园区、现代农业产业园和农业产业重点企业的比例不断上升,建立一批科技特派员领办或参与的创新创业平台,培育认定涉农省级新型研发机构 10 家、市级星创天地 30 家、市级现代农业技术创新基地 61 家、工作样板点 27 家;推动科技特派员与受援企业建立利益共同体超过 30 家,形成长效机制;加强发挥团队科技特派员的作用,从单一技术服务扩大到对企业产业链服务,服务层级更加立体全面,推动一二三产业融合发展;在"福州市科技成果转化公共服务平台"中植入省市级科技特派员资源,加快资源对接和成果转化,推动技术与产业结合,成熟时接入"e 福州";设立科技特派员参与的"琅岐菜篮子""海上福州""茶科技""种质资源"等专项科技计划,服务产业更加明确;支持各类科技特派员参与的科技项目超过 100 项,安排科技特派员专项经费超过 4500 万元;安排每年支持南平、宁德科技特派员经费 3000 万元,带动闽东北合作;发挥省会城市优势特色,推动数字农业应用和发展。

（五）加强宣传带动

充分运用传统媒体及新媒体，全方位宣传科技特派员。在学习强国、《科技日报》、《福建日报》、《福州日报》、福州科技官网等媒体上报道科技特派员各类先进典型事迹和工作亮点成效，设立科技特派员《我为乡村代言》栏目，开展"福州科技特派员在行动"等直播带货活动，与市妇联联合主办"碳汇·科技助农巾帼行动"、"寻找最美女科技特派员"、推荐省"最美科技特派员"等活动，形成社会关注科技特派员的氛围，让大众了解并走进科技特派员，带动更多人才投身科技特派员队伍。

二、工作创新与亮点

一是选认程序更加合理。形成省级科技特派员从市级择优产生、市级科技特派员从县级择优产生的新模式。发挥农业、人社、工信、林业、水利、科协等14个部门合力，与县区科技部门共同推进选认。二是选认范围更加广泛。对实际工作能力强、经验丰富、业绩突出的，可以适当放宽选认标准；支持选认省外优秀科技特派员；创新榕台合作，加大台胞科技特派员选认力度，2020年选认台籍省市级科技特派员52人，比上年增加116%，专业领域涉及果蔬栽培、中草药种植研发、生物医药、物联网、品牌策划、创意设计、休闲农旅等，不断拓展合作度。三是经费使用更加灵活。本着灵活、高效使用的原则，完善资金使用规定，突破科技扶持资金只能拨付到派出单位的限制，资金可直接拨付受援单位；允许省市级科技特派员从工作经费中提取5000元包干费用。四是相互合作更加深入。选择一批高校院所的科技特派员项目进行网上推广，推动成果落地转化；积极推动科技特派员与受援单位建立利益共同体，截至2021年，共有29个科技特派员与21家企业建立了利益共同体关系；实现创业和技术服务领域一二三产业融合发展，涌现出养殖、加工、销售的全产业链发展（如海欣食品）、运用数字化平台服务"三农"（如有伦农业）等创新领域，合作领域更加深入，合作机制更加持久。五是宣传方式更加多样。与《福州日报》《科技日报》等建立战略合作关系，营造全市关注科特派浓厚氛围，其中全省首创的科技特派员直播带货活动在《福州晚报》上进行了报道，题为《科技特派员"抖"出农家猛料来》的文章获得省科技厅厅长陈秋立的点赞，省纪委副书记薛云官做出肯定批示；在疫情防控期间，强化了科技特派员的典型宣传，在全市掀起关注科技特派员工作的热潮。

拓展服务领域，发挥引擎带动作用

——厦门市科学技术局

科技特派员是习近平总书记在福建工作时深入总结基层实践、大力倡导推进的一项十分重要的农村工作机制创新。厦门市认真贯彻落实习近平总书记对推动科技特派员制度的重要指示精神，充分发挥科技特派员队伍在实施乡村振兴战略中的引擎带动作用，为厦门市乡村振兴提供重要的智力支撑。

一、加强组织领导，完善制度保障

一是深化制度保障。市委、市政府先后出台《厦门市深入推行科技特派员制度的实施意见》（厦委办发〔2018〕31号）、《厦门市关于进一步坚持和深化科技特派员制度的工作方案》（厦委办发〔2020〕26号）等文件，保障科技特派员工作持续推进。

二是强化联动协调。市委、市政府分管领导为召集人，成立由市委组织部、科技局、农业局等20多个部门组成的市科技特派员工作联席会议，各区参照建立科技特派员工作联席会议制度，统筹部署推动科技特派员工作。

二、创新选派机制，不拘一格选才

2018年以来，厦门市把选准选好科技特派员作为首要切入点来抓，因地制宜创新推行"下派制"和"平台制"。"下派制"辐射厦门市岛外四区23个镇街，实现行政村全覆盖。每个镇街3人，全脱产开展科技服务1年。2018—2021年，厦门市已累计选派科技特派员207人。"平台制"即建立"厦门市科技特派员与技术服务对接平台"，依托市科技局网站和微信小程序同步运行，现已注册个人科技特派员1023人、法人科技特派员135家，平台科技特派员灵活对接各区需求，服务范围覆盖全市。科技特派员队伍不拘一格，遴选涵盖科技、农业、海洋、环保、旅游、教育、卫生等领域人才。

2018—2020 年，厦门市支持科技特派员与企业合作开展产学研课题 356 项，共计资助资金达 8052.3 万元；推动建立科特派利益共同体共计 127 家，转化成果 60 项，合同金额 2899.6 万元。2020 年，全市有 1090 名科技服务人员在 127 个众创空间开展科技服务，在孵团队 2207 个，在孵企业 2545 个。

三、拓展服务领域，推进成果转化

一是从"三农"向工业卫生教育等领域拓展。科特派工作除服务全市乡村振兴建设外，进一步拓展服务到工业、卫生教育、文化旅游、绿色环保、城镇建设等领域，推动市绿色农业、观光休闲农业、现代农业发展，促进农产品精深加工和农业资源高效利用，促进一二三产业深度融合发展。

二是推进成果转化，改善农村人居环境。中科院城环所科技特派员陈少华开发分散污水处理技术，通过技术入股中科同恒环境科技有限公司，在厦门、漳州、龙岩等市的 63 个行政村成功推广并正常运行，生态环境部官方微信及《科技日报》分别进行报道。截至 2021 年共有约 230 个项目正在设计、实施，工程日处理水量总和突破 3.7 万吨，累计合同总额约 5.9 亿元。

四、发挥支撑作用，推动乡村振兴

科技特派员深入各村调研，充分了解各村资源禀赋，打造"一村一品"，引进先进的种植技术，提高农产品的价值。国家级科技特派员康英德引进优质高效种苗和先进的种植技术，实施科技带动、产业带动、销售带动"三个带动"，辐射推广至同安及厦门周边地区 1.95 万亩，每亩帮助农民增收 6000 元。2021 年 3 月 23 日，央视《新闻联播》报道康英德科技特派员创新创业，有效带动农业增产和农民增收的事迹。

此外，科技特派员通过举办各类农民实用技术培训，培养本土人才，帮助乡村人才振兴。2021 年 1 月 13—15 日，市委组织部、市科技局、市人力资源社会保障局联合组织在南平市科技特派员学院举办厦门市科技特派员专题培训班，厦门市第三批下派制科技特派员、各区科技特派员联席会议负责人及各区科技特派员平台基地依托单位负责人共 90 人参加了培训，有力提升厦门市科技特派员履职能力和服务水平，发挥科技特派员服务乡村振兴的作用。

五、拓展延伸服务，开展对口帮扶

一是建立脱贫攻坚"智囊团"。2017—2020年，厦门市科技局从福建省亚热带植物研究所先后遴选科技特派员60人次组建"厦门赴临夏州科技扶贫工作队"，重点围绕攻关当地特色产业，将扶贫"施工图"陆续变为致富"实景图"，积极探索出一条系统化、全方位的科技扶贫协作发展新路。

二是创新模式共建农业科技研发中心。2019年10月，厦门市科技局与临夏州科技局、临夏州农科院两地三方联合共建"厦门—临夏农业科技研发中心"，成为扶贫攻坚战中新的"大脑中枢"，在全国尚属首创。研发中心已成为科技特派员在临夏州开展科技服务的重要平台。2018—2021年，厦门市共安排科技资金703.9万元，支持55个科技扶贫项目，由福建省亚热带植物研究所的科技特派员分别作为项目负责人，其中有46个项目由临夏州农科院安排2～3名技术人员共同参与研究攻关，瞄准临夏州农业特色产业技术需求，开展农业科研项目合作，着力解决临夏州农业产业化存在的突出问题和技术"瓶颈"。

六、开展闽西南合作

从资金、技术、项目、人才等方面支持三明市、龙岩市科技特派员工作，鼓励厦门市科技特派员到三明市、龙岩市开展技术服务和产学研合作。2020年，厦门市财政安排3000万元用于支持三明市、龙岩市开展科技特派员工作。

助力产业转型，打造泉州样板

——泉州市科学技术局

近年来，泉州市认真贯彻习近平总书记关于科技特派员制度的重要指示精神，深入落实国家、省科技特派员工作的部署要求，"全方位""多领域""深层次"探索具有泉州特色的科技特派员发展道路，为高质量发展超越赋新能。截至 2021 年，泉州市累计选认省市级个人科技特派员 3757 名，组建法人（团队）科技特派员 384 个、科技特派员工作站 59 个，实现创业和技术服务行政村全覆盖，一二三产业全覆盖。培育国家级星创天地 13 家、省级星创天地 29 家、市级星创天地 57 家，数量居全省第一。率先将科技特派员服务延伸拓展到二三产业，泉州市科技特派员助力产业转型获省科技厅肯定，2021 年 8 月，全省现场观摩暨经验交流研讨活动在泉州市召开，泉州市科技特派员助力产业转型的做法作为典型经验在全省推广。

一、全方位政策保障，优化创业环境

一是加强组织领导。市委、市政府高度重视科技特派员工作，将实施科技特派员制度列入为民办实事项目，专门召开市委常委会、市政府专题会、科技特派员现场会，定期研究部署深入推行科技特派员制度工作。建立泉州市科技特派员工作联席会议制度，明确市直各成员单位和各县（市、区）主体责任，形成"主要领导统筹、分管领导主抓""部门协同、上下联动"的工作机制。

二是强化政策引导。先后出台《泉州市人民政府办公室关于深入推进科技特派员创新创业的实施意见》《泉州市进一步坚持和深化科技特派员制度的行动方案》等 6 份政策文件，支持开展科技成果转化、示范基地建设、农民培训等工作，规范专项经费主要用途、补助方式等事项，以制度和政策引领科技特派员工作持续创新。2021 年 9 月，《泉州市科学技术局　中共泉州市委人才办　泉州市工业和信息化局　泉州市教育局关于开展科技特派员助力制造业数字化转型专项行动的通知》发布，重点聚焦泉州市制造业数字化转型需求，鼓励引导科技特派员为制造业数字化转型提供科技和智力支撑。

三是落实资金保障。设立科技特派员专项经费，从2017年开始，市本级每年安排专项经费600万元，2020年起每年增加到1000万元。2017年以来，累计下达省市级科技特派员经费4732.5万元，其中省级经费1924万元、市级经费2808.5万元。率先在全省实行绩效考核，对选认为市级个人科技特派员、科技特派员工作站的给予1万~5万元工作经费，对科技特派员及团队（法人）创办、领办经济实体，或与经济实体开展实质性技术合作及专利成果转化的项目和创新创业公共服务平台的给予10万~20万元经费补助。将县（市、区）科技特派员工作纳入实施乡村振兴战略综合考核，按评分排序前3名分别奖励50万元、30万元、20万元。

四是注重项目带动。组织实施科技特派员项目，鼓励支持科技特派员围绕区域特色优势产业，开展先进成熟适用的科技成果转化和产业化示范。累计实施省市级科技特派员项目64项，成功突破一批关键技术难题，引进、示范、推广新技术、新品种、新成果210项，17项优秀成果在"6·18"中国·海峡创新项目成果交易会等展会上亮相。

二、多领域创新模式，打造泉州样板

一是推行精准对接。围绕"双向选择、按需选认、精准对接"要求，采取"订单式"需求对接和"菜单式"服务供给模式，因地制宜选派科技特派员，推动人才与服务对象的精准对接。累计选认省市级个人科技特派员3757名，在全市163个乡镇（街道）、2010个行政村（社区）实现创业和技术服务全覆盖。中国科学院、同济大学、辽宁大学、西南大学、厦门大学、国家海洋三所等省内外高校和科研院所积极参与泉州市科技特派员工作。

二是实行跨界选认。在全省率先将服务从一产向二三产延伸，将选认从省内向省外、境外拓展，将服务领域从农业向电子信息、机械制造、水暖卫浴等领域延伸，促进创业和技术服务向研发、生产、加工、销售等全产业链条延伸。截至2021年，泉州市科技特派员服务一二三产业占比分别为46.0%、39.5%、14.5%。例如，中国科学院海西研究院陈素晶团队通过开展高端厨卫用石墨烯功能涂层、环保黑色耐指纹卫浴新材料的关键技术研发，助力九牧厨卫在基础材料、节能环保工艺等方面的表面处理技术创新，带动提升福建省在国内国际厨卫市场的影响力；泉州华中科技大学智能制造研究院苏德瑜研究员服务泉州梅洋塑胶五金制品有限公司，携手攻关核心技术引领智能制造，实现车间自动化设备升级，产值提升达 2 亿元。

三是推动组团服务。创新服务和协作方式，推动"单人单点"服务向"组团联动"服务转变，由服务企业向服务产业延伸，构建由高校院所专家、本土人才和科技服务团队构成的科技服务体系。累计组建法人（团队）科技特派员 384 个，建立制鞋智能成型工艺设备开发、山茶油资源综合开发、金线莲有性繁殖、乐创生态推广服务等团队。例如，德化县引进中科院沈阳自动化研究所（昆山）智能装备研究院科技特派员团队，助力陶瓷智能装备产业发展，与中科院共建陶瓷智能装备研究院，整合形成拥有 19 名研发人员的研发团队，围绕陶瓷共性关键技术开展自动化生产线等智能装备研发 6 项，服务 50 多家企业，向 40 多家企业推广 60 多条智能装备生产线。

四是加快区域发展。围绕各县（市、区）区域产业特色、重点领域，整合高校、科研院所和企业优质创新资源，创新科技特派员服务模式，有效提升县（市、区）科技特派员创新原动力。其中，南安市将年度目标任务纳入乡镇年度考核内容，形成部门协同、上下联动的组织体系和长效机制，在全市率先实现乡镇、村居全覆盖；德化县创新电商科技特派员选认模式，"带火"区域品牌，观看直播人数超过 200 万人次，累计完成直播销售订单 20 万个，销售额达 680 万元。

三、深层次优化载体，探索服务模式

一是建立创新创业高地。探索"园区＋科技特派员＋基地＋农户"的创业创新推广服务模式，2020 年泉州国家农业科技园区总产值达到 710 亿元，已建成核心区和示范区面积 19 790 公顷。泉州国家农业科技园区在全国 157 家国家农业科技园区创新能力监测评价中居第 9 名，泉州省级农业科技园区在全省 9 个省级农业科技园区评估中排名第一，获评"优良"园区。

二是打造特色星创天地。按照"城市众创、农村星创"布局，摸索总结出"科研创新驱动""互联网＋电商""特色产业""龙头企业"等多种星创天地发展模式，累计集聚创业团队 610 个、创业导师 450 名，服务初创企业 660

家，举办创新创业活动 700 多场次，助力泉州市形成创业主体大众化、孵化对象多元化、创业服务专业化、组织体系网络化、建设运营市场化的农业农村众创体系。

三是构建利益共同体。鼓励科技特派员与服务对象结成利益共享、风险共担的共同体，不断开拓产品生产、加工与销售等新路径，实现科技特派员和企业双赢。南京理工大学与福建省健丰生物科技有限公司合作共建研发中心，企业从产品销售额中抽取一定比例奖励技术合作单位，实现企业和高校的双赢；科技特派员以技术、资金入股福建佳友茶叶机械智能科技股份有限公司，企业以创新成果利润 12% 作为特派员分红，实现数字化控制技术与茶机集成创新，解决数十万茶农"看天制茶"的技术"瓶颈"。

四是建设创业培训基地。依托泉州市科技开发中心建设国家科技特派员创业培训基地，拍摄科教片、多媒体课件 30 多部，遴选科技特派员工作站新载体 38 家，采用微信直播的方式开展实用技术远程培训 70 多期，惠及 20 多万人次，有效提升农民科技意识和技术水平。

围绕产业链部署创新链，"借梯登高"破瓶颈

——南平市科学技术局

科技特派员制度源起南平、兴于福建，是习近平总书记亲自关怀指导、亲自总结提升的农村工作机制创新。2019年10月，习近平总书记对科技特派员制度推行20周年作出重要指示，将科技特派员定位为"党的'三农'政策的宣传队、农业科技的传播者、科技创新创业的领头羊、乡村脱贫致富的带头人"，对科技特派员在助力乡村振兴中发挥的作用给予了高度的评价。2021年3月22日，习近平总书记莅临南平考察时殷切嘱托，"要深入推进科技特派员制度，让广大科技特派员把论文写在田野大地上"。

在20多年的实践中，南平市认真贯彻落实习近平总书记重要指示精神，始终坚持人才下沉，促进科技成果转化为现实生产力，并根据基层需求变化不断改革创新，着力打通制约基层发展的"瓶颈"。近年来，随着现代农业生产技术的不断进步和供给侧结构性改革的不断深入，单纯的生产技术指导已经不能满足基层发展需要，亟须发挥政府引导作用，深入查找产业发展的难点、堵点、痛点问题，有针对性地部署创新链，"借梯登高"，畅通产业发展路径，推动科技特派员制度从单纯提供科技服务拓展到为城乡融合发展提供宽领域、全要素、全链条综合性服务，成为新时代助力产业转型升级、推动绿色高质量发展的生力军。

一、主要做法和创新举措

坚持"生态优先、绿色发展"的新定位新使命，聚焦"一座山、一片叶、一只鸡、一根竹、一瓶水"等生态优势产业和"3个千亿、4个五百亿和5个百亿产业"重点产业集群，以产业发展目标和短板问题为导向，在产业链前、中、末端布局科技特派员和团队，形成科技特派员全产业链服务新格局。主要

做法和创新举措如下：

（一）优化选人用人机制，全面部署产业创新链

进一步优化精准选派机制，通过线下科技特派员工作站和线上科技特派员服务云平台广泛征集基层科技需求，并有针对性地帮助联系对接省内外高校院所和企事业单位专家，推动供需有效对接。一是突出高端"引"，提升队伍总体素质。通过政府顾问、科技小院、院士专家工作站、博士后工作站等平台引进高端科技人才，先后对接中国工程院、中科院上海分院、清华大学、浙江大学等400多个单位，累计引进高端科研人才2000多人次，将大批科研成果导入基层，转化为现实生产力。同时这些高端人才通过组建团队实施项目，有效地培养了当地人才，对提升南平市科技人才总体素质发挥积极作用。例如，针对南平市茶产业发展存在的种质资源开发力量薄弱、茶园建设水平不高、生产方式落后、精深加工不足、品牌建设滞后等共性关键技术问题，主动联系对接中国农业科学院茶叶研究所、江南大学、浙江大学等的10余名行业高端专家加入南平市科技特派员队伍，为茶产业发展赋能。二是突出"精准对接"，拓宽选认选派渠道。适应新时代发展需要，推动原先以政府为主导的单一"选派"制向以市场双向对接为基础的"选认"制为主、"选派"制为辅的选派机制转变。在高端"引"的基础上，采用机关"派"、基层"培"、社会"聘"并举的方式，构建上有高校院所专家、中有科技服务团队、下有乡土人才的"宝塔型"科技人才服务体系。例如，2021年，针对茶产业发展需求，南平市精准选派142名个人科技特派员和115个团队科技特派员帮助茶企开展技术指导和科研攻关。三是推进"三支队伍"互动联动，放大科技特派员服务效应。坚持以"高位嫁接、重心下移"为基本工作思路，加强统筹协同，发挥好下派村党支部书记在基层的号召力和影响力，做好科技特派员联系服务群众的"连心桥"；发挥好流通助理对市场需求、销售渠道的洞察力和敏感性，做好科技特派员产品对接大市场的桥梁纽带。通过"三支队伍"互动联动、一体运作，推进科技特派员服务更加高效，实现乡村社会治理体系、治理能力现代化。例如，在建阳区水吉镇仁山村，三代科技特派员接力指导当地村民革新葡萄种植技术、改进生产设施；下派村党支部书记积极组织协调村民学习新技术，帮助协调建设星创天地及打造葡萄品牌事宜；流通助理协调对接"一亩田"农产品发布平台、"果之道"京东物流平台和"抖音"电商平台，畅通葡萄销售渠道。

在"三支队伍"助力下,葡萄成为仁山村的支柱产业,"仁山葡萄"品牌得到广泛认可,被指定为厦门金砖会议专供葡萄。

(二)服务重点技术需求,推动产业技术进步

深入查找重点产业发展中的难点、痛点、堵点问题,从更高层面加强产业科技发展规划,着力攻克一批产业关键技术难题,实施一批产业提升项目,推动一批先进成果模式推广示范,全面提升产业发展水平。一是着力关键技术攻关,突破产业发展"瓶颈"。以增强南平市重点产业核心竞争力、提升产业整体自主创新能力、突破产业发展重大共性关键技术为目标,聚焦南平市"3+4+5"重点产业和"5个一"特色产业领域瓶颈性关键技术,通过项目、金融、政策等扶持,组织引导科技特派员进行关键技术攻关。在科技特派员助力下,南平市突破了白羽肉鸡育种、杉木育种、百合种球培育等一批"卡脖子"关键技术。二是靶向服务全产业链,打通产业发展堵点。推动科特派从节点服务向产前、产中、产后全链条延伸,从一产向二三产延伸。例如,在茶叶种植环节导入福建农林大学廖红教授团队开展生态茶园项目示范,提高产业生态效益;在采茶环节导入浙江理工大学贾江鸣教授团队开展乌龙茶智能采茶装备研发,降低采茶的人工成本;在茶叶加工环节导入中国工程院院士、江南大学教授陈坚团队开展岩茶"岩骨花香"风味特征的生物转化形成机制研究,促进岩茶品质定向提升及标准化推广。同时,引进中科院上海高等研究院赵志军研究员和浙江大学农业与生物技术学院李博教授开展低嘌呤茶啤酒、低咖啡因岩茶、茶饼干等茶叶衍生品开发,深入挖掘产业潜在价值。三是加强典型挖掘培树,推动成果示范推广。深入挖掘和打造一批在产业技术成果、生产经营模式和品牌打造等方面具有典型示范引领作用的科技特派员现场教学示范点,并依托科技特派员学院和科技特派员协会举行参观交流活动,推动互学互鉴。例如,对武夷山燕子窠生态茶园示范基地和茗川世府科特派工作站进行改造提升,打造茶产业全产业链科技特派员现场教学示范点,并依托南平市科技特派员学院师资力量进行先进经验模式的总结梳理和宣传推广,已累计接待200余批次6万余人次前往参观学习,并在全国茶产业骨干科技特派员培训班上进行了线上展播。

(三)强化资源要素保障,为产业发展赋能

出台《深化创新科技特派员制度十项措施》《关于进一步深化科技特派

员制度的若干措施》《深入推进新时代科技特派员制度三年行动计划（2021—2023年）》等政策，围绕产业链问题、技术需求、资金需求、配套需求等，以科技特派员制度为纽带，"政企研"联手推进产业链、供应链、创新链、人才链协同发展，研究制定具体措施，谋划和推动重大项目，协调解决发展中的重大问题。一是搭建产业科技创新平台。在全市打造科技特派员创新创业示范基地282家、星创天地29家、众创空间47家，并在全市创建13个由行业领军高端科技人员领衔的科特派院士专家工作站，其中茶产业科特派院士工作站4个，形成院士专家工作站+重点企业+一批科技研发推广成果+共性关键技术研究的产业发展模式，推动科特派服务从点到面扩大内涵和外延，解决产业链关键技术难题。二是谋划实施科技创新项目。面向科技特派员实施科技重大专项"揭榜挂帅"攻关机制，对"武夷岩茶'岩骨花香'特征微生物（酶）转化机制研究及技术应用""茶叶综合做青机深度工艺参数采集与无线传输技术开发"等4个产业重点攻关项目进行"揭榜挂帅"，榜额合计3230万元。同时，加大项目安排和资金支持力度，2017年以来累计支持科技特派员创新创业项目257项，安排资金5165万元，其中茶产业项目19项，安排资金790万元。三是加强金融支持。除每年市、县安排科技特派员创新创业专项计划资金6200万元外，在国内创新推出了"科特贷""科技特派员风险投资基金""科技特派员研发费用损失保险""资源化学产业专项资金"等金融产品和专项资金。例如，"科特贷"产品通过建立"风险资金池"，引入农业融资担保机构，采用"技术流"评价信用贷款方式，实现产品的不断创新，累计放贷1.36亿元，并带动各家商业银行发放"科特贷"延伸产品10亿元以上。南平市的"科特贷"工作创新受到科技部农村科技司充分肯定，拟将以中央组织部向160个乡村振兴重点地区选派科技特派员服务团为契机，向全国推广南平"科特贷"做法。

二、实施成效与影响

20多年来，南平市充分发挥科技特派员的桥梁作用，将技术、信息、资金、管理等关键要素导入农村，推动以科技创新引领产业发展，全面提升产业规模和层次，带动农民脱贫致富，科技特派员以推动产业升级为己任，推动打通小农户与大市场有机衔接的关节点。南平市重点部署了茶、竹、酒、白羽肉鸡、氟化工、化纤等产业的创新链，各县（市、区）也纷纷围绕地方特色产业部署创新链，产业发展取得重大突破。例如，茶产业发展方面，福建农林大学廖红教授团队在武夷山燕子窠生态茶园示范基地推广的生态茶园绿色生态循环种植技术，实现茶园减肥减药超过30%、减少水体磷污染超过60%，示范推广面积超过3万亩；中国农科院茶叶研究所陈宗懋院士团队"天敌友好型LED杀虫灯、鳞翅目专一性诱剂"等茶叶绿色防控技术有效促进了闽北茶产业的绿色、健康发展。茶叶数字化种植、智能化加工、标准化生产、衍生品开发等一大批先进技术成果正在加紧研究和转化，茶产业发展呈现出一片欣欣向荣的景象。

三、经验与启示

（一）坚持制度创新，加强顶层设计

习近平总书记强调"创新是引领发展的第一动力"，"要坚定实施创新驱动发展战略"。南平市科技特派员制度之所以能够保持旺盛生命力，贵在注重机制创新，聚焦工作短板和基层需求，坚持问题导向和目标导向相统一，"政企研"联手推进产业链、供应链、创新链、人才链协同发展，研究制定具体措施，谋划和推动重大项目，协调解决发展中的重大问题。

（二）坚持聚焦产业，推进服务拓展

新时代科技特派员制度的发展要坚持以服务乡村产业兴旺、产业转型升级为落脚点。支持科技特派员围绕"3+4+5"重点产业集群、"5个一"特色产业，聚焦产业转型升级，加快产业科研攻关和成果转化，催生一批具有自主知识产权和竞争优势的创新产品。在特色产业链的前端、中端、后端统筹布局一批高水平的科技特派员服务团队，形成科技特派员全产业链服务新格局。

（三）坚持产学研结合，推进成果落地

要发挥政府桥梁作用，搭建企业与高校的沟通交流渠道，打造人才对接与成果转化平台，借助科特派院士专家工作站、众创空间、星创天地、农业技术示范园区等载体，积极引智纳贤，从国内外吸引一批能够突破关键技术、引领产业发展的高层次技术创新人才及团队，将先进科研成果导入基层，转化为现实生产力，同时依托院所科研力量，针对基层产业发展中的共性关键技术问

题开展专项研究，突破一批产业"卡脖子"技术。

（四）坚持市场运作，推进资源集聚

在解决好人才、技术难题的同时，要对焦资本、管理等新的短板，通过市场机制重组现代生产要素、盘活科技资源，实现人才、技术、资本、管理等各方优势资源的高效配置和有效供给，为农村经济社会发展注入新的生机和活力。同时，加强产业示范，加大对带动产业发展的示范基地和示范项目的支持，建设一批高标准科技特派员工作站（服务点）、一批高质量科技特派员示范项目和一批高水平科技特派员学院教学点，以点带面，推进产业发展水平整体提升。

三明市探索科技特派员制度发展新机制

——三明市科学技术局

1999年，南平市选派首批科技特派员到乡村开展科技服务，成为科技特派员制度的发端。2002年，时任福建省省长的习近平同志在对南平市向农村选派干部的工作进行专题调研后，在《求是》杂志刊文《努力创新农村工作机制——福建省南平市向农村选派干部的调查与思考》，提炼出"高位嫁接、重心下移、夯实农村工作基础"的农村工作思路，为做好科技特派员工作提供了重要遵循。2016年，国务院出台《国务院办公厅关于深入推行科技特派员制度的若干意见》，首次在国家层面对科技特派员工作做出制度安排。福建省也先后印发了《福建省人民政府关于深入推行科技特派员制度的实施意见》（闽政〔2017〕5号）、《中共福建省委办公厅 福建省人民政府办公厅印发〈关于新时代坚持和深化科技特派员制度的意见〉的通知》（闽委办发〔2019〕62号）、《中共福建省委办公厅 福建省人民政府办公厅印发〈关于深入推进科技特派员制度服务乡村振兴的若干措施〉的通知》（闽委办发〔2022〕5号），不断深入推行科技特派员制度。三明市在学习借鉴南平经验基础上，积极开展探索、实践和创新发展，着力解决科技特派员工作机制不健全、选派领域不够广、队伍素质不够高、激励机制不够完善等方面问题，推动科技特派员工作持续走在全省前列。

一、主要做法与创新举措

三明市先后出台了《关于深入推行科技特派员制度的实施意见》《关于进一步加强科技特派员工作的通知》《进一步落实科技特派员制度若干措施》《关于进一步完善三明市科技特派员工作联席会议制度的通知》《三明市科技特派员专项资金管理办法》《三明市金融科技特派员试点工作方案（试行）》《支持科技特派员建立利益共同体若干措施（试行）》等一系列政策措施，着力打造新时代科技特派员制度"升级版"。

一是探索工作协同推进新机制。印发《关于进一步完善三明市科技特派员工作联席会议制度的通知》，制定联席会议工作规则，明确联席会议、成员单位和办公室职责。形成了由市科技局牵头，市、县联动，市委人才办、发改、教育、财政、人社、农业农村、林业、金融监管等部门协同推进的工作机制。

二是探索工作经费使用新方式。在全省率先突破资金使用方式，允许市级科技特派员工作经费拨付给服务单位，并且对科技特派员每人每年给予3000元工作补助，直接发放给个人包干使用。

三是探索科技金融服务新模式。在全省率先启动金融科技特派员试点，从银行、保险、证券等各类金融机构中遴选一批金融科技特派员，建设一支专业化、体系化、网络化的金融科技特派员队伍，为产业链、创新链提供金融服务，助推优质技术成果、创新项目落地实施，2021年选认首批市级金融科技特派员31名。

四是探索服务平台搭建新形式。制定《三明市科技特派员工作站建设方案（试行）》，建立了全省首个高校科技特派员工作站——武汉理工大学三明科特派工作站，受到了《科技日报》的报道和关注。工作站先后选派武汉理工大学科技特派员16人次，组建团队4组次，共走访企业97家，收集企业技术需求信息200余项，为企业培训专业技术人员700余人次，向企业推荐科研成果和专利项目52项，其中将永安启胜矿产的重晶石试制样品白度从65%提高到85%以上，有效提升了企业产品价格和市场竞争力，年新增产值1000余万元。

五是探索科技特派员激励新措施。在全省率先以市政府名义对22名优秀科技特派员个人、2组优秀科技特派员团队和7个科技特派员工作先进集体予以表彰奖励，激励引导广大科技特派员在新时代展现新担当新作为。

六是探索利益共同体建设新机制。以科技特派员联席会议名义出台《支持科技特派员建立利益共同体若干措施》，在全省率先出台专项措施支持科技特派员建立利益共同体，并正在推动以两办名义出台进一步支持科技特派员建立利益共同体政策，解决政策操作性不强等问题，正在最大限度激发全社会创新创业积极性。2021年，科技特派员已结成利益共同体48家。

七是探索区域协作发展新路径。以开展京闽科技合作为契机，积极对接北京市科委，建立京闽科技特派员合作联动机制，探索由北京市科委牵线搭桥、按企业技术需求对接专家、从北京引进科技人才的定制科技特派员模式，有效提高了科技资源配置的精准度。截至 2022 年，已从北京市高校、科研院所选认 50 名专家到三明市开展科技服务，帮忙企业解决技术问题 47 个，达成科技服务（项目合作）意向 31 个。以闽西南协同发展区建设为契机，积极推进与厦门市科技局、厦门大学科技合作。充分发挥厦门市科技创新资源优势，搭建科技特派员服务平台，在三明经济开发区设立厦门大学新能源材料科技特派员工作站、在永安石墨和石墨烯产业园设立石墨和石墨烯科技特派员工作站，从厦门大学等高校院所选派科技特派员 45 人次，组建专家服务团队 13 组次，合作开展技术攻关及成果转化，推动三明高质量发展。

二、实施进展与主要成效

2017—2021 年，三明市共有 1126 人次个人科技特派员被认定为县级科技特派员，376 人次个人科技特派员被认定为市级科技特派员，2141 人次个人科技特派员、270 组次团队科技特派员和 22 家次法人科技特派员被认定为省级科技特派员。在 2019 年 10 月 21 日召开的科技特派员制度推行 20 周年总结会议上，三明市农科院及三明市 1 名省级科技特派员——省农科院研究员黄新忠受到通报表扬。全省首届科技特派员技术成果现场展示与推介活动、全省科技特派员工作现场会、福建省科技特派员助力产业转型现场观摩暨经验交流研讨活动、三明中关村科技园开园暨北京科技特派员三明项目对接会活动等在三明市顺利举行，交流展示三明市科技特派员工作经验及典型事迹。

一是组团比例不断提高。推行科技特派员制度以来，三明市科技特派员组团数量呈逐年递增趋势，其中省级团队科技特派员从 2017 年的 3 组增加到 2021 年的 119 组，占比达 32.16%，年均增长 151%。

二是选派渠道不断拓宽。近年来，选认范围扩大至中国科学院、中国林科院、中国农科院、中国医科院、北京大学、中国农业大学、中国矿业大学、北京林业大学、北京化工大学、北京工业大学、上海交通大学、南京林业大学、南京农业大学、武汉理工大学、华中农业大学、国际竹藤中心、北京石墨烯技术研究院有限公司、厦门大学、福州大学、福建省农业科学院等近 400 家省内外高校院所、企事业单位，先后选认省外科技特派员 160 人次、台胞科技特派员 45 人次、外籍科技特派员 2 人次，实现科技特派员选派对象从省内向省外乃至境外发展。

三是服务领域不断拓展。围绕各地特色优势产业，推动科技特派员服务领域从农业生产向农产品深加工、乡村旅游、工业企业等领域延伸，促进了农村一二三产业的有机融合。2021年服务于二三产业总占比达到35.65%，比2017年提升了27.65个百分点。

四是服务范围不断扩大。2014年，科技特派员以服务5个省级扶贫开发重点县为主；2017年，服务范围已覆盖至全市12个县（市、区）；2018年，实现科技特派员覆盖全市所有乡镇；2019年，服务范围再扩大至全市所有行政村。

目前，以三明市农科院为代表的一大批科技特派员带着任务和责任深入基层、扎根农村，通过开展技术服务、成果转化和产学研合作，精准对接区域和产业发展科技需求，加快先进、成熟、适用技术的集成示范与推广，形成了"个人+团队+高校""科特派+基地+农户""科特派+农业合作社""科特派+企业+产业链"等富有成效的新模式，《科技日报》、《福建日报》、学习强国、人民网等媒体做了报道。科技特派员共实施科技开发项目1000余项，引进推广新品种1840个，推广新技术、新工艺1769项，组织开展培训2283班次，参加培训人员达10万人次，帮扶农户64 100余户，其中实现增收农户33 300余户，带动脱贫农户436户。其中，23个法人（团队）科技特派员后补助项目获省级立项，争取补助经费896万元，项目数及补助经费均居全省设区市第2位。

三、经验与启示

一是完善激励机制，增强科技特派员积极性。出台更加有力的政策措施，加强与监督检查部门协作，推动科技特派员建立利益共同体，并支持地方科技部门探索创新利益共同体激励机制，最大限度激发科技特派员创新创业活力。

二是加大培训力度，提升服务队伍综合素质。不定期召开科技特派员现场观摩会、经验交流会，相互学习，共同提高，不断提升综合素质水平，培养一支精业务、懂技术、会经营、善管理、扎根基层的科技特派员队伍。

三是加强示范宣传，营造创新创业浓厚氛围。每两年或定期通过多渠道表扬奖励一批表现突出的优秀科技特派员，树立典型。同时对优秀科技特派员的先进事迹和奉献精神加大宣传报道力度，强化示范带动效应，激励更多科技人员参与科技特派员创业创新。

四是强化信贷支持，降低创新创业融资成本。鼓励金融机构推出"科特贷"，开展对科技特派员的授信业务和小额贷款业务，完善融资担保机制，破解科技特派员项目启动资金短缺问题。同时，对按期还款的贷款对象给予一定的贴息补助，进一步降低科技特派员创新创业的融资成本。

漳州创新"科特派+"机制，深化新时代科特派内涵

——漳州市科学技术局

漳州市坚持以习近平新时代中国特色社会主义思想为指导，认真贯彻落实《国务院办公厅关于深入推行科技特派员制度的若干意见》和中共福建省委办公厅、福建省人民政府办公厅印发《关于新时代坚持和深化科技特派员制度的意见》精神，紧紧围绕乡村振兴战略，以"钉钉子精神"深入推行科技特派员制度，久久为功。抓新时代深化科特派工作机制创新，在巩固全省率先实现"三个全覆盖"的基础上，创新"科特派+"机制，深化并丰富新时代科特派内涵，推动漳州科特派工作持续走前头、做表率。

一、主要做法与创新举措

一是"科特派+对台特色"。突出漳州对台特色，结合推行科技特派员制度，首创选认台胞科技特派员。发挥台胞先进技术、管理经验和经营理念优势，帮助本地企业、农户理清发展思路，研发、推广应用新技术、新产品，提升产业创新能力，培育科技创新品牌，促进产业增效、农民增收，助力建设台胞台企登陆"第一家园"、乡村振兴、脱贫攻坚，获国务院颁发国家科学技术进步奖、科技部表彰、省市推广及省市领导高度重视和肯定支持（图1）。

二是"科特派+为民办实事"。围绕"大抓工业、抓大工业"部署，创新工作思路，实施"科技特派员服务百企千村"为民办实事项目，把源于服务农业的科技特派员跨界拓展至服务二三产业，让创新动能从田间地头扩散至企业车间，实现科特派创业和技术服务领域一二三产业全覆盖，加快产业转型升级，促进高质量发展超越，特别是在新冠疫情防控、助力科研攻关、支援复工复产等方面发挥了很大作用（图2）。

机制体制篇

图1 台胞科技特派员蔡志阳在湖西乡开展科技特派员专题讲座

图2 走进科技，你我同行"我为群众办实事"科特派志愿服务

三是"科特派＋院士团队"。立足产业发展需求，率先选认院士科技特派员团队，主动对接选认刘少军院士高端人才团队为漳州科技特派员，引入行业顶尖人才团队及创新资源，服务漳州市水产养殖业，引领产业技术创新向"高精尖"迈进，促进海洋经济高质量发展（图3）。

图3 院士科技特派员学术交流会在神爽诏安总部科技园举行

二、实施成效与影响

一是助力打造台胞台企登陆的"第一家园"。进一步优化台胞科技特派员工作机制，选认台胞科技特派员近百人次，建立台胞科技特派员工作站，通过台胞科技特派员传播台湾先进的现代农业技术和理念，帮助本地企业、种养大户、专业合作社创新创业，解决关键共性技术问题，培养本土科技人才。其中，台胞科技特派员黄瑞宝研发培育蝴蝶兰新品种超过1000个、推广300多个，带动蝴蝶兰产业转型升级成效显著，在科技特派员制度推行20周年总结会议上获科技部通报表扬，是全国唯一也是首个获表彰的台胞科技特派员，并在省委、省政府召开的福建省贯彻科技特派员制度推行20周年总结会议精神暨全省科技特派员工作现场会议上代表漳州作典型发言，其个人还荣获国务院颁发的国家科学技术进步奖二等奖，实现漳州国家科技奖零的突破，也是首位获此殊荣的台胞。

二是发挥科技特派员面向经济发展主战场示范引领作用。全市科技特派员踊跃深入基层开展为农、助农、富农科技服务，开展食品生物技术、农产品加工与贮藏工程、有害生物绿色防控等领域的农业科技帮扶工作，创办领办利益共同体21家，引进蝴蝶兰、多肉植物等新品种212个，推广食用菌新品种选育与栽培及甘（果）蔗、木薯新品种选育等农业新技术325项，帮助66 100多名农村建档立卡贫困人口和广大农民群众，举办各类农技培训活动4620余场次，培养基层技术骨干9700多人，受益农民98 100多人次，助力全市所有农村建档立卡贫困人口、贫困村、贫困县实现脱贫摘帽，扎实推进人才下沉、科技下乡、服务"三农"。

三是引进院士科技特派员推动科技服务与产业要素有效嫁接。立足产业发展需求，主动对接选认刘少军院士高端人才团队为漳州科技特派员，组建院士科技特派员服务团队，引入行业顶尖人才团队及创新资源，对接水产龙头企业，服务漳州市水产养殖业，引领产业技术创新向"高精尖"迈进，促进海洋经济高质量发展。福建大北农水产科技有限公司（简称"大北农水产科技"）与湖南师范大学共建科技创新及研发体系，大北农水产科技投资入股湖南岳麓山种业创新中心，受邀参加岳麓山种业创新论坛、广州南沙水产种业创新中心科技论坛，大北农水产科技董事长易敢峰博士受聘担任淡水鱼类发育生物学国家重点实验室副主任、湖南师范大学博导，协助院士团队进行抗病益生菌类的作用机制研究，并获得推广合方鲫及其他新品类授权。

四是创新工作机制服务乡村产业振兴。通过"科技特派员百企千村"工程，把源于服务农业的科技特派员跨界拓展至服务二三产业，让创新动能从田间地头扩散至企业车间，实现科特派创业和技术服务领域一二三产业全覆盖，加快产业转型升级；开展先进成熟适用的科技成果转化和产业化示范推广，支持漳州市科技特派员创办、领办经济实体，或与经济实体开展实质性技术合作项目，组织实施科技特派员后补助项目48项，已建成国家级星创天地3家、省级星创天地8家，省级科技特派员助力产业融合发展示范点1个、转型示范点2个，已服务各类企业1206家，实施科技开发项目618项，累计推广新产品658个、新工艺379项、新装置322个，制定技术标准172项，解决区域支柱产业升级与产业链延伸的关键共性技术问题30多个，实现企业新增产值5000多万元，应用、推广面积4500多亩，推动科技特派员向产业链聚合，形成科技特派员帮扶、产学研合作和科技成果转化落地的创新体系与科学规范的创新机制。疫情期间广大科技特派员"不忘初心、牢记使命"，创新服务方式，通过"云平台"开展技术服务，下沉一线参与疫情防控，利用"今日头条"开展线上培训，线上线下齐发力支援复工复产，确保技术服务供给不断档（图4）。

图 4　云霄县科技特派员张茂盛在火田村开展菠萝高产优质栽培技术培训

五是助力省级扶贫开发工作重点县脱贫攻坚。发挥科特派团队优势,依托福建省热带作物科学研究所、福建省农科院亚热带农业研究所、漳州市农业科学研究所等法人科技特派员,挂钩服务云霄、平和、诏安3个省级扶贫开发工作重点县,深入挂钩村及服务企业进行实地调研,与企业、种植户广泛交流,了解农业生产情况、面临的发展难题、生产技术"瓶颈"等,组织实施"琯溪蜜柚黑星病监测与防控技术示范推广""野生公石松资源保育及林下栽培关键技术示范与推广""大棚青椒增产提质技术示范"等科技推广项目,累计引进花卉、蔬菜、水果及绿化苗木等新品种65个,推广面积2700余亩,围绕科技扶贫和产业技术开展各类集中培训25场,现场技术指导90余次,受训人员8600多人次,通过龙头带动、品牌带动和技术带动,为贫困地区和贫困农户创业提供科技服务。

三、经验与启示

2018年,《中共漳州市委　漳州市人民政府关于实施乡村振兴战略的工作意见》(漳委发〔2018〕1号)明确"全面深入推行科技特派员制度,创新选派方式、利益分配、政策供给等工作机制,加大科技人才选拔力度,促进科技特派员工作向二三产业拓展,分期分批逐步实现科技特派员选派行政村全覆盖"。同年6月,漳州市出台《中共漳州市委办公室　漳州市人民政府办公室关于印发〈关于深入推进科技特派员制度助力乡村振兴的实施意见〉的通知》(漳委办〔2018〕44号),全面落实科技特派员制度,建立长效工作机制,推动农村科技创新创业和精准扶贫，采用"一村一员"及"1+N"模式，选派1399名科技特派员到岗到位，挂钩服务1629个行政村，组建乡镇科技特派员工作站121个，在全省率先实现科技特派员行政村全覆盖、省级科技特派员乡镇全覆盖和乡镇科技特派员工作站全覆盖。

四、创新亮点

一是创新工作机制。组建3位市委、市政府领导为总召集人，市委组织部、市科技局、市农业局等为召集人单位，市财政局、市人力资源社会保障局等9个部门为成员单位的科技特派员工作联席会议，负责全市科技特派员工作的组织领导、重大事项的协调和决定。设立联席会议办公室，挂靠市科技局，具体负责市级科技特派员的选派、管理、认定、培训等。各县（市、区）、台商区、常山开发区组建相应机构，负责辖区科技特派员的选派、跟踪管理、指导服务。组建乡镇科技特派员工作站，明确乡镇领导担任站长，负责协调派驻到本乡镇行政村的科技特派员开展工作，形成部门协同、上下联动的组织体系和长效机制。

二是创新选派机制。拓宽选派渠道，采取"引、派、聘"的选派方式，不限地域、来源、服务领域，具有相关科技成果、科技服务经验并具备初级以上专业技术职称或本科以上学历的科技人员即可参加选派。鼓励和支持高校、科研院所、企事业单位选派优秀科技人员。具有专业技术服务能力的驻村书记可以兼任市级科技特派员，实行"一人双岗"。供需精准对接，坚持"双向选择"，通过自愿报名和单位推荐，再根据乡镇、行政村（企业）需求进行组织选派，由市、县联席会议办公室确认科技特派员身份，派出单位、派驻单位、管理部门及科技特派员共同签订协议，明确各自权利与义务，实现乡镇、行政村（企业）和科技特派员之间互相认同、协作创新创业。

三是创新管理机制。运用"互联网+"技术，建设"漳州市科技特派员服务云平台"，已建成漳州市科特派门户网站（二级域名）、注册管理和服务成效评估系统、服务云平台管理系统（漳州平台）、漳州大数据分析等子系统，具有登记注册、遴选审核、工作报告、查询与统计、大数据分析等系统功能，完善科技特派员注册申请、跟踪服务、绩效评估的管理手段，为漳州市科技特派员选认工作高效运行、科学管理、智能决策提供信息化工具，实现省、市、县三级科技特派员统一平台管理。

创新动能播撒车间田野，科技之花绽放红土大地

——龙岩市科技开发与科技特派员服务中心

2019年10月，中共中央总书记、国家主席、中央军委主席习近平对科技特派员制度推行20周年作出重要指示，科技特派员制度推行20年来，坚持人才下沉、科技下乡、服务"三农"，队伍不断壮大，成为党的"三农"政策的宣传队、农业科技的传播者、科技创新创业的领头羊、乡村脱贫致富的带头人，使广大农民有了更多获得感、幸福感。创新是乡村全面振兴的重要支撑。要坚持把科技特派员制度作为科技创新人才服务乡村振兴的重要工作进一步抓实抓好。广大科技特派员要秉持初心，在科技助力脱贫攻坚和乡村振兴中不断做出新的更大的贡献。

龙岩，作为福建省著名的老区、山区，早在2008年就开展了"科技特派员"选认工作，在服务"三农"、助力脱贫攻坚、促进乡村振兴中取得了较为显著的成效。但也存在着管理相对薄弱、资金相对缺乏、宣传不够到位、对接不够精准等方面的问题。

龙岩市委、市政府高度重视科技特派员工作，为深入贯彻落实习近平总书记关于科技特派员制度的重要指示批示精神，于2020年4月成立了龙岩市科技开发与科技特派员服务中心，为龙岩市科技局正科级事业单位，核定事业编制6名。中心的成立解决了科技特派员制度实施过程中存在的管理薄弱等问题，中心的主要工作职责为负责全市科技特派员的选认、管理和服务工作，以及科技特派员政策实施、项目攻关、后补助项目申报和审核、科技特派员工作站和示范基地建设、科技特派员区域协作等相关工作；创建科技特派员综合信息服务平台，开展科技特派员人才资源情况摸底和企业需求调查，创建科技特派员服务、创业成果数据库，定期发布基层农户、合作社、企业的需求和科技特派员的科技成果，促成科技人员和需求服务对象有效对接等，为乡村振兴和产业转型升级提供科技和技术支撑。

一、主要做法与实施成效

（一）加强组织管理，完善政策保障

一是加强组织协调。积极发挥龙岩市科技特派员工作联席会议制度作用，统筹推进全市科技特派员工作。制定了《龙岩市深入推行科技特派员制度实施办法》《关于新时代坚持和深化科技特派员制度的通知》，从拓宽选认渠道、激发科技特派员创新动能、提高服务定位、完善体制机制等方面，提出了进一步深入实施科技特派员制度的若干措施。二是抓好乡镇（街道）科技特派员工作站建设。落实乡镇（街道）科技特派员工作站负责人及联系人，为科技特派员开展创业和技术服务提供坚强保障。三是统筹各单位形成合力。组织召开了 2021 年度全市科技特派员工作会议，举办了龙岩学院科技特派员培训会，召集省市科技特派员 120 余人参会，引导高校科技特派员服务群众、服务企业，为乡村全面振兴提供科技和智力支撑。

（二）加强正向激励，提高资金保障

一是加大专项资金投入。修订完善《龙岩市科技特派员专项资金管理办法》，拓宽科技特派员专项资金使用范围，明确龙岩市科技特派员专项资金规模每年 500 万元以上，主要用于科技特派员工作经费、后补助项目经费、星创天地奖励经费等。二是提高资金奖励额度。对创办或参与创办的国家级星创天地，从原来给予 20 万元一次性经费奖励提高到 25 万元；对创办或参与创办的省级星创天地，从原来给予 10 万元一次性经费奖励提高到 15 万元。三是推进增设县级专项资金。积极发动各县（市、区）开展县级科技特派员选认工作，同步推进设立县级科技特派员专项资金，主要用于县（市、区）级科技特派员工作，使科技特派员引得来、沉得下、干得好。

（三）优化选认模式，创新服务机制

一是加大选认力度。制定《龙岩市科技特派员创业和技术服务行政村全覆盖工作方案》，增加科技特派员服务区域，进一步发展壮大科技特派员队伍，2021 年共选认省级个人科技特派员 353 名、团队科技特派员 115 个、法人科技特派员 7 个；选认市级个人科技特派员 362 名、团队科技特派员 21 个、法

人科技特派员1个；选认县级个人科技特派员605名、团队科技特派员46个、法人科技特派员3个，实现省、市、县三级科技特派员在基层开展创业和技术服务行政村全覆盖。二是优化队伍结构。打破行业、地域、身份等限制，不拘一格选认科技特派员，实现创业和技术服务领域覆盖一二三产业，促进一二三产业深度融合。其中，省级个人科技特派员服务第一产业160人、第二产业89人、第三产业36人，本科89人、硕士70人、博士64人、副教授44人、教授25人。市级个人科技特派员服务第一产业197人、第二产业58人、第三产业50人，本科154人、硕士69人、博士33人、高级职称科研人员73人，副教授26人、教授14人。三是助力转型升级。坚持科技特派员服务产业转型和乡村振兴"双轮驱动"，开展全产业链创业和技术服务，着力推动科技创新和成果转化，为龙岩市构建现代产业体系提供强有力科技支撑。福建省喜浪农业科技发展有限公司、福建龙植生物科技有限公司、龙岩市祥优实业有限公司被列为2021年省级科技特派员助力产业融合发展示范点，福建硅纳金新材料有限公司被列为2021年省级科技特派员助力转型升级示范点。

（四）坚持项目带动，培育创新载体

一是抓好项目示范。通过省、市科技特派员后补助项目的实施，围绕区域特色优势产业，开展全产业链创业服务、技术开发与产业化示范。2021年共立项省级项目6个、市级项目7个，补助经费260万元。二是落实区域协作。积极配合开展闽西南协同发展区科技特派员专项项目工作，一批科技特派员示范基地、示范项目、示范工作站如期完成相应技术指标和经济效益指标，促进了相关科技成果示范推广与转化应用。三是加强星创天地建设。积极申报创建星创天地，截至2022年全市已建成23家省级以上星创天地，努力将星创天地打造成为新型农业农村创新创业平台，营造良好的农村创新创业环境，加快推动龙岩市农业农村"大众创业、万众创新"，为乡村振兴提供科技人才和技术支撑。

（五）抓好平台建设，创新运营模式

一是搭建服务平台。依托龙岩市科技创新服务平台，搭建龙岩市科技特派员综合信息服务平台，完善各类需求信息，跟踪日常服务情况，为科技特派员开展服务提供信息化支撑，实现"订单式"需求对接和"菜单式"服务供给。

二是建设科技特派员专题展厅。依托龙岩市科技创新服务平台共享展厅，建设科技特派员专题厅，涵盖科技特派员汇报片、领导指示批示和历史沿革、系统成效展示、智能地图、创新创业风采电子书，展示科技特派员工作相关成效。三是加强服务督查。分层管理，强化县级管理要求，由点及面发挥派出单位驱动力，强化个人责任意识。督促科技特派员做好服务记录和总结报告工作。

（六）积极培树典型，营造浓厚氛围

一是注重培育、挖掘一批科技特派员典型。开展"科技特派员典型系列报道"宣传工作——"科技特派员张会宁的小葡萄大产业""为水仙茶飘香而奔忙的科技特派员"已通过学习强国、《闽西日报》、龙岩电视台、e龙岩等主流媒体宣传报道，多渠道、多形式广泛宣传科技特派员开展创新创业服务、助力乡村振兴、带动农民致富的典型案例和先进事迹。二是落实简介上墙工作。服务龙岩市的省、市、县三级科技特派员均已落实个人、团队简介牌上墙工作，简介牌上详细介绍了科技特派员专业特长，在各个服务单位都能见到科技特派员"为群众办实事"的身影，联系电话上墙方便群众有困难找科技特派员、有技术需求找科技特派员。三是制作科技特派员创新创业风采册。收集整理了45位典型科技特派员相关事迹，他们结合本职工作和自身专业特长，围绕龙岩市乡村振兴和特色产业发展需要，着力解决群众和企业"急难愁盼"的重点问题。

（七）注重推广示范，彰显服务成效

2021年以来，省、市、县三级科技特派员积极投身"我为群众办实事"实践活动，在福建省科技特派员云平台、"慧农信"小程序、龙岩市科技特派员综合信息服务平台填报工作记录、工作总结。据统计，省级科技特派员共实施科技开发项目105项，项目总投资3000余万元，形成利益共同体18个，创办企业25家，累计推广新技术156个，累计推广新工艺45项，累计推广新装置38个，引进推广新品种123个，制定技术标准18项，专利申请39件。市级科技特派员共形成利益共同体11个，实施或引入科技项目40余项，实施或引入科技项目经费1600余万元，累计推广新技术148个，累计推广新工艺47项，累计推广新产品45项，引进推广新品种86个，制定新标准10项。省、市、县三级科技特派员直接服务农民10 000多人次，间接服务农民近十万人

次，开展科技培训 1000 余场次，培训群众 10 000 余人次。

二、经验与启示

龙岩市科技开发与科技特派员服务中心围绕"四动四强"深入推进科技特派员制度，一是组织联动，紧盯目标强政策，着力加强组织领导，着力出台保障政策，着力强化推进机制；二是人才驱动，正向激励强保障，抓好科技特派员选认工作，抓好利益共同体工作，抓好经费保障工作；三是试点发动，精准对接强引领，结合乡村振兴试点工作，结合脱贫攻坚战役，结合推进"订单式"需求对接；四是项目带动，区域协作强示范，抓好市级科技特派员后补助项目立项，积极申报省级科技特派员后补助项目，利用好厦门市支持龙岩市科技特派员工作专项经费，高标准践行科技特派员制度。

面向未来，中心将认真总结龙岩市科技特派员制度有益经验，不断完善工作政策、巩固工作机制、坚持长效机制，持续深入推进科技特派员制度，聚焦全产业链创业和技术服务，助力产业转型和乡村振兴"双轮驱动"，探索科技特派员工作新路径、新模式、新经验，全力助推全市科技特派员将科技种子播撒在企业车间中，将科研论文书写在田野大地上，为建设革命老区高质量发展示范区、奋力谱写全面建设社会主义现代化国家龙岩篇章而努力奋斗。

三、创新亮点

制度创新、项目创新、管理创新、平台创新、系统创新，助力龙岩市科技特派员服务乡村振兴和产业转型升级，打造新时代科技特派员的龙岩品牌。

搭台促销，唱响一二三产融合戏

——莆田市农业生态环境与能源技术推广站原瑞芬

作为省市科技特派员，原瑞芬能不畏艰难奔赴偏远山区（仙游钟山）和老少边岛（湄洲岛）一线科技助农。在服务期间，她发现湄洲岛交通不便，强壮劳力大多出外经商打工，在家村民主要以小渔业为主，农业种植水平低，农业出效益难，但农业产出又是生活必需。她克服种种困难，做调研、找短板、引项目、促转型，通过海岛休闲农业建设与海岛文化旅游相结合，用一产带动三产，推动美丽海岛建设。援疆期间坚持科技特派员服务，以示范带动新疆村民共同富裕，唱响一二三产融合戏，实现文化润疆、富民兴疆的目的。

一、主要做法和实施成效

（一）创团队赴一线，成为乡村振兴主产区的领路人

作为科特派领队，原瑞芬创立了湄洲岛首支莆田市休闲生态农业技术科特派服务团队。根据受援企业需求，提供休闲生态农业建设、农产品新品种引进、水肥一体化、农业环境保护、土壤安全利用等技术，通过海岛农业品种调整，与海岛文化旅游相结合，植入休闲农业与生态保护的可持续绿色元素，在保护和改善海岛生态环境现状的同时，提升湄洲岛休闲旅游观光的绿色品质，休闲农业与生态保护相结合的绿色可持续发展模式初见成效。20亩冷香玫瑰园、50亩彩色油菜花海和50亩缤纷果园吸引了不少观光旅客，为湄洲岛建设天更蓝、水更清、岸更绿、沙更厚、云更美的生态样板贡献力量。几年来带领团队成员上岛服务上百次，实地培训近2000人次，引进新品种31个，主持或参与省市科技项目5项，与莆田学院合作申报的"典型海岛生态脆弱性评估、预警和调控关键技术研究——以湄洲岛为例"作为2020年全省重点课题项目得到立项，取得积极成效。2021年"东方百合种球在仙游地区反季节培育研究"得到省星火计划项目立项。

（二）搭平台促销售，成为扶贫攻坚道路上的贴心人

为解决农企懂种植不懂销售、好产品走不出去、好产品没有好价格等发展硬伤，原瑞芬创建农产品微信团购平台，跑田间跑果场，建立助产助销网络系统，服务全市农业企业近百家，助销农产品上万吨，解决困难企业和贫困农户农产品滞销难题，创经济效益5000万元以上，打通扶贫攻坚、乡村振兴的"最后一公里"。

特别是疫情期间，指导湄洲岛利用农业科技创新和品种调整来生产自救。通过进山村建立大棚蔬菜、水果玉米、火龙果等示范基地，引进新设施新品种新技术，做给农民看、领着农民干，让渔民学好农业生产技术，编好自己的"菜篮子"。蔬菜基地每次生长周期可收获2000千克的蔬菜，供应本岛超市、机关食堂及部分农副市场，海岛渔民首次体验到农产品自产自给的快乐。近60亩水果玉米大获丰收，利用微信平台销售瞬间走红，成了岛内的热搜。这些村级特色产业项目的建成，不仅提高了村集体经济收入，还切实增加了海岛生态旅游热度，为乡村振兴提供强有力的项目支撑。

（三）找短板促转型，成为牢记初心担使命的援疆人

2021年作为市科技特派员援疆期间，通过发展产学研、休闲生态文旅农业、优质农作物种质培育等新产业调整，通过莆田援疆"科技特派员＋合作社＋农户""科技特派员＋金融＋流通"等服务模式，在玛纳斯县主持推广"南果北种"生态休闲示范基地10个，基地面积102亩，引进火龙果、人参果、无花果、百香果、福建甘薯、东方百合等果蔬花卉30多种，年产值达500多万元，疫情期间接待休闲采摘人员上千批次，带动周边游，促旅游经济创收，受益地区涉及6个乡镇12个村。引爆了当地"南果北种"特色林果种植赋能田园综合体休闲旅游的影响力，各大媒体争相报道，称之为"幸福果、致富花"，新疆广播电视台《金土地》、民生和对农栏目还专门组织了车友队开展以农业休闲采摘为主的"乡村美丽行"活动，让大家亲身体验"南果北种"为当地农牧民带来致富增收的新变化，使"南果北种"成为昌吉州农业援疆、助力新疆乡村振兴的一个举措亮点。

打造闽昌莆玛农产品网络销售平台，打通北果南销渠道，深度优化融合三产，贯通产业链，加强"互联网＋贮藏＋流通"应用，改造提升传统商贸

模式，打通销售"最后一公里"，激发市场活力。与省市供销社、莆田市振兴乡村集团、福建豆讯科技葫芦派平台等销售平台达成合作，创建援疆农产品销售专区，与企业签约20份，半年推介销售葡萄酒、天山香特色油、枸杞、土豆条、驼乳粉等新疆农产品近1000万元。事迹受农业农村部农业信息网、新疆及福建多家媒体关注和报道，并作为典型在全省农业援疆总结会上发言，昌吉州农业农村局发来感谢信。

二、经验与启示

（一）助农不仅是种植技术的指导，更重要的是市场销售的引导

农户经济缺乏市场引导，销售平台不健全，懂种植不懂销售、好产品走不出去、好产品没有好价格等都是发展硬伤。这两年受疫情影响，农产品销售更是遭到"瓶颈"，农户致富变得更难了。长期在生产一线的原瑞芬，看多了丰收的农民面对滞销农产品愁容满面的窘迫，眼看着果成熟，眼看着果腐烂，此时此刻她是十分心痛且心急的。因此她认为科特派服务的热情要落到实处，就是设身处地为当地老百姓找优势、拓销路、创效益。只有打造产品网络销售平台，打通农产品销售渠道，深度优化融合三产，贯通产业链，才能让农产品走出去卖得火，让老百姓的钱袋子真正鼓起来。

（二）个人力量是有限的，团队服务方可攻坚

"当今科技一日千里，独木不成林，唯团队作业方可攻坚。"农业生产是一门综合性专业性很强的学科，单打独斗是很难成功的。科特派服务专家团队并肩作战，是精准服务的保障，给予了品种选择、技术指导和资源整合等多方位的援助。各技术专家时时在线，与当地受援群众进行无障碍技术交流指导、难题讨论，做到有问题随时问、随时回答、随时解决，保障科技项目技术攻克。

三、创新亮点

一是打造产品网络销售平台，打通农产品销售渠道。找优势拓销路创效益，深度优化融合三产，贯通产业链，让农产品走出去卖得火，让老百姓钱袋

子真正鼓起来。

二是通过休闲农业建设与文化旅游相结合，大力发展休闲观光农业及综合效益好的现代林果经济，通过发展产学研、休闲生态文旅农业、优质农作物种质培育等新产业调整，用一产带动三产，以示范点带动农民共同富裕，推动乡村产业振兴。

院县合作科技平台，探索服务新模式

——福建省农业科学院科技服务处王小安

2016年9月，福建省农业科学院果树研究所（简称"农科院果树所"）科技干部王小安由省委组织部选派到政和县铁山镇挂职。经过3个多月的走访，王小安发现政和当地农技干部普遍老龄化，还存在人手不足、专业面不广等问题；而当地特色农业产业发展势头良好，高林村的蔬菜、江上村的水果、向前村的猕猴桃和大岭村的银杏游等都逐渐形成规模化发展趋势，效益远高于竹、茶等传统行业。但是老龄化、人手不足的农技推广系统，越来越难以满足产业发展需要。怎样把外面的农业科技资源引进来，服务政和农业产业发展？这个问题越来越频繁地闪现在王小安的脑海里。刚开始，每当遇到技术问题，王小安都是现场电话联系省农科院专家进行及时解答。但是时间长了，次数频繁了，总是会遇到专家不方便和电话里说不清的情况。所以，他建议形成一种常态化的服务机制，让专家到政和服务，从"友情帮助"变成"出师有名"，这个至关重要。王小安很快想到了单位与尤溪县、长泰县建立的"博士专家工作站"等院县合作科技平台，可以借助这个平台机制，建立"博士专家工作点"。2017年，借助选认政和县省级科特派和挂职的工作契机，王小安主动向派出单位和服务单位提出铁山镇"博士专家工作点"建设方案。

一、主要做法和创新举措

（一）搭建科技服务平台，广泛引进科技资源

铁山镇与福建省农科院果树所、致公党福建省农科院支部签订技术帮扶协议，成立全省首家乡镇级"博士专家工作点"，吸收科技特派员8人。博士专家工作点建立后，王小安主动对接沟通，先后与省农科院果树、茶叶、土壤肥料、数字农业等9个研究所，福建农林大学农学院、植物保护学院、园艺学院等3个学院以及南平市农科所等4家单位达成服务意向，成立一支由30余

名专家组成的技术团队，与村民、合作社构建"一对一""N对一"帮扶形式，重点提供农作物品种改良、植保、数字农业、休闲农业、土壤改良、农产品质量检测等方面的技术支持。

（二）着重做好基地建设，积极谋划产业项目

博士专家工作点建立以来，把科特派示范基地、特色果蔬基地建设作为工作重点，先后通过进站专家指导建成临江四季农场基地，协助引进火龙果、蓝莓、樱桃等13种名贵水果，规模化种植300余亩；新建江上村食用菌扶贫基地，带动2户贫困户自主创业，科学栽培茶树菇10万余包；建立示范基地7个，先后开展各类科技下乡服务35批200余人次，有效缓解基层农业科技力量不足等问题。同时，通过工作点科特派牵线搭桥，引进福建天同牲茶叶有限公司，与省科技厅海峡技术转移中心等单位共同合作开发"共享白茶"项目，通过推广生态茶园栽培技术、建设数字茶叶产业链及大数据、开发共享白茶APP系统软件、使用物联网全智能云泡机等方式，实行白茶产品标准化、规范化，市场推广精准化、信息化，搭建白茶产业发展智慧新平台。

（三）完善科特派管理机制，优化科技服务工作路径

在博士专家工作点建设和运行期间，王小安组织建立了铁山镇科特派数据库筹建小组，由专人负责科特派人员日常管理，通过用好微信、电话、服务点等方式，帮助农户解决实际问题，并将案例记录在册。例如，运用数据库中生物防治、物理防治、化学防治相结合的办法，成功解决江上村百香果因病虫害导致产量偏低、效益不佳的问题，为其他基地提供借鉴，降低农户投资风险。建立"科技服务通道"。由王小安牵头，在各村建立科技服务专业队，其中种植大户、合作社等通过微信工作群、电话，种植散户通过农技员、村党支部书记和村主任，将种植生产问题反映给农业专家，专家通过"科技服务通道"反馈意见；成立以来，已帮助铁山村民解决百香果花叶病、黑木耳烧桶处理、樱桃树干蛀虫、火龙果灾后抢救等病虫害问题1000多个。确定了"三定"管理方式。在博士专家工作点运行期间，王小安探索实行"定点服务、定人配合、定员监督"管理模式，即定点开展科技服务，指定专人配合专家推进工作，指定专人做好跟踪督促、管理服务等相关工作，具体由镇农技站牵头，所在村、合作社负责执行落实。近年来按"三定"管理方式在铁山镇有序推进了

5个新品种、1种新型肥料的应用实验。

在博士专家工作点运行期间，王小安探索建立"科技＋特色产业基地""科技＋扶贫""科技＋乡村振兴"等服务模式，发挥科技示范、引领和辐射作用，带动乡村依靠科技加快产业转型升级，提升贫困村脱贫致富造血功能；创建2个科技扶贫示范基地，培育出农民专业合作社7家（其中省级示范社1家），带动260余户农户共同经营。服务期间，入驻的科技特派员在驻地工作期间主动公开个人信息，承诺工作职责、目标等，主动接受群众技术咨询和工作监督；及时记录《工作日志》，不定期向镇科特派工作领导小组如实汇报工作情况，实现履职闭环。

二、创新亮点

其案例形成科特派服务新模式和科特派管理的新机制。铁山镇博士专家工作点是近10名科技特派员、30多位专家近5年的实践经验探索，于2019年基本成形，在《福建日报》《八闽快讯》等媒体广泛报道，获时任省长唐登杰和时任省委常委、统战部部长雷春美等领导高度肯定。博士专家工作点作为科特派工作和管理平台，通过"一对一""N对一"帮扶形式和"三定"管理方式，能有效地将基层需求反馈给对口专家；将专家的技术服务内容不折不扣及时地传递给生产者。同时还能广泛吸纳社会其他资源，为基层发展注入动力。

三、主要经验与启示

科技特派员是基层难得的科技资源，也是连接基层与科技部门的"桥梁纽带"。通过一个科特派的技术服务，可以发展一个村或者一个企业；通过一个科特派"桥梁"获得更多更广泛的科技资源，则可以造福一方百姓。所以，既要用好每一个科特派，也要进一步用好科特派可以联系的科技资源。通过"博士专家工作点"案例实践，对科特派工作可以得到以下启示。

一要完善机制，提高科特派服务成效。要让科特派能够准确地发现或获得服务主体存在的问题，同时也要根据实际情况把科特派提出的技术方案进行论证，执行到位，并及时与科特派反馈沟通，让技术真正服务生产。要固化服务对接机制,建立科特派专家、其他专家与服务对象"一对一""N对一""一对N"的相对固定的服务机制,固定对接人员、沟通反馈路径,实现有效服务。要完善基层问题反馈机制,以乡镇科特派工作站、村农技员、村主干等为主体,建立科特派服务管理队伍,让群众有技术问题能找到管理人员,管理人员能找到对应专家;同时也要让科特派专家到基层服务时能找到管理人员,能安排落实相关工作,能收到进展反馈。

二要广泛借力,以科特派为媒介引入更多科技资源。基层农业技术问题涉及面广、体量小但普遍发生,处理好群众的技术问题,对于提高干部公信力和群众集体获得感,以及促进基层社会稳定和生产力提升都有很大帮助。但是,个人或专业团队往往难以很好地解决群众的技术问题,需要通过科特派"桥梁"继续挖掘其单位科技资源,建立多渠道的服务方式,广泛引入科技力量,服务基层社会发展。

用心用情用力，科技特派员帮扶在畲乡

——闽江学院陈栩

畲族服饰、畲族银饰锻制技艺是国家级非物质文化遗产，是中华民族优秀传统文化的重要组成部分。当前，畲族乡村文化振兴面临的问题有：畲乡民族特色不明显，文旅融合产业缺乏影响力，畲族文化存续环境逐渐消失，畲族传统文化面临后继乏人逐渐消亡的危机，畲族服饰和手工艺逐渐失传，给畲族文化的保护、传承和发展增加了难度。

作为省级科技特派员，陈栩带领团队以"乡村振兴"为使命，以活化"非遗"传承能力建设为核心，以文创产业为载体，以融入畲族人民现代生活为导向，不断探索畲族"非遗"技艺保护传承、创新利用、产业化进程。她带领团队依托其科研成果，走进畲族乡村，为畲村群众提供民族特色文创产品培训，教授畲族绣娘运用畲族传统技艺——畲族刺绣、蓝染、纺织技艺等，制作畲族文创产品，将畲族传统服饰转变成生活中的实用良品，将畲族服饰文化与传统手工艺推向大众，帮助她们将制作的手工艺文创产品在互联网平台销售，促进中华民族优秀传统文化——畲族服饰文化以文创产品为载体进行创造性转化和创新性发展，激活其生命力，增强畲族群众的获得感和幸福感。陈栩团队开发的畲族手工艺文创产品打开了畲族群众致富的新路径，促进了畲族特色文创产业的发展。

一、主要做法和创新举措

（一）深挖掘广积累：不遗余力挖掘畲族服饰文化，促进文化传承和创新素材积累

陈栩带领团队进畲村、入畲寨、访畲民，连续10余年对畲族服饰文化深入调查，采用实物保藏、图文影像记录、口述历史记录的方式，掌握大量第一手畲族服饰田野资料，依托教育部项目"基于多模态检索的畲族服饰文化数字资源库构建与应用研究"、福建省社科重大项目"福建畲族服饰文化研究"、福建省科技厅引导性项目"福建地域特色服饰文化与文化遗产保护再利用数字化技术研究与应用示范"等科研成果，运用数字化技术对畲族文化提供保障，为

做好科技特派员工作，当好畲族文化的"推广员"，免费提供畲村数字化提取的畲族图案。

（二）准定位有梯度："非遗"+文创产品培训，培养人才传承梯队

通过深入调查研究，陈栩了解到福建畲族乡村文化发展的现状，提出"畲族技艺+文创产品"是打开畲族文化传承的密码，通过传统手工艺的时尚赋能，带动畲族群众增收致富。她编写的"畲族技艺传习"系列活动方案，做到主题突出、目标明确、内容丰富，同时录制了《畲族技艺传习》课程视频，进行线上授课。开展畲族技艺传习系列培训17场，从起始环节传习培训畲族技艺，为助力畲村振兴、当好畲族文化传习的"服务员"提供针对性和有效性的保障。

（三）教得好有暖度：培训示范引导，带出一批"畲族绣娘"

怀抱着对畲族群众深厚的感情，怀揣着对畲族文化的热爱，尽管山路颠簸、路途遥远，经常需要起早贪黑、翻山越岭，但她依然带领团队深入福建省罗源县霍口畲族乡福湖村、白塔乡南洋村、松山镇竹里村和八井村、起步镇庭洋坂村，福安市，永泰县岭路乡潭后村，霞浦县崇儒乡上水村，连江县小沧畲族乡、潘渡乡，闽侯县廷坪乡塘里村等畲村传习畲族技艺。每到一个畲村，陈栩和团队成员手把手、一对一地指导畲族绣娘，教授畲族蓝染技艺、畲族刺绣针法，提取畲族服饰中元素制作文创产品，并展示团队事先制作好的文创产品样本，当好畲族文化的"领航员"。畲族群众对运用畲族技艺制作文创产品充满学习热情，他们参考样品制作具有畲族元素的钥匙包、刺绣镜子、扎染包袋、香囊包、刺绣手提包、耳环、胸针、团扇，以及杯垫、丝巾、书签、手机壳等文创产品，为畲族传统手工技艺赋予新的表现形式，让民族传统工艺"见人、见物、见生活"。

（四）可持续有热度：签订合作协议，使"畲族技艺"传习热度不减

陈栩带领团队与多家单位和10多个畲族乡村村委会签订"畲族技艺传习"系列培训合作协议，与福州市罗源县委统战部建立田野调查基地，与福建省连江县小沧畲族乡人民政府、罗源县白塔乡南洋村村委会等建立大学生社会实践基地。同时与畲族乡村、村民合作社实现共同管理、共同培养、共建团队、共建共享运行机制，让更多的畲族群众从中受益，让"畲族技艺传习"培训助力乡村振兴的模式可持续、可复制。

（五）助产业有深度：依托"互联网＋"，助推科技成果转化

陈栩带领团队联系多家工艺品行业企业，帮助畲村群众解决畲族手工艺产品无法标准化、规模化，畲族文创产品销售单一化的问题，打通淘宝、万宝商城、云图雅集等线上销售渠道及"三坊七巷"畲族馆等线下销售渠道，通过线上、线下销售，为畲族文创产品走向市场提供技术支持和渠道对接，让畲族群众获得经济利益。

（六）看得远有亮度：助力畲村振兴举措有力、创新突出

亮点一——目标明确：以"乡村振兴"为使命，助力畲村振兴服务惠及福建省罗源县、连江县、永泰县、霞浦县、闽侯县、福安市的畲族乡村，以全国民族团结进步示范区——罗源县为重点，做到点面结合、重点突出。亮点二——搭建中华民族优秀传统文化传承创新良好梯队，铸牢中华民族共同体意识：自 2018 年开始，陈栩带领团队赴畲村开展"畲族技艺传习"系列培训，连续 5 届本科学生加入畲族文化传承创新和助力乡村振兴实践活动，引导高校学生做致力于中华民族优秀传统文化传承创新的推动者，做服务地方乡村振兴的实践者，形成传承畲族"非遗"良好梯队。在产业的带动下，不少畲族年轻人加入到畲族服饰技艺传承和创新的队伍，同时越来越多不同层面的社会大众也带着崭新视角和创新技术纷纷以志愿者的形式加入团队，为畲族服饰文化保护和传承、畲村振兴注入新的血液和活力。亮点三——助力畲族乡村文化振兴，激发畲族群众文化自信：陈栩带领团队培训畲族群众 1000 余人，提升畲族群众奋斗创造美好生活、推进产业发展和创造就业创业兴业的本领和能力，带动他们保护、传承和创新畲族"非遗"，激发畲族群众对本民族的文化自信，带领他们走共同富裕的道路，让畲族传统文化在新时代绽放新光彩。

二、实施成效与影响

（一）传承畲乡文化系列产品，入选闽江学院校史与应用型办学成果展

陈栩带领团队保护和传承少数民族传统文化，助力畲族乡村发展取得了成绩。2021 年 3 月 25 日，习近平总书记来到闽江学院调研考察，参观了"闽

江学院校史与应用型办学成果展"。陈栩指导团队设计制作的畲家文创作品有幸作为闽江学院大学生创新创业项目成果之一展示在总书记面前。陈栩的学生兰郁颖近距离地向总书记汇报团队成果,总书记肯定了陈栩团队的创作成果,并做了针对性的指导。总书记温暖的话语、殷切的嘱托给予陈栩团队巨大的鼓舞、激励与鞭策。当晚,中央电视台《新闻联播》播出相关画面。

(二)点燃科技星火,通过科研成果反哺畲乡文化发展

作为科技特派员,要承担起科技创新和示范引领职责。陈栩带领团队设计的多项文创产品逐渐形成规模化、品牌化系列产品,授权52项外观设计专利、3项实用新型专利,开发文创产品累计75批次,帮助畲族绣娘实现在家创业,助力畲村发展第三产业,受到畲族群众的欢迎;发表20多篇有关畲族服饰文化论文,把论文写在祖国大地上;出版两本畲族服饰文化研究的专著,作为畲族群众学习畲族技艺的丛书分册;"福建畲族蓝染包袋系列"文创产品获第44届世界遗产大会"福礼天下"文创大赛提名奖;团队拍摄制作的《畲族服饰》短视频获首届"高校社杯"(本科)"用外语讲中国故事"优秀短视频作品国家级三等奖、省级一等奖;与罗源县布妮仔畲民刺绣合作社一起创作的《畲艺乡传——刺绣系列》作品获福州市委宣传部主办的"我把福州寄给你"文创设计大赛大学城赛道十强;畲族凤凰刺绣团扇在福州市罗源县八井村网络直播间销售被抢购一空,销售成果喜人。

(三)媒体持续关注,取得良好的社会影响力

陈栩带领团队开展畲族文化传承创新,助力畲村振兴的案例先后被新华社客户端、中国教育电视台、中央广播电视总台国际在线福建频道、福建电视台、人民网、新华网、东南网、新福建等各级媒体报道50多篇次,取得广泛社会影响力。

三、经验与启示

陈栩通过课题立项、人才培养、建言献策、技艺培训、产业带动,带领团队以文创产业为推动力,以可持续、规模化的培训,推动民族传统手工艺的保护和传承、乡村产业振兴,增强畲族群众自我造血能力,让畲族群众掌握共

同富裕的"看家本领",为推动畲族"非遗"以文创产品为载体创造性转化、创新性发展提供了一条切实可行、可操作的路径。

(一) 搭建科研平台和社会实践基地双轨制

依托闽江学院的科研平台和大学生社会实践基地双轨制,寻找科技、人才最佳结合点,发挥科研平台在学校的培育作用,发挥实践基地在地方的辐射作用,带动高校师生共同服务乡村振兴,进一步加大科技成果的转化和推广力度,让畲族群众看得见、听得懂、学得会。同时将畲族传统文化赋予其新的时代内涵和现代表现形式,推动现代文化艺术与民族传统文化融合创新,提升中华民族优秀传统文化影响力。在陈栩及其团队示范指导下,项目为带动当地文化产业开发和运营提供可参考的样本。

(二) 全面铺开与重点打造相结合

陈栩带领团队通过科技培训,传播先进科学理念和科学知识,研培面扩展到福建许多畲族乡村,重点帮扶罗源县畲族绣娘。通过定点技术服务促进畲族地方特色文旅产业发展,推动民族传统手工艺的保护和传承。有工作"实到底"才有成效"靠得住",使畲族群众真正地看到畲族文化的独特个性和不可或缺的重要地位,从而提高保护、传承和弘扬畲族文化的主动性、自觉性和积极性。

(三) 科技特派员要走向科技成果转化第一线

陈栩带领团队深入村寨,面向畲村,以市场为导向,以文创产品研发、加工和研学促进当地文旅融合发展,把自己的职责与畲民的利益紧密联系在一起,毫不保留地奉献自己的知识和智慧,做给畲民看,带着畲民干,带动畲村村财收入,推动科技为畲村经济建设服务起到了很好的效果,依托地方高校特派员服务地方乡村的优势,走一条学科发展、实践教学、人才培养、共同富裕相结合的新路子。实践证明,科技特派员是新时代乡村振兴的"生力军","只有眼睛向下",走进农村,面向基层,面向需求,才能找到发挥自身价值的最佳场所。

"一基三核"深耕科技创新，以食为本助力产业发展

——闽南师范大学 薛山

食品产业是漳州的支柱产业，也是传统优势产业。自 2011 年漳州获评"中国食品名城"以来，漳州食品持续稳步发展。2019 年底，全市食品规模工业企业 598 家，规模工业产值占全市规模工业产值的 28.0%，约占全省食品工业的 1/4，位居全省第一。稳健发展的食品工业为漳州市高质量发展起到重要压舱石作用。但是，漳州食品产业仍存在龙头企业较少，产品精深加工程度低，生产自动化智能化不高，企业创新意识较弱、研发投入较少等问题，这对企业创新升级产生了不利的影响。

一、主要做法与创新举措

为助力漳州食品产业健康、创新发展，薛山博士作为福建省科技特派员及团队负责人，积极构建"一基三核"模式，即以党建为引领，以校企合作模式创新、科技成果创新、项目孵化创新的服务模式，优化企业产品品质，提升产品科技含量，助力漳州食品产业发展。

（一）"一基"——以党建引领，加强校地企融合发展

薛山博士作为全国样板支部书记，2020—2021 年积极与福建招商云谷开发有限公司党支部、龙海慧谷众创空间（省级众创空间）党支部、福建美一食品有限公司党支部等企业党支部签订结对共建协议，充分贯彻党的十九届六中全会精神，进一步落实新时代党建工作的新要求，拓展校企合作新思路、新模式。按照"以共建促党建，以共建促合作，以共建促发展"的原则，充分发挥科技特派党员在校企合作中的作用，共同把校企合作平台打造成为真正培养优质人才、培养食品企业需要的人才基地，推动校企双方深度合作，助力校企党

建融合发展。

（二）"三核"之一：创新校企合作模式，共享多元化资源

为了充分发挥校企资源的优势，薛山博士创新"走出去，带进来，促共赢"的校企合作模式。一方面，带领博士团队走访企业生产线，实地考察生产中的技术问题；另一方面，先后邀请企业代表参与到学校各项互动活动中来，将企业的资源、企业的需求以及企业创办的经验分享给师生。此外，校企积极联合申报科技项目，实现优势互补、互利共赢。

（三）"三核"之二：创新科技成果研发，助力成果转化推广

薛山博士围绕企业需要主要开展了三方面的研究内容：一是利用农（副）产品、水产品及其加工下脚料，通过酶解、发酵、乳液凝胶等技术提取天然动植物活性成分，研发制备新型健康营养产品，从而将现有传统产品利用现代食品生物技术进行改造升级，创新食品添加剂及食品活性包装材料；二是利用高内向Pickering乳液凝胶技术制备脂肪替代物，可应用于蛋糕烘焙、肉/鱼糜食品生产、低脂休闲食品加工、宠物食品加工、日化行业；三是帮助企业进行科技项目申报、三创赛事指导等。

（四）"三核"之三：创新科技项目孵化，赋能企业高质量发展

为了更好地帮扶企业进行科技创新，打造科技型中小企业实现创业梦想的"拳头品牌"，薛山博士凝聚校企合力，充分发挥高校科研平台优势，帮助企业孵化培育项目，打造个性化品牌，推荐优秀人才，赋能企业高质量发展。

二、实施进展与成效

（一）校企资源共享，人才双向流动

首先，让学校资源"走出去"。2018年8月、2019年7月、2020年8月、2021年9月，先后4次赴东山县科技帮扶，与东山县启昌冷冻加工有限公司、中港（福建）水产食品有限公司、逸昌水产养殖有限公司、漳州市海翔智谷众创空间管理有限公司等企业进行座谈交流，就水产品加工废弃物再利用、高附加值产品研发、科技项目申报等方面进行了深入交流；2020年5月至2022年

2月，先后10余次前往龙海，赴多麦（福建）食品有限公司、福建省卡尔顿食品有限公司、福建省慧谷食品有限公司等企业，就烘焙类产品转型升级、新型食品添加剂开发、智能制造等方面开展交流与合作。

其次，将企业资源"带进来"。先后邀请芗城区铁喵精酿啤酒创始人Jerry先生、福建省卡尔顿食品有限公司黄秋平董事长、多麦（福建）食品有限公司邱艺超董事长、豪士（福建）食品有限公司周慧群经理等企业代表参与到学校三创讲座、大学生专业秀、实习实训、招聘就业等互动活动中来，为师生搭建校企合作、信息互通的桥梁。

最后，帮助企业拓展科研思路，开展科技创新。2020年和2021年，与东山县启昌冷冻加工有限公司联合成功申报漳州市科技特派员后补助项目"非生食冷冻带壳鲍鱼加工技术创新与示范应用"和漳州市自然科学基金项目"新型油凝胶多糖基可食膜研发及对鱼肉保鲜作用的机理探究"；2021年，与福建傲农生物科技集团股份有限公司联合成功申报福建省科技特派员后补助项目"微生态制剂在猪饲料中的研究与应用"等。

（二）创新研发成果，提升核心科技

近两年，薛山博士承担校企合作项目7项，与企业联合申报省市级科技项目立项3项，联合申报发明专利5件，发表国内外核心学术论文10余篇，科技服务年均约20次。以Pickering乳液凝胶技术为例，通过多年对食品加工过程中品质控制难点、痛点的分析，尤其是对大分子互作、高蛋白低脂产品易产生"破乳"现象，产品附加值不高，以及油凝胶类产品替代动物脂肪、功能性油脂靶向递送等现存问题的深入思考，2020年与多麦（福建）食品有限公司建立"植物源天然活性提取物微胶囊包覆技术及在烘焙食品中应用"横向课题。在项目研究中创新构建了新型多糖——蛋白Pickering高内相乳液体系，有效解决了功能性油脂易氧化问题，且从营养健康角度提升了产品品质。

2021年，带领团队研究发现以功能性油脂为原料制备的油凝胶体系具有良好的稳定性和广泛的应用前景，与多麦（福建）食品有限公司再次建立横向课题"新型多糖基复合膜研发及在休闲烘焙食品中的应用"，并先后申报了福建省自然科学基金项目（青年创新项目）、漳州市自然科学基金项目，为企业科技创新打下了良好的基础（图1）。

机制体制篇

图 1　2020 年 7 月 27 日调研多麦（福建）食品有限公司，签订合作协议，开展科技服务

（三）孵化科技项目，赋能企业发展

近两年，依托科技服务与科学研究，薛山博士带领师生团队先后孵化有"甜罗——引领全球无糖甜""道丁——闽南文化品牌先行者""宠宠欲冻——冻干宠物零食""慧吃形动"等项目，指导学生获得全国大学生生命科学竞赛三等奖 2 项，福建省挑战杯银奖 2 项、铜奖 2 项，福建省"互联网+"大赛铜奖，海峡两岸女大学生创新创业大赛铜奖 1 项，第八届学创杯福建省省赛一等奖 1 项，福建省海峡两岸职业技能大赛三等奖 1 项，福建省食品安全知识竞赛一等奖 2 项、二等奖 1 项，福建省大学生创新创业训练计划项目 3 项，闽南师范大学"互联网+"十佳项目 2 项，闽南师范大学科技文化节项目 6 项等 40 余项奖励。同时，遴选这些获奖项目中好的创意、新的思路、优质的人才推荐给企业，不仅搭建了校企、企企、地企合作的平台载体，也在一定程度上实现了集聚创业人才、推动成果转化、助力乡村振兴的积极效应。

三、经验与启示

食品产业是漳州市最有基础、最具历史、规模最大的产业，也是工业发展的重中之重，长期以来为加快漳州经济发展做出了积极贡献。走科研技术创新之路才能为企业添智、增力。作为基层科技特派员，我们要全面贯彻习近平总书记关于科技特派员制度的重要指示批示精神，落实福建省委、省政府部署要求，把创新驱动发展与全面推动乡村振兴紧密结合，不忘初心、牢记使命，学以致用，把论文写在车间企业里、田野大地上，为产业发展和乡村振兴提供强有力的智力支持、人才支撑和科技支撑。

四、创新亮点

一是构建"一基三核"科技服务模式，即以党建为引领，以校企合作模式创新、科技成果创新、项目孵化创新的服务模式，优化企业产品品质，提升产品科技含量，助力漳州食品产业发展。

二是既有理论性成果，如联合申报项目、专利，发表论文，孵化项目，也有实践类成果，如优化新工艺，研发新技术，开发新产品，解决企业的实际技术问题，同时还有校企在学生活动、实训实践、招聘就业等多元层面的积极互动交流，实现了校企合作同频共振、互促共赢的良好局面。

创新科技小院模式，促进尤溪茶业和人才培养深度融合

——福建商学院吴芹瑶

"科技小院"是新时期科技兴农的一种新模式，尤溪红茶科技小院现有5个2021年省级个人科技特派员和2个团体科技特派员。"创新科技小院模式，促进尤溪茶业和人才培养深度融合"科技特派员工作案例是由尤溪县科技局、尤溪县科学技术协会和福建尤溪红茶科技小院共同完成。该工作模式是在中国和福建省农业专业技术协会的指导支持下，依托福建尤溪红茶科技小院入驻专家和研究生、本科生，扎根福建省尤溪县光兴茶业有限公司和尤溪县云富茶业有限公司，围绕尤溪茶叶效益提升，开展茶园生态、茶叶品质、茶叶功能成分、茶叶品牌4个方向的研究，深入探索尤溪红茶品质提升、产业升级、品牌建设过程中人才精准高效服务模式，通过坚持和创新科技小院模式，努力培养更多知尤溪茶、爱尤溪茶的新型人才。

一、实施背景

2021年3月，习近平总书记在南平视察时强调，要把茶文化、茶产业、茶科技统筹起来，过去茶产业是你们这里脱贫攻坚的支柱产业，今后要成为乡村振兴的支柱产业。习近平总书记高度赞扬武夷山茶产业发展取得的历史性成就，充分肯定了科技特派员制度的重大意义，为我们"茶特派"做好巩固拓展脱贫攻坚成果同乡村振兴有效衔接指明了道路、提供了遵循、凝聚了力量。

2022年3月，教育部办公厅、农业农村部办公厅、中国科学技术协会办公厅发布《关于推广科技小院研究生培养模式 助力乡村人才振兴的通知》。三部委联合发文，推广科技小院研究生培养模式，这种集人才培养、科技创新、社会服务于一体的培养模式，实现了教书与育人、田间与课堂、理论与实践、科研与推广、创新与服务的紧密结合，也是新进博士教师，尤其是新办应

用型本科高校服务"三农"，助力乡村人才振兴的有效举措。

二、主要做法和创新举措

1. 始终扎根小院，培养知尤溪茶、爱尤溪茶新型人才

福建尤溪红茶科技小院是由福建省科学技术协会牵头，联合福建农林大学、福建省农村专业技术协会、福建省农业科学院、三明市科学技术协会、尤溪县科学技术协会、尤溪县茶叶技术推广站等单位组建。该小院依托福建省尤溪县光兴茶业有限公司和尤溪县云富茶叶有限公司。小院于 2020 年 10 月获批，专家团队由福建省科学技术协会副主席、福建农林大学博士生导师杨江帆教授担任首席专家，以及陈荣生、叶乃兴、易志刚、谢向英、郑迺辉等资深教授及相关技术骨干组成，并会聚了吴芹瑶博士等 16 位博硕士研究生精干团队。在中国和省农技协指导支持下，小院围绕提升尤溪茶叶效益提升，开展茶园生态、茶叶品质、茶叶功能成分、茶叶品牌 4 个方向的研究，通过专家近距离指导培训，研究生的常驻，对尤溪红茶品质提升、产业升级、品牌建设等发挥了积极作用，取得显著成效。2021 年，在首席专家杨江帆教授指导下，吴芹瑶博士牵头组织申报工作，福建尤溪红茶科技小院获评"全国十佳科技小院"称号。

2021 年 10 月 2 日上午 9 点，由福建农林大学研究生院主办的产教协同育人"微"播——"科技小院"培养模式推广分享会以线上直播的方式准时开播。小院入驻博士生 2019 级农业工程专业郭豪受邀参与线上分享会，郭豪同学结合学习和实践谈在福建尤溪红茶科技小院参与科研训练的心得体会。郭豪的分享报告主要围绕福建尤溪红茶科技小院的基本概况，长期驻扎在小院开展的科研和各项工作对自己综合能力、创新能力的提升和锻炼，实践生产生活中总结提炼产生的感悟、加强理论与实践的协调联系，科学研究既要追求知识和真理、也要服务于经济社会发展和广大人民群众，小院模式与人才乡村振兴的关系等方面开展。小院的科研实践强化了博士生的专业实践能力，提高了博士生的综合能力和素质，为培养既有丰富理论知识，又有较强实践动手能力的高校毕业生提供了新的范例。郭豪参与 2021 年福建省农村专业技术协会年会，被授予"福建科技小院优秀研究生"。

2. 坚持探索创新，协力打造科技小院模式

科技小院处于农业生产第一线，解决农民在生产中遇到的问题，时时处处离不开一个"实"字。小院主要依托单位——福建省尤溪县光兴茶业有限公司，坐落在八闽中心、蓬莱山麓、尤溪河畔的坂面镇，坂面镇是龙溪县茶叶主产区的中心乡镇，茶叶生产辐射四面八方。配置有成套的绿茶、红茶、乌龙茶生产设备，茶园观光示范基地620亩，茶叶加工厂2幢，基地内建有休闲山庄。公司是三明市龙头企业，三明市十佳优质茶基地，曾多次在各类茶事活动中获得省级名优茶金奖；尤溪县云富茶叶有限公司的茶叶基地坐落于山清水秀的戴云山北麓、武夷山南麓，在海拔900米以上的台溪乡盖竹村高山建成无公害茶园观光示范基地800多亩，其中城关紫阳湖畔水东基地300亩。现已形成集茶叶栽培、生产、销售与研制于一体的综合性企业。建有标准化加工厂房占地4500多平方米，配备绿茶、红茶、乌龙茶3条先进成套的生产加工机械与设备。作为生产供给一方，基础条件良好。

然而这两家龙头企业面临着几个重大问题——"茶二代"继承人缺乏、高素质人才留不住等一系列管理人才缺失等问题，尤其是直播卖货、短视频推广等新兴营销方式蓬勃发展后，优质尤溪茶如何"走出去"成为当地茶企最为迫切需要解决的"痛点"。深入探究后归结为尤溪茶产业当前面临的科技与产业脱钩、人才和企业脱节、需求和市场脱离等深层次问题。鉴于此，小院一是加强精神传承，始终坚定"科技小院"文化自信；二是弘扬团结朴实、埋头苦干的奉献精神。老百姓就是通过看我们的实干、苦干认识我们师生的，判断我们是不是靠得住的"贴心人"。科技小院师生与农民群众同吃、同住、同劳动，对于农民群众吃得了的苦、受得了的累，师生们也能吃得了、受得了，老百姓就把师生当成自家人。这样才能始终同人民想在一起、干在一起，风雨同舟、同甘共苦，做到自觉地为实现人民对美好生活的向往不懈努力；三是坚守求是创新、敢为人先的科学追求。科技小院的"科技"二字，是科技小院助力老百姓解决问题的"拿手戏""掌中宝"。科技小院虽小，却是创新大平台，要做科技大文章。

3. 强化融合创新，推动科技小院健康发展

尤溪县是福建省产茶大县，全县有14个乡镇种植茶叶，茶园总面积超过10万亩，年产茶叶达到万吨，茶产业产值超过10亿元。其产茶历史悠久，自

然资源丰富，生态环境优美，茶类品种丰富，发展茶产业具有良好的基础。近些年，尤溪县茶产业有很好的发展，特别是尤溪县委、县政府高度重视茶产业发展，经过多年的努力，茶产业的发展迅速，势头良好，尤其是红茶、绿茶特色明显，初具规模，成效显著，已经成为乡村振兴的重点产业和民生产业，具有后发优势和发展潜力。

2022 年尤溪红茶文化节上，尤溪县政府与福建农林大学茶叶科技与经济研究所发布《"尤溪中国数字红茶城"构想与建设意见》，今后，尤溪县将以尤溪"两茶"产业创新研究院、福建尤溪红茶科技小院为依托，创新性打造中国数字红茶城，占领中国红茶产业的数字化高地，形成尤溪红茶的优势品牌，推进中国红茶数字化、网络化和国际化，使之成为汇聚乡村振兴人才中心和创新高地，为全面实施乡村振兴战略赋能助力。

三、实施成效与影响

中国现代化离不开农业农村现代化，农业农村现代化关键在科技和人才。科技和人才正是科技小院为农村带来的宝贵财富。

在尤溪茶叶品质提升方面，尤溪红茶与福安红茶是福建省知名红茶，其香气品质优异，为众多消费者所青睐。但目前茶叶市场有很多以假乱真，以次充好的现象，不仅会影响两地茶叶区域公共品牌的建立，而且会损害茶农和茶叶从业人员的经济利益。因此建立一种科学的、可量化的，适合大规模用于尤溪红茶与福安红茶品质的鉴别方法，对于尤溪与福安的茶叶品质提升、标准完善等具有重要意义。截至 2021 年底，入驻研究生颜廷宇《组学技术在茶叶研究中的应用进展》一文已被北大核心期刊《食品工业》录用；另一篇关于研究尤溪红茶滋味品质的文章《基于广泛靶向代谢组学的不同产地红茶代谢产物比较分析》，已被《食品工业科技》期刊录用。

生态茶园研究方面，项目组成员以分别对茶园实验田样地进行 3 次土壤采样，2 次茶叶采样。已对土壤样品的基本理化性质进行初步分析，包括含水率、pH、有机质和碳全量等，酶活性、微生物含量等待分析；对茶叶样品进行了茶多酚、水浸出物和香气组分等进行分析，氨基酸等组分待分析，拟撰写中文核心情况一篇。已对同种茶青加工成不同种类茶叶的干茶进行取样，用于吹扫捕集分析茶叶香气特征，拟撰写一篇《基于吹扫捕集不同温度条件下同种茶青加工成不同干茶特征香气物质的变化趋势》中文核心期刊文章。

先后有 10 余名校内外导师和 70 多名研究生、本科生参与到科技小院的建设和运行中，科技小院师生开展的田间观摩活动、茶叶科学知识普及和技能培训会辐射 6000 余人，累计线下培训农民 900 余人。在小院里收获成长的，不仅是涉农高校的研究生，还有广大农民群众。同时，在示范基地设置科普宣传栏 16 个，编写并印发《尤溪红茶科技小院科普宣传册》2000 份；实现农业增效 10% 以上，媒体报道 30 余篇等。

四、经验与启示

地方科技小院要持续不断、与时俱进，积极地探索促进服务社会和人才培养深度融合，这是新时代贯彻党的教育方针的必然要求。在省市县各级党政领导和上级部门的关心支持下，尤溪红茶小院迅速进入角色，主动融入工作，总结了以下 5 点启示：以产业发展需求出发，有计划地开展科技创新研究；以绩效目标为牵引，全面提升尤溪茶叶整体效益；产教协同，开展技术服务与培训；扎根农村，将论文写在祖国大地；协同发展，共筑小院发展未来蓝图。

把力量拧在一起、胸怀大局地协同奋战，是科技小院坚定地跨入党和国家第二个百年奋斗新征程的创新发展要求。从尤溪红茶科技小院走出来的科技特派员、师生会继承发扬老一辈农业科技工作者胸怀大局、团结协作的精神，主动对接和服务地方发展，扎根尤溪，为乡村人才振兴，助推尤溪茶产业高质量发展做贡献。

多措并举抓管理，勠力同心谋创新

——邵武市科技特派员工作站

近几年，邵武市认真贯彻落实习近平总书记对科技特派员工作的重要指示批示精神，按照福建省和南平市的部署要求，重点落实科特派工作"十项措施"，着力在服务定位、传承引领、争先创优、加快步伐等方面下功夫，深入开展科特派领跑机制，持续推动科技特派员制度创新发展，打造具有邵武特色的新时代科技特派员制度，擦亮福建科特派工作这块"金"字招牌。

一、主要做法与创新举措

（一）创新工作体系

邵武市主要是在高端工作站和"科特派+第一书记+金融助理+流通助理+法律特派员"五方联动工作站建设。一是建设高端工作站点。在原有工作站的基础上，持续推进新的工作站建设，聚焦我市"242"产业集群，特别是氟新材料产业，与福州大学合作建立福州大学科技特派员服务团工作站。二是建立科技特派员院士工作站，对接国内外有名的中国科学院上海有机化学研究所、中国科学院福建物质结构研究所、福州大学等高校或科研院所选认院士领衔的团队，开展项目创新和技术服务，提升全产业链水平，在金塘园区内，引进北京科技大学蔡美峰院士建立科特派院士工作站，在永晶公司引进中国科学院上海高等化学研究所姜标院士，设立科特派院士工作站，以此为契机，持续推进氟新材料科特派展示馆建设，为科特派来企业工作提供良好工作条件和环境氛围。三是建立下派联动工作站。在邵武市农商银行总行大楼二楼设立"下派干部五方联动"工作站，将驻村第一书记、科技特派员、流通助理、金融助理、法律特派员五支下派工作队伍进行整合，探索"阵地联建、信息联动、治理联抓、产品联推、实事联办"的"四方联动"模式，搭建党政与金融的"连心桥"，构建"金融+科技+人才""生产+信用+供销"联动机制，全面助力推进乡村振兴和经济高质量发展。

（二）创新扶持政策

邵武市在全南平首先出台《邵武市科技特派员贷款贴息管理办法》，"科特贷"从过去南平规定的中国银行、中国农业银行、中国邮政储蓄银行等3家金融机构向本市9家金融机构全面铺开，市财政每年从专项经费中列支100万元进行贴息，贴息年利率按2%计（单利）。截至2022年6月已有19家企业获得了金融机构累计3572万元的"科特贷"专项贷款产品资金扶持，成为南平金融创新的亮点。

（三）创新考核方式

按福建省、南平市、邵武市本级分级，专、兼职分类开展管理，同时，根据邵武市实际情况，率南平之先出台了《邵武市科技特派员个人年终考核计分赋值表》，从2022年开始，已对邵武市本级科技特派员年终考核做法进行改革，实行乡镇、派出单位、驻点单位、管理部门四家联合评分，按驻点服务时间或次数、建立经济利益共同体、慧农信热度积分、服务成效等指标作为依据，按得分高低进行年终评优评先，彻底改变干好干坏一样、"优秀"轮流坐庄的机制，探索出一条邵武市科特派管理工作的新路子、新做法。

（四）创新基地建设

围绕建立全国骨干科特派（南平）培训基地，按照高标准、高投入的要求，重点打造地方特色的拿口绿色（食品）农业科特派主题馆、高峰科特派之家、省委党校卫闽科特派现场教学点等南平教学示范基地，目前拿口绿色（食品）农业科特派主题馆基本建成、高峰科特派之家完成建设，已对外开展活动，卫闽正在进行室内展厅规划，外面硬装部分已经开始。将润身药业、氟新材料创新研发平台、二都国家森林康养中心等基地以南平市"八有"标准进行建设，形成"科技特派员—引入技术—嫁接项目—吸引资金—建立示范基地—辐射推广—带动产业"发展模式，争取打造一批科技特派员助力产业融合发展和产业转型示范点。

（五）推进绿色考评

围绕南平市科技局下发的《绿色发展考核评价体系科技创新工作考核细则》中的科技特派员工作考核指标体系，邵武市制定并下发了《2021年邵武市绿色发展与绩效考核科技特派员工作考核方案》，按照南平绿色发展与绩效考核体系，继续将科技特派员工作纳入市对各乡镇、街道绩效考核指标，与省上业务部门联系，将云平台慧农信APP后台县级端口打开，将市本级科特派纳入平台管理，实行平时网上打卡，将其结果作为新一轮选派和评优评先的重要依据，努力探索我市特色的科特派服务管理工作新机制，力争科特派工作在南平市绿色发展与绩效考评中名列前茅。

二、实施进展与成效

一是第一产业提质增效。2021年，农业方面累计推广新技术75项，新品种144个，服务农民6471户，农民增收4415户。其中，润身药业科特派团队与企业实施乡村振兴合伙人计划，实行"定制药园"模式，以润身药业为龙头，将企业、中药种植合作社、农户等组成利益共同体，建成科特派创联平台"4P"服务模式；科技特派员艾茂才个人出资占股20%，带领拿口镇20位建档立卡贫困户"飞地抱团"在水北镇一都村流转土地140多亩，投入资金70余万元，创办"峰都果蔬种植合作社"种植瓜蒌，当年每户脱贫户持股分红3000元。

二是第二产业提速发展。科特派助力邵武市工业企业累计完成技改64项，降低企业成本2亿多元。建设了自主知识产权生产线6条，布局建设了永晶过程安全实验室、鑫森炭业技术研究中心等创新平台。其中，永太何人宝团队自主研发的双氟磺酰亚胺锂技术已列入三期项目建设，预计2023年初可形成2万吨生产线，抢占市场先机；省级科特派杨发福服务邵武市福建美菰林生物科技有限公司，通过从互叶白千层的枝叶中提取生物活性成分，与荷兰专家合作研发出可代替酒精的新产品，2022年3月已取得生产许可证，产品已投放市场10万瓶，支持抗击新冠疫情。

三是第三产业提档升级。实施数字化改造，对生产设备与生产线整体升级换代，为节能降耗奠定基础。1—4月，"未家家居"新零售全竹定制家装打造"设计+智造+新零售"全新商业模式，实现产值2480万元。武夷学院郭磊副教授下派邵武市纳福竹木制品有限公司以来，在信息技术提升方面，引进采用嵌入式系统对原有自动化数码雕刻程序进行数字化改造，产品成本降低 5%，效率提高 15%～20%，产品价值提升了 50%，订单大幅增加，同时还为企业培养技术骨干 10 人。

三、经验与启示

邵武市在科特派管理方面从一开始就没有放松，比较多的做法是从 2019 年以后开始，是在总结经验的基础上，按照福建省、南平市工作部署，在实践探索过程中，产生的一些经验，主要有如下体会和启示。

（一）管理机制创新是科特派工作的活力所在

邵武市各级领导十分重视科特派工作，市委书记、市长多次听取科技特派员工作汇报，市政府徐志华副市长主抓这项工作，各乡镇、街道都有分管领导和工作班子，在邵武，不论市里主要领导，还是乡镇主官对科特派工作可以如数家珍娓娓而谈，这为创新工作提供良好外部环境，邵武市将科特派工作建设高端人才工作站、云平台的后台管理、氟新材料工业科特派选派、引导领办创办企业进行资金支持、工作绩效考核等方面率南平之先，都是领导推进有关方面进行有益探索，积累了一定的经验，有些形成了有效管理办法，率其他地方先出台了文件，起到了借鉴和指导作用，许多县市也纷纷来电进行咨询。所有的这些科技特派员机制创新工作，有利于激活技术、激活要素、激活生产，是科特派这台发动机的动力源。必须坚持将论文写在田野大地上、工厂车间里，就必须在实施科技特派员机制的基础上，善于发现和总结科特派工作机制，找到工作亮点和破解工作的难题，真正将技术、土地、劳动力优惠政策等要素结合起来，将服务实效和服务态度提升，为深入开展和探索科特派领跑工作机制提供理论和实践依据，增强发展活力和生命力。

（二）服务成效考核是科技特派员机制的重要保障

对科特派工作的考核是检验服务成效的有利抓手，也是近些年各地对科特派服务成效如何界定的解惑。邵武市在多年的实践中，将科特派工作划分为服务态度、服务时间、服务效果等几大指标先行先试，不断总结经验，根据实际情况，摸索总结一整套考核办法，并付诸实施，破解疑难，实现成功突围，为下步在全市乃至全省对科特派管理工作发展，提供行之有效的管理经验和模式。通过对科技特派员进行分级、分类的考核管理，出台对应的考核评价指标体系，将管理单位、服务单位、派出单位优化组合，将科特派服务摆在突出位置，更好地发挥科特派服务功能，更有利于提高科特派个人工作经费的使用效率，能够有效增强基层科特派管理效果，促进科特派工作积极有序开展。

（三）邵武科技特派员机制实践探索为"南平机制"创新发展补充理论依据

理论离不开实践，只有与具体实践相结合的理论才会具有不断生长的强大生命力。南平机制是个新鲜事物，最早诞生于"三农"领域，是农业农村工作机制的大胆创新，但随着形势的不断发展，这项工作机制正在不断延伸，领域在不断深入，需要探索的理论很多。作为南平机制诞生地，如何领跑全国，邵武市在科技特派员工作中不断发现问题、补齐短板，大胆创新、勇于实践，通过孜孜不倦的实践探索，提炼总结出先进经验，不断完善下派机制理论，带动了工作机制创新，压实工作管理责任，为南平机制创新发展做出了突出贡献，提供第一手实践经验和理论素材，成为其他地区科特派工作的学习样板。

顺昌县杉木产业全产业链机制创新

——顺昌县科技特派员管理服务中心

"世界杉木看中国，中国杉木看顺昌"。作为全国唯一的杉木之乡，顺昌县地处我国杉木中心产区的核心地带，是我国南方重点林区，福建省重点林业县，林业资源丰富，全县林地面积250万亩，其中杉木106万亩、杉木林亩均蓄积量达16～19立方米，是全国平均水平的3倍。但由于顺昌地处闽北山区，受到地理区位和交通等因素制约，产业不发达，经济发展滞后，如何把生态优势、资源优势转化为经济优势、产业优势，真正使"绿水青山"变成"金山银山"，便成为新时期亟待解决的重要课题。根据南平市"聚焦一个产业、搭建一个科特派公共服务平台、依托一批重点龙头企业、引入一批高校科研院所、建设一批创新联合体、形成一张技术路线图、实施一批科研项目"的工作思路，为了强化重点产业科特派布局，顺昌县围绕产业链布局创新链，在杉木产业现有基础上，将"一棵杉木"做到底，解决科技研发能力弱、产品更新换代慢、集约化效益不明显、招商引资优势不足、企业融资困难等"先天不足"和"短板"。

一、主要做法

顺昌县杉木产业全产业链布局从杉木育种阶段开始，与福建农林大学合作，打造福建省洋口国有林场杉木育种科技特派员团队，发扬"洋林精神"，推广种苗种植；到了杉木种植阶段，借助以赵刚源为代表的森林生态运营中心科技特派员团队，实现林业碳汇效益。在高允旺"竹荪大王"的基础上，着重发展林下经济，推动林下竹荪示范片产业发展；再到加工、销售阶段，一是与国家林业和草原局、福建省林业科学院、福建农林大学等高校及科研院所合作，充实升升木业科特派团队，大力发展竹木制品的深加工，开发科技含量高、市场适销对路的竹木制品，提高集约化水平。二是依托顺昌浙商（中国）

出口家具产业园，适时引入相关科特派团队，打造集设计、生产、销售、家居配套为一体的产业集群，建设绿色环保、专业化、全产业链的现代化板式家居制造园区。

二、实施成效

1. 杉木育种阶段

杉木产业全产业链的开端从福建省洋口国有林场（福建省杉木良种选育中心）开始，洋口林场杉木育种科技特派员长期扎根闽北一隅，开展杉木不同世代遗传改良、品种选育、良种繁育与推广示范等工作，同时利用资源和平台优势主动对接南京林业大学等省内外科特派，逐步形成了"林场＋科技特派员＋基地＋林农"和"高校＋科技特派员＋林场＋基地（林业科技园区）"等服务运作模式。在科技特派员的努力下，林场收集保存杉木全分布区优良种质材料4000多份，构建了杉木第1代至第4代完整的育种群体，建立了高世代种子园营建技术体系，突破了杉木无性快繁与规模化繁殖技术，制定了良种林分的森林经营措施。与南京林业大学、福建省林业科学研究院和福建农林大学等科研院所合作，完成林业科研项目150多项。相关成果获国家科学技术进步奖5项、省部级奖励23项，其中国家科学技术进步奖一等奖1项、二等奖2项，省级科学技术进步奖一等奖2项。先后被国家林草局确定为我国唯一的国家杉木种质资源库、国家重点林木良种基地、国家林业和草原长期科研基地、国家林业科技园区。累计推广营建杉木种子园3万多亩，每年推广良种造林60多万亩，与普通林分对比，材积遗传增益40%～60%，可为林农增收20多亿元。"洋林"种苗为林农提供的高世代良种苗木合格率达100%，造林成活率达95%以上，造林成本明显降低。同时，林场通过"林场＋基地＋农户"的育苗模式，每年为周边富余劳动力创造就业岗位1200多个，增加年收入2000多万元。形成了以洋口林场为中心，立足闽北，服务全省，面向全国的种苗生产格局，有力推动全省杉木良种苗木产业化、品牌化进程，为林业生产单位和广大林农提供了可复制可借鉴的推广模式。近年来通过科技特派员团队开展各类培训62期，参加培训的科技人员共计1000多人次，林农8000余人次，发放各种资料2万余册。先后选派50余名科技特派员将先进的育种育苗、营造林技术和经验传授到我国广大杉木适生区，向广东、广西、江西、四川、重庆等 10 多个省份推广杉木良种造林 3000 多万亩，由良种遗传增益产生的经济价值达千亿元，为推动我国林业高质量发展、助力乡村振兴和生态文明建设做出重要贡献。

2. 杉木种植阶段

作为杉木产业全产业链中的创新亮点，森林碳汇产业和林下竹荪示范片产业，践行了习近平总书记生态文明思想，针对森林资源碎片化、单家独户经营缺资金、少技术和森林资源变现难等问题，是积极践行"两山理论"、打通"绿水青山"向"金山银山"转化通道的一次创新尝试。2021 年以来，顺昌县推动本县科技特派员与福建农林大学合作的顺昌县森林碳汇产业科技特派员团队，着力推进精准提升森林质量、深化集体林权制度改革、创新林业碳汇交易模式及创新开发碳金融产品等工作，积极探索建立生态产品价值实现新机制，持续推动林业产业化、集约化发展，打造全国"两山"理论实践创新基地，走出一条生态保护与经济发展相得益彰的绿色高质量发展新路。在顺昌森林碳汇产业科技特派员团队的大力推进下，"森林生态银行"被自然资源部列入第一批《生态产品价值实现典型案例》，被国家发展改革委列入《国家生态文明试验区改革举措和经验做法推广清单》，成为全国唯一一家被两个国家部委列入案例的"生态银行"。2021 年 7 月 12 日，在"2021 年生态文明贵阳国际论坛"福建省生态文明建设成果发布会上"森林生态银行"和"一元碳汇"被列为国家生态文明建设"福建经验"。并被中国工程院院士郝吉明评论为"为我们国家在生态产品价值实现机制上，提供了宝贵经验。"2021 年 9 月 2 日和 10 月 13 日，全省、全市深化集体林权制度改革暨全面推行林长制工作会议相继在顺昌召开，充分肯定了"森林生态银行"是深化集体林权制度改革的创新、探索与实践。

顺昌县大历镇乡村振兴发展中心科技特派员高允旺，几十年来扎根乡镇研发竹荪栽培技术并致力于该技术的推广应用，获得全国脱贫攻坚先进个人、第二届全国创新争先奖、全国学雷锋志愿服务"四个 100"先进典型最美志愿者、第四批"闽江科学传播学者"、全国优秀科技特派员等荣誉，不断诠释着一名科技特派员的专业"匠心"和为民"真情"。在他的带动下，顺昌成为全国最大的竹荪生产基地和示范县，被授予"中国竹荪之乡"称号。近年来，高允旺着力推广林下竹荪种植方式，全县杉木林下竹荪种植面积达 280 亩左右，并在大历镇秀吴村夏坑垅打造林下竹荪科技特派员示范基地，占地面积达100亩，基地安装温湿监测、安全生产监控设施，并采取"科特派注入技术、国有林场提供基地、村集体保障基础设施、农户投工投劳"的"科特派+国有林场+村集体+农户"的经营模式，解决竹荪产业发展中"菌粮争田矛盾"的"卡脖子"问题，亩产量达17.5千克左右，每亩增收1800元。利用竹制企业下脚料竹丝、竹屑代替木屑栽培竹荪新技术，让腐烂在地里的培养料增加土壤腐殖质、疏松土壤，为林竹生长提供有机肥料，促进了林木的快速生长，调节林地内小气候，改善森林生长条件，提高林木生长量10%，真正实现"不砍树亦致富"，为"碳中和"作贡献，创响"土字号""乡字号"品牌。

3. 杉木加工、销售阶段

在杉木产业全产业链后期加工、销售阶段，顺昌本土重点龙头企业福建省顺昌升升木业有限公司发挥着至关重要的作用，公司主要生产出口儿童木制滑梯屋、木凉亭、儿童木屋等杉木园艺休闲家具系列产品，经过十几年的发展，已具备年生产木制品20万立方米的能力。升升木业研发中心科技特派员团队主要由国家林业和草原局北京林业机械研究所、福建省木业科学研究院和福州市科技情报研究所研究人员组成，科特派团队中张伟研究员为国家林草局北京林业机械研究所首席专家，同时是科技特派员团队发起人，团队成员长期从事林业装备自动化、信息化的基础与应用研究、科技项目管理等工作，为升升木业先后完成"胶合木生产自动控制系统研究""结构用集成材拼方自动上料设备研究""木结构用集成材柔性加工控制系统研发"等研发项目，获得"装配式木结构预制构件柔性加工生产线及柔性加工方法""木结构集成材柔性加工生产线及柔性加工方法""一种木构件钻削加工设备及柔性钻削加工方法""一种木结构构件上下料系统及方法"等10件相关发明与实用新型专利，积累了丰富的林业装备开发和科技项目管理经验，奠定了坚实的理论与实践基础。在升升木业科特派团队的努力下，福建省顺昌县升升木业有限公司运用先进工艺技术、开发应用专利技术成果转化等先进成果，所生产的各个产品均处于同行业领先水平，产品的市场占有率在全国同行业排名第一，实现产值10.3亿元、出口创汇1.45亿美元、主营业务利润率12.8%，并且为出口杉木园艺家具系列产品生产产业的科技化、产业化做出一定的贡献。

三、经验与启示

创新是乡村全面振兴的重要支撑，以科技助力乡村振兴，让科技在提高产品品质、资源利用率、质量水平上都起到关键作用。顺昌是杉木之乡，围绕"产业链"，布局"服务链"，从顺昌县杉木产业全产业链机制创新中，我们获得不少的经验启示。一是把科技支撑乡村主导产业发展作为主攻方向，统筹科技资源与特色产业精准对接；二是把深入推行科技特派员制度作为重要支撑，推动科技特派员由"单兵作战"向"组团服务"转变；三是要坚持把科技特派员制度、科技特派员人才工作作为科技创新人才服务乡村振兴的重要工作，进一步抓实抓好，布局到重点产业全产业链中，让技术和资源有效融合；四是做好科技特派员工作站建设工作，以工作站为平台，鼓励科技特派员走进基层，推广新技术、新产品，同时强化对外交流合作，优化科技人才队伍结构，建立企业科技特派员工作站，不断支撑顺昌重点特色产业转型升级、创新发展。

科技特派员"N+1"服务模式

——福建中艺文化传媒有限公司科特派·新知青团队

一、初心引领前进 续写乡村新篇章

许国发，男，1987年10月生，汉族，福建省优秀科技特派员，现任福建省中艺社会组织互联网服务中心理事长和福建中艺文化传媒有限公司总经理，厦门大学"寄青风"团队创业导师，福建省青年美术家协会执行秘书长。2019—2021年为省市级科技特派员。2018年以来扎根乡村，利用自身文化艺术专业背景，积极与福建艺术职业学院、厦门大学、福建省乡村振兴研究会等高校及科研院所学习交流，并将资源引入闽清。2019年作为一名福建省级科技特派员服务于闽清县，开展实施"六个一"计划，即组织开展一系列文化艺术活动，促进乡风文明建设，营造村民共同关注、关心家乡发展；开展一系列科技培训和乡贤返乡创业引导会，培养本土科技人才；开发一村一品乡村旅游文创产品；挖掘当地文化，打造一条文化旅游路线；对接一个网络平台，促进农副产品销售；农民结成利益共同体、创办领办农民合作社或企业一家。

2020年《助力文旅产业发展，融入乡村振兴战略——提升艺术设计专业社会服务能力的实践与创新》荣获福建省职业教育省级教学成果奖二等奖。同时又是文化和旅游部双创人才，他始终坚定自身理想信念，勇于创新创造，矢志艰苦奋斗，做乡村振兴的带头人，带领农民致富创收。

在服务乡村的时候，福建省科技特派员许国发探索党建引领、科技助力乡村治理的乡村振兴模式，通过党员带头开展试点，推动产业发展和乡村建设互联互动。许国发深知一个人的力量不足，重新定义"新知青"，招揽20多名有使命、有担当的专业人才，参与乡村振兴的科技服务团队，采取"政－校－企－社会组织－工作站"五位一体乡村振兴综合服务模式。是调动全社会力量参与乡村振兴建设，即以乡村振兴为目标、以政策为导向、以校企合作为契机、以社会组织为网络、以工作站为基础的五位一体乡村振兴综合服务新模式。坚持人才下沉、科技下乡、服务"三农",当好党的"三农"政策宣传人、农业科技的传播人、科技创新创业的领头羊、乡村脱贫致富的带头人,为乡村振兴示范点贡献智慧。这不仅有效引导了青年投身到乡村振兴工作中去,还推动了项目下乡、人才下乡、乡贤返乡。

二、科技特派员"N+1"服务模式 助力乡村振兴

2020年7月,在闽清县发展改革局的统筹安排下,闽清县省市科技特派员组成"科特派乡村振兴调研行动小组",在省级科技特派员许国发、黄盛敏的带队下,一共7人,历经一个星期的调研,重点走访了闽清县14个乡镇的19个省级乡村振兴试点村。在桔林乡党委要求下,又走访市级乡村振兴试点村尚德村。通过实地走访、查看资料、与村民面对面沟通、组织镇村干部村民座谈,对这些村围绕产业、人才、文化、生态等方面进行摸底了解,并对每一个省市乡村振兴示范村当地文化进行深度挖掘,结合当下发展趋势规划未来发展前景,提出科学、合理化建议,帮助梳理了这些村庄的建设思路。并提交了《闽清县省级乡村振兴试点村调研报告》,得到了闽清县原县委书记陈忠霖的认可并批复实施。

在服务过程中,许国发努力探索科技特派员"N+1"服务模式,是在"科技特派员'1+1'服务"的基础上,开启"科技特派员'N+1'服务模式",即整合区域内的科技特派员组成团队,发挥团队力量共同推动科技特派员的综合服务能力,重点帮扶一个村、一个企业,打造新型的科特派服务乡村振兴模式,为乡村振兴战略加快推进提供有力的技术支撑,实现科技特派员人才下沉服务的科技价值。集中打造出一个乡村振兴的典型案例,为实现乡村振兴做贡献。

三、以科技特派员"N+1"服务模式 打造乡村振兴示范村

2020—2021年,许国发以科技特派员"N+1"服务模式,从闽清县20个省市级乡村振兴试点村中筛选出尚德村作为打造乡村振兴示范村。以一二三产业深度融合发展,创建以"人才(科特派)+村集体+企业"的模式,形成"互联网+农旅+文旅+康养"的尚德模式。打造"四色尚德"旅游产品"云上

尚德木槿花海"的旅游形象。将尚德村打造成乡村振兴示范模板，更为闽清县乃至全省树立一个科特派 2.0 服务方式的可复制的示范模板。

四、成立尚德科特派·新知青工作站 引入资源引进人才

2020 年 9 月 8 日，由许国发牵头成立的尚德科特派·新知青工作站揭牌。同时还策划举办了尚德古厝"重生"系列活动，举行重读《福州古厝》序，生动阐述了保护好古建筑、保护好文物就是保存历史、保存城市的文脉、保存历史文化名城无形的优良传统。通过古厝重生之古厝认养、古厝艺术采风写生等一系列活动，展现尚德古厝的传统风貌和个性，让更多人成为乡村振兴的参与者，关注并保护好尚德古厝，最终实现尚德古厝的"重生"。成功引进广东创业团队，修复古厝，开办特色民宿。

2020 年 10 月 24 日引入厦门大学"青年红色筑梦之旅"。尚德村与数字乡建团队就合作共创"数字乡建——多维数据服务赋能乡村振兴"项目达成了初步的合作意向，并签订了项目合作协议。项目团队通过真正地走进田间地头，对农民和企业的需求有了更加直观的了解。植药兴农、漂书看世界、海 young 研学社、非遗经纪人等多个项目与当地签署合作协议，将厦门大学"红色筑梦之旅"活动与项目需求对接，充分发挥高校的智力、技术优势，推动尚德经济建设发展。

2021 年 5 月 21 日上午，引入福建省广播影视集团电视综合频道中心"夏兴勇乡村振兴工作室"。闽清县与福建省广播影视集团电视综合频道签订了乡村振兴"福建模式"示范点战略合作协议。闽清县桔林乡尚德村列入省广播影视集团在全省打造乡村振兴"福建模式"5 个试点之一，为科技特派员借力发力，助推乡村振兴提高新水平。

2021 年 7 月 27 日，组织村民成立福居装配式建筑科技（福建）有限责任公司，打造尚德福居康养基地项目。尚德村，村庄海拔 800 多米，背靠四维山国家黄楮林保护区，是自然环境优美，空气清新的天然氧吧，是适合现代人健康养生的好去处。从尚德至东桥高速方向出发到福州只要 1 小时 20 分钟。可共享福州交通条件和发展机遇。

以"三养"为特色的山水田园康养胜地，依托尚德村独树一帜的高山风光，整合周边乡村、森林、溪谷、河流、农园、温泉、药草等康养资源，打造

一个以高山避暑养生为龙头，以运动康体、文化修心为重要支撑，集养身、养心、养性"三养"于一体的全方位、综合型康养旅游体验地。

五、创新亮点

科技特派员"N+1"服务模式，是在"科技特派员'1+1'服务"的基础上，开启"科技特派员'N+1'服务模式"，即整合区域内的科技特派员组成团队，发挥团队力量共同推动科技特派员的综合服务能力，重点帮扶一个村、一个企业，打造新型的科特派服务乡村振兴模式，为乡村振兴战略加快推进提供有力的技术支撑，实现科技特派员人才下沉服务的科技价值。集中打造出一个乡村振兴的典型案例，为实现乡村振兴做出贡献。

模式经验篇

福建科技特派员制度创新与实践

全方位深化产学研合作，
把论文写在产业第一线

——中国科学院海西研究院泉州装备制造研究中心黄东晓

莆田市诺斯顿电子发展有限公司是一家专注于无线充电器、LCD 显示屏等领域的国家级高新技术企业，建有省级企业技术中心，并分别在 2019 年获批福建省"专精特新"中小企业、2021 年获批工信部"专精特新"小巨人企业。作为一家中小企业，诺斯顿正处于高速发展阶段，但面临着高端人才引进困难、企业总体技术创新能力不足等问题，这严重影响到公司无线充电器这一新兴创新产品的研发及更新迭代。

随着智能手机的快速发展，配备有无线充电器的手机款式逐年增加，并得到消费者的广泛认可。据市场调查机构 HIS 预测，2022 年搭载无线充电功能的手机将超过 10 亿部，电子无线充电市场规模有望达百亿美元。

目前市面上的手机无线充电器主要以"贴板式"方式充电；同时为了保证较高的充电效率，需要充电器与手机充电接收端严格对齐，如 iPhone 的磁吸式无线充电器，而这些都将严重降低用户体验感，手机无线充电功能成为部分用户认为的"鸡肋"。服务企业诺斯顿前期的产品以传统手机无线充电器为主，并结合莆田工艺美术，在市场上得到良好的反响，然而在充电性能上并不占优势，与市面产品呈现低端同质化竞争态势，这严重制约了企业的发展。

由于企业在手机无线充电技术研发实力较为薄弱，为了加快高端新产品的研发，急需引入外部科研力量，整合各方资源，为此与中国科学院海西研究院泉州装备制造研究中心开展产学研合作，着重引进电机驱动与功率电子国家地方联合工程研究中心（国家发展改革委批复）的创新成果及研发力量，全方位提升企业技术创新硬实力。

一、主要做法和创新举措

科技特派员工作单位与服务企业开展了全方位的产学研合作，充分发挥中国科学院在技术创新、企业在产业化推广应用的优势，科技特派员深入企业技术研发及生产一线，以点带面，推动实验室成果走向市场，并以产业需求引领技术创新研发，将论文写在产业第一线。

①签署战略框架协议，双方共建"智能高效无线电能传输技术联合研发中心"，采用双边运行模式，中心主任并以福建省科技特派员身份服务企业，加强双方之间的沟通合作。

②科技特派员作为服务单位与工作单位的联系纽带，及时将实验室成果带到企业中，有助于成果落地；并在与企业日常沟通交流中，将企业的技术需求反馈到实验室，从实践中凝练科学问题，引导实验室工程项目研发方向，从而加速创新成果的转移转化。

③科技特派员作为项目负责人，通过与服务企业采用技术委托及合作开发方式，加快新产品研发及迭代更新。围绕智能手机无线充电器，已联合开展技术研发项目3项，总投资超350万元，并且其中1项获得福建省中科院STS计划配套项目（技术转移计划）资助。目前已有部分成果成功应用于企业新产品，并推向市场。

④采用技术咨询、培训等方式，提升服务单位创新能力。科技特派员及其团队通过定期的技术交流及咨询，指导服务单位技术人员进行产品的升级改造，解决现有产品遇到的技术难题，提升产品综合性能；通过现场指导、讲座培训等方式，对技术服务单位研发及生产线人员进行培训，提升专业技能。

⑤安排所指导学生入驻企业进行实训。一方面可以加强学生的工程实践能力，提升就业竞争力；另一方面能够提升企业的技术研发实力。同时推荐优秀毕业生到服务企业工作，有效缓解企业人才招聘困难问题。

二、实施成效与影响

目前市面上针对如手机、智能手表等便携设备的无线充电产品发展较快，国内市场不断壮大，然而产品竞争力不足，呈低端同质化竞争，利润率不高。为此，在技术合作及特派员服务期间，瞄准国际前沿技术，立足行业发展趋势，将团队强耦合谐振器设计、参数辨识、强鲁棒输出控制策略等技术应用于企业新产品研发中，有效提升了手机无线充电器产品性能，改善了用户体验，并成功助力企业无线充电产品打入日本、韩国的大型商场、超市，增强了产品影响力。

①解决企业技术难题 10 余项，辅助企业完成新产品开发 2 项，生产线改造 1 条，新增产值约 200 万元；预计所有合作项目完成应用推广后，可新增年产值 1000 余万元。

②累计开展专业技术培训 30 余人次，开展了关于无线充电技术磁耦合机构设计、Qi 协议解读、老化测试方法等课程，将技术培训下沉到一线，补齐研发人员技术短板，提升生产线人员生产测试技能。

③指导企业凝练技术成果，累计指导企业并以其为第一完成单位申请并授权 4 件专利，其中发明专利 2 件，有效实现核心技术的知识产权保护。

④在工程实践中进行技术开发及成果凝练，以省级科技特派员为第一发明人申请 5 件发明专利，发表创新论文 3 篇。

三、经验与启示

对于中小企业来说，如何提升自身技术创新能力是一个经久不衰的命题，引入外部科研力量未尝不是一个较好的方式。一是能够降低技术人才引进、培养等成本，并降低研发团队日常开支；二是根据市场各类需求，无须高频次招聘适配人才，借用外部资源，实现新产品快速更新迭代，抢占市场先机。如何更好地借用外部力量，本案例提供了全方位联合高校及科研机构的"产学研"合作新模式。通过共建联合研发中心，建立日常沟通机制，通过技术研发项目解决企业亟待突破的技术难题，采用定期的技术咨询、培训等方式提升研发人员创新能力及一线人员的技能。在工程实践中，指导企业进行核心技术知识产权保护，并为企业推荐优秀毕业生，注入新鲜血液，从而全面提升企业自身创新能力，助力企业转型升级。

四、创新亮点

以科技特派员作为联系纽带，建立其工作单位与服务单位之间全方位"产学研"合作模式，多措并举，通过签署战略框架协议、建立联合研发中心、技术合作开发、人才流动等方式，推动双方合作迈向新高度，加速科研成果转移转化，提升企业综合研发实力，将论文切切实实地写在产业第一线。

脚下有泥，心中有光

——福建省农业科学院吴敬才

"科技特派员制度推行20年来，坚持人才下沉、科技下乡、服务'三农'，队伍不断壮大，成为党的'三农'政策的宣传队、农业科技的传播者、科技创新创业的领头羊、乡村脱贫致富的带头人，使广大农民有了更多获得感、幸福感。"2019年，习近平总书记对科技特派员制度推行20周年作出重要指示。"三农"问题是我国长期存在的主要社会问题之一，科技特派员制度源于福建省南平市对破解"三农"问题的积极探索。科技特派员，一个人扶持一个产业，走出一条"三农"突围之路，这样的例子并不少见。20多年前，从德国进修园艺栽培技术归来的吴敬才，从农艺师"变身"为全省第一个下基层的"一号科特派"。20多年来，转岗位不转科技特派员身份的他，一路见证了科技特派员制度的发展历史。

20世纪90年代，闽北粗放型小农经济陷入困境，农民增产难、增收更难。农村农业科技推广"网破，线断，人散"，农业良种匮乏，农业科技普及率低，农民凭经验"靠天吃饭"，农业产值和效益低下。进入新时代，农业科技化水平与乡村振兴发展要求还有相当的差距。

一、主要做法与创新举措

（一）主要做法

1. 驻村开智

1998年底，从国外学成归来的吴敬才接到了一项特殊任务：到南平市延平区王台镇挂职镇长助理，派驻溪后村进行农业技术推广和指导工作。谁也没想到，他的下派是一场闽北大地"体制性的革命"的开端。1999年初，南平市首批225名科技特派员下村为农民服务。吴敬才成了第一位驻村的农业科技人员。

那时候闽北刚刚遭遇了洪灾，农业生产还没恢复元气，溪后村农业产业结构单一，除了粮食就是一些水果。村民有心想要增产增收，但受制于农业专业知识的匮乏，种出来的果蔬品质低下、价低难卖。吴敬才驻村后，一肩挑起全村的果树、蔬菜、土肥、林业等各项专业技术的指导工作。白天，在田间山头手把手地为村民指导示范该如何进行选土、施肥、修剪、嫁接、防害、打虫；晚上，在村部大会议室里为求知若渴的村民讲授农业科学的专业技能知识。经过技术指导和培训，第二年，村民们种植的雪柑就卖到了每亩 7000 多元，收入翻了好几番，果农们个个喜笑颜开。

吴敬才第一次驻村虽然只持续了 3 个月，却打开了村民接受和应用科技的"风气"。之后 20 多年间，吴敬才时刻关注和推动溪后村的科技发展，多次挂钩和重返溪后村开展产业科技帮扶工作。

2. 引种利农

驻村 3 个月，吴敬才吃、住都在村里，与村民打成一片。正当他渐入佳境的时候，组织上把他调往新组建的大横现代农业科技园区任科技特派员。一到园区，吴敬才接受的第一项任务是实施完成省科技厅"引进国外农业优良品种，建立闽北农业推广示范园区"的高科技项目。以吴敬才为技术核心，园区专门成立了攻关小组。铆足劲，连续一个月的挑灯夜战，吴敬才带领小组制定了详细的项目实施工作方案。

园区夏季闷热难耐，与蚊虫为伍不说，上个厕所还要跑个百米千步；冬天冷风刺骨，棉被毛毯都盖上还瑟瑟发抖。克服重重困难，吴敬才和他的伙伴们全身心投入项目实施。

当时园区的主要任务就是试种国外的优良品种，筛选出适宜闽北山区丘陵气候土壤条件的品种。作为技术带头人，为了掌握每一个试验数据，他白天顶着骄阳，下田间进行试验观察，数叶片、量株高；晚上忙于试验分析，整理材料、数据，翻译外文种子说明书。

1999 年 12 月 17 日，时任福建省代省长的习近平同志到园区调研，吴敬才向他汇报了羽衣甘蓝等蔬菜新品种的示范推广情况，得到习近平同志高度赞赏："这个园区是我省引进品种最多、现代农业内涵最丰富、基础设施功能最完善、建设速度最快的园区。"

3. 普及科技

屏南县源丰果蔬专业合作社理事长张原霖是当地土生土长的农民。每个月 10 号的 15—16 时是"福建省农村实用技术远程培训"直播的时间，时常关注直播预告的张原霖，一旦发现有果树技术方面的培训内容，都会组织合作社的社员，准时守在电视机前锁定福建电视台公共频道观看直播。正是得益于这个远程培训，源丰果蔬专业合作社的社员们个个成了果园技术管理"专家"。

"福建省农村实用技术远程培训"是 2010 年 3 月吴敬才接手的新项目，而且一干就是 12 年。2005 年离开南平调到福建省农业科学院后，吴敬才既是科技特派员，也是农村普及科技的"教头"。

调入福建省农业科学院后，吴敬才在新组建的培训中心长期从事农村实用技术培训等项目工作。走遍八闽大地，拍摄农业技术推广视频，推动各种形式的农业培训，成为 10 多年来吴敬才工作的主旋律。2009 年 2 月 5 日，福建省科技特派员培训基地正式揭牌，同时第一期科技特派员培训班开班。福建省科技特派员网（http://www.fjktp.cn/）同年 5 月上线。9 月，福建省农业科学院正式成立"海西科技特派员学院"。这个开创科技特派员工作新历史的"担子"又历史性地落在了科技特派员吴敬才的肩上。

（二）创新举措

结合科技特派员的科技服务工作，吴敬才在"福建省农村实用技术远程培训"项目上创新采用农业技术推广现场拍摄形式，将科技特派员对应开展具体产业技术服务的现场内容，拍摄剪辑成实用技术培训视频，让技术培训生动具体、通俗易懂，便于广大农民理解和掌握，既生动记录了科技特派员科技服务工作，又广泛传播了农业科技知识。

二、实施进展与成效

1. 溪后村发展后劲十足

因吴敬才的驻村，溪后村被誉为"科技特派员第一村"。近年来，溪后村探索"科特派+"的模式，科特派与绿色金融有机结合，创立了"科技特派贷"，由科技特派员推荐，授信 37 户，金额超过 600 万元，解决了农村产业融资难题。溪后村成立延平区第一个村级科特派工作站，有一个团队和12名科技特派员，由科技特派员梅光义博士挂帅，一个人带来一支林业团队，策划金杉园建设，升级安槽下杉木丰产林，成为村里标志性旅游名片。在科特派指导下，溪后村调整种植结构，进军百合花这个朝阳产业。"绿色"与"创新"交响，"科技"与"产业"碰撞，青山正加快变成金山。目前，延平区王台镇百合花年产值达3亿元，乡村旅游收入2000余万元，溪后村的贡献最大。

2. 促进农业产业提质增效

在大横现代农业科技园担任科技特派员期间，吴敬才不仅努力带好队伍，培养了5名农艺师、19名助理农艺师，而且从834个国外优良品种中初步筛选出96个适宜品种在当地进行推广种植。其中有日本网纹甜瓜、日本板栗南瓜、荷兰麝香百合、美国番茄、日本长香辣椒、玫茄一号、德国金鱼草花和非洲菊等，这些新品种都对闽北乃至福建农业结构调整、促进农民增收产生了深远的影响。

3. 引发农村科技普及"裂变"

截至2021年底，共举办福建省农村实用技术远程培训主会场130余期，区域性田间实地培训80余期，邀请福建省农、林、水利等各行业专家授课660余人次，累计培训1100余万人次。直播后制作流媒体课件上传福建省党员干部现代远程教育平台、党员e家、微信小程序"福建12316"兴农讲堂、云上智农、"慧农信"微信公众号、福建省农业科学院远程培训栏目等平台，累计点击观看量达300余万人次。在长期培训工作中建立了一支由省市县专家、种养专业户、创业能手、专业合作社管理人员170多人组成的教师队伍。

三、经验与启示

从科技服务首站的溪后村，到通过福建省农业科学院科技培训平台向八闽农村开展科技服务的20余年间，吴敬才深切感受到基层农民对于农业技术的渴求。作为科技特派员，要始终牢记服务"三农"的初心和使命，要"沉"到广大农民群众和农村产业最需要的地方去，紧紧围绕科技服务实践，找准需求，精准服务，在田野大地上做实验、搞科研、写论文，在促进农业发展、农民致富、农村繁荣的历史进程中体现科技特派员的特殊价值。

四、创新亮点

将科技特派员服务工作与实用技术培训有机结合，通过现场拍摄，制作技术影片，以线上形式进行远程培训，既能形象直观地向广大农民培训具体产业技术，又可以广泛宣传科技特派员工作。

科特派为百合产业升级增添"芯"动力

——福建省农业科学院生物技术研究所园艺生物技术团队

百合素有"球根花卉之王"之美称，寓意母爱、爱情、和谐、祝福，深受人们的喜爱。目前全世界百合种球每年约需 25 亿粒，荷兰是主要生产国和出口国，荷兰每年的百合种球产量高达 20 亿粒，在全世界占据重要位置。百合鲜切花品种主要是东方百合和 OT 百合，亩产值可达 6 万～10 万元，目前国内的销量达 10 亿枝，其社会需求强劲，市场成长空间大。百合花是福建省南平市市花，特别是其主产区延平区，凭借区域优势，发展迅猛，被中国林业产业联合会授予"中国百合之乡"，全区百合种植面积已达 8000 余亩，年产值逾 4 亿元，为全国第三大百合鲜切花产区，全国知名度高，也是继水仙花之后福建省快速发展起来的又一特色花卉。延平区的鲜切花生产所用种球长期依赖进口，每年从荷兰、新西兰等花卉大国采购 2000 多万粒商品球。生产一朵百合花，种球成本得占六成以上。产业发展受制于人，本土业者缺乏话语权。

延平区借助科技特派员制度，与福建省农科院百合产业科技服务团队联合开展研发项目，历经 20 余载科研攻关，成功突破国产化商品种球繁育技术瓶颈，成功构建国产百合种球三级繁育体系，打破技术壁垒，率先在全国实现百合种球国产化。

一、主要做法和创新举措

一是选派机制集团化。通过与福建省农科院开展战略合作，由福建省农科院生物技术研究所成建制、集团式下派科技特派员，构建强大"智力矩阵"，联合开展研发项目攻关，获得关键技术资料，为实现国产种球规模化本地扩繁生产积累重要技术参数，加速国产百合种球生产标准化技术的引进与核心技术的研究。

二是双方利益联结化。充分发挥市场利益联结机制作用，创新院地合作科技服务成果转化模式。福建省农科院生物技术研究所与延平区政府签署百合产业合作协议，建设华东球根花卉种球国产化制造平台，科技特派员团队入驻平台开展工作，引入科研成果，实现成果孵化，推动成果转化、技术创新、产业延伸。

三是服务方式信息化。创新科技特派员服务方式，通过互联网集成服务热线、"慧农信"手机 APP 等多种通道，建设科技特派员服务云平台，提高数字化、智能化水平。完善科技特派员服务网络，形成"线上与线下相结合，智能与人工相配套"的服务方式，为农户提供信息咨询、技术指导等"一站式"服务，推进国产化百合种球产业配套设施的完善。

2020 年，延平球根花卉产业化科技示范基地以"华东球根研发及育种现代农业项目"入围延平区政府专项债，总投资 3.39 亿元，年产规模目标 3000 万粒百合籽球。该项目同年已列入福建省重点项目，总规划占地 1285 亩，核心区农业设施规划用地约 300 亩，引展用地 150 亩，其余为生态绿地，位于南平市大横现代农业科技园区，辐射区示范规划用地 250 亩。基地现有规模 45 亩，包括 7 栋总面积 12 160 平方米高标准籽球培育现代温室，苗床 5000 平方米，管理房 360 平方米，春化诱导库 1000 平方米，水肥一体化设备 1 套，空气源加热体系 2 套。已落地示范百合籽球工厂化繁育技术，2019 年生产百合籽球 100 万粒，2021 年产能可提升至 300 万粒。花农种植百合的种球成本降低了，鲜花的竞争优势也提高了，这对于推动福建省特色花卉产业发展、促进农民增收具有极其重要的意义。

二、实施成效与影响

种业创新助力乡村振兴。种球繁育国产化首先带来的是成本优势。当地花农很自豪地说："自从有了咱们的百合种球，现在每粒的成本可控制在 1.5 元以下，意味着种球成本可降低 50%，总生产成本降低 30% 以上，有效利润提高 30% 以上，现在出产的鲜切花在市场上占据了巨大的竞争优势。"百合种球实现国产化繁育后，种植户可通过种球错峰上市，自主调控茬口，避免了以往国外种球短时间集中供应的弊端，大大提高了竞争力。为了让此项技术落地生根，福建省农科院生物技术研究所与延平区政府共同创办"华东球根花卉研发中心"。研究团队通过生物技术手段，对百合品种进行适应性改良，以培育出适应本土自然环境的新品种，改变延平区种植结构单一的局面，实现全区百合种植结构优化。福建省农科院生物技术研究所园艺生物技术团队组织召开百合种球国产化繁育现场示范与现场交流会。通过生产技术的系统性指导，在南平推广种植逾 8000 亩、年产值超过 4 亿元，名列全国前三。培育新型品种，利用生物技术手段建立百合鲜切花和种球复壮、种球处理等技术体系，因地制宜对百合品种进行适应性改良，培育出更加适应本土自然环境、具有自主知识产权的新品种，并通过驻村帮扶引导农户种植国产百合种球。同时，因地制宜引入食用药用百合新品种，改变种植结构单一局面。

三、经验与启示

一是生产规模化。以延欣百合种球繁育试验示范区为载体，以百合花卉行业组织、农民合作组织、科技特派员团队为依托，推动福建省农科院生物技术研究所与延平区属国企合作共建国产化百合种球繁育生产基地，建成全国首家百合鳞茎工厂化生产车间，创新产品计提或订单式委托研制模式，深入推进成果转化，全面推广国产化优质百合种球。同时，构建具有区域特色、规模化的百合种球复壮基地，建立种球活力评价指数，通过调控百合种球活力，提高百合种球抽薹率。

二是成果产业化。创新"公司+基地+农户"机制，搭建"产业基地+物流基地+服务基地+区域农业"产业体系，推动企业开展龙头企业申报及"延平百合"地理标志证明商标注册工作。南平市兴一春百合园艺有限公司、南平市延平区新天地花木专业合作社被评为市级农业产业化龙头企业，突破延平区花卉产业无龙头企业的现状。

三是体系标准化。通过制定统一分级标准、统一物流配送、统一生产安排等"十个统一"标准，推动百合鲜切花产品分级标准和百合种植技术规范的制定，打造国产百合种球标准化生产体系。依托驻村科技特派员力量，探索百合病虫害的田间识别与判定指标体系，开展花农百合花健康生产理念和标准化生产技艺培训，规范百合种球生产过程，加强成果创新应用，保持长期稳定的百合商品种球繁育生产和规模化种植水平。

平潭薯类新品种新技术示范推广

——福建省农业科学院作物研究所纪荣昌

全国滨海沙地超过 110 万亩，福建省大约有 30 万亩，主要分布在福建沿海地带。其生态区主要种植作物为甘薯、马铃薯等地下块根块茎作物，具有薯形美观、商品薯率高、种植效益高等优势，成为在福建沿海地区特点突出、竞争力较强的种植模式。甘薯、马铃薯等薯类是平潭最重要的粮食作物，种植面积 5 万亩，发展薯类产业对促进实验区农村经济发展、推动乡村振兴等方面都起到极其重要的作用。

福建滨海沙地具有土壤有机质含量低，保肥保水能力差，沙地土壤各种常量元素、微量元素及有机质含量均远低于普通壤土，温差变幅大的生态特点，沙地薯类传统种植方式存在化肥农药用量过大，氮、磷、钾配方不够合理、易流失和利用率低等不足，以及生产者水肥管理水平低、施肥方式单一、耕作措施不合理、栽培技术模式不完善等问题。

一、主要做法与创新举措

1. 品种与技术并进

将选育的品种及研发的新技术直接在田间地头进行展示示范，建立新品种展示区及新技术示范片。通过集成优良品种及其脱毒种薯（苗）选用、高效拌种技术、适时适密构建高效群体、增施有机肥精肥、"生物农药 + 化学农药"绿色防控、喷滴灌抗旱防霜冻、耕种收三环节机械化高效作业等单项技术，形成了以"一选、两减、三高、三防"为主要内容的沙地薯类绿色高效丰产栽培技术，建立核心示范片并举办现场观摩培训会，让农户、企业看得见、摸得着，使新品种新技术能在第一时间传播给农户、企业。

2. 研究与推广并行

与实验区农业农村中心、对接企业三方联合，形成技术、推广、基地的有机融合，建立"研—推—产"三体合一有效机制，产生"1+1+1>3"的科技服务合力。

3. 服务与宣传并存

紧密联系媒体，邀请福建电视台、《福建日报》及平潭融媒体中心记者到对接企业及示范片进行现场采访，并在福建电视台、东南卫视、东南网及《平潭时报》、平潭电视台等省、市级媒体报道，借助媒体的力量宣传科技服务成效及科技特派员制度。

二、实施进展与成效

依托国家重点研发项目，集成平潭沙地马铃薯绿色高效栽培技术模式并连续多年建立高产示范片，经省内外专家验收亩产均超过3200公斤，化学肥料减施20%，化学农药减施30%，比传统栽培模式增产7%以上，获得良好的经济效益及生态效益；同时协助平潭薯类全程机械化水平处于全省领先地位。推荐平潭2家企业成为福建省薯类产业技术创新联盟理事单位。指导平潭多家合作社及周边农户的甘薯、马铃薯绿色高效种植和销售，组织合作社参加绿博会、供销社年货会等，拓展销售渠道。每年在平潭高素质农民培训班上为种植企业及农户进行新品种新技术培训3~4期。研发的新技术在平潭累计推广应用面积20余万亩，帮助平潭薯类生产企业及农民实现增效1.2亿余元。同时推进了平潭甘薯、马铃薯品牌建设，协助5家规模化生产企业获得7个薯类"绿色食品"认证，获得良好的社会经济效益和品牌影响力。

2021年度对接平潭综合实验区君山片区管理局，主要服务对象为平潭县绿绿鑫蔬果农民专业合作社及大中村、芦南村，服务内容为马铃薯、甘薯新品种及其高效栽培技术、病虫害绿色防治技术，指导建设马铃薯、甘薯新品种新技术示范片。2021年共下乡45次，服务昆湖、大中、芦南、大坪、黄土墩、芦北等6个村，服务平潭县绿绿鑫蔬果农民专业合作社、福建省富达生态农业发展有限公司、平潭县坪峰农业种植有限公司、平潭县金辉农民专业合作社、平潭润丰园生态农业发展有限公司等5家合作社和企业；共推广"闽薯1号""费乌瑞它""福薯604"等3个新品种及肥水高效利用技术、病虫害绿色高效栽培技术、机械化栽培技术、脱毒种薯（苗）等4项新技术；建立示范点、片基地 2 个，示范面积 1800 亩；开展现场示范观摩会 1 场、技术培训 5 场，参训人员 393 人次；预计带动农民 56 户，增收 135 万元，增加企业经济效益 170 万元，社会经济效益 580 万元。在其作为科特派科技服务期间，平潭县绿绿鑫蔬果农民专业合作社 2020 年成为"福建省薯类产业技术创新联盟"理事单位、"福建省农业科学院科技示范基地"，2021 年被评为"省级农民专业合作社示范社"。

作为省级科特派，纪荣昌个人工作得到平潭综合实验区的认可。2022 年 1 月 18 日，平潭广播电视台播放专访节目《平潭故事丨纪荣昌：平潭商品薯产提高 25% 离不开他的指导》；2022 年 1 月 20 日，平潭综合实验区官方微信公众号"中国平潭"推出专访《平潭郎丨纪荣昌：把科技"种"在平潭的田间地头》；2021 年 12 月 1 日，"平潭挂职之窗"对其进行报道《让平潭百姓满意是我们最大的成就感》。此外，平潭电视台、《平潭时报》也多次对其科特派工作及成效进行报道。

三、经验与启示

一是科技特派员与企业进行多年连续对接，保证服务的持续性与稳定性，使企业能够健康稳定地发展。

二是加入平潭农业生产微信群，及时了解生产中出现的问题，并第一时间提供处理方法。

四、创新亮点

一是作为挂职干部深入到基层，与服务企业进行更直接、更密切的联系，能够第一时间了解生产中的问题、需求，并及时提供有效的措施、技术。

二是推荐平潭 2 家企业成为福建省薯类产业技术创新联盟理事单位，依托福建省薯类产业技术创新联盟，不仅服务于科特派对接企业，也服务于其他同类企业，以点带线、以线带面，扩大科技特派员的服务范围。

数字赋能，推动光泽县生态稻渔产业实现品牌行销

——福建省农业科学院数字农业研究所生态稻渔产业数字农业科技服务团队

一、实施背景与针对问题

（一）习近平总书记的重要论述为科技特派员集团服务提供了根本遵循

1. 深入推进科技特派员制度

2019年10月，习近平总书记对科技特派员制度推行20周年作出重要指示强调：坚持人才下沉、科技下乡、服务"三农"。创新是乡村全面振兴的重要支撑。要坚持把科技特派员制度作为科技创新人才服务乡村振兴的重要工作进一步抓实抓好。广大科技特派员要秉持初心，在科技助力脱贫攻坚和乡村振兴中不断作出新的更大的贡献。2021年3月，习近平总书记考察武夷山市燕子窠生态茶园强调：乡村振兴要靠科技深度发展。要深入推进科技特派员制度，让广大科技特派员把论文写在田野大地上。

2. 五级书记抓乡村振兴

2017年12月，习近平总书记在中央农村工作会议上强调："要建立实施乡村振兴战略领导责任制，……党政一把手是第一责任人，五级书记抓乡村振兴。"2018年2月，习近平总书记在全国脱贫攻坚座谈会上强调："落实脱贫攻坚一把手负责制，省、市、县、乡、村五级书记一起抓，为脱贫攻坚提供坚强政治保证。"2018年7月，习近平总书记对实施乡村振兴战略作出重要指示强调："坚持五级书记抓乡村振兴，让乡村振兴成为全党全社会的共同行动。"

3. 以农业绿色发展引领乡村振兴

2017年，习近平总书记在审议《关于创新体制机制推进农业绿色发展的

意见》时指出:"推进农业绿色发展是农业发展观的一场深刻革命,也是农业供给侧结构性改革的主攻方向。"2018年3月,习近平总书记在参加十三届全国人大一次会议山东代表团审议时强调让良好生态成为乡村振兴的支撑点。2019年5月,中央文献出版社在《习近平关于"三农"工作论述摘编》第六部分专题刊载习近平总书记"以绿色发展引领乡村振兴"系列论述。

习近平总书记这些重要讲话和重要指示批示精神,为科技特派员集团服务生态稻渔产业提供了根本遵循。

中共中央办公厅、国务院办公厅印发《关于建立健全生态产品价值实现机制的意见》,农业农村部创建国家级稻渔综合种养示范区,以及《稻渔综合种养生产技术指南》《稻渔综合种养技术规范》的印发,都为光泽县发展生态稻渔产业提供了强有力的政策和技术支持。

(二)光泽县生态稻渔产业高质量发展存在的问题

销路不畅,产业发展缺乏内生动力。优质生态稻渔产业藏在武夷深山,无人知晓,"小农户"无法链接"大市场"。2017年,光泽县稻花鱼养殖规模不足200亩,缺乏品牌效益。

素质不强,绿色发展缺乏科技支撑。2017年,光泽县农民缺乏水产养殖学历培训,承接先进适用科技示范及成果转化的能力不强,不能有效破解产业链的关键技术难题。

村无财收,基层党建引领缺乏抓手。2017年光泽县仁厚村无村财收入,是"省级贫困村",引领产业振兴缺乏资金支持。

二、主要做法与创新举措

(一)组建五级农业机构专家开展集团服务,破解产业链关键技术难题

依托福建省科学技术厅的强有力支持,结合福建省农业科学院数字农业研究所在光泽县实施法人科特派,组织国家、省、市、县、乡五级农业机构专家70多位(高级职称占84%),包括中国水产科学研究院淡水渔业研究中心,福建省农业科学院(水稻、生物技术、数字农业研究、土壤肥料、生态、生物资源、质量标准与检测技术、植物保护等研究所),福建省水产技术推广总站,福建省淡水水产研究所,福建省水稻产业技术创新联盟,福建省智慧农业

与农业大数据产业技术创新联盟，福建新大陆软件工程有限公司，福建海智信息技术有限公司，南平市生产力促进中心、光泽县农业农村局、农业科学研究所、水技站、种子站、植保植检站、土肥站、止马镇农技中心，常年下沉一线120人次，开展生态稻渔产业科技特派员集团服务，通过举办现场培训、远程培训、在线解答和科技抗灾应急响应，破解绿色种养、农业物联网、产销信息对接、技术模式创新、乡土人才培养等产业链关键技术及问题。

（二）强化生态稻渔产业绿色发展科技集成示范，服务产业高质量发展

一是引进院士专家培育的稻鱼共生良种。筛选出米质优、香气浓、口感佳、抗病强、抗倒伏、耐水淹的"福香占""宜优嘉七""农香32""野香优676"等获得国家和省优质稻米金奖的优质稻新品种，确定了"福瑞鲤2号"等稻田养殖鱼种。二是集成示范绿色防控新技术。采取引进害虫行为烦扰器、性诱筒、太阳能诱虫灯、田埂种植波斯菊、香茅等花草，吸引害虫天敌栖息、释放害虫天敌等物理、农业、生物综合措施防控水稻害虫。三是引进绿肥和生物有机肥。每年3月建立"萍母田"，养殖"细绿萍""小叶萍""卡洲萍"，扩繁后为鱼提供绿色饲料。冬闲稻田种植紫云英"闽紫7号"、油菜"迎春一号""中双11号"，收获后压青肥田，增加土壤有机质，施用高端有机肥和发酵羊粪作为基肥。四是示范稻田周年养鱼技术。每年6—9月中晚稻养殖一季稻田鱼，同期利用暂养池养殖鱼苗，10月至翌年1月和2—5月，加高水层，养殖一季稻田鱼，提升消费者对光泽稻花鱼的认知，实现助农增收每亩超1万元。

（三）强化生态稻渔数字农业科技支撑，助力"小农户"链接"大市场"

一是建设农业物联网监测与网络认养系统。在示范田四周布建一批不同功能的农业物联网高清摄像头、农业自动气象站，建成生态稻渔田间气象数据、稻田水质、视频图像、农业物流车等信息采集子系统和网络认养子系统。构建光泽县生态稻渔信息化管理系统，通过"互联网＋光泽县生态食品产业链信息服务平台"，方便消费者通过认养平台在线认养并实时了解稻鱼种养及运输情况。二是升级公众号，强化信息推送。升级核心示范点光泽联农合作社微信公众号，及时发布绿色生产与科技服务进展，方便消费者在线下单和经营

者实时响应订单。三是设立产业化联合体微信群，强化在线服务。设立光泽先行县生态稻渔产业化联合体微信群，链接专家团队、经营主体，以及垂直产业链的大型商超、连锁餐饮、种业米业、肥料、绿色防控企业，推动科技服务全产业链在线信息交流。四是举办农业科技与农耕文化活动，促进产销对接。2018—2021 年，支持示范单位连续举办 4 届中国·光泽农民丰收节暨稻花渔节，在福州举办 3 届光泽县稻花鱼米食味鉴评暨网络认养活动，结合在光泽、福州举办的数字农业科技开放日，展示生态稻渔产业数字农业科技服务成果，推动光泽县稻花鱼、稻花鱼米直销永辉超市、三生石连锁餐饮。

（四）深化党建"五级"联创共建，引领乡村特色产业振兴科技支撑

一是签署党建"五级"联创协议。脱贫攻坚阶段，组织省、市、县、乡、村五级基层党组织 18 个单位，签署共建生态稻渔脱贫攻坚党性教学基地合作协议。乡村振兴阶段，在原有共建单位基础上，增加福建省农业农村厅科技教育处、市场与信息化处，福建省农科院党建处、科服处、办公室，光泽县委办、组织部、宣传部等 8 个单位党支部，签署共建全国农业科技现代化先行县光泽生态稻渔产业党性教学基地合作协议，设立党组织联盟、联合党支部、党员先锋岗和科技示范基地，统筹党员突击队、青年文明号、巾帼文明岗和新时代文明实践站（所），组织国家、省、市、县、乡五级农业机构 70 多位专家（党员占 65%），围绕产业链关键技术开展集团服务，实现从严治党、廉政建设与科技服务的同部署、同落实。省农科院数字所党支部还对接帮扶了 2 个贫困户、3 个困难事实孤儿。二是协助申报科技项目。组织党员专家对接光泽县申报 2019—2022 年省级科技特派员个人、团队及法人项目，2020 年度省级团队后补助，设施渔业项目 2021 年 1 月通过省级专家组验收，争取全国农业技术示范推广、省农科院科技示范基地、2018—2022 年省农科院攻坚与乡村振兴有效衔接和院数字农业乡村振兴科技服务等项目，资金扶持总额超 210 万元。帮助核心示范村仁厚村申报省级"一村一品"示范村、省农业科技推广示范村、省级农业物联网、省级现代农业智慧园、南平市科技特派员学院现场示范教学点、南平市级合作社示范社、南平市实用技术人才等发展项目。三是编制推广技术规范。组织专家编制丘陵山地稻渔综合种养技术规范，指导光泽县设立生态稻渔产业化联合体，引导全县经营主体规范化发展。

三、实施进展与成效

（一）数字赋能的放大倍增效应显著

数字赋能，打通了生态优势变成产业优势的市场渠道，促进产销信息对接，科技驱动数字经济产业效应显著。一是网络认养带动品牌行销。2019年12月、2020年12月举办的网络认养，2021年1月网络认养销售额分别占当月渔米销售额的60%和75%，网络认养带动2020年1月销售额116万元，占全年总销售的31%，是月平均销售额的4.8倍。二是数字赋能助力产业增效。2018—2020年每亩渔米销售额3391元，比2016—2017年的2039元增长66.31%，2018—2020年渔米销售单价8.48元，比2016—2017年单价5.10元增长66.27%。三是光泽示范引领全省风潮。2019—2020年光泽县每亩生态稻渔销售额5576.46元，比2018年福建省平均亩产值4504.5元增长23.8%，成为稳粮促渔品牌产业。

（二）科技集成示范打造区域品牌

科技集成示范，使光泽县仁厚村成为全省生态稻渔装备最先进、技术最密集的示范基地。2021年12月，光泽县生态稻渔可视化监管与网络认养模式探索，参加第五届全国稻渔综合种养技术模式创新大赛，进入前20名。2021年，光泽县"稻花鱼"绿色种养模式相继入选省第二批农业绿色发展典型模式、省农村实用人才典型案例。示范单位成为全国农业科技现代化先行县光泽科技示范基地、中国"无废城市"建设试点"无废农业"示范单位、全国基层农技推广体系渔业科技示范展示基地、福建省水稻产业技术创新联盟理事单位、福建省农业科学院科技示范基地。仁厚村被授予福建省农业科技推广示范村、福建省乡村振兴"一村一品"专业村。2020年11月，"党建五级联创，助力光泽县发展生态稻渔脱贫产业"获全省机关体制机制创新优秀案例征集评选活动二等奖。

（三）乡土人才培养强化内生驱动

针对品种选择、绿色防控、生态种养、技术规范、米饭制备等，开展现场培训每年超100人次，远程培训每年1万人次，在科技抗洪灾、冻灾培训和在线咨询方面，培养光泽县 10 位返乡青年成为生态稻渔乡土人才，他们先后成为福建省水稻产业技术创新联盟先进个人和理事会理事、福建省农村实用技术人才人选、福建省"大地之子"，2 位青年农民加入中国共产党。正是依靠这批"田秀才""土专家"，全县稻田养鱼从 2 个村扩展到 11 个村，经营面积由 160 亩增加到 2300 亩，增长了 14.4 倍，帮助光泽县生态稻渔实现年销售额超 1000 万元，带动全县 7 个村 45 个贫困户 121 名贫困人口实现增收脱贫。2020 年，仁厚村的村财收入达到 17 万元。

（四）主流媒体报道强化品牌形象

4 年来，央视《致富经》、《科技日报》、《农民日报》、《福建日报》、"学习强国"福建学习平台和新华社、福建电视台乡村振兴·公共频道、福建农村新闻联播、东南网、文明风、中国网、中国三农网等主流媒体，密集报道光泽县生态稻渔典型事例，强化了生态稻渔区域品牌形象。

（五）光泽模式探索向全省辐射推广

专家组在服务好光泽生态稻渔产业基础上，近两年开始面向全省 26 万亩稻田综合种养的 30 多个示范县开展科技集团服务，设立了福建生态稻渔产业化联合体微信群，举办福建省渔米大赛暨品种推广活动，对接武夷山市、顺昌县、罗源县申报省市级科技特派员及后补助项目、省级星火科技计划项目。光泽技术模式逐步向周边溢出，三明、龙岩，江西的上饶、抚州、鹰潭、赣州，浙江的丽水、衢州等组团来光泽参观考察，探讨合作方式。

四、经验与启示

（一）创新工作机制，实施科技特派员集团服务

光泽县的探索表明，依靠科技特派员单打独斗无法破解全产业链关键技术，需要实施科技特派员集团服务的工作机制。要组建全产业链科技服务团队，对接生态稻渔产业化联合体，实现整县推进，关键是落实牵头单位、发起专家与核心示范单位的对接服务，才能推动科技要素资源下沉一线，助力乡村特色产业振兴。

（二）全产业链服务，加快推进农业科技现代化

推进生态稻渔产业高质量绿色发展，需要破解优质水稻与共生鱼类品种筛选、绿色防控、生态种养、质量溯源、可视化监管、网络认养、品种行销、冬闲田利用等产业链的关键技术，必须开展全产业链的科技集团服务，才能为光泽县创建农业科技现代化先行县提供有效支撑。

（三）强化数字赋能，推动"小农户"链接"大市场"

实现优质农产品优价销售的关键是聚力破解产销信息不对称难题。光泽县生态稻渔可视化监管、网络认养、车载物联网和信息化平台技术的推广应用，成为推动"小农户"链接"大市场"的关键支撑，打通了生态稻渔品牌行销"最后一公里"，创造了新业态，诠释了数字农业科技对数字经济的叠加、放大和倍增效应，推动了区域特色产业高质量发展。

（四）传播科技文明，培养乡土"科特派"队伍

农民依靠科技实现增收致富的成功案例是最有效、最典型的科技示范，关键要培养造就一支专家带不走的"科特派"队伍。必须推进先进适用技术与区域特色优秀农耕文化的深度融合，通过现场培训、远程培训、学历培训、科技开放日、农民丰收节等方式，聚焦产业链关键技术的推广示范，传播科学文明，培养青年乡土人才。

（五）坚持党建引领，强化乡村振兴的科技支撑

坚持政治统领，认真贯彻落实习近平总书记有关"五级书记抓乡村振兴"决策部署，以省、市、县、乡、村五级基层党组织联创共建为抓手，落实省、市、县、乡、村五级党委的领导责任。要强化共建发起的科研机构党组织与核心示范村党组织的"领头雁"和"排头兵"作用，设立党员先锋岗，帮扶贫困户和困难事实孤儿，构建"亲"而"清"的党企、科企关系，引导党员突击队、工人先锋号、青年文明号、巾帼文明岗在科技支撑区域特色产业高质量发展中践行"科技为民、服务三农"的初心使命。

五、创新亮点

一是开展集团服务。组建国家、省、市、县、乡五级农业机构专家，对接光泽县生态稻渔产业化联合体，开展科技特派员集团服务，注重牵头机构与核心示范单位的对接服务，推动光泽县生态稻渔产业成为全省装备最先进、技术最密集的示范县，推动仁厚村成为省农业技术推广示范村，参加第五届全国稻渔综合种养技术模式创新大赛名列前茅，探索工作机制、形成技术模式，面向全省辐射推广，助力全省 26 万亩稻渔综合种养示范田高质量发展。

二是强化数字赋能。组织专家团队破解生态稻渔全产业链的关键技术，推动"小农户"链接"大市场"，网络认养在年度销售额占比和月平均销售额比值、渔米销售单价增长、光泽县每亩稻渔产值与全省平均值之比等方面，体现了数字农业推动数字经济的叠加、放大、倍增效应。

三是深化党建联创。贯彻习近平总书记有关"五级书记抓乡村振兴"决策部署，组织省直、市直、县直等机构，强化发起机构与核心示范村党组织的牵头作用，设立党员先锋岗，引导党员突击队、青年文明号、巾帼文明岗，聚焦生态稻渔产业链关键技术、困难群体帮扶、乡土人才培养、区域品牌建设等，强化党性锻炼，构建"亲"而"清"的党企、科企关系，获得第三届全省机关体制机制创新优秀案例征集评选活动二等奖。

科技引擎催生"菌"业先锋

——福建省农业科学院卢政辉

食用菌产业是罗源县农业经济的重点支柱产业,也是农民增加收入的重要途径。罗源县食用菌种植历史悠久,20 世纪 80 年代,食用菌产业成为罗源县农村经济发展的主要产业之一。1994 年 4 月,时任福建省委常委、福州市委书记习近平同志在福州工作期间第八次来罗源调研时提出,食用菌产业"下一步继续发展壮大,大有可为"。1998 年罗源县从我国台湾引进秀珍菇试种成功。秀珍菇生长周期短、成本低、效益好,逐渐发展成为罗源县食用菌的主要种植品种。随着市场的变化发展,近年来罗源县秀珍菇的传统产地地位受到威胁,产销量逐年下降,产业发展后劲不足,出现种群退化问题。罗源县秀珍菇种植多以小而散的农户种植为主,基本上采用木质棚和钢架棚,温控、湿控粗放,受自然温度影响较大。工厂化栽培投入大、温湿控技术要求高制约了罗源县秀珍菇产业的发展进程。

一、主要做法与创新举措

(一)主要做法

1. 共建创新平台

如果说罗源县食用菌研发中心是罗源县食用菌产业发展的动力"引擎",那么卢政辉和他带领的食用菌科技服务团队就是这个"引擎"的发动者。罗源县食用菌研发中心从规划到落地建设,再到设备选型评估、安装调试,事无巨细,卢政辉几乎全程参与、参谋。

重点实验室是罗源县食用菌研发中心这个创新"引擎"的核心部件。卢政辉对实验室的水、电、地面、功能性基础设施等诸多细节充分调研,提出了许多切中"要害"的建设方案。根据食用菌品种的菌种制作、中长期保藏、复壮、选育、实验室筛选评价、液体菌种优化技术提升等需求,卢政辉等人联合福建农林大学技术团队对食用菌精深加工试验室的具体建设布局和相应配套的仪器设备提出精准建议，顺利搭建起以秀珍菇为主的罗源食用菌产业科研平台。

创新平台的"硬件"建起来了，人才支撑的"软件"还得跟上。卢政辉又推动福建省农业科学院与罗源县政府共建"福建省秀珍菇产业研究院"，促成"政科企"合作、"产学研"结合，打造出集产业关键技术研发、集成创新、成果转化、技术服务、职业农民培育于一体的新型创新平台。

2. 创新关键技术

在罗源县食用菌研发中心的液体菌种培育室内，8个液体菌种发酵罐一字排开，罐内菌丝不断地"运动"。一罐1000升液体菌种可以灌装3万个左右的菌包。过去，罗源县秀珍菇种植采用固体菌种，每年3月开始种菌，6月到9月出菌，一年只能生产一季，受固体菌种、人工操作和空气流通的影响，容易感染杂菌，影响出菌率。液体菌种采用在专门配套的净化无菌环境中通过接种针定量接种按键操作，自动化程度高，接种量一致，接种效率比通常采用固体菌种接种提升5～10倍，出菇率从92%提高到99%以上，生产周期从120天缩短到60天。

"液体制种"是卢政辉在罗源秀珍菇产业上的关键技术创新。液体菌种是用液体培养基在专用的发酵罐中，通过提供一个合理的生长培养环境促进菌丝迅速生长，形成液体形态的食用菌菌种。液体菌种应用于食用菌的生产，对于食用菌行业从传统生产的烦琐复杂、周期长、成本高、凭经验、拼劳力、手工作坊式向自动化、标准化、规模化升级具有重大意义。液体制种成本低、时间短、菌丝生长速度快、制出的菌种纯度高等，彻底改变了秀珍菇传统种植方式，以技术创新打破发展瓶颈，实现菌菇周年化生产，使罗源秀珍菇产业驶入发展的快车道。

液体菌种是罗源秀珍菇产业发展的源头，液体菌种技术设备的研究与应用只是标准化种植工厂的"入门证"，要加快罗源秀珍菇产业的发展，工厂化种植迫在眉睫。结合秀珍菇品种的栽培特性，卢政辉和其团队又创新设计了一套秀珍菇智控型工厂专用调控设备和配套菇房结构。目前利用这套调控技术创新制作的专用调控设备已进行应用示范，罗源秀珍菇开始朝着栽培周期短、品质优、产量高的周年化生产目标奋进。

3. 助力"三产"融合

随着乡村振兴战略的实施，罗源秀珍菇产业休闲特色不断凸显。卢政辉积极谋划将食用菌科普活动与罗源秀珍菇休闲旅游活动紧密融合，探索推动秀珍菇"三产"融合发展。由罗源县主办的"秀珍菇液体菌种接种养菌项目投产仪式暨 2021 年罗源秀珍菇采摘节"、福建省农业科学院食用菌科技开放日活动相继在罗源县起步镇顺利举办。活动通过"科技下基层、科普实践体验"的方式，生动易懂地普及食用菌科学知识，引导游客认知秀珍菇特征特色，了解秀珍菇全产业链生产过程，体会每一朵菇的来之不易，生动地向社会展示了罗源秀珍菇产业转型升级、实现一二三产业融合发展的突出成效。

（二）创新举措

卢政辉推动成立的"福建省秀珍菇产业研究院"是以地方政府为主体，与福建省农业科学院共建"政科企合作"的产业研究院，是助推罗源秀珍菇产业转型升级的一个全新平台。"福建省秀珍菇产业研究院"是围绕地方特色农业产业发展构建新型科技创新平台的有益探索，也是科技特派员服务地方特色农业产业的创新举措。研究院立足食用菌全产业链发展，以项目合作为抓手，开展优良品种筛选、设施栽培以及"三产"融合等产业关键技术联合攻关，建立健全科技成果、知识产权归属和利益分享机制，促进"产学研"紧密结合，助力罗源秀珍菇产业转型升级，实现"一菇独秀"，辐射带动福建省秀珍菇产业可持续发展。

二、实施进展与成效

2021 年 4 月，罗源县食用菌研发中心培育生产的液体菌种秀珍菇出菇生产，接种效率较固体菌种提升 5～10 倍，出菇率从 92% 提高到 99% 以上，生产周期从 120 天缩短到 60 天，标志着罗源秀珍菇产业正式实现周年化生产。

2020 年，罗源县栽培食用菌 2.10 亿袋（其中秀珍菇 1 亿多袋），床栽食用菌 212.22 万平方米，销售鲜菇 18.61 万吨，产值 10.92 亿元（其中秀珍菇产量 5 万吨、产值 5 亿元），全产业链产值 19.61 亿元、从业人员近 2 万人。

近年来，"罗源秀珍菇"被列入中国农产品区域公用品牌价值评估，获得农业农村部农产品地理标志登记保护。有 21 个食用菌产品获得无公害农产品和绿色食品认证。2020年，卢政辉和其团队重点扶持指导的罗源县起步镇上长治村被评为全国乡村特色产业亿元村，"罗源秀珍菇"获批"福建十大农产品区域公用品牌"等称号，2021年还成功入选首批"中欧互认地理标志"名单，进一步提升了罗源食用菌品牌影响力，扩大了食用菌产品影响。

三、经验与启示

1. 要抓住县域特色农业

科技特派员在服务产业发展中，要注意抓住地域特色优势产业，抓住特色优势产业的优势产区，着眼全产业链关键环节"短板"持续开展创新服务，才能有效推动特色优势产区发展，从而带动特色优势产业的发展。

2. 要共建科技创新平台

结合地方特色产业，共建科技创新平台，有利于整合省市县科技服务资源，有利于推动"政科企"紧密合作，因地制宜地开展产业关键技术攻关，培养在地化的产业科技人才。

四、创新亮点

"福建省秀珍菇产业研究院"的建立，一是以服务秀珍菇这一罗源县域优势特色产业为重点，调整科技特派员创新创业靶向；二是以现代农业园区或农业龙头企业为依托，把科技特派员开展科研创新的前沿阵地建在地方，促进"政科企""产学研"紧密融合；三是以科技攻关项目为抓手，围绕秀珍菇全产业链开展科研项目设计，由科技特派员担纲研究院院长和项目负责人，联合破解产业关键共性技术问题；四是以机制创新为动力，实现省市县优势科技资源的整合，搭建科技人才与产业发展的利益联结机制，建立高层次合作平台，使"高位嫁接"更为坚实、"重心下移"更有支撑，有望成为科技特派员下基层创新创业、服务"三农"的高效模式和未来方向。

科技特派员扎根农村，助力诏安县乡村振兴

——福建省农业科学院亚热带农业研究所

2016年以来，为了积极实施《福建省人民政府关于深入推行科技特派员制度的实施意见》和响应漳州市委、市政府关于推进精准扶贫打赢脱贫攻坚战和开展精准扶贫科技服务活动号召，福建省农业科学院亚热带农业研究所对口帮扶原省级扶贫开发工作重点县——诏安县。该研究所作为法人科技特派员，充分发挥省级农业科研院所的科技支撑引领优势，在各级农业科技部门和地方政府等的关心指导下，扎实开展精准扶贫科技服务工作，助力诏安县脱贫攻坚和乡村振兴，取得了良好的成效。现将主要做法、成效和经验介绍如下。

一、主要做法和创新举措

2016年以来，在漳州市科技局的指导下，福建省农业科学院亚热带农业研究所与诏安县农业科技部门合作，先后组织科技特派员深入秀篆镇、霞葛镇、太平镇、红星乡、西潭镇、官陂镇、白洋乡等7个诏安贫困乡镇，与当地企业结对子、真帮扶，大力实施农业科技精准扶贫计划。广大科技特派员在精准扶贫攻坚战中争先锋、做表率，长期深入诏安当地企业、合作社、家庭农场等基层一线，积极开展产业扶贫调研，制定科技帮扶措施，精准施策，取得了良好进展和成效。主要做法如下。

1. 开展实地调研

通过与诏安县农业科技部门，以及7个贫困乡镇党委、政府等多级联合，多人多批次深入实地考察调研，了解掌握当地农业产业基本情况和存在问题。

2. 分析产业现状和问题

2016年诏安县水果种植总面积25 500公顷，总产量112 300吨，总产值

5亿元。其中，荔枝、龙眼种植面积最大，合计 11 650 公顷，比较优势相对较差；青梅种植面积 8500 公顷，一二产业总产值大、扶贫面广、带动力强；其他台湾品种水果种植面积 6000 多公顷，比较优势相对较好。2016 年诏安县蔬菜播种面积 11 200 公顷，总产量 290 000 吨，相对集中在西潭镇等局部乡镇，比较优势好；2015 年诏安县茶叶种植面积 3467 公顷，总产量 8000 吨，茶产业综合产值 4 亿元，从业人员 4 万人。长期以来，诏安县立足富硒资源优势，大力发展富硒特色产业，成功开发出富硒茶叶、大米、鸡蛋、水果、蔬菜、中药材、海产品等富硒产品，年产值 10 亿元以上。截至 2016 年底，诏安县有省、市、县三级农业产业化龙头企业共 91 家，有农民专业合作社 271 家、家庭农场 716 家，农业产业化发展总体上处于成长初期阶段。

诏安县农业产业发展主要问题：产业结构有待优化，农业生产力水平有待提高，劳动力资源建设亟待加强，农业基础设施较薄弱，农业产业资金存在瓶颈，观念与经营模式创新不足。产业科技关键问题：品种引进和改良，土壤修复和改良，种植、养殖技术，食品加工技术，互联网技术，乡村规划和设计等。

3. 制定帮扶措施

在找到当地农业科技关键问题后，与漳州市科技局、农业农村局等部门及时沟通，因地制宜、科学谋划，确定了项目、资金、人才、技术等落地的具体方案。

4. 实施工作方案

该研究所与诏安县科技局、农业农村局和青梅产业促进会、当地肥料企业配合，认真组织实施落实关于扶持青梅、八仙茶产业发展的文件（诏政综〔2017〕36 号、诏政综〔2017〕34 号），从整个产业进行科技服务；同时与漳州市派驻县、乡、村蹲点干部配合，积极组织实施农业科技精准扶贫计划项目，主动对接当地新型经营主体（农业龙头企业、专业合作社、家庭农场等），带领当地建档立卡户发展现代农业。

二、实施成效与影响

针对诏安县农业产业存在的问题，本着"发挥优势、借助外力、有所作为、有所不为"的原则,"真抓、真干、真帮、真扶",取得了较好的帮扶成效。

1. 帮助产业结构调整

围绕县里确定的主导产业青梅、八仙茶、青椒等作物,开展了从品种引进、观光园建设、栽培技术攻关、配方肥研制和产品加工销售全产业链的技术问题服务。对7个贫困乡镇,依产业不同差别施策。在秀篆镇、霞葛镇分别开展山苦瓜和黄秋葵等特色蔬菜、佛手香橼和栀子等中药材的种植技术帮助指导,在红星乡、太平镇和官陂镇主要进行青梅栽培技术帮助指导,在白洋乡和西潭镇主要进行八仙茶、青椒产业的精准帮扶。对全县急需改造的荔枝、龙眼等传统果树,进行新品种的高位嫁接示范,对新兴的百香果、芭乐、莲雾等台湾品种果树进行新品种和优质高效技术的推广应用,这些科技服务举措促进了全县的产业结构优化。

2. 引进先进成果技术

该研究所在2016—2018年先后为诏安引进新品种、新技术共28个。例如,福建裕健龙生态农业有限公司引进该研究所培育的山苦瓜和黄秋葵等特色蔬菜新品种,2016年增加产值50多万元,山苦瓜茶加工产品荣获诏安县"十佳伴手礼"。诏安县紫梅山庄青梅老果园示范基地2017年应用老果园增产提效技术,通过实施生草栽培、测土配方施肥、树体修剪等综合技术,青竹梅产量达630千克/亩,白粉梅产量达614.25千克/亩,分别比粗放管理的青竹梅(387千克/亩)和白粉梅(431.1千克/亩)增产62.79%和42.48%。与诏安嘉禾百利种苗有限公司和西潭镇诏安太生蔬菜专业合作社等青椒生产企业合作,2018年以来,针对土壤长期种植有机质减少、偏酸和土传病害严重的现状,开展青椒配方肥的研制和示范、大棚青椒增产提质技术示范项目,取得良好成效。与白洋乡鹤灵峰茶业有限公司合作,引用该研究所开发的迷迭香、鼠尾草等芳香药用植物,进行防虫害技术示范。2020年,该研究所主动融入诏安县现代农业产业园青椒产业提质科技行动,与诏安县多家企业合作,开展青椒新品种引进、"双减一增"、绿色防控和规范化栽培示范,助推青椒产业可持续发展。2021年,该研究所与诏安县农业农村局合作开展青梅栽培、生产技术2个规程的制定和"科技小院"申报等工作。以上这些实用成果和技术的研发推广,得到当地新型经营主体的欢迎,有力地助推地方产业的优质高效和生态发展,为诏安县脱贫攻坚和乡村振兴做出了应有的贡献。

3. 培训新型职业农民

2016年以来，该研究所组织项目专家举办，或与市科技局、县科技局、县农业农村局联办精准扶贫和科技特派员等各类培训班已达25场次，现场技术指导32次，引荐所外专家组22人次到场指导，受训人员2000人次以上。专家从青梅、青椒等作物生长特性、栽培技术、基地管理、产品采收和销售等入手，深入浅出，引导受训农户改变传统经营理念、生产模式，提高生产者的科学技术素质。

4. 扶持贫困农户

在脱贫攻坚期间，该研究所精准帮扶7个贫困乡镇，解决了农村劳动力就业250人，实现建档立卡113户脱贫。例如，扶持企业福建裕健龙生态农业有限公司通过"公司+基地+农户"的运行，2016年农户种植山苦瓜和黄秋葵增加产值50多万元，解决了当地农村劳动力就业60人，其中建档立卡户25人脱贫；合作企业太平镇景坑村的景扬食品有限公司，2017年实施"青梅老果园增产提质和加工技术示范"，300亩基地青梅果长势良好，产量比往年增产15%以上，基地增加产值21万元，并带动当地建档立卡25户在企业打工增收脱贫。

三、经验与启示

该研究所之所以能取得较好的科技帮扶成效，经验归纳如下。

1. 组织领导到位

为确保诏安县精准扶贫科技服务顺利推进，该研究所领导班子高度重视，及时成立以研究所书记、所长等一把手为组长的工作领导小组，负总责；下设办公室，负责落实和协调；项目组具体与当地相关企业、专业合作社、家庭农场等农业经营主体结对子。同时要求每年年初有计划，做到每季度有交流汇报、半年有小结、年底有工作总结。

2. 帮扶人员到位

该研究所先后共组成16个项目组，由中层党员干部带头和科技人员参加；同时，借助福建省农业科学院和诏安县院地科技合作平台，联系相关研究所的科技人员共同进行科技服务；此外，根据帮扶需要，还邀请一些外省、台籍专家等进行项目培训、现场指导。

3. 覆盖地点到位

根据当地需要和扶贫计划，人员定期或不定期地深入诏安县多个乡镇，重点是其中的 7 个贫困乡镇，并且与市派驻县、乡镇、村蹲点干部配合，主动对接当地新型经营主体（农业龙头企业、专业合作社、家庭农场等），积极组织实施农业科技精准扶贫计划项目，做到 7 个贫困乡镇项目全覆盖，带领当地建档立卡户发展现代农业。

4. 资金技术到位

不同于行政部门有资源，也不同于企业有资金，科研单位除了成果技术和人才，还必须有项目和资金配套。仅 2016—2018 年，共争取省科特派、院地合作、市精准扶贫和市科特派等项目 35 项，资金 130 多万元，单位自身创新和引进的新品种及技术 28 个随项目落地。这些项目、资金和技术有力地推进了科技服务的顺利完成，在精准扶贫的整个过程中发挥了重要作用。

5. 指导培训到位

充分发挥单位自身科技人才、地理区域优势，内联外引，做好指导培训工作。举办培训者既有该所的，也有当地主管部门的；授课专家既有该所的，也有外单位特别邀请来的；授课场所既有室内，也有田间地头，力求形式多样、针对性强、效果好。

6. 精准脱贫到位

在立足产业科技扶贫基础上，与当地个别新型经营主体结对子，通过"公司+基地+农户""专业合作社+建档立卡户""雇工领取工钱"等方式，让建档立卡户脱贫；有条件和可能的，直接与建档立卡户结对子，无偿提供种苗、肥料、农药等农资，并给予技术指导，帮助他们生产和销售，增加收入，摆脱贫困。

7. 扶贫资金使用规范

根据各级财政资金管理办法，结合工作实际，制定单位预算、执行、使用和管理制度。按项目来源，设立专户核算、专账管理；由项目组长与帮扶对象协商

模式经验篇

提出预算，提请财务和法人签批；同时把帮扶资金纳入党风廉政责任制检查考核内容，积极配合做好督促审计工作，确保扶贫资金规范、安全，力求高效。

多年来，该研究所广大科技人员努力工作、无私奉献，得到地方的充分肯定。2017年，选送"党员扶贫走前头，科技服务见实效"事迹被漳州市农业局（农办）机关党委列为精准扶贫典型，工作经验被漳州市市直党工委列入"党建引领发展推进'三抓三比·十项竞赛'"双十佳案例；2018年，获得省直机关"提振精气神、机关勇担当"十佳典型候选集体提名，并在诏安县承办的全省科技特派员会议上被列为现场交流的主要经验；2019年，诏安县举办了全县科技特派员培训会，该研究所作为特邀代表进行交流发言。因工作表现突出，该研究所科技服务团队成员先后获得福建省农业农村厅2020年度福建省"最美农业专家"1人、福建省农科院科技服务工作先进个人8人次、漳州市2016—2018年度脱贫攻坚先进个人1人、漳州市"十佳"科技特派员1人等多项殊荣。

农业的发展没有终点，科技服务的道路没有尽头，乡村产业要兴旺，农业科技必先行。科技特派员只有把科技成果和论文写在大地上，方能不忘初心、不断前行，人生价值才能得到充分体现，也必定绽放出耀眼的光芒。

四、创新亮点

作为法人科技特派员，该研究所充分利用人才、项目、成果等集体优势，带头联合当地政府部门、企业、农户，通过"核心示范—周边带动—广泛辐射"的以点带面引领作用，农业科技精准扶贫和乡村产业振兴工作实现多方共赢的良好效果。

该研究所认真贯彻落实科技特派员制度，按照《福建省人民政府关于深入推行科技特派员制度的实施意见》《中共漳州市委　漳州市人民政府关于实施乡村振兴战略的工作意见》《中共漳州市委办公室　漳州市人民政府办公室关于深入推进科技特派员制度助力乡村振兴的实施意见》等有关文件精神要求，围绕诏安青梅、青椒等区域农业特色产业，深入开展农业科技协同创新，加快推进科技成果在诏安转化应用，注重技术帮扶、信息帮扶和智力帮扶，切实有效带动诏安县域现代农业在新品种、新技术方面的有效集聚示范展示，有效提升当地品牌农业、生态农业和智慧农业水平，推进了一二三产业的适度融合，助力诏安脱贫攻坚和乡村产业振兴。

构建龙岩"普惠金融"平台，助力当地数字经济发展

——厦门大学"数字红土地"团队

2020年赖永炫发起成立服务闽西革命老区的"数字红土地"科技特派团队。2年来，科技特派团队经常往返厦门和龙岩，全程陪伴式服务龙岩市数字企业的发展。服务对象龙岩数字产业发展有限公司是市属国有企业，成立于2020年3月。公司作为龙岩市市政府投资的数字产业公司，担任着龙岩市基础性、公共性平台支撑建设和运营主体的角色。作为初创国企，公司存在方向不甚明确、开拓业务缓慢、数字化人才匮乏、核心技术储备少等关键问题，无法很好地开展业务，迫切需要科技特派团队的支撑和支持。

针对服务对象的业务特点和发展难点，赖永炫及其"数字红土地"科技特派团队紧紧围绕公司的产业服务、金融服务、人才服务三大业务板块，提供细致周到的技术指导和科技攻关服务，并协助服务对象培养专业化技术人才、构建业务团队。

一、主要做法与创新举措

（一）协同技术攻关，构建龙岩"普惠金融"平台

科技特派团队和服务对象紧密工作，协同技术攻关，在"e龙岩"政务APP上搭建了数字普惠金融服务平台（以下简称"普惠金融"平台）。用数字技术构建起新金融的"水利工程"，让金融活水源源不断流入实体经济，开展富有龙岩特色的数字普惠金融改革实践探索。

赖永炫及其团队紧紧围绕龙岩"国家级普惠金融改革试验区"建设，提供大数据平台构建、金融数据对接清洗、征信业务建模、平台安全配置等关键性技术的指导和业务支撑。

赖永炫发挥其信息和软件的专业优势，为"普惠金融"平台提供架构的

设计和全链条的技术服务和指导。他和科技特派团队经常连续奋战，加班加点 50 多次，一家家银行逐个对接，一条条数据和字段逐个匹配，终于在短短的 4 个月内攻克了数据分割、金融风控模型、安全保障等方面的难题，按时按质交付，让"普惠金融"平台顺利上线。

在赖永炫团队的努力下，平台已实现"一键式"融资撮合、专项行动、政策资讯、金融教育、消保维权、网上办事、硬币自循环、货币鉴定等多项功能，入驻银行 33 家、保险机构 2 家、担保机构 11 家、证券机构 3 家、保理机构 1 家，上线各类金融产品 404 项。

（二）挖掘数据潜能，科技赋能普惠金融卓有成效

赖永炫及其团队不断挖掘政务和信用等信息数据的价值，不断探索贷款业务的"秒批"场景和功能。指导构建了系统和平台机制，让辖区内银行业金融机构创新推出纯信用信贷产品。平台构建了综合信用体系，用大数据为企业（个人）精准"画像"，通过数据"说话"，让银企成为"透明人"，有效缓解银企（个人）信息不对称问题。依据"最小化"原则，将相关实时数据推送给其申请的金融机构，金融机构通过后台风控模型同步对客户精准"画像"，实现信用类贷款授信"秒批"、客户贷款"一趟不用跑"。

平台先后上线了龙岩农行"兴林贷""惠农 e 贷""兴闪贷"，建行"智慧快贷"，兴业银业"兴闪贷"，农信系统"龙岩 e 贷"等多款线上直连产品，能有效解决中小微企业"短、频、快"的资金需求。截至 2022 年 4 月，平台成功撮合对接信贷超过 25 600 笔，银行授信 60.38 亿元，缓解了疫情以来龙岩市中小微企业融资难、融资慢等痛点问题。

赖永炫的科技特派服务效果较为显著，为富有龙岩特色的数字普惠金融改革实践和探索提供了巨大的科技助力。龙岩"普惠金融"平台被省金融局评为国家级普惠金融改革试验区第三批可复制创新成果、被省发展改革委评为 2021 年第三批优化营商环境工作典型经验做法、被写入龙岩市政府工作报告等，平台相关经验也被《金融时报》、新华网、人民网、《福建日报》等多家媒体陆续报道。

（三）引进和对接各方资源，促进龙岩市数字经济发展

赖永炫还积极引进厦门大学的学科力量和优势，促成龙岩当地的其他企

业与厦门大学建立产学研用合作机制，打造了集"科研+应用"于一体的多层次人才队伍和业务团队。同时，促进龙岩市企业与厦门大学的科研对接，组织了厦门大学信息学院专家团队多次走访和调研龙岩市大数据局、龙岩市人力资源社会保障局，以及紫金矿业、龙净环保、福龙马等多家单位，促进产学研转化。

他积极引进发展数字经济的外部资源，并牵头编制调查报告。先后策划龙岩灵活用工平台、龙岩数字化人力资源产业园平台等项目。

二、实施进展与成效

一直以来，小微企业和个体工商户都存在融资难的问题，特别是新冠疫情以来，小微企业的资金信贷需求更加紧迫。而小微企业信贷的核心问题就是小微企业缺信息、缺信用，银行不了解小微企业生产经营信息，小微企业也缺少有效的担保抵押，以及完善的信用、风险分担机制。

为了快速破解小微企业融资难的问题，赖永炫及其团队从信息不对称的问题入手，依托政务大数据建设线上"普惠金融"平台，构建了综合信用体系，用大数据为企业（个人）精准"画像"，实现信用类贷款授信"秒批"、客户贷款"一趟不用跑"。赖永炫及其团队与服务对象龙岩数字产业发展有限公司通力合作，承担了龙岩"普惠金融"平台的重任。

科技特派员的服务对象是刚成立不久的地方国企，存在数字化人才匮乏、核心技术储备少等问题，项目也存在周期短、任务重、人员不足、技术难度高等问题。在赶时间、赶进度方面，赖永炫经常主动加班到晚上10点，周末及节假日也不休息。他和团队成员一起，一家家银行拜访，详细商讨数据对接的需求，设计数据接口。平台上线前夕，他守着电脑屏幕，连续3天通宵测试，确保平台上线后能经受大规模业务的压力。

在技术攻关方面，赖永炫带领研究生查阅国内外相关的技术方案和架构，充分比较各种技术框架的优缺点，最终从5个备选的技术框架中选择最契合的一个，确保系统平台的稳定运行。同时，赖永炫充分发挥自己在数据分析和挖掘方面的积累，亲自开设技术讲座，手把手指导团队成员开展数据建模工作。

在人才培育方面，赖永炫协助服务对象开展了6期专业技术人员选聘工作。赖永炫亲自出题、严格把关,面试了 100 余人。在他的努力下,服务对象公司的专业技术团队也从最初的 5 个人发展到 20 余人。服务团队的成员也得到了他的耐心指导,在短期内获得了较大的业务提升和技术进步。服务团队最终成为包含数据分析、后端、前端、美工、产品经理等各个岗位的高层次技术研发团队,有力地保障了项目专业技术人才的供给。

三、经验与启示

赖永炫及其科特派团队,把大量的时间和精力献给闽西革命老区的数字化普惠金融事业,科技特派服务效果较为显著,为富有龙岩特色的数字普惠金融改革实践和探索提供了巨大的科技助力。赖永炫基于自身的专业技术能力,扎实做好科技帮扶工作,为闽西革命老区高质量发展示范区的建设添砖加瓦。

四、创新亮点

赖永炫及其"数字红土地"科技特派团队,全程陪伴式服务龙岩市数字企业发展。通过与服务对象的密切配合,紧紧围绕"国家级普惠金融改革试验区"建设,挖掘数据潜能,引进和对接各方资源,为龙岩"普惠金融"平台提供架构设计及全链条的技术服务和指导,使得平台攻克了数据分割、风险管控、安全保障等方面的难题,按时按质交付上线。平台的顺利上线运行,大大缓解了疫情以来龙岩市中小微企业融资难、融资慢等痛点问题,获得了 2020 年度金融创新项目奖。

新型树脂基碳带的研究，助力长汀企业发展

——厦门大学新材料研究团队

厦门大学科技特派员罗学涛教授牵头的新材料研究团队是将高校科技人才优势转化为企业发展优势的一个实践者、拓展者和示范者。21世纪初，罗学涛教授新材料研究团队就与龙岩企业结缘并共同开展技术研发活动，2020年以来，更是将大部分精力投入到位于革命老区长汀的福建鸣友新材料科技有限公司的重要技术攻关与科技成果转化之中，并取得一批在国内领先的技术和产业化成果。厦门大学曾在抗战时期内迁长汀办学，长汀地方热忱腾屋、洒扫庭院，迎接厦大师生的到来，校地双方就此结下不解之缘。罗学涛教授带队到长汀开展产学研合作，始终抱着感恩的心，为续写校地双方的情缘尽绵薄之力，把科技论文写在这片闽西革命老区的热土上。依托厦门大学的人才优势和福建鸣友新材料科技有限公司的设备平台，罗学涛教授针对企业热转印碳带产品的介质通用性难题，通过优选碳带组分材料、合理设计碳带结构和优化生产涂布工艺，开展适用于条形码碳带背涂有机硅橡胶固化工艺、耐水洗碳带、耐酒精溶剂碳带、TTO混合基碳带等研发，以解决增强蜡基、高性能树脂基碳带油墨制备和涂覆工艺、设备的关键技术问题。

一、主要做法与创新举措

科技创新是企业生存和发展的基础，是一条漫漫长征路，只有秉承"笃厉奋发，笃行不息"的精神，才能在市场激烈竞争中立于不败之地。罗学涛教授团队与公司携手共进、攻坚克难，推进核心技术优化升级，促进产学研成果转化，为公司发展注入新动能！企业负责人表示：罗教授带领研究团队扎根一线生产车间，认真负责、精益求精的工作态度让人深感敬佩，与这样负责任的研究团队合作非常安心且满意。目前国内高性能碳带产品大部分被国外垄断，

罗学涛教授团队突破部分技术壁垒，为在该领域替代国外产品打下基础。福建鸣友新材料科技有限公司高度认可与罗学涛教授团队的合作成效，双方再次签订了新的合作协议，后续还有多个合作项目将陆续开展。

二、实施进展与成效

罗学涛教授团队与福建鸣友新材料科技有限公司自2020年8月正式合作以来，已申请6件发明专利、协助企业申报2个新产品及建立企业技术研发中心；在研发基础上，共同参加4项国家及省市级创新创业大赛，成功入围第十届中国创新创业大赛决赛、第十三届中国深圳创新创业大赛决赛，帮助企业扩大了行业影响力。

2020年8月，罗学涛教授第一次来到企业，还来不及喝上一口热茶便带着记录本直奔企业生产车间。凭借多年来的产学研经验，他对各个生产环节中具有代表性的样品进行了取样，与生产技术人员亲切交流并获得了产品生产过程中的具体参数。企业负责人看到此景，拉着罗老师的手感慨道："在我们乡镇很难招到一名有专业知识背景的技术人员，更不用说研发人员了，罗教授的到来给了我们很大的信心！"了解到企业的产品研发困难后，他带领团队直接驻扎在厂区，亲力亲为，一遍又一遍地涂墨、干燥和测试，反复改进和完善配方，寻找产品质量的优化点。与此同时，他将企业的实验样品带回厦大，借助厦大分析检测平台，对样品进行多维度的深度挖掘。面对海量的实验数据，他带着企业技术人员不断提炼实验结果，展开深入交流，总结实验规律，凝练科学问题，把科学严谨的研究方法带到产品研发中，也帮助企业培养了一批优秀的研发人员。经过不懈努力，他最终帮助企业成功地解决了碳带的耐久性、耐化学性、耐温性等技术难题，有效提高了产品的印刷性和适用场景，共同研发的R7产品一经上市更是突破了日本DNP V300产品在国内的长期垄断，填补了国内空白。

2021年9—11月，企业在罗学涛教授的鼓励下首次参加了第十届中国创新创业大赛（福建赛区）暨第九届福建创新创业大赛，并最终成功入围了国赛。企业负责人说："罗教授不仅是手把手带着我们研发团队找准产品的研发方向，教会我们使用最前沿的材料分析测试方法，更是从精神上不断鼓励我们要积极跟进行业发展动态，不要闭门造车，从长汀走出去，勇于突破自身的界限。"

在筹备比赛的过程中，企业主创团队毫无相关经验，罗教授便亲自指导企业人员进行商业计划书撰写和路演，还经常扮演现场专家对企业人员进行提问，一是缓解他们的紧张情绪；二是帮助他们从专家视角看到自身的优势与不足。经过长达1个多月的准备，罗教授与企业一起先后参加了长汀县的选拔、龙岩市的选拔、福建省的选拔，并以优异的成绩成功进入了国赛。通过这次中国创新创业大赛，公司主创团队深刻认识到创新是企业发展的驱动力，通过科技进步能够提升本公司的产品质量和市场竞争力。看着一张张鲜亮的奖状，回想在每一个舞台上的路演，企业人员终于理解了罗教授的良苦用心，激发了比以往更加强烈的研发热情，罗教授让他们相信在这美丽乡村的红色沃土上有一颗新星正在冉冉升起。

三、经验与启示

企业是创新源头和主体，要做好产学研合作，必须把学校的研究力量与企业的生产实际紧密结合起来，尤其是团队及学术带头人必须亲力亲为、下沉一线，把研发科技成果转化为企业生产力，实现产教深度融合，努力创新，为企业产品质量提升和行业技术进步贡献力量。

自从与公司合作以来，罗学涛教授带领团队成员扎根长汀厂区，在公司车间及研发实验室进行踏踏实实的研发工作，用实际行动实现产教深度融合，为企业产品质量提升和行业技术进步贡献出厦大力量。

产教融合，科技兴渔

——厦门大学骆轩

鲍鱼味道鲜美、营养丰富，有"海洋软黄金""餐桌黄金""海味之冠"等美誉，自古都是海味珍品。21世纪以来，随着养殖技术的进步和鲍鱼新品种的成功培育，中国已成为世界上最大的鲍鱼生产国和消费国，年产值超200亿元。福建作为我国鲍鱼养殖主产区，素有"世界鲍鱼看中国，中国鲍鱼看福建"之说，全球每生产10只鲍鱼就有7只来自福建；鲍鱼产业也是福建省海洋渔业"十三五"发展规划重点打造的9条"百亿产业链"之一。鲍鱼作为福建省产值最大的海水养殖种类，在促进沿海经济发展和渔民就业等方面发挥着重要作用。

作为科技特派员参与企业生产工作初期，通过调研，骆轩发现对接企业在经营上存在产品创新性不足、品牌化不突出、市场占有率低等问题，受到国内外海鲜消费市场低迷的影响，加之产品严重的同质化，一度出现"鲍鱼卖出白菜价"的现象。为此，他及时向合作企业提出了转型升级的想法，帮助企业确立了发展现代种业的新思路，引导企业强化产品、技术、品牌和管理，并形成自身的发展特色。

一、主要做法与创新举措

国以农为本，农以种为先。种子作为农业的"芯片"，是发展现代农业的核心，做强鲍鱼种业"芯片"对推动鲍鱼产业高质量发展、赋能乡村振兴意义重大。骆轩担任福建省科技特派员以来，组织企业员工开展制种技术学习，有计划、有组织地安排企业技术人员开展业务培训，从而为企业培训了一大批育种业务骨干，并结合实际情况，将理论知识应用于企业生产，带领技术团队一起对企业生产过程进行仔细分析和研究，开展企业生产技术升级，最终形成一套较为科学的生产工艺流程，为企业的实际生产提供指导。通过开展产学合作，先后实施包括福建省科技重大专项"海水养殖优势种类的种质创新与推广应用"等多个省部级科研项目，通过对原有养殖设施开展大规模改造升级，构建形成一套新型的"渔光一体化、互联网＋"水产育种新模式，建成国内最大的鲍鱼育种基地——福建省鲍鱼遗传育种中心，引进多个鲍鱼核心种源，参与培育出多个国家级鲍鱼新品种（"西盘鲍""绿盘鲍"等），该中心现已成为全国保有鲍鱼遗传材料最为齐全、制种能力最强的种质资源库。通过开展鲍鱼新品种亲鲍的循环水促熟培育，有效解决产业目前所面临的性腺成熟的新品种亲鲍较为紧缺的难题，极大提高了企业的鲍鱼良种生产能力。企业所生产的西盘鲍和绿盘鲍亲鲍长期占据国内同类亲鲍市场份额的 60% 以上，科技实力得到显著提升。企业也逐步发展为目前福建省内规模较大的集育种、育苗及养殖于一体，产学研相结合，育繁推服一体化的现代化鲍鱼种业公司，同时也为福建省相关种业企业提供了交流学习的平台，起到示范与辐射带动的作用。

二、实施进展与成效

育种工作需要长期的坚持，一个好的品种往往需要十年甚至数十年的选育与测评。骆轩及其技术团队长期扎根育种现场，针对鲍种间杂交亲本性腺发育不同步和南方夏季高温期性腺促熟难等制种痛点问题，通过搭建循环水控温系统、人工调控不同鲍种的有效积温、优化饵料营养和投喂策略、筛选特定波长光照条件等方法，创建杂交亲本性腺同步化成熟技术和最优杂交授精技术，为绿盘鲍等鲍鱼新品种的大规模推广应用提供了重要的技术保障。

此外，技术团队还创建了鲍无损抗逆精准测评技术以及种间杂交鲍快速分子鉴定技术，突破了鲍抗逆性状的精准评测等困扰抗逆品种培育的主要技术难题。开展绿盘鲍等新品种的规模化培育工作，建立了良种配套的规模化杂交制种和多元化育苗养成新工艺，创建了鲍高效"育繁推服一体化"技术体系。与传统养殖品种相比，绿盘鲍的生长速度提高约 2 倍、耐高温性能提高 2.2 ℃、产量提高约 3 倍，增产增收效果十分显著。绿盘鲍等新品种推出后受到鲍鱼养殖业者的追捧，养殖效益大幅提高。在他的带领下，企业获 2020 年福建省科学技术进步奖一等奖，获评农业农村部健康养殖示范基地、福建省无公害水产品养殖基地、福建省水产良种场、福建省现代渔业产业园区、福建省水产品可追溯试点企业和泉州市农业产业化重点龙头企业等，产品入选 2017

年金砖国家领导人峰会厦门会晤指定供应食材。通过新品种的推广，促进当地渔业转型升级，带动鲍鱼养殖户增产增收。骆轩本人也荣获"全国农业劳动模范"称号。

三、经验与启示

"产教融合，科技兴渔"，通过科技特派员骆轩及其技术团队的不懈努力，以产业需求为服务方向，为产业带来了先进的鲍鱼育种成果和现代鲍鱼全产业链生产理念，为养殖户增收、企业致富、产业发展提供了强大助力，为当地海洋经济增长提供新的增长点做出较大贡献。

四、创新亮点

作为福建省科技特派员，骆轩带领技术团队长期扎根产业，坚持把论文写在大地上，为产业带来了先进的鲍鱼育种成果和现代鲍鱼全产业链生产理念，带领企业积极开展鲍鱼新品种推广应用，带动周边养殖户开展鲍鱼新品种的养殖，同时也加快了当地海藻养殖、养殖器具、物流加工、直播电商等相关产业发展。企业所在地晋江市金井镇现已形成了 10 亿余元的鲍鱼全产业链新业态，拥有晋江市围头村和南江村等 2 个国家级"一村一品"鲍鱼养殖示范村，用科技引领晋江鲍鱼产业高质量发展，助力"晋江鲍鱼"的乡村振兴。

构建有效创新体系，促进区域创新发展

——福建师范大学泉港石化研究院

福建师范大学泉港石化研究院成立于2013年，是福建师范大学为实施"石化强省"战略、促进科技与产业紧密结合、服务地方经济而建立的研究机构，是泉州市 A 类新型研发机构、福建省新型研发机构、福建省技术转移机构。研究院按照"校地共建、院企合作、开放办院、协同创新"的模式，围绕着技术开发、技术转移、技术咨询等内容开展工作，不断深化科技体制改革，增强科技创新活力，以化工新材料的应用基础研究、应用技术开发为目标，主动服务区域创新体系和石化行业企业。

研究院获批"福建省合成树脂功能化产业技术创新研究院""福建省环境友好高分子材料创新中心""福建省协同创新院先进高分子材料分院""福建省高分子材料产业知识产权联盟""福建省高分子材料产业知识产权运营保护中心"等省级平台，获批"泉州市石墨烯产业技术创新联盟""泉州市聚氨酯产业技术创新战略联盟""泉港区石油与化工行业协会"等10多个市区平台，荣获"第十七届福建青年五四奖章集体""2019年中国产学研合作促进奖""第十二届泉州青年五四奖章集体"等多项荣誉，有效促进了区域科技与经济的发展。

研究院长期致力于科技服务工作，为了更加有效地为企业提供科技服务，充分利用科技特派员服务模式，深入企业开展服务工作，提升企业自主创新能力，促进行业发展。自2017年申报省市各级科技特派员以来，研究院已获批确认选认3人次省级个人、11人次泉州市个人、2个省级团队、2个市级团队以及1个市级工作站。科技特派员通过为企业提供技术开发、建立产学研合作平台、项目申报、专利服务、可研报告编制等模式开展相关服务，已直接服务企业17家，间接服务企业40多家。

一、做法与成效

（一）承担规划编制，当好产业发展智库

研究院主持编写了《泉州市新材料产业发展规划（2021—2025年）》《泉州市石墨烯产业强链补链发展建议》《泉州市新型功能材料产业集群方案》《泉港石化工业园区"十四五"石化基地总体发展规划》《三明市沙县青州化工产业集中区B片区"十四五"产业发展规划》《15万吨绿色高性能子午线轮胎专用材料项目可研报告》等规划文件，为政府和企业的决策提供参考。

（二）开展科技攻关，助力企业创新能力提升

研究院致力于科技研发，带领专家走访永荣锦江、百宏实业、长乐高新、洛江德源、三明正元、新耀新材料、永聚兴等企业，为企业技术转型升级问诊把脉，为企业提供科技服务。为了帮助企业了解行业新动态，为企业提供创新思路，提升企业对市场的把握和创新能力，研究院积极召开相关交流研讨及对接会，邀请天津大学、四川大学、西安交通大学、北京化工大学、华南理工大学等国内知名高校专家开展学术报告，组织召开技术对接会，促成一批成果落地。

其中，研究院与福建省万豪石膏工业有限公司联合开发的"烟气脱硫石膏的综合利用"项目以脱硫石膏为主要原料掺入外加剂制成抹灰石膏，是一种适用室内墙体和顶棚的绿色环保抹灰材料，是传统水泥砂浆或混合砂浆的替代品。通过该项目不仅可以解决火力发电厂烟气脱硫工艺排放的大量脱硫石膏处理问题，还可以大大降低原材料成本，同时保护环境，实现生产废料的绿色再利用，具有良好的社会与经济效益。与福建省天骄化学材料有限公司联合开发的"阻燃聚醚多元醇"产品不含卤素、结构稳定、成本低、环保，制备的聚氨酯材料氧指数达到29%，阻燃性能良好，为反应型阻燃。随着国内外对聚氨酯材料氧指数的进一步要求，对阻燃聚醚多元醇的需求将会不断增加，因此该产品的成功开发具有良好的应用前景。与中仑塑业（福建）有限公司联合开发了一种新型的耐高温尼龙树脂，该产品具有较低的吸水率和较好的耐热性能，可以满足表面贴装技术在耐热性和吸水率方面的要求，产品还具有较高的玻璃化转变温度，用作汽车发动机周边部件时，制件在较高的温度下模量才会明显下降，提高了产品在高温下的尺寸稳定性，降低了故障风险，进一步提高了汽车

发动机的燃油温度，有助于减少 CO_2 的排放量和改善城市环境。与泉州师范学院、福建联合石油化工有限公司等单位联合开展省科技厅重大专项"轻量化、高强度、高模量增韧聚丙烯共聚物的产业化研究"的研发，研究院承担"碳纤维聚丙烯复合材料的研究与产业化"子课题，项目以量大价廉、天然可再生的腰果酚为单体，利用反应挤出法制备腰果酚接枝聚丙烯（PP-g-cardanol），使聚丙烯分子链上接枝酚羟基、芳烃基和脂肪烃基，可用作增强聚丙烯（CFR-PP）复合材料的相容剂，以提高碳纤维和聚丙烯树脂的相容性；采用连续熔融浸渍工艺，设计特殊流道浸润模具口模提高树脂基体与碳纤维间的相互接触和浸润，优化碳纤维增强聚丙烯树脂预浸料的生产工艺，提高其机械性能与力学性能，推动其工业化大规模生产。

（三）汇集创新资源，构建企业创新生态圈

研究院注重协同创新，积极引进"中部知光技术转移有限公司""知识产权出版社有限责任公司""北京万方软件有限公司""中都国脉（北京）资产评估有限公司"等第三方科技服务平台。利用研究院的高校背景资源和专业知识，结合第三方的数据资源及服务能力，将资源利用最大化，从技术开发、项目申报、知识产权运营、技术转移、检验检测等方面为企业做好科技服务工作，构建企业创新的生态圈，营造良好的创新氛围。

总之，研究院的科技特派员服务以"技术开发、协同创新、服务社会"为宗旨，架起政府与企业之间的创新服务桥梁，当好政府和企业的智囊团，为政府出谋划策，为企业提供创新思路，将研究院打造成为国内领先的企业创新服务运营商和高度开放的全国性协同创新平台。

二、创新亮点

一是通过与企业共建"院企研发中心"的模式，将企业的实验室设在研究院，围绕企业的技术需求和技术难题进行有效攻关，不仅能实现实验设备等的开放共享，还能实时为服务企业的技术开发提供强有力的保障。

二是通过在企业设立专家工作站，实现企业与专家面对面的交流，专家根据企业的问题进行问诊式把脉，有效发挥了专家与科技人员的个人能力与价值，切实有效地为企业解决问题，提升企业自主创新能力。

燕子窠生态茶园新模式，服务茶产业发展

——福建农林大学根系生物学研究中心廖红团队

中国是茶的发源地，也是世界第一产茶大国。针对我国茶园普遍存在的养分效率低、茶叶品质差、土壤退化和环境污染严重等问题，廖红技术团队通过专业细致的检测，总结出武夷岩茶养分需求特性及武夷茶区高品质茶园适宜的土壤养分范围。在此基础上，进一步提出茶园种植生境优化技术，有效提高茶园养分效率、改善茶叶品质、稳定茶叶产量；同时，提升茶园土壤健康、优化茶园生态环境、减少茶树病虫害发生，实现武夷岩茶优质、高效、生态友好型绿色生产模式。

一、主要做法

对武夷岩茶主产区茶园土壤状况及茶青品质进行大数据分析，累计检测土壤样品 3000 余份、茶青样品 8000 余份；总结出岩茶养分需求特性及高品质茶园适宜的土壤养分范围；凝练出夏冬两季在茶园中套作特选的、适应酸性土壤的养分高效绿肥作物，秋季沟施茶树专用有机肥等茶园生境优化技术。福建茶园土壤多为酸性，适宜种茶，而铝是茶树根系生长必需的营养元素，因此，能耐酸铝的大豆、油菜就成了茶树的"最佳搭档"。

夏种大豆，冬种油菜。大豆根系具有生物固氮作用，茶园套种大豆可提升土壤肥力、减少化肥用量。油菜也是根系发达的作物，其根部分泌物能活化土壤中的磷和钾。油菜压青后种大豆，大豆还田后种油菜，一年之中交替轮作。油菜辛辣的味道还能抑虫避虫，毗邻的茶树就不需喷农药。套种还能抑制杂草生长，不用、少用了除草剂，也减少了环境污染。

二、创新举措

依托科学数据，廖红教授带领团队凝练出夏冬两季在茶园中套作特选

的、适应酸性土壤的养分高效绿肥作物，秋季沟施茶树专用有机肥等茶园生境优化技术。本技术具体涵盖：春茶采收后，在茶行中穴播接种具有高效固氮根瘤菌的大豆，每亩播种约1公斤；9—10月，大豆压青还田；10—11月，每亩沟施约50公斤茶树专用有机肥后，撒播油菜，每亩播种约0.2公斤；次年3—4月，油菜压青还田。绿肥品种按适应性，固氮、释磷、解钾能力等综合筛选。

三、实施成效与影响

多年来，廖红和她的团队在武夷山、安溪等地，先后建立了多个优质高效生态茶园示范点，2015—2022年在全省建设生态茶园示范面积累计逾万亩，辐射面积超过10万亩；组织培训农技人员1000多人次、农民2000多人次。

2021年3月22日，习近平总书记来到武夷山燕子窠生态茶园，了解茶产业发展情况，廖红向总书记介绍了他们团队的生态栽培技术。"总书记的认可，让我们备受鼓舞。他强调要深入推进科技特派员制度，让广大科技特派员把论文写在田野大地上。我们牢记嘱托，去年以燕子窠生态茶园模式为示范，重新注册了以我牵头的科技特派员团队，更好地服务茶产业发展。"廖红说。目前这支团队从最初由大专院校人员拓展到包括大学教师、武夷山当地的科技特派员、本地"土专家"以及武夷学院等学校的学生志愿者，形成了"金字塔形"的科技特派员服务团队。他们奔走在田间地头，为推进生态茶园建设发挥着各自的能量。

四、经验与启示

"在生态茶园技术推广过程中，我们付出了许多努力。比如，刚开始许多茶农不理解，说豆子都是长在田里，哪有种在山上的。类似这样的疑问，还有很多。我们得耐心地一个个解答，向茶农讲明白其中的科学原理。"廖红说。

在廖红科研团队的努力下，越来越多的茶农由怀疑、观望变为积极尝试、参与。从两三个茶园、几十上百亩开始试验推广，到2000亩不施化肥和农药的试验园，再到上万亩减化肥减农药的试验园……

2018年春末，他们向广大茶农征集合作者，准备大规模推广这项技术，并且承诺到茶园察看、提供技术指导。那段时间,许多茶农踊跃报名,为了兑现承诺,廖红每天奔波在各处茶园,行走三四万步。从如何掌握茶树修剪的程度、如何施肥,到怎样简易、快速地播种大豆,她认真做着示范。

茶农游平秀说:"直到现在,廖教授还经常来武夷山,耐心地教我们怎么科学地管理茶园,大家边学、边问、边看、边操作,每次学习收获都很多。在她的用心指导下,这些年我们这里的茶叶品质、种茶效益都提升了不少,生态环境也一年比一年好。"

中央宣传部公布的2021年全国文化科技卫生"三下乡"活动示范项目、优秀团队、服务标兵名单中,廖红教授光荣上榜。廖红说:"做农业真是需要情怀,要一点一滴、慢慢地去做。作为一名农业科技工作者,要认认真真地把有用的技术带到田间地头,带给农村群众。"

踏遍八闽大地送科技，助力产业振兴焕生机

——福建农林大学陈清西

一、通过国家农业科技园区规划建设，助推园艺产业现代化

作为科技特派员，陈清西教授长期为漳州国家农业科技园区与福建漳浦台湾农民创业园的规划建设，以及花果新品种选育与推广、栽培管理与绿色防控、产业规划与决策等提供全方位的科技咨询与服务。2000年，陈清西教授参与漳浦长桥农业园艺科技合作园区申报首批国家级农业科技园区的项目规划与实施方案的制定，充分发挥漳州市自然资源优势及其对台农业合作优势，以花、果、茶为主的园艺作物产业化、现代化为建设重点，通过项目建设，调动农民的积极性，提高农民素质，助推乡村振兴，帮扶贫困农民脱贫。2001年9月，漳州国家农业科技园区被科技部批准为第一批国家级（试点）农业科技园区；2010年1月，科技部确认漳州国家农业科技园区通过综合评议验收，正式挂牌。之后陈教授多次作为技术负责人参与园区的调研并顺利通过科技部的多次考核评估工作，2019年接受漳州市政府授权，作为漳州国家农业科技园区评估视频答辩负责人之一参与答辩，助力漳州国家农业科技园区顺利通过考核评估。2005年，在漳州国家农业科技园区建设的基础上，为贯彻中央对台方针，落实省委、省政府提出的关于"建设海峡西岸经济区"战略构想，陈教授参与指导福建漳浦台湾农民创业园（简称"台创园"）的申报与项目实施，2006年4月该园区获批全国首批台创园之一。2016年作为技术负责人，陈教授全程参与福建农林大学新农村发展研究院与园区共建漳州现代农业综合服务示范基地，极大地促进当地园艺产业的发展及农业产值的增长，对当地经济发展起到了积极的促进推动作用，当年漳州市农林牧渔业总产值约占全省的9.98%，农、林业产值占全市农林牧渔业总产值的45.94%，且农、林业产值中的89%由园艺产业贡献。

二、为区域花果产业"把脉问诊",解决园艺产业问题

为改善莆田市果树品种结构,2010 年陈清西教授与莆田市山益生态农业有限公司合作进行甜柿早熟、抗病良种筛选等技术研究。经过 3～5 年的实施,选育出"富有"甜柿新品种,建立了一套甜柿优质稳产的无公害栽培模式,发现甜柿品质与产地海拔高度关系密切,海拔低脱涩早,海拔高脱涩晚,提出莆田甜柿栽培的适宜海拔范围为 400～700 米,并起草制定了福建省《甜柿栽培技术规范》地方标准,帮助企业建立甜柿生产示范基地 1050 亩,推广应用 2.2 万亩,经济效益、社会效益显著。

为实现蝴蝶兰低海拔花期调控,降低催花成本,2013 年陈清西教授与漳州森晖兰花产业有限公司合作开展低海拔蝴蝶兰营养生长与花期调控技术研究,确定各品种最佳栽培光强、诱导开花的最适温度,制定了"漳州蝴蝶兰产业化关键技术规程",实现南亚热带地区低海拔花期调控,辐射推广 22 万平方米,新增产值 1.3 亿元,经济效益、社会效益显著。

三、结合科技培训与示范推广,助推园艺产业提质增效

为解决福建省果树良种率低、成本高、品质差、种植效益低等问题,通过组建特色花果服务团队,带领年轻老师深入田间地头,现场指导种植户开展园区规划、品种选择、指导建园、土肥水管理、整形修剪、病虫害绿色防控等,同时在全省进行果蔬"双减"技术、果树省力化栽培技术、果蔬安全优质生产技术等新技术指导培训,年下乡指导 30 多次,年举办培训班 10 余场次,年培训花果农及技术人员千余人次,累计示范推广特色优良果树新品种 2 万亩、果蔬优质高效生产技术示范 4 万亩。

四、创新亮点

通过参与国家农业科技园区规划建设,助推园艺产业现代化;同时为区域花果产业"把脉问诊",促进产业转型升级;结合科技培训与示范推广,助推园艺产业提质增效,均取得显著经济效益、社会效益。

洛江区产—学—研融合创新的模式案例

——华侨大学王奇志

泉州市洛江绿盛农业综合开发有限公司占地 80 余亩，是集产、学、研、贸易于一体的区级高新技术林业企业，2019 年荣获国家科技园区和农业产业化市级重点龙头企业称号，主要产品有母本引种资源、名优园艺种苗和成品花卉。该企业设施完备，拥有 1000 平方米的组培室、20 000 平方米的智能温室，是福建省泉州市洛江区重要种花卉苗科技示范企业。

该企业可年产优质种苗 1500 万株、盆花 10 万盆，主要有室内花卉如意、凤梨、多肉、红掌、白掌等 10 多个品种，绿化苗木有龙血树、富贵榕、橡矾根、蔓绿绒等 20 多个园林景观树种，产品远销全国各地，以稳定、良好的产品品质得到全国同行的认可，是福建省泉州市洛江区花卉苗木生产的龙头企业。

然而该企业由于重在种苗生产的投入和产出，科研基础相对薄弱，存在常规市场花卉和种苗较多而特色种质资源较少、种苗更新较慢、缺少科学规范和智能化生产管理规程等一系列问题，因此依托科技特派员项目，共同探讨高校和企业的产—学—研融合创新的模式，推动企业进一步的发展和双方互赢。

一、主要做法和创新举措

（一）现场考察及分析

双方通过实地调研，对学校科研环境、企业科研设施、基地组培苗的炼苗、彩叶植物推广营销、兰花种质资源的收集和培育、规范水肥管理技术和育苗技术管理等进行了现场考察和交流，提出了企业和高校优势、存在的问题和合作解决问题的方式。

（二）建立校企合作实训基地

通过建立校企合作实训基地、华侨大学研究生工作站和对接科研合作关系，推动该企业的规范管理和科技创新，同时让高校学生走进企业，参与实操工作，提升专业技能。

（三）技术合作互赢

针对企业存在的技术问题，科技特派员开展专业技术培训，解决温室育苗的技术难题（浇水、施肥和组培炼苗等内容）；同时以企业问题为导向，如遇组培育苗中出现的黄化等问题，则形成专项技术项目，成为企业和科技特派员共同的科研任务，充分发挥企业市场和科技特派员高校科研优势，共同攻克市场难题。

（四）开展创新种质资源的挖掘和科研储备工作

石斛属植物（*Dendrobium*）是中国传统名贵珍稀中药材，主要分布于福建、浙江、云南、江西、广西、广东和贵州等地。其中重要的中药资源铁皮石斛的主要成分为石斛多糖和石斛碱，具有滋阴、益胃、生津止渴、润肺止咳、强筋健骨及增强免疫活性的作用，为南亚和东南亚地区著名的中草药。由于野生铁皮石斛对生长环境要求十分严格，加之对其长期无节制地采摘，野生资源遭到严重破坏，已成为濒危珍稀药材，被列为国家重点保护的野生药材品种。铁皮石斛被1987年国务院发布的《野生药材资源保护管理条例》列为三级保护品种，被列入《国家重点保护野生药材物种名录》，1992年在《中国植物红皮书》中被收载为濒危植物，2001年被列入《濒危野生动植物种国际贸易公约》（CITES）附录，禁止国际自由贸易。因此，开展石斛属植物种质资源的挖掘和科研储备工作势在必行，并且福建省铁皮石斛种植面积位居全国第三，产值10多亿元，有很大的生产前景。随着国内外对石斛属植物需求量的增加，野生种质资源濒临枯竭，因此校企合作收集创新的兰科种质资源可以提高企业的市场竞争力。

二、实施成效与影响

（一）对现有资源的利用及创新

首先对目前的以下两类重要花材进行管理栽培探索，推动产业化的运营。彩叶粗肋草属（*Aglaonema*）是天南星科观赏植物，具有净化室内空气功能及一定的药用价值,在荷兰、美国和中国台湾等地十分畅销。彩叶粗肋草属植物由于品系多样、色彩丰富,不断有新品系上市刺激市场,其销售额每年都呈递增趋势。2017年盆花行情统计数据显示,在其他品种花卉销售量不变甚至下滑情况下,彩叶粗肋草盆栽销售量依然较上年同期增长50%左右。在国内,由于受到新品种开发技术水平和产能不足等因素的限制,国内市场上的品种大部分为进口品种,除了成本高之外,进口品种还存在运输不便和费用高、植株容易感染病毒等问题。而且,进口的品种在栽培几年后原有的优良性状会退化,从而被淘汰,又得重新进口新的品种,严重影响我国彩叶粗肋草的品种供应及彩叶粗肋草产业发展,远远无法满足对彩叶粗肋草日益增长的市场需求。因此开展校企合作,利用组培技术对彩叶粗肋草进行快繁,在短期内迅速提高繁殖率,一年可扩增几十万至几百万倍,加以配套栽培技术的研发,可以在短时间内实现新品种批量上市,满足市场对彩叶粗肋草属植物的需求。项目不但有利于提升企业市场竞争力及经济效益,而且通过市场推广,还能辐射到周边地区,改变彩叶粗肋草新品种依赖进口和市场供不应求的局面,促进整个行业转型升级,保证我国花卉行业可持续发展。

金叶榕(*Ficus microcarpa L. f. 'Golden Leaves'*)为桑科榕属多年生木本植物橡胶榕的园艺栽培种,原产中美洲地区,四季常青,姿态优美,叶片上散布淡黄色斑块,黄绿相间,尤其是强光下好似金光四射,颜色随着季节变化而改变,色彩丰富,抗性较强,具有较高的观赏价值和良好的生态效果。金叶榕园艺栽培品种变种多,叶色多变,新芽嫩叶颜色艳丽,也是盆栽观赏的优良树种。目前,由于气候环境因素,色彩单一、没有彩化和美化的效果,严重影响观赏性。同时,金叶榕采用扦插或高压圈枝进行繁育,种性容易退化,易感染病害,不适宜规模化生产,满足不了市场的要求。来源不同的彩叶金叶榕,导致后代性状差异大,叶色分离大,导致生长速度参差不齐,大面积种植商品率低。高校和企业合作,通过引种驯化,选出观赏价值高的优良株系,用现代快繁技术获得性状一致的种苗,同时通过栽培设施,建立无土栽培体系,结合矮化整形的研究,选择适合当地的株系及种植模式,并进行示范推广。

因此,开展金叶榕种质资源收集、保存和研究工作,加快金叶榕新品种选育,加大新品种应用推广力度,对加强我国金叶榕新品种保护,提高其产业国际竞争力,促进其持续、快速发展,缩小我国花卉产业与园艺发达国家的差距,优化我国农业和农村经济结构及带动周边农户发展均有着十分重要的意义。

花卉产业是泉州市的主要支柱（特色）产业，新品种选育是建立高效、有竞争力和可持续发展花卉产业的基础，积极开展新品种选育、开发工作不仅对促进花卉产业发展，推进农村产业结构调整，促进福建科技、地方经济发展，增加农民收入具有重要作用，同时对美化、绿化人居环境，满足人民群众日益增长的物质、精神文明需求具有重要意义。

（二）建立珍稀的石斛等兰科母本种质资源

目前初步建立珍稀的石斛等兰科母本种质资源，收集了霍山石斛（*Dendrobium huoshanense* C. Z. Tang et S. J. Cheng）、铁皮石斛（*Dendrobium officinale* Kimura et Migo）、细茎石斛（*Dendrobium moniliforme* (Linn.) Sw.）和石斛（*Dendrobium nobile* Lindl.）等重要种质资源。

（三）推动以问题为导向的科研工作

以企业生产中出现的实际问题为导向，依托学校的科研技术平台设计试验方案，提出解决问题的方法，关注近年来屋顶花园种苗选育及栽培管理技术的研发，目前已开展了费菜属植物选育（耐干旱、瘠薄及水涝）工作，技术路线如图1所示，期待将筛选的种类推广到合作企业的实际生产中。

三、经验与启示

依托科技特派员走进企业，构建企业和高校的合作关系，协作双方发挥各自的优势，走向共同发展的道路。充分发挥企业资金、市场、生产管理等优势，以及科技特派员所在单位的科技基础和实验设施，优势互补，实现双方的强强联合，合作共赢。

四、创新亮点

企业和科技特派员（高校）根据双方现状，构建了产—学—研融合创新的模式，有框架和落地的实施方案，推动高校和企业近期和远期的合作，该模式是值得推荐的运营模式，能够节约资金投入，实现双方合作互赢。

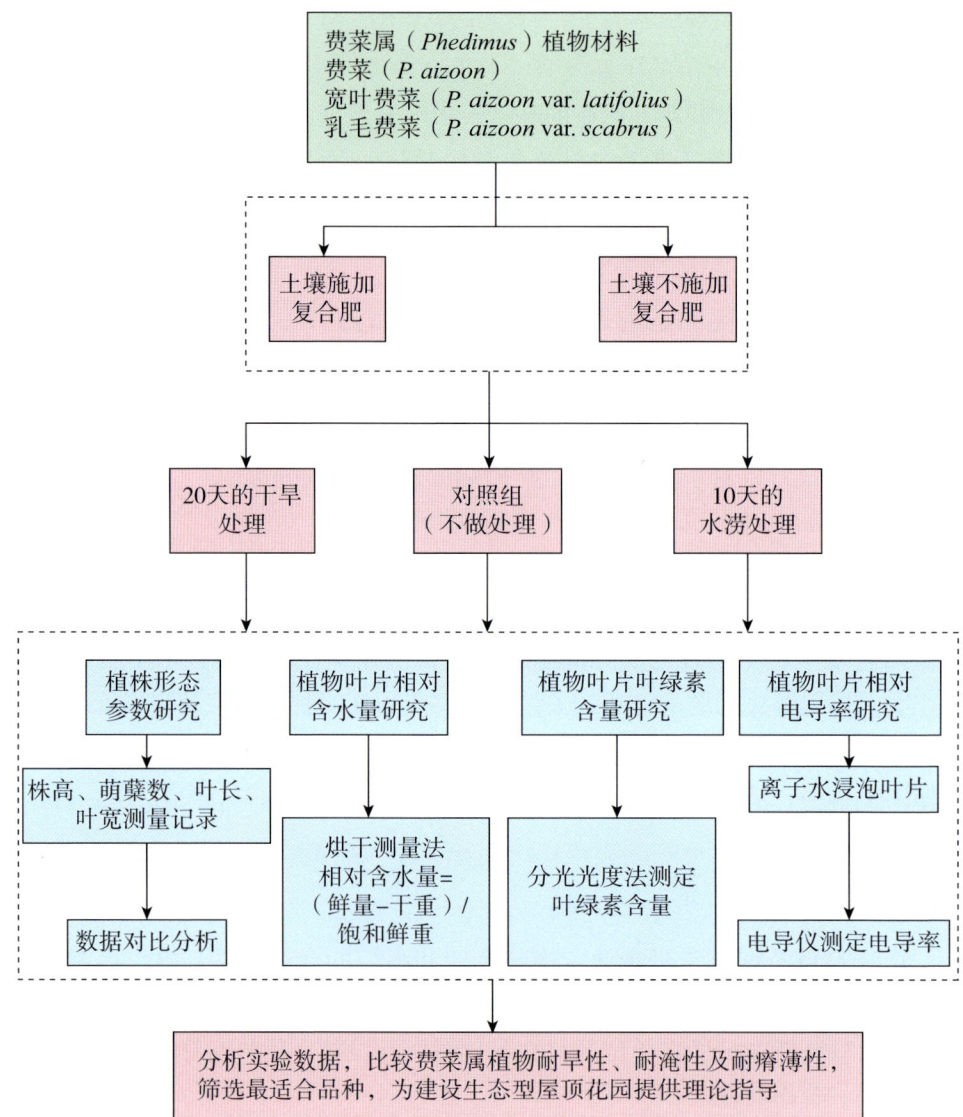

图 1 筛选新型费菜属屋顶花园植物技术路线

不忘初心，润物无声

——闽南师范大学科研处黄俊义

花卉产业是福建倾力打造的千亿产业和实施乡村振兴战略的重要民生产业。以兰花、铁皮石斛为代表的兰科植物在漳州、龙岩、三明等地区大量种植，其产值占全省花卉产值的18%，其工厂化生产引领现代农业产业发展，对区域经济的影响深远。但品种种质资源和有害生物影响及市场需求变化使得许多企业生产发展出现瓶颈，加上企业的龙头效应未能显现，产业规模较小，以及企业创新意识较弱、研发投入较少等问题，对企业创新升级产生一系列不利的影响。

一、主要做法与创新举措

为助力对接企业创新高优发展，黄俊义作为福建省科技特派员及团队负责人，自我要求增强"四个意识"，坚定"四个自信"，做到"两个维护"，不仅在科技业务中不断学习，增加工作能力，而且在思想上不断提高服务意识，做到"实干、精干、巧干"。

（一）深入调研，了解对接企业的需求

作为一名农业科技特派员，每次在对接企业前，黄俊义都做到提前通过当地科技部门、农口部门或其他方式与服务企业直接坦诚交流沟通，并结合现场实地调研，准确摸清企业、农户的技术需求。多年来，他多次到福建百秾生态科技有限公司生产一线，实地了解生产基地的种植布局、种植技术水平和农产品的市场销售现状及遇到的亟须解决的关键问题，知道他们"需要什么"，提升科技精准服务质量；根据企业发展需要指导企业组建创新创业团队（项目组），先后指导组建5个年轻的创新创业团队，提升他们的自主创业就业能力和科技致富信心，部分团队的项目参加全省、全市、全县中青年创业大赛，屡获一等奖。其中他指导的该企业涉农产业创业项目在第五届"创青春"福建省

青年创新创业大赛中荣获乡村振兴计划成长组优秀奖的佳绩（图1）。

图1 组建创新创业团队，提升企业自主创业能力和科技致富信心

（二）定制服务，特色服务

作为科技特派员，根据服务企业、农户的需求，切实做好助推相关产业转型升级工作。通过开展协作创新、科技服务与成果转化等方式解决企业技术需求，主动承担主要技术研发工作并协调配合做好其他科技研发工作，注重企业产业全面可持续发展，协助企业积极探索在农林领域建立"公司+合作社（基地）+农户"的合作发展模式；通过科技推广示范，做示范给生产员工看，帮助技术人员提升技术水平。

一方面，帮助企业进一步成立科研机构，在开发新产品、新工艺和新技术上再有所突破，对接服务企业成效显著；对接的福建百秾生态科技有限公司，先后被评为省级高新企业，先后承担全国农业技术推广示范基地铁皮石斛栽培建设项目、省科技厅星火项目——福建特色兰花炭疽病菌检测及综合防治技术示范项目等，同时部分品种获得品种权的登记（图2）。

另一方面，创新工作服务方式，主动利用新媒体及网络，组建"百秾科技团队"微信服务群，传播、推广、普及新科技，提供公益性专业技术产品及服务，实现了科技人员、龙头企业主、专业合作社社员、农户之间的实时有效互动。通过帮助研究种植计划，深入田间地头，帮助企业分析市场，调整企业产品生产计划，合理选定使用各种化肥、农药等，服务企业的"两减"技术应用水平逐步提高，产品符合市场需求，效益不断提高（图3）。

图2 2022年5月,相关科技特派员推广绿色防控技术

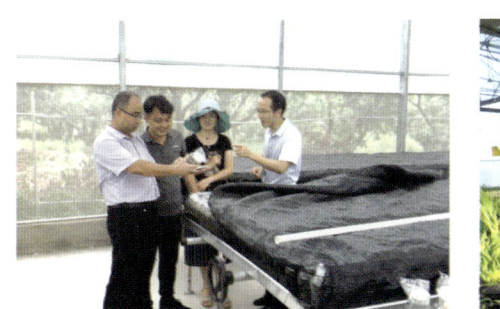 

图3 2021年7月,闽南师范大学百秾科技特派员团队到福建百秾生态科技有限公司生产基地指导

(三)开放共享,开拓创新服务

扩建科技特派员平台,更深更广服务企业农户。2019年,黄俊义作为基地指导专家在福建百秾生态科技有限公司建立了全国农业基层科技示范基地,在开展区域性科技特派员服务时,除了注重服务企业的相关产业,还有针对性地开展高端引智、精准引才工作,做好牵线搭桥,协助学校做好科技特派员的下派和管理工作,把闽南师范大学多个专业的科技队伍和其他单位专业技术人员,组建成"闽师大百秾科技特派员团队",围绕主要企业、主要产业,采取多种形式,进行科技服务与科技培训,提供产前、产中、产后服务,合力深度合作,多维度快速解决问题,做到"快、准、好"。

自2015年起,每年都组建1个科技特派员团队,对接服务企业。对接企业先后2次获得省科技厅科技特派员后补助项目，1次获得漳州市科技特派员补助，2021年在获得省级科技特派员补助项目的基础上，对接的福建百秾生态科技有限公司获批省级科技特派员助力产业融合发展示范点（图4）。

图4 项目带动，助力产业，融合发展

二、经验与启示

作为一名科技特派员，将进一步加强学习，不断提高科技特派员业务技能，做到哪里出现科技问题，哪里就有科技特派员的影子，真正成为扎根基层"科技大军"的一员，继续围绕服务企业的农业产业科技需求，开展科技对接、技术支撑、技术培训和技术服务。把论文写在对接企业的生产车间（组培室）、大棚生产基地上，为产业发展和乡村振兴提供强有力的智力支持、人才支撑和科技支撑。

三、创新亮点

一是协助企业构建"公司+合作社（基地）+农户"的合作发展模式，提升企业的带动能力。

二是充分利用科技特派员团队的科技优势，多维度为对接企业快速解决问题，做到"快、准、好"，助力产业融合发展。

超高强度气缸套新材料，拓展服务链

——三明学院高浩

"碳达峰、碳中和"是我国绿色发展的必由之路。内燃机行业碳排放占我国碳排放总量的 10% 左右，落实"双碳"目标，内燃机行业是重中之重。提升热效率是内燃机实现降碳的最有效途径之一，因此《内燃机行业"十四五"发展规划》明确提出，未来五年热效率必须达到 50%～55%。热效率要求的显著提高，使爆发压力显著增加 60%、润滑环境急剧恶化，作为内燃机核心零部件之一的气缸套，抗拉强度也必须从 375 MPa 提高到 600 MPa 以上（提高 60%），摩擦系数必须从 0.15 降低到 0.1 以下，因此亟待研发超高强度超低摩擦高效内燃机灰铸铁气缸套，以满足高效内燃机的要求。为此福建省汇华集团三明内配有限公司委托三明学院高浩及科技特派员团队对该项目进行研发。

一、主要做法和创新举措

尽管高浩多年从事先进气缸套的研发工作，但对于前所未有的挑战，他感觉压力巨大。为此邀请了德国马勒公司、中原内配、清华大学、河南科技大学、潍柴动力等单位的专家组建了一支国际性的攻关团队。团队通过网络会议方式进行方案的讨论，高浩科技特派员团队在现场试验，将气缸套送至清华大学摩擦学国家重点实验室、天津大学内燃机燃烧学国家重点实验室进行检验，并将其及时送至潍柴动力进行台架试验，最终攻克了这个难题。

（一）研发了超高强度灰铸铁气缸套新材料

理论和实践表明，锰是阻碍石墨化的元素，锰含量越高，硬度越高，石墨越恶化，因此气缸套生产中严格把锰控制在 1.0% 以下。但项目组在近 30 年气缸套灰铸铁研发和生产中观察到，锰含量为 2.0%～2.5% 时，对组织和性能有一定影响，现遇到超高强度难题，高浩团队特地聚焦该区间范围，深入探索锰对组织和性能影响的规律，试图探索出大幅提高抗拉强度的新路径。

1. 探索锰对灰铸铁组织和性能的影响规律，研发出高锰合金强化新方法

本项目揭示了锰含量为 2.0% ~ 2.3% 时对灰铸铁组织和性能的影响规律：发现共晶团显著细化、A 型石墨显著细化，调质处理后抗拉强度可达到 550 MPa 以上，加工硬度合适，经铸件余热调质处理后，得到"保持马氏体位向"回火索氏体组织，非常符合气缸套的材料性能要求。

2. 探索钼、铌对灰铸铁组织和性能的影响规律，研发出钼、铌合金弥散强化新方法

铸件余热调质后，抗拉强度仅为 550 MPa 左右，为了进一步强化组织，基于钼、铌、铜对灰铸铁组织和性能的影响规律，提出了钼铌弥散强化新方法，经金相显微镜观察，钼铌在凝固过程中析出硬质相 Mo_2C、NbC、Nb（C、N），大量弥散分布在晶界，实现了钼铌弥散强化。基于以上新发现，设计了超高强度灰铸铁化学成分：C：2.9% ~ 3.0%；S ≤ 0.1%；Si：1.9% ~ 2.0%；P：≤ 0.1%；Mn：2.0% ~ 2.3%；Cr：≤ 0.1%；Cu：0.1% ~ 0.4%；Mo：0.2% ~ 0.5%；Nb：0.1% ~ 0.3%。

3. 探索复合孕育处理对组织和性能的影响规律，研发出数字化孕育实时优化新技术

灰铸铁在片状石墨尖角处易造成应力集中，对基体组织有较强的割裂作用，孕育处理是细化石墨最有效的方法之一，为此，项目对孕育剂优化方法和数字化控制技术进行了研究。本项目探索了复合孕育处理对组织与性能的影响规律，研发 SiBa-SiSr 孕育剂。基于热分析方法，研发数字化孕育实时优化新技术，改善孕育效果，细化石墨组织。

（二）研发超低摩擦内孔表面微观网纹织构

网纹织构可显著改善滑动性能，广泛应用于气缸套内孔表面，但在内燃机发展史上，气缸套内孔网纹从上到下一直是一样的纹理，形状一直为标准的圆柱面。项目组探讨是否能够突破这一传统做法，毕竟这样的设计与气缸套工作状态的内孔形状和受力特点是相悖的，它会增大缸环摩擦力。为此，项目组对气缸套工作状态下内孔形状、网纹织构纹理进行了深入研究，试图探索出大

幅降低缸环摩擦系数的新路径。

1. 构建机械负荷与热负荷耦合作用受力模型，提出微观织构预变形分区制造新方法

传统气缸套内孔为标准圆柱形，气缸套工作时，在机械负荷、热负荷共同作用下，上部为"喇叭口形态"，从而造成润滑不良，摩擦力上升。为此，本项目基于机械负荷与热负荷耦合作用，构建内燃机缸体与缸套的装配模型，探索了不同负荷加载情况下缸套变形机制，提出了气缸套内孔预变形表面微观织构精确分区重构新方法。

2. 构建缸套与活塞环润滑摩擦受力模型，研发出差异化分区润滑新技术

传统网纹内孔采用统一化设计，但气缸套热态下内孔上下止点区摩擦力大，中间摩擦力小，传统设计使摩擦力大幅增加。为此，本项目构建了缸套与活塞环润滑摩擦受力模型，揭示了网纹织构形状和空间分布对缸环摩擦副润滑性能的影响规律，发明了气缸套内孔差异化微观表面网纹织构。

3. 构建珩磨砂条空间轨迹 3D 重构模型，研发出数字化高精密工装

传统加工方法无法满足差异化微观表面网纹织构加工。为此，本项目基于珩磨砂条运动特性和珩磨网纹表面的创成原理，构建了珩磨砂条空间轨迹 3D 重构模型，探索了珩磨砂条磨粒轨迹的空间分布规律，开发出高精密数字化新工装，实现了分区拉网和整体平顶抛光智能化微观网纹织构精确加工。

（三）研发智能化装备

气缸套的抗拉强度大幅提高和摩擦系数显著降低，使加工精度和加工难度显著加大，关键工序的设备精度已经无法满足，为此研发出适应项目产品的专用装备。

1. 发明气缸套立式镗珩磨床加工中心，满足差异化网纹加工的要求

基于多体系统的建模方法，构建立式镗珩一体化空间误差模型，设计下移精镗去余量、上移精珩磨拉网纹的新型运动组合模式，发明气缸套立式镗珩磨床加工中心，显著提高缸套内孔平台网纹参数 1～2 个级别，满足差异化网纹加工的要求。

2. 发明智能化高速精密车铣复合加工中心，满足项目产品高硬度高精度要求

通过整机优化设计、高刚性抗振矿物床身设计、直线电机传动系统设计、智能化热误差补偿设计，研发出智能化高速精密车铣复合加工中心，满足项目产品的加工精度要求。

二、实施成效与影响

该项目经中国工程院王玉明院士为组长的科技成果评审为"关键技术达到国际领先水平"。该项目研发出气缸套超高强度灰铸铁新材料、超低摩擦内孔表面网纹织构、数字化工程制造装备，首次将灰铸铁抗拉强度由 250 MPa 提高到 611 MPa，缸环摩擦系数由 0.150 降低到 0.063，实现气缸套制造技术的重大突破，引领中国内燃机气缸套行业节能减排技术的显著提升。该成果在福建汇华、中原内配等重点企业应用，获得授权专利 30 件，其中发明专利 16 件，形成行业标准 3 项，发表 SCI 等学术论文 13 篇，近 3 年累计新增销售收入 4.56 亿元、新增利税 0.74 亿元。

三、经验与启示

政府的强力推进是科技特派员的重要保障；满腔服务地方产业的热情、对科技事业的热爱、强烈的责任心、永不言败的坚强意志、科学的研究方法、和谐的团队合作是实现重大突破的秘诀。

四、创新亮点

1. 研发超高强度灰铸铁气缸套新材料

探索锰对灰铸铁组织和性能的影响规律，研发出高锰合金强化新方法；探索钼、铌对灰铸铁组织和性能的影响规律，研发出钼、铌合金弥散强化新方法；探索复合孕育处理对组织和性能的影响规律，研发出窄区间数字化孕育实时优化新技术，最终使灰铸铁抗拉强度提高到 611 MPa。

2. 研发超低摩擦内孔表面微观网纹织构

构建机械负荷与热负荷耦合作用受力模型,提出微观织构预变形分区制造新方法;构建缸套与活塞环润滑摩擦受力模型,研发出差异化分区润滑新技术;构建珩磨砂条空间轨迹 3D 重构模型,研发出数字化高精密工装,最终使缸环摩擦系数由 0.150 降低到 0.063,燃油耗减少 0.51% ~ 1.02%,碳烟排放减少 0.1 mg/kWh。

3. 研发气缸套智能化工程制造装备

发明气缸套立式镗珩磨床加工中心,满足差异化网纹加工要求;发明智能化高速精密车铣复合加工中心,满足超高精度加工的要求,最终实现多品种、大批量气缸套柔性化制造,同时使加工余量从 3 ~ 5 mm 降低到 1 ~ 1.5 mm。

创新"链式科特派"精准服务模式

——龙岩学院邱占林

矿井灾害是制约福建省矿山安全、高效生产的"拦路虎"，是影响产能及绿色、安全开采的最大瓶颈。而且，受赋矿地质条件等限制，福建矿山以小型为主，且集中分布于闽西地区，尤其是福建省小型煤矿更是如此。长期以来，这些小型矿山专业技术人才缺乏，专业水平较低，加之福建地质构造极为复杂，矿井安全生产隐患多，急需先进的科技手段做支撑，但受限于信息、人才交流等问题，一直以来科技服务处于脱节状态。邱占林同志结合科技特派员制度主动作为，坚持矿山（煤矿）安全"牛鼻子"问题导向、精准服务导向，充分利用自身地质专业的优势，借力龙岩学院的区位优势，结合学校产教融合、校企合作新机制并融入科特派服务制度，以此破除学校、矿山壁垒，打通产业、资源、人才、技术等各类科技服务模式藩篱，打造联结产教融合、校企合作、精准服务的全链条、全要素新型科特派智慧服务模式，构建产教融合统筹发展、校企合作协调发展、精准服务融合发展的科特派服务新格局。

一、主要做法和创新举措

（一）坚持问题导向，打通"智慧服务链"

积极回应服务矿山的安全技术问题关切，围绕矿井生产过程中出现的水害等地下灾害等问题，探索优化智慧服务的创新举措，将煤矿安全技术需求延伸到各个关联部门，探索发挥专业人员、专业技术、专业探测设备的优势，形成福建省科技特派员服务云平台—龙岩市科技创新服务平台—"慧农信"微信公众号等智慧服务体系。按照"企业需求—科特派供给模式"贯通"智慧服务链"，构建"菜单式"精准服务模式。本着先易后难、稳步推进的原则，选择信息共享程度较高、流程相对简单的事项为突破口，梳理确定需要开展的矿山安全具体技术问题，并与服务企业共同确定联动工作方案，建立科特派与矿山安全业务科室工作联系机制，成立由矿山主要负责人牵头，科特派与分管安全负责人参与的工作专班，具体负责解决矿井地下灾害等技术问题，实施精准服务。例如，龙岩市西山坑煤矿开采过程中受到的矿井水害威胁大，尤其是+710水平南石门掘进迎头出现滴水、局部淋水现象，矿方第一时间召开了矿井水害隐患排查专项工作会议，并在科特派服务云平台登记了技术服务需求，邱占林及时对接了相关技术服务，并启动了直流电法、矿井瞬变电磁法等综合物探技术联合探测矿井水害的试验研究，同时开展了井下现场水害调查。在此基础上，综合对比了物探与调查资料，给矿方提供了较为准确的掘进迎头前方含水异常体位置等信息，促使矿方及时采取针对性措施，避免了矿井水害隐患或灾害事故，达到了"靶向"探测及超前预报的功效，为该矿节约了探水成本，并提供了安全生产技术精准服务。该需求—服务供需侧对接表明科技特派员"智慧服务链"的打通是有效解决矿山安全生产技术问题实施精准服务的"及时雨"。

（二）强化科技赋能，连接"矿山安全链"

围绕矿山安全生产形势，从拓展科研服务深度、提升科技赋能支撑两个方面着手，积极推进"矿山安全链"连接。特别是科特派下沉条件艰苦、工作环境差的煤矿服务过程中要持续开展井下现场详细调查、综合矿井物探防治技术的集成创新；协助煤矿企业提前做好矿井地下灾害的监测预警及超前预报等，并建立定期安全技术交流与磋商机制，制定安全生产技术支撑的发展规划。强化科技赋能的专业技术指导，全方位为煤矿提供科技及技术服务，促进新技术在煤矿安全生产中的综合应用，切实连接好"矿山安全链"，为煤矿安全生产保驾护航。例如，龙岩市黄土坑煤矿采煤工作面地质条件差，裂隙、节理等小构造发育，而且这些结构面含水，对安全开采存在威胁，邱占林根据科特派服务协议多次到该矿山了解情况并进行井下现场调查后，针对小构造等不良结构面开展了精度较高的地震勘探及矿井瞬变电磁法精细超前探查，取得了较好的地质探测效果，为矿山安全隐患的提前预判及采取针对性措施提供了精准的技术支撑，实现了物探高科技赋能，从而有效连接了"矿山安全链"，产生了较大的安全生产效益。

（三）转变服务方式，拓展"数字信息链"

根据矿山安全生产过程中出现的新情况，主动转变科特派服务方式。在煤矿企业与科技特派员共享安全生产信息数据的基础上，通过科技信息化技术手段，实现对矿井地下灾害防治需求的精准预判、定向推送和智能化处置。同时，加快数字化科技服务转型，加强数据赋能，推动科特派服务模式重构。深度连接"互联网＋科技服务"，融合线上、线下矿井地下灾害防治资源，精准对接需求与供给，探索推进科技特派员与服务煤矿企业组建"矿井地下灾害防治"利益共同体。通过人员培训、技术指导、仪器共享等方式，推动数字科技信息服务融入煤矿安全生产各领域全过程，据此构建"安全技术＋信息技术"新型科技信息服务体系，助力数字信息与科技服务融合、协调发展。打造多层次科技服务体系，培育科特派服务的新模式。例如，疫情期间，为了做好主动对接服务，邱占林通过与矿山安全生产网络监控系统链接，实现数据的在线实时分析与研判，对矿井在生产过程中出现的技术问题实现全程线上指导与服务，实现特殊时期的不间断科技服务。其间还开展了多场矿井水害联合探测的综合物探技术专题线上讲座培训，实现了科特派服务方式的有效转变，有效拓展了"数字信息链"的科技服务效益。

二、实施成效与影响

"智慧服务链"作为科技特派员制度实质性运行中的重要一链。坚持问题导向，着力解决小型煤矿安全生产中出现的矿井地下灾害问题，可聚焦煤矿企业生产中出现的新问题及防治技术发展规划需求，激发科技特派员与煤矿企业双方的热情。让科技特派员愿意去、乐意去煤矿企业"把脉问诊"找问题、"对症下药"开良方；让煤矿企业切实享受到科特派科技服务的红利，感受到智慧科技服务效能的提升。

"矿山安全链"作为检验科技特派员制度运行成效的一链，需要科技赋能予以连接，以专长建立信任，全面打造专业技术服务优势；以专业洞察需求，全面打造综合科技服务优势，促使科研服务与矿山技术需求高度契合，扎实做好科技服务与技术支撑，为小型煤矿企业高质量发展筑牢安全基础。

"数字信息链"作为科技特派员制度实现途径之链，是以数字信息赋能为路径转变服务方式，拓展互联网＋科技服务，实现科特派科技服务数字化迁移，助力矿井地下灾害有效防治的数字化、智能化，助力科技特派员实时遥控指导煤矿地下灾害防治。

目前，已对龙岩市新罗区生产煤矿和上杭县、武平县部分萤石矿山实施了"链式科特派"精准服务模式创新改革与实践，协同"三链"（"智慧服务链""矿山安全链""数字信息链"）合力，取得初步成效。上述煤矿安全生产问题得以遏制，事故发生率得以降低，社会经济效益较为显著。"链式科特派"精准服务模式打破了矿山企业、学校、人才的传统交流边界，破解了煤矿企业人才、技术资源痛点，让科技特派员实现精准科技服务，技术服务下沉。

三、经验与启示

此案例的创新改革与实践是强化福建小型矿山，尤其是煤矿矿井地下灾害防治专业技术科技服务智慧化、精准化、数字化、信息化的具体体现。自科技特派员科技服务工作开展以来，从问题导向、科技赋能、服务方式转变等角度着手，有效推进"智慧服务链""矿山安全链""数字信息链""三链"协同，实现"链式科特派"精准服务模式。开展科技特派员精准服务，需要以地方需求、实际技术问题需求为导向，根据自身的专业与技术优势深耕矿山安全防治产业链，采取"以科技引领技术，以技术带动安全，以安全带动生产，以生产带动效益"的综合物探技术联合探测矿井水害的示范推广应用模式，走出一条科特派精准服务对接产业技术需求的"链式"发展新路径。

四、创新亮点

一是有针对性地探索出"三链"全流程科特派科技服务体系，以问题导向—科技赋能—转变方式的模式开展精准服务。聚焦问题解决需求，实施针对科技手段，实现精准服务方式转变，达到科技服务效益的最大化。

二是精准对接服务小型矿山企业，深入矿山井下开展技术服务。从供需侧提供针对服务，从矿山的具体矿情出发，实施有针对性的技术服务模式，对具体的技术问题采取更为高效的解决方案及方法技术，最大限度开展高技术含量、高科技赋能的矿山安全防治技术服务。

三是以问题导向、科技赋能、数字信息为载体推动建立"一对多""点对点"精准服务机制。数字信息技术与科特派服务有效融合与相互嵌入，数字赋能科技服务的积极效应将会得到进一步释放和彰显，可完善科技需求—服务的表达机制，精准对接矿山安全防治需求，通过科技赋能的数据交流，可使需求与供给达到匹配与平衡，可进一步提升科特派精准服务的资源配置效率与效果。

守护河湖，造福百姓

——福建水利电力职业技术学院河湖健康科技服务团队

一、加强科技推广，协助企业服务水利部门

福建水利电力职业技术学院河湖健康科技服务团队结合挂钩服务单位宁德卫星大数据科技有限公司技术需求，积极推广实用技术。2021年，组织挂钩服务单位和技术应用单位宁德市水利局开展线上培训2场、线下培训1场，培训约1300人次，单位与学员不断通过电话、微信保持密切沟通。线上培训主题包括河湖管理与河湖健康评价、福建省水利科技奖申报，线下培训涉及河湖健康评价。其中第一次线上培训于2021年11月5日上午开展，依托福建水利电力职业技术学院与宁德市河长办共建的宁德河湖研究院，由宁德市河长办联合宁德市委组织部、宁德卫星大数据科技有限公司共同开展"河长讲坛"暨河长培训班，采用线上线下视频形式开展。宁德市河长办设主会场，各县（市、区）河长办设分会场，全市各县、乡河长、副河长，市县乡河长办及各流域河长办工作人员，共计1095人参加培训。

二、突出科技创新，联合推动河湖健康研究

联合开展宁德河湖健康评估项目，并及时启动项目研究。该项目是宁德市河长制办公室委托科特派团队与宁德卫星大数据科技有限公司共同承担的横向课题，是福建水利电力职业技术学院与宁德市河长办共建的宁德河湖研究院成立以来首个河湖研究重点项目，项目融合我院水资源与水环境技术优势、宁德卫星大数据科技有限公司的科技优势，以维护河湖健康为目标，探索高光谱水质监测技术，结合河湖健康评价有关水质方面的指标要求，通过无人机载高光谱遥感监测、地面固定点位光谱监测、水面多参数浮标监测、湿地水生态调查等手段，综合调查和分析宁德东湖及其汇入河流、霍童溪洪口水库及河段、霞浦杯溪重点河段及蕉城七都溪的水质水生态环境现状，探明污染原因和污染

模式经验篇

分布，为进一步制定河湖管治方案提供科学依据。项目的实施，将推动宁德河湖研究院进入实体运作阶段，有助于促进学院与行业产学研深度融合，提升宁德河湖管理水平，打造宁德幸福河湖。开题会上，项目组明确该项目的建设内容、技术路线、评价方法及预期成果。受邀专家清华大学魏加华教授、福建师范大学苏玉萍教授通过网络连线参会指导。

三、注重科普宣传，挖掘科普资源助力"双减"

策划并促成福建水利电力职业技术学院与宁德市河长办合作成立宁德河湖研究院，于2021年3月22日上午在霍童溪畔宁德九都国家水土保持科教园举行宁德河湖研究院成立暨宁德河湖健康研究基地揭牌仪式。通过开展丰富的科普宣传活动，挖掘科普资源助力"双减"。在仪式上，宁德市河长办与福建水利电力职业技术学院签订了《共建宁德河湖研究院框架协议》，并举行揭牌仪式。市河长办、市水利局及福建水利电力职业技术学院领导共同为宁德河湖研究院揭牌（图1）。宁德市河长办与福建水利电力职业技术学院将充分利用双方的人才、技术、设备和资源，建立河湖研究平台、搭建技术服务和人才培养平台、定期通报各自最新的发展情况、共同研究确定重大战略合作项目，深化资源合作共享；共同探索河湖修复新技术、新方法，河湖管理新措施；着重针对宁德河流水系现状共同开展河湖健康研究、河湖长培训、河湖保护技术开发与合作，不断提升该市河湖管理水平，全力打造宁德幸福河湖。

图1 宁德河湖研究院成立

四、发挥典型示范，助推科技成果产出

总结提炼合作研究的技术，联合申报专利 6 件，撰写论文 1 篇，申请福建水利科学技术奖 1 项和省级科技特派员后补助项目 1 项。

五、深入服务单位，调研河湖健康评价流域

2021 年 10 月 16—17 日，福建水利电力职业技术学院河湖健康科技服务团队参与的宁德河湖研究院七都溪健康评估项目课题组在宁德市开展项目实地调研。项目由宁德市河长办牵头，由福建水利电力职业技术学院基地及宁德卫星大数据科技有限公司联合开展。在此次实地调研活动中，项目组实地调研了蕉城七都溪安全生态水系、官昌水库、大泽溪水库、桥头水库、洋中"梦里水乡"国家水利风景区等处水环境状况，并与宁德卫星大数据科技有限公司开展高光谱水质监测技术对接，收集七都溪河流健康评估相关资料及数据。

项目组就七都溪健康评估项目进行调研前交流会商，项目组成员共同交流项目研究事项，对七都溪健康评估指标设计、流域地形地貌地理信息、林业分布、水土流失、水利设施分布、鱼类鸟类分布等资料进行收集，人工水质监测与高光谱水质监测联动对接，现场调查并协商安排下一步工作计划。

打造循环生态农业发展模式，提升养殖业综合经济效益

——漳州职业技术学院农产品的新型加工方法及工艺改进团队

随着农业现代化水平的不断提高，农业结构转型与资源环境间的矛盾日益突出，急需破解这种现状。种养结合的循环生态农业发展模式是环境友好型农作方式，是农业可持续发展的众多模式之一，其借助物质循环再生原理及物质多层次利用技术，最大化减少废弃物产生及增强资源利用程度。福建绿领农业科技有限公司结合自身发展实际提出了将光伏农业与"种养结合"相结合的循环生态农业发展路径，使农业生产得到新的突破。该发展路径对降低农业能耗、保护生态环境、提高土地利用率、促进土地溢价、促进农民就业、增加农民收入等具有积极作用，但在实施过程中存在一系列技术难题，急需科技支持。以陈建福副教授、博士为发起人的科技特派员团队积极主动对接该企业，为其提供技术服务，助其进行项目实施。

一、主要做法与创新举措

（一）基础设施改造

1. 多功能可调节的光伏大棚改造

农业大棚广泛运用于种植业，可以人为地控制温度、湿度及光照时间。为了综合利用资源，许多种养殖户都会考虑在农业大棚上布置光伏板，简称农业光伏大棚。现有的农业光伏大棚为了充分利用一天的阳光都会在棚顶两侧的斜坡上布满光伏板，采用大量的光伏板不仅导致大棚成本上升，而且光伏板的利用率不高，会影响棚内植物的采光、生长，延长植物的生长周期。因此，针对此问题，科技特派员团队进行技术研讨后提出一种创新性结构设计，将大棚的棚顶两侧设计为斜坡，在斜坡连接处设置水平平台，在平台上设置光伏组

件，在平台与光伏组件间设置驱动光伏组件转动的驱动构件，使用时通过驱动部件进行调节，结构合理、操作简易，具有可调节光伏棚顶的农业大棚的功能。与此同时，在平台上设置自动铺盖保温被的卷扬装置，解决了因昼夜光照与保温需要而覆盖在大棚外部保温材料的收卷与覆盖问题，实现自动化操作。

2. 清洁养鸭场的改造

一般在养鸭场中，鸭子的喂食、排泄等活动均混合在一起，场内粪便污染等因素容易导致鸭子染病，而养殖场的排泄物也给环境造成污染。团队针对养鸭场存在的问题设计模式新颖的清洁养殖场，在养殖场本体的底端设有排水沟，排水沟一端与沼气池连接，能够对鸭场的粪便进行处理，避免造成环境污染，并达到综合利用的成效。

（二）有关鸭粪对改良土壤的研究

1. 鸭粪对堆肥质量的影响

以鸭粪为主要材料，添加胡萝卜叶、杂草等不同调理剂进行高温堆肥试验，研究不同配比条件下堆肥体系的温度、pH 值和碳氮比的动态变化及其对废弃物堆肥品质的影响。结果表明，鸭粪与胡萝卜叶混合堆肥效果最好，堆体升温快，4 d 达到 50 ℃，高温维持时间为 15 d，最高温度达 70 ℃；鸭粪与杂草混合堆肥效果较差，高温维持时间仅 8 d，最高温度为 57 ℃；纯鸭粪单独堆肥效果最差，16 d 达到 50 ℃，高温维持时间为 6 d，最高温度仅为 53 ℃。堆肥产品全氮、全磷、全钾含量都有所增加，其中鸭粪与胡萝卜叶配比增加率最大，说明添加胡萝卜叶等有机质含量较高的调理剂可加快堆肥的腐熟进程，同时减少营养元素的流失，利于养分的保存，保证了堆肥产品的品质。

2. 鸭粪堆肥对土壤理化性质的影响

选用鸭粪为原料进行为期 1 个月的堆肥和 3 个月的腐熟，研究此过程中鸭粪理化性质的变化规律。研究结果表明，鸭粪含水率及挥发性固体、总磷、总钾含量在堆肥过程中呈下降趋势，鸭粪水溶性碳在总碳中的比例经过 30 d 堆肥后提升了 15% 左右，有效磷含量在 120 d 堆肥后增加了 28.5%，速效钾含量增加了 46.4%。表明鸭粪营养元素的总量在堆肥过程中减少，但有效成分的比例却增加。将鸭粪及其堆肥产品和土壤混配，在 120 d 后比较施用鸭粪、堆肥产品和原土壤理化性质的不同，结果显示添加鸭粪堆肥的土壤总磷和总钾含量较低，但水溶性碳、有效磷和速效钾等有效成分含量更高。

（三）有关蔬菜及中草药对蛋鸭产蛋影响的研究

1. 胡萝卜叶总黄酮的提取工艺条件优化

以胡萝卜叶为原料，采用超声波辅助双水相对胡萝卜叶中的总黄酮进行提取，在单因素的基础上，采用 Box–Behnken 响应面法对影响胡萝卜叶总黄酮的提取工艺条件进行优化，建立了二次多项式回归方程。试验得出，胡萝卜叶总黄酮的最佳提取工艺条件为：乙醇体积分数为 64%，超声温度为 61 ℃，液料比为 34 mL/g 和硫酸铵质量浓度为 0.41 g/mL。在此条件下，测得胡萝卜叶总黄酮的提取率为 4.96%，与理论值相比，其相对误差为 0.52%，验证了回归模型的有效性。可见，利用 Box–Behnken 响应面法优化超声波辅助双水相提取胡萝卜叶总黄酮，具有工艺准确率高、可靠性强的特点。

2. 胡萝卜叶、莴苣对蛋鸭生产性能和蛋品质的影响

选择 200 羽 200 日龄的健康蛋鸭，采用单因子完全随机分组试验设计，随机分成 5 组，每组 4 个重复，每个重复 10 羽鸭，其中 1～4 组分别用不同种类和数量的几种蔬菜饲料替代部分配合饲料，4 组为对照组，试验期 42 d，研究几种蔬菜饲料对蛋鸭生产性能和蛋品质的影响。结果表明，部分蔬菜饲料替代配合饲料可使蛋鸭的生产性能有所提高，经济效益也有所增加。蛋品质方面，哈氏单位有改善；蛋黄颜色显著提高，100 g 莴苣替代组和 70 g 胡萝卜叶替代组比对照组显著提高，100 g 胡萝卜叶组比对照组极显著提高。综合分析得出，100 g 莴苣替代组对生产性能的影响最大，100 g 胡萝卜叶替代组对蛋黄的着色效果最好。

3. 添加白背天葵对鸭蛋蛋黄胆固醇含量的影响

为研究白背天葵对鸭蛋蛋黄胆固醇含量的影响，在盛产期蛋鸭日粮中添加质量浓度分别为 60 g/kg、100 g/kg 和 140 g/kg 的白背天葵以生产试验用鸭蛋，与添加白背天葵前自身所产的鸭蛋做对比。利用紫外分光光度计的邻苯二甲醛比色法对鸭蛋蛋黄中的胆固醇含量进行测定，结果表明：对照组的蛋黄胆固醇含量极显著高于添加组；140 g/kg 高质量浓度组的胆固醇含量极显著高于其他

质量浓度组；60 g/kg 低质量浓度组的胆固醇含量与 100 g/kg 中质量浓度组的胆固醇含量差异不显著，说明在蛋鸭的日粮中添加白背天葵对蛋黄胆固醇的含量有降低作用，但过低质量浓度会使降低效果不显著，超过一定范围的过高质量浓度则会使蛋黄中胆固醇含量又上升，在日粮中添加 60～100 g/kg 质量浓度的白背天葵效果最好。

（四）有关鸭蛋贮藏方式对品质影响的研究

目前关于贮藏时间和方式对鸭蛋品质影响的研究较少，可参考数据较少。为了能较好地保存收储来的鸭蛋，专门建设了鸭蛋的收储仓库，并对鸭蛋在贮藏过程中，鸭蛋水分蒸发、重量减轻、蛋白水样化、气室增大、哈夫单位降低等会随贮藏时间延长而发生变化进行了研究。因此，研究不同贮藏时间及方式对鸭蛋品质的影响，为鸭蛋的合理贮藏提供参考依据。实验研究秋季常温贮藏和低温冷藏两种贮藏方式对鸭蛋品质的影响，选择大小适中、品质良好的 200 枚新鲜鸭蛋随机分为 10 组，5 组置于室温下贮藏，5 组置于 4 ℃的冷藏室贮藏，分别于第 0 d、7 d、14 d、21 d 和 28 d 测定鸭蛋的失重率、气室高度、蛋形指数、哈夫单位、蛋黄指数、蛋白 pH 值、蛋黄相对重、蛋白相对重、卵磷脂含量、蛋黄水分比、蛋白水分比和蛋比重。结果表明：鸭蛋贮藏至第 14 d，因贮藏方式不同，鸭蛋品质出现显著差异，鸭蛋低温贮藏，更能有效保持鸭蛋的良好品质。

二、实施进展与成效

项目已在福建绿领农业科技有限公司实施，建设 1 个种养结合循环生态农业模式构建与示范基地，形成以养鸭为核心产业，光伏辅助，融合中草药种植、堆肥、土壤改良等循环生态农业模式。项目实施后，公司实现销售额近 647.96 万元；并通过"公司 + 示范基地 + 种植规范 + 新型农户"的示范推广模式，依托光伏种养基地举办技术培训达 100 次以上，带动农户 70 户，实现了每羽成本减少 4 元，产蛋率每羽增加 8%，经济、社会、生态效益良好。

三、经验与启示

乡村要振兴，产业带动是关键，乡村大大小小的产业技术需求看似简单，但都需要有人去带动去服务。作为科技使者要在服务中取得良好成效，本案例取得较好成效主要在于科特派团队成员"善于观察，精准服务方向，动手实践，成果就地转化"。在服务前深入现场充分了解公司的技术需求和技术难点，精准确定服务方向，提出"公司基地＋签约农户＋科技转化"种养结合的循环生态农业模式，进行包括农产品、花卉、中草药的种植，蛋鸭的养殖，鸭蛋的收储等相关的研发工作，并把中草药种植、蛋鸭的养殖、鸭蛋的收储等方面的研究成果及时就地应用，收到短平快的效果，取得较好的综合效益。

作为科技特派员不仅要具有扎实的理论基础知识，更重要的是要具有较强的实践动手能力，以及对新知识、新技术的应用和开发能力。高职院校教师作为科技特派员服务企业，要做好学校与企业的桥梁纽带作用，在服务的过程中要虚心求教，要把理论与实际相结合，把自己的专业技能应用到企业、行业的生产、技术、工艺中。作为高职院校科技特派员，通过服务的实践，在自身实践能力得到了提升的同时，要把职业教育教学改革紧密联系在一起，把企业用人的需求和要求作为培养目标，课程设置尽可能技能化，要充分体现职业教育的优势和特点，因地制宜地在企业建立各具特色的教学活动点，在社会实践中把劳动人民敬业爱岗的精神和兢兢业业的工作态度融入实践教学，使学生树立正确的人生观和价值观。在课程教学中，把实践中的经验融入教学内容，提高教学质量，把行业现状和特点如实地展现给学生，让学生尽早与社会接轨，不至于让学生走出校门后与行业实际脱离太远，从而产生种种不适应，使学生就业后上手快，适应能力强，同时使学生通过工作对企业运作模式、企业文化、企业经营理念有了充分的认识，大大提高了实践能力，也对专业的现状和发展趋势有了切实的了解。

四、创新亮点

构建种养结合的循环生态农业模式与示范，创新光伏大棚的结构设计，实现多功能可调节的光伏大棚自动化操作；研究鸭蛋贮藏方式对蛋品质的影响，解决鸭蛋收储中遇到的问题；研究在饲料中添加特色蔬菜及中草药提升产蛋率及蛋品质的方法；将光伏农业与种养结合循环生态农业结合起来，提升综合经济效益。

永远的科特派

——原南平市委农办谢福鑫

谢福鑫，1943 年出生，1964 年参加工作以来，先后在建阳县农业局、农业中学、良种场、农业外资办和南平市委农办工作，1983 年 3 月，赴日本长崎县农业经营大学学习巨峰葡萄栽培技术。1984 年，带着葡萄种苗与柑橘、枇杷、甜柿等 270 多株苗木回到建阳，是日本巨峰葡萄、建阳橘柚引进到福建栽培技术的先行者，闽北种植巨峰葡萄第一人，被农民唤作"葡萄仙"。1999 年南平市委、市政府首创推出科技特派员制度，56 岁的谢福鑫老师报名并当上第一批科技特派员，自此，与科技特派员制度结缘。

一、实施背景及针对问题

20 世纪 90 年代中后期，由于农业结构调整，闽北"三农"发展陷入困境，农业技术落后，农产品销售难等问题突出。尤其是 1998 年的特大洪灾对农业生产造成毁灭性打击，水吉镇仁山村传统农业科技服务出现"线断、网破、人散、楼空"问题。调研发现，农业科研人员与服务农民增收致富基本脱节断档，缺乏常态长效机制。当时，水吉镇仁山村一直以水稻种植为主，亩产值不足 1000 元，农民收入低，曾是省级贫困村。为增收致富，1998 年起，村里先后引进杏鲍菇、闽南香蕉、烟叶等农作物种植，但因销售不佳、霜冻减产、洪涝损毁等，村民收入不增反降。

2002 年，时任仁山村党支部书记的林远兴到麻沙、考亭等地考察学习葡萄种植经验，探索破局方案。2003 年，林远兴找到已到 60 岁的科技特派员谢福鑫，希望谢老能够帮助仁山村种植葡萄。谢福鑫欣然同意，多次到仁山村进行实地考察，看到仁山村地势平坦、阳光充足、土壤肥沃、交通便利，具有连片种植葡萄的优势，确定了葡萄种植的方向，从此打开了仁山村脱贫的一扇新窗。

二、主要做法和创新举措

（一）课堂在田头，讲稿在枝头

葡萄在仁山村试种的早期，农户种植常遇到问题，但一有需求找谢老，他就带着"单车、干粮、工具包"三件宝到现场。单车方便、环保、节能，乡间小道都好走；自带干粮是当时偏远地区农民的老传统，吃饭应酬省掉了；工具包里装着专业书籍资料和园艺工具，可以随时随地示范、指导、培训、服务。去培训指导任务重且路途远的新种植区还要带上换洗衣服和洗刷用具，晚上住在村部和农户家，利用晚上时间集中培训，第二天去现场指导。有时在指导服务时，葡萄园主不在现场，谢福鑫就用工具包里带的防水记号笔把该园管理不到位的问题写在自己带的薄膜条上，并把联系电话也写在上面，将薄膜条绑扎在藤枝上，这样葡萄园主可方便联络到人。谢福鑫写的东西，农民一看就懂。有很多商家推广苗木，但种葡萄很复杂，光有良种没有技术指导，农民种不好，谢老师从头到尾，手把手教，让农民学会自己处理基本病害。这就是课堂在田头、讲稿在枝头的便民小措施。

（二）创新走前头，探路走先头

一个人的力量总是有限的，在如何集聚集体力量发挥团队作用的问题上，谢福鑫老师探索出了当时最合适的办法。谢福鑫老师邀约了同行科特派组建了南平市科特派葡萄产业服务组；为进一步推动产业发展，谢福鑫老师又组织发动成立了南平市级及建阳等5家县级葡萄协会；还推动成立了数十家以葡萄为主栽作物的农民专业合作社。其中，仁山村的山溪葡萄专业合作社应运而生。长期以来，谢福鑫老师同服务组、协会和合作社的同志们一道积极发动农民发展葡萄种植，并引进推广葡萄品种20余个，创新避雨栽培、一年两熟等栽培技术，推广葡萄园立体开发利用及周年套种等种植模式，使葡萄经营效益大幅提升。在以科技特派员谢福鑫老师为骨干的科技特派员团队的帮扶下，仁山村的葡萄种植面积逐年扩大，一片片葡萄园铺成了仁山村村民的"致富路"，让仁山村走出贫困。

（三）创收找方法，创新找办法

为提高葡萄产业综合效益，谢福鑫老师和葡萄协会的成员一直在思考如何发挥科技特派员制度的优势，后来提出要延长葡萄产业链，提升附加值。他们请来了日本中山鹤教授及中国台湾、北京等地的专家们给葡萄种植户培训传授葡萄果酿酒（醋）、制汁技术，指导利用葡萄嫩枝、幼果等剩余物生产酵素肥料，将冬季修剪的枝条粉碎后生产食用菌等，有效提高了葡萄的综合效益。现在，仁山村葡萄种植户几乎家家都会酿葡萄酒、制葡萄汁。此外，连绵起伏的十里山溪葡萄沟，引来了八方游客，葡萄园休闲观光、采摘成为水吉文旅的重要特色。这些年，还探索并推广葡萄园立体套种养模式，仁山村部分果农已经开始尝试大棚葡萄、金线莲套种，充分利用葡萄大棚内的空间，做到一块地常年经营常年挣钱。

三、实施成效与影响

谢福鑫老师累计当了 8 批科特派，退休后当义务的"科特派"。自第一批科特派以来，只要有选派，谢老就去报名，后来年纪大了，不符合报名条件了，他就自己派自己，当义务的"科特派"。在以谢福鑫为首的科技特派员的引导下，仁山村村民成立合作社，推广生态种植技术，推动葡萄、橘柚产业成为脱贫攻坚和乡村振兴支柱产业。仁山村有 306 户 1200 多人，90% 的农户种植葡萄，种植面积达 1200 多亩，年产量达 1820 吨，年产值达 1370 万元，人均种植葡萄达 1.01 亩，2021 年村民人均收入突破 3 万元，辐射带动周边村庄种植葡萄 3200 多亩。仁山村的葡萄产业已形成规模，一跃成为闽北"葡萄第一村"。2017 年仁山葡萄入选厦门金砖会议专供水果，仁山橘柚生态果园、山溪葡萄专业合作社成为首批授权使用"武夷山水"品牌企业。如今仁山流传这么一句顺口溜："一亩葡萄十亩田，在家也能赚大钱，科技特派员制度真是好，它是我们的致富宝。"在科特派促乡村振兴的影响下，仁山村先后被评为"先进基层党组织""基层党建示范点"，是省级优秀美丽乡村、市级文明村、南平市三星级美丽乡村、乡村振兴战略三星级示范村。

四、主要经验与启示

"农业发展在科技、在教育",科技特派员和科技特派员制度为仁山村农业产业持续发展发挥了重要作用,仁山村充分发挥科技特派员制度的优势,把科技特派员制度坚持好、发展好,不仅为基层农民提供技术服务,还利用科特派资源来帮助农民取得创业和创新成果,推进仁山产业发展更加绿色、生态、健康,提高了特色产业、合作社的社会影响力和凝聚力,为新时代科技助推绿色高质量发展超越做出新的贡献。

精准扶贫，扎根大山，助力贫困户逆袭

——三明市农业科学研究院药用植物研究所周建金

岩坑村是三明市沙县区夏茂镇最为偏远的村庄，交通险阻，人口外流，土地林地抛荒，房屋破旧，仅剩几位留守老人，是不折不扣的空壳村。村民张述嘉一家原是沙县夏茂岩坑村贫困户，其大龄单身，父亲年迈，哥哥患病，家庭重担压在张述嘉一人身上，家庭生活十分困难。2010年，张述嘉辞去外地工作回来照顾家人，失去经济来源的他从报纸上看到种植华重楼的致富事例，抱着试一试的心态，在自家林地里尝试种植，好几年都种植失败了，还花光了积蓄，给原本就贫困的家庭雪上加霜。

七叶一枝花（*Paris polyphylla*），即华重楼，以根茎入药，具有清热解毒、消肿止痛、凉肝定惊的功效。华重楼为多年生阴生宿根草本，适宜生长在海拔400～3400米的山谷、溪涧边阔叶林下阴湿地。土壤、温度、光照和湿度等环境因素对华重楼生长发育有极大影响，稍有不慎，容易引起其产量和品质下降甚至颗粒无收，造成严重的损失。

2015年，三明市农业科学院科特派团队来到在夏茂镇开展科技对接帮扶工作。村民张述嘉看到华重楼宣传海报，说他花了很多钱去种华重楼，结果都失败了，很是着急。科特派团队坚定地对张述嘉说："别担心，我们一定会帮助你，让你尽快地学会种植七叶一枝花。我们留个电话，你有什么问题都可以打电话给我。"就这样，三明市农业科学院药用植物研究所组建科特派团队，在张述嘉自家林下开展华重楼种植关键技术研究。

一、主要做法

（一）栽培方式的选择

因华重楼种植周期长、前期投入大，加之张述嘉经济困难，抗风险能力差，科特派团队决定采用林药套种模式，在张述嘉自家30亩杉木林下种植华重楼,另外建议在 20 亩的荒山种上四方竹,然后在四方竹下采用控根容器种植华重楼(图 1)。四方竹成林快,竹子小容易砍伐,最关键是四方竹 9 月出笋,可与其他笋错开上市。事实证明,近几年张述嘉每年光卖四方竹笋,每亩可增加约 3000 元收入,20 亩可增加约 6 万元收入。复合经营对于充分利用土地资源、提高单位面积产值、增加种植户收入、以短养长、提高种植户抗风险能力具有非常重要的应用价值。

图 1　四方竹下控根容器套种华重楼

(二)华重楼品系的筛选

2015 年科特派团队先后搜集全国各地的华重楼品种到张述嘉林地种植,经过连续几年的试验种植,发现张述嘉本地野生的华重楼品种虽然适应性强,但是药效不符合药典,不宜推广种植。因此,经过对资源的产量和品质进行测定,最终筛选出 1 个华重楼品系推荐给张述嘉种植,此品系具有适应性强、丰产性好、品质优良等特点,其总皂苷含量达 1.3%,解决了夏茂本土华重楼品种达不到药典要求的问题。

(三)华重楼种苗繁育技术研究

华重楼种子具有胚后熟、发芽率低、种苗周期长等特性。因此,周建金团队通过沙藏播种方式解决了华重楼种子发芽率低的关键问题,通过变温和激素处理能使其提前 8 个月发芽,可解决种子胚后熟问题。同时开展华重楼切块繁殖技术研究，结果表明切块繁殖可比种子育苗缩短1~2年，解决了种子育苗周期长的关键问题（图2）。

图2　华重楼种子成熟及其种子播种试验

（四）华重楼林下种植技术研究

华重楼林下栽培具有种植密度低、移栽成活率低、生物产量低、连作障碍、病害严重等关键问题。因此周建金团队开展了华重楼林下栽培环境选择、控根容器栽培、有机肥料配比等试验研究。通过对华重楼栽培环境进行研究，结果表明，华重楼种植应选择林下郁闭度在0.3～0.7、坡度小于45°的沙壤土地块。此研究解决了华重楼移栽成活率低的关键问题。开展不同规格的控根容器，不同基质配比试验，结果表明，6米×0.3米的控根容器最为经济实用，容器种植密度可达3000株/亩；最佳基质配比按田园土∶泥炭土∶细砂＝5∶2∶1进行；此研究有效解决了华重楼林下自然栽培中存在的种植密度低、管理难、不易观察、连作障碍等关键问题。开展华重楼有机肥配比试验，结果表明，有机肥配方——哈茨木霉菌4～6份、枯草芽孢杆菌4～6份、螯合铁类4～6份、羊粪48～55份、菌渣38～45份、秸秆粉碎物18～22份、牡蛎粉3～8份、乳酸菌8～10份、草木灰18～20份效果最好，其块茎平均直径、平均秆粗、单株平均块茎产量分别达37.5厘米、8.6厘米、150克，灰霉病和根腐病发病率仅2.67%、3.33%。此配比的有机肥可作为华重楼专用基肥和追肥施用，能够有效促进华重楼生长，同时增强了华重楼的抗病能力，且6年生植株平均单株鲜重达150克。它解决了优质华重楼栽培具有的生物产量低、病害严重等关键问题（图3）。

图3 华重楼控根容器栽培现场

（五）参加创新创业大赛

周建金团队鼓励张述嘉去参加三明地区创新创业大赛，并帮助张述嘉制作参赛PPT。2019年，周建金与张述嘉一起参加沙县创新创业大赛现场答辩，荣获一等奖；接着张述嘉被推荐参加三明创新创业大赛，获二等奖，共计获奖金7万元（图4）。

图4 沙县创新创业大赛获奖现场，张述嘉获一等奖（左三）

（六）倾情帮扶，贫困单身汉成功"逆袭"

在周建金团队的帮助下，张述嘉成立大山种植专业合作社，他的基地几乎每天都有商客来参观。周建金只要一听有客户需要购买华重楼，就马上推荐给张述嘉，就这样在周建金团队的帮助下，2018—2020年张述嘉销售华重楼种苗、种子和块茎共获得53万元。2020年，周建金作为项目负责人申报省级科技特派员后补助项目并得到立项和资金补助。同年在周建金团队帮助下，张述嘉觅得合适对象，张述嘉终于结束单身并在年末顺利当上父亲。2021年，周建金团队帮助张述嘉盖了管理房，张述嘉终于有了落脚和接待客户的地方，成了名副其实的张总（图5）。

图5 看着深山里遍野的林下植物成了"绿色银行"，周建金（左一）和张总心里都乐开了花

（七）做好示范与积极推广

2017年以来，周建金团队在大山专业种植合作社建立50亩优质华重楼林下种植示范基地，并通过以点带面示范作用，把华重楼林下栽培技术与村民们分享，动员周边村民种植华重楼。周建金团队先后帮助张述嘉及其附近村民成立沙县夏茂康壹家庭农场（获县级示范农场）、沙县夏茂东山家庭林场、沙县夏茂镇莫静家庭农场、沙县夏茂恒森种植专业合作社等农村合作组织4家，开展华重楼、多花黄精品种驯化、种苗繁育、林下规范化栽培、林下林上中草药

立体栽培等工作（图6）。

图6　种植示范基地多花黄精林下种植现场

二、创新举措

首次筛选出适合林下套种的华重楼品种，为华重楼品种选育与示范推广奠定基础；首次将四方竹和华重楼套种经营，实现四方竹与华重楼双重收益；首次采用控根容器加重楼专用肥的方式种植华重楼，解决了华重楼林下自然栽培中存在的种植密度低、管理难、不易观察、连作障碍等关键问题；首次开发出华重楼专用肥，解决了优质华重楼栽培生物产量低、病害严重等关键问题。

三、实施成效与影响

如今张述嘉自家荒山变成了宝山，种植有100多亩华重楼、黄精、金线莲、铁皮石斛等多种林下套种特色中草药，深山里遍野的林下植物成了"绿色银行"。周建金团队扶贫事迹也在沙县三明、三明日报等多家媒体报道，张述嘉林下种植中药材被称为最成功的林下经济种植模式（图7）。

图7 周建金的新闻报道

2017年以来，周建金团队在沙县夏茂建立50亩华重楼和200亩多花黄精林下种植示范基地。通过以点带面示范作用，周边村民也已从观望改为主动参与到一村一品、一村一特色的产业发展模式中来。周建金团队积极组织黄精、华重楼栽培示范现场观摩会，定期对农户进行华重楼相关技术指导与培训，在沙县累计培训达650人次，黄精、华重楼林下种植技术在三明市沙县、永安市、泰宁县、沙县夏茂镇、富口镇、大洛镇、郑湖乡等地累计推广面积达610亩，直接带动农户就业196人次，新增总产值达1000万元以上，取得了良好的经济、社会、生态效益。

四、经验与启示

"杉木林或四方竹+华重楼"复合经营方式，为当地农民提供一条收益稳定、技术成熟的发展模式，有助于增加农民收入，推进精准扶贫、乡村振兴等工作。但单一产业容易受市场波动的影响，因此科特派团队和合作社还有更长远的计划：①开展药食同源中草药（多花黄精）产地初加工技术研究；②打造沙县小吃核心物料种植区，助力沙县小吃转型升级；③利用岩坑村独特环境，以华重楼、多花黄精种植为主，发展"明八味"等多种中草药立体种植、森林康养的产业群，实现一二三产业融合发展，努力走出一条新时代乡村振兴之路。

研发集成技术，促进漳州特色产业提质增效

——漳州市农业科学研究所

漳州市农科所是专门的农业科研单位，现有科技人员40多人，在食用菌、蔬菜、果树、花卉、中草药5个方面技术力量较强，在品种选育、先进栽培技术、病虫害绿色防控、农作物废弃物处理等方面具有较强的科技服务能力。

漳州市农科所历来重视科技服务工作，自从科技特派员工作实施以来，主要围绕漳州现代农业九大特色产业开展，重点抓好食用菌、蔬菜、果树、花卉、中草药等5大产业，积极发动科技人员申报个人及团队省、市科技特派员，根据漳州农业特点及单位技术情况组建了食用菌、果树、蔬菜、多肉植物、蜜柚废果生物处理等团队科技特派员。

一、主要做法与创新举措

1. 研发集成配套技术

漳州现代农业的九大特色产业或多或少存在一些技术问题，如优良品种少、品种老化、土地连作障碍及环保、农产品质量安全等方面的问题，漳州市农科所根据这些关键问题开展技术攻关，重点突破，重点开展食用菌、蔬菜、果树、中草药、花卉等产业配套技术研发与集成，通过新品种、新技术及栽培新模式的研发，解决产业发展问题，保障产业健康发展，促进产业提升。

2. 结合其他科技服务，深入实施科技特派员工作

积极发挥被选认的省市科技特派员作用，每年通过科技三下乡、春耕技术服务行、科技服务周等形式，深入实施科技特派员工作，开展农业技术服务，实打实地为企业、合作社、家庭农场及普通农户提供技术服务，直接解决生产中出现的问题，提高其收益。

3. 发挥平台作用

利用单位作为国家食用菌产业技术体系、福建省蔬菜、果树产业技术体系漳州综合试验站平台优势，发挥体系技术优势，通过交流合作，引进及研发集成农作物新品种、先进栽培技术等，提升产业技术水平。

4. 与农业企业、专业合作社、家庭农场等建立紧密联系

与农业企业、专业合作社等建立紧密合作关系，开展产学研合作，及时将科研成果转化为生产力。在农业企业、专业合作社等建立示范点，通过示范点的示范作用，推动新品种、新技术的应用推广，促进农业提质增效。

二、实施成效与影响

1. 促进漳州白背毛木耳产业健康发展

漳州是我国白背毛木耳栽培的主产地之一，是主要的毛木耳出口地，年出口量占全国毛木耳出口量的 90%，栽培时间长、病虫害严重，使毛木耳产量和品质严重下降，影响出口，生产效益低。漳州市农科所科技服务团队通过在核心示范基地漳州市锦华家庭农场有限公司进行科技服务与示范推广，推广自主选育的优良新菌株（AP710、杂 10-5、83-54、AP711、137-1 等），辅以集成的桉树木屑新型基质配套技术及病虫害绿色防控等，辐射推广到龙文区、南靖县、芗城区等地，推广栽培 2600 万袋，社会生态效益显著。

针对毛木耳需要长时间堆料、常压灭菌、开放式接种等操作，菇农花费较多的时间和精力，一年只能种一季耳的现状，科技团队也在不断摸索新模式。利用现有的毛木耳大棚栽培毛木耳与猪肚菇等高温品种的新型生产模式，使大棚利用率最大化、农民收益最大化。

2. 利用生物技术促进漳州多肉及金线莲产业发展

漳州是我国最重要的多肉植物种植基地，占据全国市场 1/3 份额。漳州市农科所在福建省较早开展多肉植物研发攻关，致力于解决多肉植物"优良品种少"的业内瓶颈，近几年一直开展多肉植物种质资源的收集、保存及组培快繁技术研究，通过项目支持及不懈努力，取得较大科技成果，打破很多稀有品种依赖国外进口的局面。目前，已在漳州各地推广珍稀多肉植物种苗 500 多万

株，有效满足市场及推广种植需要。组建"多肉植物高效繁育技术"省级科技特派员团队，重点挂钩对接龙海市乡下人园艺有限公司（公司拥有亚洲最大生态多肉植物景观型主题植物园），为企业成功杂交选育多个多肉植物新品种。

南靖县是中国金线莲最大产地和"全国金线莲之乡"，漳州市农科所扎实做好金线莲组培技术研发、林下种植和套袋种植技术研究，在提高金线莲品质的同时，实现了金线莲规范化、工厂化、无害化种植，示范推广农户发展金线莲种植新模式近千户，大大提高农户收入。漳州市农科所挂钩漳州市实在得生物科技有限公司，2015年通过技术帮扶，为该企业减少经济损失800万元，通过近几年的发展，该公司发展较好，企业不断壮大，公司金线莲组培苗产量列南靖县第2位。

3. 促进蜜柚产业健康发展

蜜柚是平和县的支柱产业，种植面积大，但由于多方面原因，导致产业发展出现病虫害加重，化肥、农药过量使用等严重问题，漳州市农科所科技人员通过将有益微生物引入平和蜜柚，成效显著。一是利用有益微生物防治蜜柚病害。有益微生物防治蜜柚病害对人畜无害，对环境友好，能解决果实农药残留、病菌的抗药性等问题。其中，发明专利"深红紫链霉菌及其生物防治菌剂和制备方法"成功转让给福建巴威生物科技有限公司，作为外源菌剂应用到工厂化大规模生产制成复合菌肥。应用复合菌肥的蜜柚不仅长势喜人，果实品质也得到了提升，病害发生的次数也减少了，果园里天敌种群数量在不断增加。二是通过有益微生物（降解菌）将蜜柚废果中的有机物快速转化为更有经济价值的生物活性成分或小分子物质。经过试验，筛选到1株高效降解菌，成功破解阻碍挂钩单位福建巴威生物科技有限公司的蜜柚废果实现高效、低成本处理的关键技术问题。目前，福建巴威生物科技有限公司利用该项技术年可处理废果8000吨左右，总价值达3500多万元，为该企业的转型升级发挥了关键性的作用。三是通过十几年不间断的集中培训及田间地头指导，蜜柚病虫害绿色防控技术逐渐深入果农心中，让果农认识到除了化学防治，还可应用农业防治、物理防治、生物防治措施，助力化学农药减施增效。

4. 改善设施蔬菜栽培，有力促进农户增收

漳州设施蔬菜作为南菜北调重要基地，栽培面积不断加大，但蔬菜价格不稳定，加上栽培的品种及技术老化，导致效益不高，漳州市农科所蔬菜科技

特派员团队及个人积极与挂钩单位联系，推广新品种、新技术及新模式，促进农业提质增效、农户增收。

福建省闽荣现代农业发展有限公司，位于南靖县靖城镇阡桥村。2019年，漳州市农科所与其挂钩，推广设施甜椒（彩椒）套种苦瓜技术，通过土壤环境改良技术、科学的肥水管理、合理的植株生长调控等技术措施，达到每亩平均增收一万元，辐射带动周边种植户种植面积达500亩以上。为了有效破解产业发展后劲不足的瓶颈，在该公司生产基地建立新品种示范种植园，先后引进了"霞光206"番茄、"味来香"线椒、"阿勇"烧烤茄等20余个蔬菜品种。其中线椒中熟品种"味来香"，生长势强健，青果产量可达5000千克以上，比原种植品种"香秀5号"增产25%以上，且辣度更高，光泽度好，少倒钩，耐储藏，受到周边农户青睐。2021年在该公司建立30亩"味来香"设施优质高产栽培示范片，推广前景广阔。通过漳州市农科所的技术帮扶，该公司成长为一家集农产品生产销售、生态旅游观光、科普教育于一体的创新型农业现代产业综合体，完成630亩的3个生产基地的建设，配套有现代化农业生产基地灌溉系统、监控系统、作物补光生长系统、温室大棚、立体栽培系统等设施。

2021年10月，南靖县龙山镇的漳州凯丽成农业科技有限公司生产基地受内涝影响近20亩青椒苗死亡，补种青椒苗已经来不及了。正当公司面临困难的时候，漳州市农科所科技特派员第一时间赶赴种植基地现场调研，根据基地现状建议基地补种冬春季丝瓜，并承诺为其提供栽培技术服务。种植过程中，科技团队利用微信、电话远程联络，并多次下基地现场指导企业生产，通过肥水科学管理、植株合理落蔓、整枝管理等技术措施，指导企业进行田间管理。截至2022年4月，丝瓜获得丰产，漳州市农科所帮助企业挽回因内涝造成的损失，深受企业和周边农户的好评。

5. 促进番石榴产业发展

番石榴果实甘甜多汁、营养价值高，果汁和叶片具有治疗糖尿病、高血压的作用，越来越受到人们的重视，加上番石榴植株适应性强、早结丰产、种植见效快、果实采收期长、经济价值高，受到农户的青睐，种植面积不断扩大。漳州是福建番石榴主产区，平和、诏安、长泰都有大面积种植，随着种植年限延长，品种老化、栽培技术落后，导致农户效益低。漳州市农科所从20世纪90年代开始开展番石榴研究，引进收集40多个种质资源，筛选出西瓜芭乐等多个品种进行示范推广，近年来致力于开展软肉浓香型品种的筛选及创新利用。

2020年，漳州市农科所开始对接诏安县晓丰农业科技有限公司的"网红芭乐"。首先，推广番石榴优良株系（红香1号），对公司技术人员和周边果农进行技术培训，示范推广番石榴标准化种植，提高果农的农业科技水平。其次，公司新基地土壤酸化盐碱化比较严重，通过漳州市农科所团队的技术帮扶，土壤问题得到有效缓解，保障植株的正常生长及产量，番石榴还具有特殊品质，公司打造了"盐芭"品牌。现在该基地打造智慧果园，采用果园现场监控、农业传感器、手持终端等设备收集大气、土壤温湿度、光合辐射等方面的数据，为农业科学种植及全程追溯服务提供基础。目前诏安县晓丰农业科技有限公司番石榴示范种植园有200多亩，合作户有1100亩，番石榴自营1.8万株、合作近10万株。年产量从2019年的12.5万千克，到2021年54万千克，2021年全年收入达850万元。

三、经验与启示

1. 发挥农业新型经营主体的带头作用

以前农村种植品种较多，规模小，无法形成较大产业，导致农产品价格低，现在农业企业、专业合作社、家庭农场等通过土地流转，采取"公司＋农户"方式，统一作物类型（品种）、标准化管理、保护价集中收购等流程，形成规模效应，形成相对稳定的农产品价格。农产品销售最关键，现在的新型经营主体负责人利用团队优势及电商等网络新媒体，打造网红产品、品牌农产品等，大力拓宽销售渠道及提升销售价格，有力带动了农户种植积极性。

2. 科技人员、科技工作必须面向基层、面向需求

科技人员走向成果转化第一线，既满足了农村对科技的需求，也为科技人员科研创新发展开辟了新渠道。科研院所只有面向基层、面向需求才能发挥更好的作用。科技人员只有"眼睛向下"，走进农村、走进企业，才能找到发挥自身价值的最佳场所。漳州市农科所技术服务团队通过把论文写在田野、把技术送到农民家，促进了新技术、新品种的推广应用，增加了当地农民收入，为农业和农村经济发展做出了实实在在的贡献。

林业产业惠民基地模式

——龙岩市林业科学研究所

龙岩市是全国重点集体林区、福建省三大林区之一，森林覆盖率达79.39%，森林资源丰富。全市林地面积达2361万亩，占土地总面积的82.6%，有林地面积2269万亩。多年来，龙岩市高度重视生态林业建设，禁伐天然林，林木采伐数量也逐年递减，如何实现绿水青山变成金山银山，做到"不砍树也致富"，发挥山林优势，龙岩市大力发展油茶产业和林下经济产业。龙岩全市油茶林面积达近50万亩，油茶籽产量达1.3万吨，茶油产量达3200吨，产值达5亿元以上，成为福建省乃至全国油茶主要产区。但由于早期油茶种植不够科学规范，出现品种良莠不齐、栽植密度过高、经营管理不到位等现象，极大程度上影响了龙岩市油茶产业的发展；近年来，龙岩市也高度重视林下经济产业发展，就目前来说，发展较好的有金花茶、多花黄精、黄花远志、草珊瑚等10余个品种，但是在栽培方面存在诸多问题，效益方面有待提高。以上调研发现的问题，亟须林业科技特派员及专业技术人员提供技术支撑。

为深入贯彻习近平总书记对科技特派员制度推行20周年的重要指示精神和全国、全省科技特派员制度推行20周年总结会议精神，以闽西南协同发展区域合作为契机，聚焦龙岩市乡村振兴、脱贫攻坚及产业创新发展，根据《中共福建省委办公厅　福建省人民政府办公厅印发〈关于新时代坚持和深化科技特派员制度的意见〉的通知》（闽委办发〔2019〕62号）有关精神，充分利用厦门市科技创新资源优势及资金优势，共同推进龙岩市林业科技特派员工作上新台阶。龙岩市林业科学研究所（龙岩市林业科技推广中心）作为龙岩市林业科技特派员的管理机构，全所共有各级林业科技特派员6名，研究所抓住机遇，充分发挥自身专业优势，申请并通过立项"龙岩市科技特派员林业产业惠民基地"项目，在全市范围内开展油茶产业推广、林下经济等林业产业惠民项目，旨在通过项目的实施，充分发挥龙岩市林业科技特派员和专业技术人员的技术优势，积极服务龙岩市林业产业发展，促进龙岩市林农增收、农户脱贫致富，为龙岩市乡村振兴、脱贫攻坚和农业供给侧结构性改革贡献力量。

一、主要做法和创新举措

（一）创新确定服务对象

针对农村劳动力成本高、中大型林场或合作社经营较为困难的情况，本项目建设采取以家庭经营为主，进行多农户、小面积、推广油茶栽培及林下经济栽培，实施具有可持续性、有较强的示范带动效应的推广项目。

（二）创新项目管理机制，提高科技特派员的服务水平

一是制定出台《龙岩市科技特派员林业产业惠民项目管理办法》。明确项目牵头单位、合作单位、各县（市、区）林业推广中心及相应林业科技特派员职责，确保每个农户、每个山头地块均有科技特派员负责对接，进行技术服务，在栽植、抚育、修剪等各个时期，均有专业技术人员进行现场技术指导与培训。龙岩市林科所指定 7 名科技特派员或专业技术人员，对接服务龙岩市 7 个县（市、区），全市共有 61 名科技特派员或专业技术人员为每户林农提供技术服务，确保科技特派员服务到具体山头地块。

二是开展技能培训，制定相应技术方案。2020 年 3 月，龙岩市林科所邀请孙勇教授、洪永辉教授、范小明教授等行业知名专家，深入浅出地讲解了油茶、多花黄精、金花茶、黄花远志等栽培与管理技术及发展林下经济的思路与对策。通过培训，林农学习掌握了油茶、多花黄精、金花茶、黄花远志等栽培与管理技术，懂得了发展林下经济的思路与对策，进一步提高了自身栽培技术管理能力，提升林业产业经营管理水平，有效避免了今后在林业生产经营管理中走弯路、走岔路。同时项目组编制《油茶栽培推广技术手册》《林下经济推广技术手册》等技术资料，为林农提供技术支撑。

（三）建设成果展览室，营建示范基地，提供交流平台

一是在福建省龙岩市林业科学研究所完成展览室建设 50 平方米，对油茶栽培历史、油茶产业的价值意义、林下经济产业的价值意义、近年来油茶科研成果、示范林经营管理措施、林下经济经营管理措施等方面进行展览，供广大农户学习。

二是在福建省上杭白砂国有林场建设林下经济示范基地 30 亩，在永定仙崾国有林场营建油茶示范基地 50 亩，在长汀县苗圃建设苗木培育示范基地 5 亩，为科技特派员及林农学习交流提供平台。

三是在上杭县登健茶业专业合作社的油茶基地，选择 110 亩低产油茶林进行改造示范，为龙岩市油茶低产林改造提供技术支撑。改造前聘请江西省油茶栽培专家孙勇教授到实地调研，提出指导性意见，研究所根据孙勇教授的意见，完善改造实施方案。油茶低产林改造主要通过调整林分密度、科学合理施肥、加强抚育管理、补植优良品种等措施进行。

（四）创新"四送"推广模式

一是送技术：为林农提供可操作性强、有指导意义的技术手册、技术方案，并对林农进行现场技术指导、培训。

二是送苗木：为林农提供相应的良种壮苗，确保苗木质量，避免出现苗木品系良莠不齐的情况。

三是送肥料：根据苗木品种特性、栽培各个阶段对养分的需求，确定肥料的氮磷钾比例，送至各个农户，做到精准施肥。

四是送资金：为农户提供栽培经营过程中所需的资金补助。

二、实施成效

项目建设全市共推广油茶良种 6 个，示范推广面积为 379.33 亩，其中示范基地 60 亩，农户示范点 319.33 亩，有效带动建档贫困户 32 户，推广林下经济作物 3 种，推广林下经济示范林 58 亩；举办现场培训 14 次，培训科技特派员 61 人次、农户 238 人次，推广油茶良种、金花茶、多花黄精、黄花远志新技术 4 项，解决油茶遗传控制、密度控制，以及林下经济类型、林分郁闭度选择等技术难题 10 余项。

应用油茶良种和丰产栽培技术建立油茶高产良种推广示范林，盛产期油茶籽油产量达 40 千克/亩，超过油茶无性系丰产林标准（30 千克/亩）33.3%，按目前福建省油茶籽油价格 200 元/千克计算，平均每亩年产值 8000 元。对低产低效油茶林进行改造，油茶林的茶油产量将由 10 千克/亩，提升至 30 千克/亩，每亩产值提升 4000 元。通过发展林下经济，不仅缩短了林业经济周期，而且使大部分投入少、见效快，按照投产后的产值计算，每亩可达 1 万元。

项目实施期间，示范基地建设需要用工 750 000 元，可直接增加农村人口就业 5000 人，带动农户 1500 户脱贫致富奔小康，解决农村剩余劳动力出路，减轻社会就业压力，促进社会和谐稳定。同时项目示范基地建成后，可辐射带动当地和周边山区推广种植福建省特色优质的油茶良种，加快闽西山区油茶资源培育良种化进程，提高油茶的产量和品质，全面提升油茶产区的生产经营水平；通过林下经济推广，帮助林农创建一个新的致富平台，带动林农脱贫致富奔小康，促进乡村振兴。项目还将培训农民技术员和技术能手，提高林农和技术人员的技能水平。

油茶根系发达，枝繁叶茂，四季常青，耐瘠薄，栽培范围广，是荒山绿化、防火林带营建的好树种。项目带动当地和周边山区推广林下栽培多花黄精、金花茶、黄花远志，可打造生态旅游基地，开发特色旅游产品，推动闽西特色生态产业发展。

三、经验与启示

发挥科技特派员的技术优势，积极服务龙岩市兴林惠民产业，促进龙岩市林农增收、农户脱贫致富，助推龙岩市的乡村振兴、脱贫攻坚工作，因此本项目在实施过程中始终围绕科技特派员做好服务这一主线开展各项工作，取得了显著成效。

（一）提升科技特派员专业技术水平，提升服务能力

邀请国内、省内的权威技术专家组织全市林业科技特派员进行实用丰产技术培训，积极参加省林业局举办的科技特派员专业技术培训班，发放相关技术资料及书籍，组织科技特派员参加相关网络培训，通过以上措施提升科技特派员的服务能力。

（二）加强分级管理，确保服务到位

通过制定项目管理办法，明确各单位工作职责，保障每个种植户至少有 1 名科技特派员或技术专业人员开展对口技术服务，在项目实施全过程中保证科

技特派员技术服务到具体山头地块。

（三）选准服务对象，达到示范效果

项目建设采取以家庭经营为主，进行多农户、小面积（每户 5～10 亩）、推广油茶栽培及林下经济栽培，实施具有可持续性、有较强的示范带动效应的示范推广项目，避免出现因农村劳动力成本高、中大型农场或合作社经营较为困难的情况。

（四）加强服务持续性，争取达到预期成效

林业产业经营生产周期长，林农在经营生产过程中会遇到各种各样的技术问题，龙岩市林业科学研究所要求科技特派员做好长期跟踪服务，持续为林农提供技术指导，确保种植的品种投产后达到预期的成效，起到良好的示范带动效果。

四、创新亮点

充分考虑到当前龙岩市林业产业发展存在的问题，在找准问题的前提下，实施龙岩市科技特派员林业产业惠民基地项目。确定服务对象上有创新；创新项目管理机制，提高科技特派员的服务水平，确保科技特派员服务到具体山头地块；建设成果展览室，营建示范基地，提供交流平台；创新"四送"推广模式。充分发挥龙岩市林业科技特派员技术力量，为龙岩市林业产业发展，为龙岩市林农创收增收、脱贫致富提供技术支撑，为龙岩市乡村振兴、脱贫攻坚和农业供给侧结构性改革贡献力量。

发挥团队资源，创新服务方式

——宁德市农业科学研究所、宁德市扶贫开发服务中心吴寿华

2014年以来吴寿华多次选认为福建省"三区"科技人员专项计划科技人员、福建省科技特派员、宁德市科技特派员，2次组建团队科技特派员，2014—2019年负责宁德市农业科学研究所科技服务方面管理工作，3次组织申请宁德市农业科学研究所为法人科技特派员，2020—2022年在宁德市扶贫开发服务中心继续作为科技特派员开展科技服务工作，通过对宁德市各县市部分农业企业，包括传统农业种植、畜牧养殖、林业、水产养殖的考察了解，研究宁德市农业产业现状、规模大小、产业技术需求，对如何开展科技特派员工作总结了一些经验和做法。促推宁德科技特派员在围绕宁德市新时代"三农"工作需要，聚焦"8+1"特色农业产业发展，投身基层一线，致力于在农业科技创新、助推乡村产业发展、促进农业增产增效方面发挥更大作用。

一、主要做法与实施成效

通过对宁德市农科所科技特派员队伍的管理和个人作为科技特派员开展工作的内容和方式的总结和思考，对新时期科技特派员开展工作提出个人的意见建议。

一是个人科技特派员主要以县域开展服务，以挂钩一家企业，服务全县相关产业为服务范围。宁德市地形以山地和丘陵为主，素有八山一水一分田的说法，部分山区县更是有九山半水半分田的讲法，这决定宁德市农业企业，尤其是种植业规模较小。很多企业属于初创型企业，企业负责人年龄大的文化水平较低，对农业科技接受能力弱，年龄稍小的为回乡创业的年轻人，目前需要积累种植经验。根据对宁德市农科所科技特派员下乡服务内容统计来看，企业需求主要以基本种养殖技术为主，基本不会涉及基础或应用研究的需求，存在科技特派员和企业对接还不够精准情况，因此科技特派员在完成对接企业服务职责情况下对全县的种养殖相同品种的企业开展服务，取得了较好效果。

二是根据农业种养殖一般的周期较长等因素，延长经费支出和服务时间为两年，服务时限不强调当年一定要完成，可连续申请服务同一企业或经费滚动支出。农业生产或农业研究周期较长决定短时间较难出效果，再加上科技特派员认定和服务经费的下拨时间不确定，存在有些经费拨至单位从认定完到经费到位，服务时限也已经到了的情况，宁德市农科所规定派出的科技特派员两年周期内工作经费都可支出或在变更服务单位情况下滚动支出。

三是通过科技下乡服务农业企业、专业合作社、家庭农场等新型经营主体。科技特派员服务主体应该明确为新型经营主体，通过服务和培育新型经营主体开展科技创新和试验示范可以更好地带动产业发展，进而带动农业产业增产增效，促进农民增收。

四是建设试验示范基地开展科技服务示范。通过建设示范基地明确服务示范内容、服务主体、服务预期效果。宁德市农科所近8年来共建设高山葡萄试验示范基地、脐橙新品种引进试验示范基地、高山蔬菜试验示范基地、宁德市农业科技试验示范基地、团队科技特派员服务示范基地等40多个试验示范基地，集中科技力量开展服务取得明显成效，取得较好的经济社会效益。

五是通过科技研究项目立项研究、成果转化，推动企业开展科技特派员工作和调动科技人员积极性。科研人员在科技特派员工作中挖掘技术需求，明确研究内容，开展"小试验"，研究成果具有实用性，更加"接地气"。2017年宁德市农科所科技特派员的"周宁猕猴桃绿色高效栽培技术示范推广"项目、2020年"设施葡萄园土壤综合治理技术集成与示范"项目获福建省科技特派员后补助立项等。多项科研项目"寿宁山冬乌提质增效栽培技术""软枣猕猴桃栽培技术研究"等与企业共同申报省科技项目研究推广并立项，科技人员通过项目开展更有"获得感"，满足了科技人员职称评聘需求，有力推动科技特派员工作。

六是推广农业"五新"技术，尤其开展新品种试验试种、种质资源开发利用，挖掘培育地方优势特色产业。科技特派员积极利用信息资源优势，推广农业"五新"技术，补充农业企业负责人知识短板，加速农业企业转型升级。积极挖掘培育地方优势特色产业，发挥传统农业产业农民种植经验丰富的特点，促进相关产业快速发展。寿宁县特色蔬菜"山冬乌""御豆"种植产业就是宁德市农科所挖掘并开展提质增效研究的两个传统产业的代表。

七是帮助企业制定标准、申请专利，提升农业企业科技含量，打造农业企业品牌。协助农业企业规范生产标准，有条件的企业开展科技创新。有些农业企业有创新思维和方法，但是对专利申请一无所知，科技特派员发挥优势积极协助农业企业申请专利，创建企业品牌，提高农业知名度。例如，宁德市农科所引导企业申请了多个国家专利，协助企业制定《福安花猪生产示范规程》《寿宁山冬乌种植规程》等宁德市地方团体标准。

八是通过建设"专家组在行动"品牌和组建团队科技特派员等方式开展工作。充分发挥团队力量弥补个人专业和能力的局限性。宁德市农科所于2015年开始组织实施了"专家组在行动"服务品牌建设工作方案，陆续组建7个专业服务团队，面向全市农村基层开展科技服务。先后开展服务行动1000多场次，足迹遍布闽东各县市乡镇。通过建设宁德市农科所网站、微信公众号及宁德市农业科技信息网微信群，咨询解答了各种各样农业问题。同时组建多个省科技特派员团队，有效开展科技服务。

九是带领当地农业技术人员开展服务，为提高农技人员专业技术水平起到"造血"功能。宁德市农科所要求专家组或科技特派员在下乡服务过程中主动对接当地农业科技人员，提高县乡科技人员技术水平。基层农业科技人员服务能力的提升补充，扩大了科技特派员服务乡村农业的范围，尤其是小种植户技术需求，是对科技特派员服务主体的有效补充。

十是充分发挥科技特派员"人脉关系"，做好"联络员"的作用。发挥科技特派员个人业界的"人脉关系"，对接省市科研院所、高校科研人员，以及推广部门技术人员、业务管理人员，对农业企业在生产、项目申报、产业发展规划等新的领域发展提供智力支撑、信息咨询等，助推企业发展。

二、经验与建议

适当提高区分省、市级科技特派员认定的企业需求端要求，如省级科技特派员需求端认定；加强科技特派员管理，省市县三级科技特派员纳入各县（市）、乡镇科技特派员工作站加强管理，统筹发挥各级科技特派员的作用；在较大型科技服务活动中，亮明身份，加大宣传力度，提高科技特派员工作的知名度；以乡镇为区块建立乡镇服务对象详细名单、服务经营主体微信群，主动靠前服务，增加服务方式，时刻做到企业有需求，科技特派员有回应。为"努力走出一条具有闽东特色的乡村振兴之路"贡献科技特派员的智慧与力量。

引智母校资源，助力闽东海洋产业振兴

——福建省和宁德市科技特派员韩坤煌

闽东东临台湾海峡，海岸线长878公里，海域面积4.46万平方公里，占全省海洋渔场总面积35.63%，拥有三都澳、沙埕、三沙、赛岐等天然良港，水产资源极为丰富，拥有海洋生物600多种。盛产着大黄鱼、对虾、石斑鱼、泥蚶、剑蛏等海味珍品。大黄鱼人工繁殖、紫菜养殖、虾蟹养殖等成了海上养殖主导产业。2010年，韩坤煌来到闽东，开始从事海洋水产资源保护、良种繁育、技术引进和推广等科研和服务工作；从2017年起被选认为省级科技特派员；2020年至今，他被选派为福建省驻霞浦县科技特派员，助力闽东特色乡村振兴。

一、引进母校新品种，助力产业提质增效

霞浦县三沙镇是全国重要的水产养殖大镇，全镇拥有40公里的海岸线、浅海滩涂面积约10万亩，大小岛屿92个，渔业捕捞船舶400多艘，从事渔业相关产业人口占1/3，是我国著名的闽东渔场所在地，也是霞浦紫菜重要产区，2020年养殖面积达3.5万亩，紫菜采收6000多吨，整体经济产值10多亿元。2020年开始，韩坤煌博士对所驻村落的产业经济进行了实地调研和交流座谈，走访调研了三沙镇东壁、东山、小澳、石头鼻等沿海乡村。此中，他了解到当地主要养殖户普遍反映养殖的紫菜生长速度较慢、不耐高温的短板问题，亟须引进新品种及新技术开展成果转化。

韩坤煌博士在得知需求后，立马联系毕业母校的老师，从集美大学引进了"闽丰"系列紫菜新品种，该新品种是综合应用诱变、杂交和细胞工程等育种技术，经过连续4代选育而成，具有品质优、耐高温和生长速度快等优点，非常适合三沙镇海域养殖。通过居中联络，助力母校与三沙镇本地企业开展产学研合作，实现新品种在闽东沿海推广示范2000多亩，大大增加了当地的良种覆盖率，带动100多户养殖户增产增收。

韩坤煌博士与企业一同改进自动洗贝机，对洗贝机的滚轴速率、刷子材质、喷水方向和水流速率等的改进，有效清洗紫菜壳孢子周期中的杂质，清洗效率得到大幅提高，实现紫菜育苗效益的有效提升。

目前该项目已获得宁德市科技局的福建宁德国家农业科技园区百城百园行动计划项目立项，以项目带动的形式促进产业提质增效。经海上养殖示范，新品种养殖产量亩产提高15.2%，极大提高了养殖户的养殖收益。

二、引智博导资源，助力产业发展

拟穴青蟹（*Scylla paramamosain*）隶属节肢动物门、甲壳纲、十足目、梭子蟹科，广泛分布于太平洋、印度洋的温带、亚热带和热带海区的红树林地区及河口区，是亚洲许多发展中国家沿海渔业的重要组成部分。拟穴青蟹肉鲜味美，广受消费者欢迎，其养殖业日益得到重视。在我国，拟穴青蟹主要分布于长江以南的沿岸海域，尤以广东、广西、海南、福建居多，是东南沿海重要的海洋经济蟹类之一。至2020年，全国养殖青蟹（主要为拟穴青蟹）产量15.9万吨，其中福建省产量为3.7万吨，位居全国第二。从近3年《中国渔业统计年鉴》发布的数据分析，全国的青蟹养殖量呈上升趋势，且不同于梭子蟹，青蟹的养殖产量是捕捞产量的一倍左右，因此从全国范围内看，未来市场对拟穴青蟹的消费需求仍以养殖为主。按照2.0的料比进行估算，福建饲料市场容量需求大概在7万吨左右，开发和应用拟穴青蟹全人工配合饲料的应用具有广大的市场前景。

拟穴青蟹具有性喜攀爬与埋沙等特点，因此在我国青蟹养殖模式多以池塘养殖为主，其养殖形式包括拟穴青蟹单品种养殖和鱼蟹、虾蟹、贝蟹、蟹藻混养等形式。而这种养殖模式下，青蟹的自相残杀状况严重，广东、浙江等地陆续开展坛养、围栏、围网、吊笼养殖方式，以及近年来兴起的"蟹公寓"工厂化养殖、蟹笼养殖模式。青蟹以肉食饵料为主，尤为喜食贝类和小型甲壳类，且主要为鲜活饵料，如寻氏肌蛤、牡蛎、红肉河蓝蛤、短齿蛤等小型贝类及小杂鱼、虾、蟹等。随着青蟹养殖业的发展，鲜活饵料的消耗量也越来越多，逐渐出现供给不足的现象。这些鲜活饵料的保活技术和稳定供应问题是拟穴青蟹饲养环节中的重要限制因素，同时其隐藏的致病菌及鲜活饵料死亡后带来的水质败坏等问题给拟穴青蟹养殖带来了较为严重的病害隐患，拟穴青蟹中较为常见的疾病包括弧菌病、纤毛虫病、黑鳃病、白芒病、黄芒病、红芒病、蜕壳不遂等，均可能与使用鲜活饵料带来的问题有关。鲜活饵料的大量使用导致拟穴青蟹养殖产量、种质资源下降和经济效益不稳定等。另外，鲜活饵料来源复杂、质量无法保证且营养成分含量不稳定，长久以来的大规模使用，导致目前对拟穴青蟹营养等重要环节把控不足，造成品质下降，限制了拟穴青蟹养殖业持续高速健康的发展。此外，市场上对卵巢发育良好的拟穴青蟹（又称"红膏蟹"）的需求旺盛，价格居高不下，红膏蟹之所以深受消费者喜爱，是因为其肝、胰腺和卵巢具有独特的风味和较高的营养价值。决定风味和营养价值的脂肪酸和氨基酸受到摄食饵料成分的影响显著。因此，营养均衡、成分稳定、环境友好的全价人工配合饲料的研发与使用在拟穴青蟹养殖产业中显得尤为重要。

全价人工配合饲料由于营养全面、高温消毒后不携带病原菌、摄食方便等因素，在广大鱼虾养殖中已广泛应用，目前同为甲壳类的对虾已基本实现全人工配合饲料开展工厂化高位池养殖，产量巨大，给对虾产业的发展壮大奠定了雄厚的基础。因此，在拟穴青蟹池塘养殖中全面推广全价配合饲料，逐渐替代鲜活饵料，开展菌蟹生态养殖模式，对于拟穴青蟹产业的转型升级和提质增效具有重要的发展前景。

拟穴青蟹的养殖多以鲜活饵料为主，鲜活饵料成本高昂、供应不稳定、具有携带致病菌隐患、死亡后败坏水质且会成为致病菌发病重要因素等原因，导致拟穴青蟹因病害造成的损失较为严重。据全国水产技术推广总站发布的信息所示，全国养殖拟穴青蟹因病害造成的损失达 2.3 亿元，其中福建省损失最为严重，占全国病害发生率的 50% 以上。同时，由于这些鱼、虾、贝等鲜活饵料资源的供应有限，时常供不应求，导致拟穴青蟹自相残杀现象普遍发生。鲜活饵料的大量使用导致拟穴青蟹养殖产量、种质资源下降和经济效益不稳定等，这些都是青蟹养殖产业转型升级和产量进一步扩大的重要技术瓶颈。

全程使用全价人工配合饲料已在对虾养殖中大面积推广，其中就南美白对虾这一虾种的年养殖产量就达到 100 多万吨，除养殖技术的提升外，其产量的膨胀式发展最主要得益于饲料的推广和应用。与对虾产业相比，目前全国养殖青蟹（主要为拟穴青蟹）产量 15.9 万吨，如能全程投喂全价配合饲料，减少鲜活饵料带来的病害风险和饲料成本高昂的缺陷，减少鲜活饵料的捕捞投喂、改善养殖水环境生态条件、促进海洋环境保护等具有重要促进意义，已成为青蟹全产业转型升级的巨大需求和未来最重要的发展趋势。

通过对霞浦县青蟹养殖产业发展现状进行充分调研，了解产业的技术需求，韩坤煌博士立马联系长期从事虾蟹研究的博士生导师——集美大学水产学院王艺磊教授和福建农林大学张子平教授夫妇，请他们一同深入养殖现场，共同为养殖户解难纾困。经过资源的有效整合，由韩坤煌和两位博导教师，以及所在高校教师团队、霞浦县水产技术推广站黄强副站长、霞浦县科技特派员工作站站长林翰齐副教授等相关专家组成技术团队，充分发挥各自的技术力量和科技成果，积极开展技术成果转移转化。通过引进福建农大和集美大学共同研发的青蟹全价配合饲料，宁德师范学院韩坤煌团队研发的高性能 EM 菌和高产量藻类培养，共同开展"青蟹—人工配合饲料—EM 菌—藻"池塘生态养殖技术模式。该模式已经在霞浦县水产养殖企业开展技术实验，已初步展现出养殖技术提升效果。

拟穴青蟹的"蟹—人工配合饲料—EM 菌—藻"池塘生态养殖技术模式，充分集合了福建省科技特派员技术团队各成员的科技成果和技术力量，充分发挥各自资源优势，充分转化相关专利技术成果，其中重要研究成果发明专利"基于 miRNA 的虾蟹卵巢发育促进剂"、实用新型专利"藻类养殖反应器"及软件著作权"水产养殖环境数据监控系统 V1.0"等均已获得授权，这些知识产权均来自项目组成员自主研发，共同开展科技帮扶服务工作，促进企业提高经济效益的同时，将逐步形成新的知识产权，助力企业进一步科技创新。

前期经过开展青蟹池塘养殖示范实验，研究结果表明，与应用花蛤、缢蛏、牡蛎等鲜活饵料相比，应用"蟹—人工配合饲料—EM 菌—藻"池塘生态养殖技术模式在养成阶段生长速度提高 11.4%，减少人工成本、饵料成本、换水用的水电成本等 20% 以上，综合经济效益可提高 24.5%，并可进一步减少池塘水质中 N、P 及 COD 等水质理化因子含量，减轻水质富营养化。目前该项目正在积极申报省科技厅星火计划项目，以期大力推广项目研究成果。

三、经验与启示

两个案例的成功实施表明，广大科技特派员在助力产业振兴、提高产业经济效益和科技含量的同时，要充分发掘和整合有效科技特派员团队的技术资源优势和科技成果，扎实开展补齐创新短板行动，以科技项目形式支持科技特派员创新创业，让广大科技特派员的论文切实写在福建乡村田间地头。

四、创新亮点

通过开展资源整合，集聚相关科技成果，大力引进新品种、引智相关技术团队，进一步形成科技特派员强大技术服务合力，使科技人员的研究成果在闽东海洋产业发展壮大中得以转化实施，共同助力产业提质增效。在科技服务的同时，与产业共同科技创新，形成新的科技成果，真正实现科技论文写在田间地头，助力海洋科技提质增效。

"螺"特派助推特色产业，助力绿色发展乡村振兴

——武夷山市水产技术推广站李庆华

武夷山市五夫镇田螺湾科技特派员示范基地于 2017 年正式成立，重点服务武夷山市田螺湾生态农业有限公司，延伸服务企业周边农户。示范基地总面积 183.5 亩，其中办公管理用房面积 600 平方米，配备独立的光纤网络服务系统。

示范基地成立以来，以武夷山市农业农村局水产技术推广站水产养殖高级工程师李庆华为主常驻企业提供科技服务，先后还有五夫镇"三农"服务中心高级兽医师吴文群、五夫镇"三农"服务中心中级农技师刘涵旺、福建省淡水水产研究所助理研究员省级科技特派员崔利峰及其牵头福建省水产技术推广总站、武夷山市水产技术推广站共同组建的"养殖尾水循环综合利用研究"科技特派员团队等科技特派员驻企服务。

李庆华老师主要从事水产品养殖、水产品互惠种养、循环农业等领域的技术研究与示范推广。著有《吉富罗非鱼的池塘主养技术》《山区池塘标准化建设防渗土工膜护坡技术的应用》《山区稻田培育水蚯蚓生态养殖福瑞鲤试验》《鱼—螺—藕互惠种养试验》等多篇学术论文，在《渔业致富指南》《科学养鱼》等国家 CN 期刊上发表。驻企服务以来，促进企业田螺单产和利润提高近 10 倍，带动省内外各地及周边农户扩增田螺养殖面积 5000 余亩，五夫当地也有了一定规模的养殖专业村，助力乡村振兴。先后 3 次获评南平市"优秀科技特派员"，3 次获评武夷山市"先进科技特派员"。工作事迹多次被新华社、福建日报、东南卫视、闽北日报等新闻媒体宣传报道。

一、主要做法和创新举措

一是指导企业建成智慧水产物联网管理系统。发展现代农业，驻企当年

田螺单产和亩产值相对周边农户提高近10倍。

二是开展养殖尾水循环再利用。把基地建成循环农业绿色发展生产的示范基地。水产养殖业作为用水大户，养殖尾水排放问题亟须解决，亟待找到一种既能切实减轻对生态环境造成的不利影响，又方便易行且具有可操作性的尾水治理方法。

目前尾水处理主要有物理、化学和生物3种处理技术，示范基地运用的是生物处理技术，相比于物理处理的不彻底、化学处理成本高昂且有二次污染的风险，生物处理具有缓冲容量大、处理效果好、工艺简单、投资少等特点。运用生物处理技术最大的优势是能变废为宝，这是因为养殖尾水富含有机质，主要污染成分是氮和磷，目前环保检查最大的问题就是总磷要达标排放，而氮和磷正是农业初级生产力所需的营养元素，基地正是利用这一原理开展循环农业生产。目前国内养殖尾水生物处理技术主要有5种，田螺湾运用了其中4种，分别是微生物菌类制剂、人工湿地（稻田）、水生动物（田螺、花鲢、白鲢）、水生植物（水稻）4种方式综合处理，2021年基地还组建了尾水处理科技特派员团队，由省水技总站、省淡水水产研究所和李庆华共同组成，对"稻—螺—鱼"综合种养模式处理养殖尾水净化效果进行检测并获取科学数据，田螺湾科技特派员团队利用的生物防控处理养殖尾水的方法可供管理部门参考，也为今后类似产业发展在选址和养殖规模上提供科学数据支持，从而实现生态美、产业兴。

三是建成底排污水净化系统。该系统是由底排污水系统和水质净化系统构成的一种池塘水质改良系统。在养殖池塘底部建排污口，将养殖过程中产生的含残饵、鱼粪等有机颗粒废弃物的废水排出养殖池塘，经稻螺共生湿地净化处理后，上清液循环或泵回养殖池塘或直接排放，而固体有机颗粒物可作为稻螺的有机肥和饵料。

四是运用均衡增氧技术。利用不同类型增氧机的不同工作原理，确定合理的摆放位置和合理的开启时间，科学运用增氧设备的组合以实现最好的增氧效果和水循环，让鱼类在舒适的水环境中健康生长。主要运用的设备有叶轮式增氧机、水车式增氧机、涌浪机、微孔增氧设备等。均衡增氧技术解决了投饵区与非投饵区、上层水和下层水的氧差问题，缓解了昼夜和天气变化对溶氧的影响，减少了养殖风险，降低了饵料系数，增加了摄食量，从而促进提早出鱼。

二、实施成效与影响

一是开展稻田综合种养模式示范工作。现在主要开展稻螺综合种养示范，这种模式遵循自然生态种养，管理相对简单，易学易懂，不占用耕地，风险小，非常适合山区梯田多的农村发展，因为这些地方海拔高、地势落差大、农业机械化低等造成粮食产量低，劳动强度大，收入与付出差距大，使得土地抛荒愈发严重，是乡村振兴工作中的难点和痛点，田螺湾这种模式生产出的大米经过省食安办委托的第三方检测机构和山东潍坊检测机构二次检测，7项风险指标均显示未检出，是生态大米，有提升产品价值的空间，推广这种模式将有助于较大幅度提高农户收入，正符合2020年6月9日习近平总书记到宁夏贺兰县稻渔空间乡村生态观光园考察调研时做出的要提升稻田附加值的重要指示精神。

二是推广稻螺综合种养模式。在科技特派员管理平台宣介下，稻螺综合种养模式得以推广，已在多地开花结果，其中三明市尤溪县八字桥乡和武夷山市吴屯乡是典型代表，武夷山有句俗语"南茶北米"，说的是武夷山地域的好产品出处，如今武夷山茶产业、茶科技名声在外，很多茶商茶企都把"北米"作为伴手礼赠送亲朋好友，展现出"南茶北米"产业融合发展趋势，"北米"的价值得到很大提升，而好的"北米"正是生产在武夷山北面的高山梯田中，要发展"北米"产业，首先要提高农户的经济收入，这正是很多想从事"北米"产业开发的人发愁的地方，2021年武夷山北路米业有限公司引入该模式，在已有600亩北米生产基地基础上整合吴屯乡3个高山村梯田资源发展稻田综合种养事业，把荒田变丰田，全产业链雏形已显现，生产出的"七峰庙田螺米"和"七峰庙田螺"受消费者欢迎，供不应求，在推动乡村振兴工作中卓有成效。

三是打造"田间课堂"。先进的水产养殖技术吸引了很多当地农户和外地农户、农民专业合作社、家庭农场业主前来观摩学习，示范基地渐渐变为一个能看得见、摸得着、还能手把手教的田间课堂，从初始面向企业及周边农户开展科技服务，现已广泛扩展到服务省内福州、三明、南平、宁德、龙岩等各地，以及江西、广西、湖南等省外各地。

三、经验与启示

一是以点带面,扩大服务范围。通过科特派示范基地开展试点,形成可复制、可推广的模式,拓展到其他地域,甚至其他产业。

二是技术培训,提高科技素养。科学种养殖离不开技术的支持,要与时俱进,更新技术,并扩大技术培训范围,让科技在农村的土地上扎根。

心系百姓，矢志富民

——福安市农业农村局张富民

　　一个县级市的农业科教站站长、高级农艺师的事迹居然上了央视《中国舆论场》栏目并广为宣传。他几十年如一日，深入田间地头将双脚扎进泥土，手把手给农民传授科技，把丰收的喜悦装进农民的心里。他从不显摆成绩，却把国家、省市的诸多"荣誉"统统锁进自家抽屉。他，就是福建省"优秀共产党员""最美农业专家""最美科技工作者"——福安市农业科教站站长张富民。

　　慕名采访张富民，还真的不容易。立冬刚过，就听说他又跑到福安的"西伯利亚"洋面村去指导果农挖坑施肥了。于是我赶到洋面村，在村民的指点下，在一处地里"逮"住了张富民。乍见张富民，直觉告诉我：眼前这位年逾半百的农业专家，脸和手背的肤色居然和非洲埃塞俄比亚兄弟差不离，这恐怕是太阳公公常年"恩宠"造成的。我还来不及与他寒暄，站在他身旁的洋面村支部书记邱团金见了我就打招呼说："杨记者好久不见啦。今天是哪阵风把你吹来啊？""是东风哈。"当年当过小报记者的我，早就认识邱团金。那时间间有句口头禅："何团经被邱团金'骗'上山，市委书记帮助洋面奔小康"。邱团金能说会道，今天十之八九又是他把张富民"骗"上山。邱团金明白我的来意后便说："哎哟喂！张高工啊，他可是我们洋面老百姓的造福财神啊！""他的事，问我就得啦！"原来洋面村这个老区基点村，由于天气寒冷，土地贫瘠，经济生产一直上不去。对于老区群众的艰苦，张富民看在眼里急在心里。10多年前，他就下决心要让这里的父老乡亲脱贫。于是，每年在葡萄生产的关键时期，他都到该村培训果农，给他们传授巨峰大苗及阳光玫瑰栽培技术，实现当年种植当年出产，次年有了收入再扩大生产并创造效益，让该村老百姓的日子日渐滋润，近年来，他们的生活更是像登快活岭——"喜大普奔"！

　　"脚下有多少泥土，心中就有多少真情。"这是赛岐镇象环村村干部肖文光对张富民的赞语。为挖掘张富民事迹素材，那天我特意到象环葡萄生产基地采访肖文光。他对我说："张高工确实是位心系百姓、脚沾泥土的好干部。为了种好象环 10 000 多亩无公害标准化葡萄，一有时间他就来象环走村串户，手把手传授群众栽培技术。"我在该村还见到了农民葡萄专家刘招铃，他告诉我，2003 年张富民就为当地引进台湾葡萄专用套袋技术，后来又在全市推广这项技术，使用面积达 8 万亩，全市果农当年就增收 800 多万元。在防治葡萄病虫害技术方面，张富民也是一套一套的。那年，他就根据多年防治经验，撰写了《福安葡萄病虫害防治规范》范本；而后又进行多项防治葡萄病虫害药剂试验，撰写《福安避雨栽培葡萄病虫害防治规范》论文，并在《福建农业科技》杂志发表。张富民引进的阳光玫瑰、黄蜜等高品质欧亚、欧美葡萄新品种达 37 个，大大改变了福安葡萄品种单一的状况，使福安葡萄向多元化、高档化、优质化方面发展。

作为"最美农业专家""最美农技员""最美科技工作者"，张富民这些头衔的含金量很高。他主打推广的福安巨峰葡萄标准化绿色规范化栽培、避雨设施栽培、石灰氮破眠及有机培肥土壤、高干T字形、大行距、低密度、超短梢修剪、水肥一体化等现代集成栽培技术，如今已在当地广为推广，并辐射至邻近县市乃至周边省份。这些年，他应邀赴福建农林大学，以及浙江、江西开设科技讲座 20 多场，受训人员 2300 多人，让福安"南国葡萄之乡"的美誉四处传扬。这不，去年《科技日报》还以《一个科技特派员的"葡萄经"》对他做了专题报道呢！

"做给农民看，领着农民干"这是深藏于张富民内心的工作指南。作为一名优秀共产党员、高级农艺师，他觉得自己应该"又红又专、全面发展"。基于此，这些年他一连建设了葡萄、水蜜桃、水稻、马铃薯等 10 多个千亩农业"五新"示范基地，并自费引进枇杷、柑橘、杨梅、黑李、梨子、葡萄等六大类 36 个优良品种，并进行高标准、规范化栽培，仅推广葡萄避雨设施面积就达 5 万多亩，为全市果农年增经济效益 2 亿多元，使福安的葡萄产业实现了跨越性发展。自 2011 年始福安巨峰葡萄连续 9 年获得全国金奖，坐拥全省葡萄产业的"半壁江山"。

科技无止境，发展靠创新。作为农业专家，张富民思维的电波总是向四周辐射，时时刻刻都在捕捉当代最新的农业科技。这些年来，他与福建省农科院、南京农业大学、上海交通大学、福建农林大学等科研单位保持密切合作，共同研发新技术，使自己的科技知识"苟日新，日日新，又日新"。福安巨峰葡萄、穆阳水蜜桃、苏阳杨梅等生产受到新技术的涵养，均被国家农业农村部列入"全国名特优新农产品",福安亦入选"中国特色农产品优势区"。

心系百姓,矢志富民。如今,走上新时代新征程的张富民,人们有理由相信他不会忘记总书记"行百里者半九十"的教诲,在富民的事业中胼手胝足,争取更大的荣光!

"百里葡萄海,万民致富源",如今当你进入沈海高速福安连接线,展现在你眼前的是绵延起伏的葡萄大棚,造就了"全国优质葡萄生产基地",成就了成千上万农民的致富梦。这与一个人的名字紧紧相连——张富民,男,1965年10月出生,中共党员,高级农艺师,现为福安市科技特派员工作站站长,中国农学会葡萄分会理事。主要从事以葡萄为主的新技术、新品种、新肥料等农业"五新"引进、试验、示范、推广,并取得了良好社会效益和经济效益。尤其是2010年以来,他和团队致力推广的葡萄避雨设施栽培面积达4.78万亩,使福安成为福建省设施农业强市,避雨设施葡萄平均亩新增纯收益7130元,年增经济效益2.0亿元,总经济效益超过20亿元;并在松罗、溪柄、穆云虎头等地开办6所农民田间学校,将农业"五新"面授群众,带动了18个乡镇、210个行政村、6万户18万余名农民提高栽培技术水平、生产效率,脱贫致富,同时摸清了导致巨峰葡萄单性结核的生理要素,总结出了简单、便利、易于操作的"采后促进花芽完整分化,花期调节湿度"的方法,解决了困扰果农30年的葡萄圆果(单性结核)技术瓶颈,并辐射到霞浦、寿宁、福鼎、周宁、蕉城等县(市)。2012—2022年,主持的农业农村部"全国基层农技推广补助项目"累计培训科技示范户超过10 000人,建设10个千亩试验、示范基地;主持的"雨露计划"培训项目培训建档立卡户1000多人,此外,借助"新型职业农民培育"项目,培育了3538名新型职业农民,有效促进农业"五新"入户率、到田率。2010年被中国农函大评为"优秀教师",2013年入选农业农村部"万名农技推广骨干人才";2015年获中华农业科教基金会"神内基金农技推广奖"(推广人员);2018年获评福建省"最美农技员";2021年获福建省"最美农业专家"、福建省"优秀共产党员"称号;2022年获福建省"最美科技工作者"、福建省"优秀科技特派员"称号。2012年"南方葡萄避雨栽培关键技术研究与应用"项目获教育部科学技术进步奖一等奖(第八完成人);2016年葡萄"五新"集成推广示范项目获宁德市第一届农业科技推广奖二等奖(第二完成人);2022年"福建晚熟龙眼产业化关键技术研究与应用"项目获福建省科学技术进步奖三等奖(第五完成人)。2018年6月他的事迹入选宁德市抓党建促脱贫攻坚典型事迹选编《脱贫路上有你》一书；2019年《金奖葡萄里写出扶贫大文章》被福建省科技厅编入《科技特派员的福建故事——福建省推行科技特派员制度20年典型事迹汇编》一书。2020年《一个科技特派员的"葡萄经"》在《科技日报》上报道并进入"学习强国"平台；2021年4月中央电视台《中国舆论场》和《美丽乡村》栏目也报道了他的事迹。先后在《中外葡萄与葡萄酒》《福建农业学报》等刊物发表专业学术论文27篇。

农业科技带来农村先进文化火种

——漳浦台湾农民创业园管委会

漳浦台湾农民创业园于 2006 年 4 月 10 日由农业农村部、国务院台办批准设立，是全国首批设立的两个台创园之一。台创园紧扣"打造台胞台企登陆第一家园"的发展理念，发挥独特优势，积极先行先试，在全国率先推行台胞科技特派员制度，建立台胞科技特派员工作站，并取得阶段性成果。

漳浦台创园建立台胞科技特派员工作站，在全国率先推行台胞科技特派员制度，首批选派 16 名在漳浦创业的台湾专才，2021 年增至 21 名，分别来自园区 200 多家台企中拥有较强科技能力和产业基础的台商，覆盖蝴蝶兰、水果、水产、畜牧养殖、文创、现代农业种植等行业。通过"基地+公司""基地+农户"等模式，推广和引进现代农业技术，促进农民增收，实现两岸的技术和产业的融合，助力乡村振兴。

台胞科技特派员制度实施以来，共帮扶 21 个专业合作社、234 家种养大户，引进推广农业种养技术 179 项，帮助农户线上销售 36 个农业品种，带动约 90 名农民群众增产增收约 120 万元。

同时，漳浦台创园为完善基础建设提供组织保障，建设科特派办公室，统筹协调指导和管理；建设台胞科技特派员展示大厅及台农一站式公共服务平台，健全各项管理制度，完善工作年度责任制考核，确保工作顺利开展；线下制定基地帮扶示意图，定期开展下乡帮扶活动，线上实时与农户互动交流，给农户答疑释惑；定期开展台胞科技特派员交流座谈会，落实优惠政策，召开台胞台企座谈会 10 余次；举办"科技大讲堂系列专题——科技特派员工作线上培训会"，共同探讨解决帮扶中存在的困难；组织发动台胞申报科技特派员，充实人才队伍；下拨省级科技特派员工作经费 12 万元，为推进帮扶提供资金支持。

其创新亮点有以下几个。

一、创新台创园信息服务平台

建设台胞科技特派员展示大厅及台农一站式公共服务平台，推动台胞科技特派员在线上实时与农户进行互动交流，给农户答疑释惑。

二、多形式帮扶推动产业发展

（一）"基地+农户"模式推动农户创业增收

以示范基地作为新品种、新技术、新理念、新成果展示平台进行辐射指导，带动当地农户与科技特派员共同创业。台胞科技特派员蔡志阳在挂钩乡镇湖西村建立 30 亩"闽台高优百果生态示范园"，示范推广几十个具有前景且适合当地发展的食用观赏兼备的优良果树品种，推动当地农民扩产增收，解决当地果树品种单一、技术匮乏的老问题。

（二）"理念+农户"模式引导当地农户因地制宜，绿色发展

通过科技特派员协调带动，让当地农民根植"生态治理、环境整治、提升品质、创造价值"理念，因地制宜，依托当地生态优势、地理优势和特色产业发展生态旅游、休闲观光。有效开发和利用挂钩村镇的资源优势、产业特色，从根本上找到了产业发展的着力点和突破口，充分发挥了村民的联动性与创造力。台康园生态农场负责人林守宏通过协调当地农民在台创园负责道路两侧苗木的种植养护，维护所属路段绿化，提升生态环境，他把自己的经营理念传递给当地农民，更新农户思想观念，改变其销售方式，附近农户因此在 3 个月内创收近 20 万元，不仅园艺场的效益得到提升，还建立起品牌信誉。

（三）"科技+产业振兴"模式助力乡村振兴

台胞科特派漳州三本肥料工业公司董事长陈建中在化肥、农药、种苗繁殖等生产资料的使用上提供无偿技术指导，有效地指导或解决了农业生产实际问题，推动产业链发展。他利用现代农业实验室的先进仪器设备在官浔镇、石榴镇、盘陀镇、绥安镇等地分析土壤成分及肥料原材料 200 多批次，覆盖基地达几十万亩，帮助农作物找到合适的生长环境及与之相符的肥料配比，技术人

员常年驻村或巡回，在第一时间帮助农民解决实际问题。2022年他挂钩指导坤山农业专业合作社。在"农业合作社+农户"模式的基础上，研究肥料的使用配比，改良土壤，改善水稻生长环境，使试验田水稻1亩增产100公斤，每亩增收200元。坤山农业专业合作社原来工厂化育秧面积近2000亩，核心示范片平均每亩增收节支达120元，深受种粮农户欢迎。2022年将继续帮助指导其大规模使用有机化肥，切实提高水稻产量。同时，实验室将请台湾杰出农业专家作顾问，帮助研究"抗倒"的水稻专用肥，为乡村振兴贡献力量。

盐碱地上谱写生态家兴曲

——惠安滨海盐碱特色产业科技服务团队

走进惠安县家兴家庭农场,入眼便是一片生机盎然的景象。蔚蓝的天空下,鳞次栉比的大棚在阳光下宛如一条泛着闪闪银光的河流流淌在村庄和田野之中。沉甸甸的硕果挂满了枝头,清新而芬芳的果蔬香味扑鼻而来,机警的鸡妈妈带着小鸡们在领地巡视,白羽番鸭在宽敞的水渠中惬意徜徉,偶尔俯冲而下的水鸟惊起湖中的鱼儿,在湖面上翻腾起一片白色的浪花(图1、图2)。除了下江村的老人们,恐怕谁也无法想象这片土地曾经是一幅"春天白茫茫,夏天水汪汪,秋天遍在荒,冬天一片光"的盐碱地景象吧。

图1 家兴家庭农场俯瞰场景

图2 农场一角

家兴家庭农场紧邻福建省最大的食盐（载体盐）生产和出口基地——山腰盐场，周边耕地多为盐碱地，常年受海水侵蚀，作物很难生长，对早期地瘠人贫的"地瓜县"群众可以说是雪上加霜。直至今日，下江仍然是惠安经济略为靠后的行政村。80后中共党员郑培忠对此印象深刻，尤其看到抛荒长达三四十年的大片土地，本着为乡邻谋福利、为乡村发展贡献一份力的初心，他毅然决定将自己的资产抵押，并向亲朋好友借资回乡，其于2013年成立惠安县家兴家庭农场，陆续流转了270亩的盐碱地，开始了近10年盐碱荒地开发利用的征程。

决心有了，资金勉强有了，农场一步步建设和经营起来了，拦路虎也来了。盐碱地上低产量、低效益的种植业收入，根本无法填补工程改良的高成本投入造成的"逆差"。在磕磕绊绊中郑培忠很快意识到，较之于传统农业，盐碱农业更是一项高投入高科技农业产业，工程投入更为巨大，涉及技术体系更为繁杂，仅依靠农业新型主体的力量是不够的，科技攻关才是克"碱"制胜的硬道理。2018年，农场与福建省农业科学院农业生态研究所王义祥研究员带领的农业环境与生态修复团队接洽，双方开始了针对惠安滨海盐碱地综合开发利用的合作之旅。

一、主要做法和创新举措

盐碱地可持续开发利用是公认的世界性难题，是一项基础性、长期性的任务，王义祥研究团队在农场前期水利、物理治理方法的基础上，提出"因地制宜、绿色开发、梯度利用、结构升级、提质增效"的发展思路，制定并实施"生态+生产"共赢发展方案。

（一）品种筛选增效益

上帝给你关上一道门，同时会为你打开一扇窗。盐碱地的一大特点就是会降低作物的产量并影响其品质，而对于一些果蔬作物来说，盐胁迫会引起可溶性固形物增加、糖酸比提高、次生代谢物含量增加，反而提升了果蔬作物营养价值和风味。经过研究团队和农场的多年引种、试验，目前已形成火龙果、芭乐、香瓜、杧果、百香果、阳桃、莲雾、西红柿、辣椒、黄瓜、地瓜叶等系列盐碱地特色果蔬产品生产格局，通过设施生产、隔盐栽培、基质栽培、水肥科学配置等现代农业科技手段的加持，以及果园生草、林下养殖、沼液利用等循环农业技术的应用，进行盐碱地种养技术、产品质量标准化建设，增加园区的产品丰富度，农产品产量得到保障，产品品质优异，进一步满足了市场和消费者的需求。

（二）生态技术强基础

生态长效是盐碱地农业开发利用的关键，生态农业是一个多学科的综合性研究领域，王义祥研究团队积极和其他科研单位对接沟通，在家兴家庭农场开展生态农业技术应用推广。生态所生物炭基肥/有机肥平衡施肥技术、设施蔬菜秸秆循环利用创新技术、果—草—畜（禽）—渔循环农业技术（引进、推广观赏型甘薯叶、平托花生、黑麦草等新品种）、火龙果新型栽培基质隔盐种植技术、利用果蔬废弃物在果园下养殖鸡鸭等畜禽生态技术、水生绿肥净化水体技术、生物防治技术（针对果园中发生的常见虫害蚧刺、蚜虫、木蠹蛾等，引入捕食螨以虫治虫，以及采用剪除虫害枝条和黑光灯诱杀成虫结合防治手段）、土肥所盐碱地适生绿肥轮作套种技术、果蔬废品制备环保酵素技术，资源所生防菌设施蔬菜土传病害防控技术、水肥菌一体化隔盐基质栽培技术、智慧沼液控释系统技术，泉州市农科所爬地兰生草栽培技术等一系列生态农业技术的实施推广，在一定程度上增加了土壤的有机质含量，增强保肥能力，提高土壤对酸碱及有害离子的缓冲能力，实现了产品无公害生产，从而达到农场生产提质增效的目的。

（三）绿色理念促持续

王义祥研究团队认为，经过多年的建设的和发展，农场已具备发展绿色农业、循环经济的显著优势。建议农场因地制宜，依托生态资源和科技研发搭建复合农业模块的经营方式，加强种植业、畜禽业、渔业和旅游业等多模块的综合经营，在多模块间形成整体生态链的良性循环，优化产业结构，节约农业资源，打造新型多层次循环农业生态系统，既可改善园区生态环境促进可持续发展，又可实现在区域内调配资源，形成更广义空间的生态循环农业。打造"盐碱农业+科技"示范样板，为乡村绿色发展作出贡献。

（四）科技培训助兴农

授人以鱼不如授人以渔，多年来，团队以农场的专家工作站、全国新型职业农民培训基地、全国基层农业科技示范推广基地及农民田间学校为平台，在农场陆续开展"设施农业废弃物循环利用"、"农业固碳减排和碳中和"（王义祥研究员）、"生态果园建设与管理"（叶菁助理研究员）、"无公害水果生产技术"（林怡助理研究员）、"福建省滨海盐碱地农作改良思考"（王煌平副研究员）、"火龙果施肥技术探讨"（王煌平副研究员）等多场田间技术培训和观摩会，培训约400人次。疫情期间，仍开展云服务，保持与农场管理人员、新型职业农民的良好互动和深入交流，促使其自身的农业生产技术得到了较大的提升，成长为新时代乡镇建设的主力军。

二、实施成效及影响

（一）经济层面

通过多年的科企互动，农场的产能得到了极大的提升。其中，火龙果年产15万斤，年销售80万元，利润11万元；辣椒及黄瓜试种基地年产19.2万斤，年销售60多万元，利润8万元；其他果蔬年产量37.5万斤，繁育优质种苗15万株，以及畜禽渔产品，年销售总金额为190多万元，成功实现了扭亏为盈。

（二）生态层面

项目和农场以盐碱地合理开发与利用、维护良好生态环境为主题，进行盐碱地特色西红柿、辣椒等绿色蔬菜，火龙果、芭乐等生态果园，以及水产养殖等建设，研究开发盐碱地多层次生态农业循环系统生产模式，对于恢复和改善盐碱地生产条件和生态环境具有极其重要的示范作用。

（三）社会层面

首先，企业实力得到了极大的提升，农场先后获得市家庭农场示范场、省家庭农场示范场等荣誉称号，获批省级现代蔬菜产业园、"滨海盐碱地特色种养结合型生态循环农业"泉州市专家工作站、福建省农业科学院科技示范基地、全国新型职业农民培训基地、全国基层农业科技示范推广基地、泉州市国家级农业科技示范园区、农民田间学校、市科技特派员服务站，并获无公害农产品产地认证、无公害农产品认证（辣椒）等资质，郑培忠个人获得泉州市五一劳动奖章、泉州市第五层次人才、泉州市优秀创业农民工、泉州市劳动模范等荣誉称号。

其次，经过多年的合作，研究团队获得了政府各部门和群众的支持和信任，在当地享有一定的美誉度，进而走出家兴家庭农场，以"科技+农场+基地+农户"的方式进一步辐射带动了周边村庄的农业产业发展，带动百余名农民实现增产、增收和增效，对保障惠安及周边地区的菜篮子工程和食品安全，促进农业产业持续发展和乡村振兴建设发挥了一定的作用。

在多年科企合作的稳扎稳打下，农场展现出一派欣欣向荣的景象，曾经荒凉的盐碱地成为聚宝盆。农场的科技创新意识和研发实力得到提升，在盐碱地种植的基础上于2021年成功创建蝴蝶兰产业基地，进一步提高了农场的知名度和享誉度。学习强国、《福建日报》等平台多次报道科特派团队及农场典型事迹。在2022年度惠安县疫情防控工作中，农场经营者郑培忠先生再次展示了共产党人的初心和担当，捐赠果蔬1800余斤和生活用品，为社区居民分忧解难，受到县总工会、县劳动模范协会表彰，农场的产品、品牌和生态理念走进千家万户。

三、启示

中国是世界第三大盐碱地所在国，有10亿亩盐碱土地，其中有宜农盐碱土地2亿亩，盐碱化耕地1亿亩，盐碱地是我国耕地"扩容、提质、增效"的重要现实来源。沿海地区是我国最具经济活力和发展潜力的区域，开发盐碱地这一后备土地资源，成为缓解人地矛盾、促进区域经济持续发展的重要途径，因此充分利用、改良和开发盐碱地势在必行。团队将和农场一道致力于建设"盐碱地+生态科技园"模式，优化创兴创业环境，加强盐碱农业特色产业共性关键技术研发，强化高新技术在盐碱农业中的应用。

习近平总书记曾指出，"农业出路在现代化，农业现代化关键在科技进步"，团队将在把握新阶段、践行新理念、融入新格局中，强化作为农业科技者的担当意识，坚定服务"三农"的决心，以汗水为墨、青春为笔，让技术长在盐碱地里，把"成果"留在百姓家，以盐碱地为谱，科技为弦，奏响和谐美妙的生态之歌。

探索实施"三全模式",赋能林下经济发展

——武平县万安镇科技特派员工作站

为深入贯彻落实习近平总书记对科技特派员制度推行20周年作出的重要指示和对武平县万安镇捷文村群众来信的重要指示精神,万安镇科技特派员工作站依托所辖捷文村"全国林改策源地"的品牌和资源优势,大力探索实施科技特派员工作"三全模式",即做到全领域覆盖、实现全产业贯通、做好全流程服务,打造"科技特派员+林下经济"创新格局,更好推动科技特派员工作落实落地,积蓄发展林下经济的科技动力。

一、实施背景与针对问题

近年来,随着脱贫攻坚战取得全面胜利,国家转向全面实施乡村振兴战略,万安镇立足镇情实际,把发展林下经济作为实现产业振兴的主要方向和重要抓手。2018年1月15日,习近平总书记对武平县万安镇捷文村群众来信作出重要指示,强调"保护好绿水青山,发展好林下经济、乡村旅游"。2019年10月21日,习近平总书记对科技特派员制度推行20周年作出重要指示,指出"要坚持把科技特派员制度作为科技创新人才服务乡村振兴的重要工作进一步抓实抓好"。国家全面实施乡村振兴战略和习近平总书记的重要指示构成了万安镇科技特派员工作站开展工作的总背景和总遵循。

与此同时,万安镇科技特派员工作站在多年的实践探索中,也发现了亟须解决的一些突出问题。一是空间覆盖不均衡。科技特派员主要集中在个别优势领域和地域中,全面下沉覆盖面不够,服务"三农"总体生态未能形成。二是产业分布不合理。现有科技特派员在一二三产中存在结构失衡的问题,一产多、二三产少。同时,在三产融合发展背景下,农业科技含量较低,农产品以粗加工为主、品牌打造不够,农业产业总体效益低下。三是管理机制不健全。

没有建立有效的"选引育用"机制,科技特派员主动对接、引导、服务力度不够,科技特派员工作站的平台渠道优势未能充分发挥。

二、主要做法与创新举措

(一)强化全领域覆盖

为解决科技特派员数量较少、分布分散、力量薄弱的问题,万安镇科技特派员工作站在捷文村明确提出了"一基地一科技特派员""一产业一科技特派员"的工作要求,坚持充实力量、有效布局的原则,科学制订阶段性工作计划,保持具体措施的延续性,建立科技特派员资源储备库,打造科技特派员供应超市,制定更新用户需求清单,根据实际合理匹配科技特派员供需双方条件要求,有序推动科技特派员全面下沉、全面覆盖,力争所有领域的产业和基地至少配备一名科技特派员或者一个科技特派员团队,形成各类科技特派员点状力量分布矩阵。

(二)强化全产业贯通

为缓解科技特派员主要集中于种养殖业的现状,引导科技特派员向二三产流动,更好地推动一二三产融合发展,万安镇科技特派员工作站坚持产业互联、优化结构的原则,制定了《科技特派员全面服务捷文村林下经济三产融合发展工作方案》,引导推动科技特派员优先选择二三产,主导对接村级加工工厂、公司企业,打通服务一二三产科技渠道,实现科技特派员下沉各类林下经济产业,助推一产稳规模、二产延链条、三产增效益。

(三)强化全流程服务

针对过去在科技特派员工作中存在的主动服务不到位、管理机制不健全、一派了之等问题,万安镇科技特派员工作站坚持主动在前、环环相扣的原则,紧扣科技特派员"引、选、育、用"各环节,强化自身平台服务功能,打造科技特派员之家,打通服务工作最后一公里。具体而言,一是加大力度引,积极利用省市县科技特派员选认政策的有利条件,主动对接高校、科研院所和本土人才,主动推介自身亮点特色,减少信息不对称;二是高效精准选,根据自身实际为捷文村匹配合适的科技特派员,减少不必要的时间浪费;三是创造条件育人才，利用工作站的平台优势，自主储备培育乡镇级科技特派员作为补充力量，灵活调度使用；四是充分信任用，给予选认的科技特派员充分的信任，尤其是在专业问题上给予其充分的自由度，倡导科技特派员以合理方式参与研发、经营，进一步打造利益共同体。

三、进展与成效

（一）实现覆盖率百分之百

截至 2022 年，捷文村共有科技特派员团队 2 个，省市县乡级科技特派员 12 名，分别来自福建省农科院、福建农林大学、中山大学等科研院所和高校，其中博士 6 人。覆盖千亩灵芝基地（捷文兴林灵芝专业合作社）、紫灵芝种植标准化示范区基地、黄金果种苗培育基地、富贵籽种植示范基地等。其中，紫灵芝全产业链都配备了科技特派员，实现了一二三产贯通。

（二）助推产业做大做强

在科技特派员指导推动下，捷文村紫灵芝主导产业持续做大做强、培育培优，强村富民效应进一步显现，捷文村获评省级"一村一品"（灵芝）示范村、省级紫灵芝种植标准化示范区、龙岩市十佳产业兴旺村等。经过 5 年的发展，捷文村林下种植紫灵芝从 150 亩增长至 5000 亩，总产值达 4000 余万元。由科技特派员入驻的村办企业开发了紫灵芝系列加工产品，包括灵芝茶、灵芝口服液、灵芝月饼等，极大提高了灵芝附加值。由科技特派员主导开发设计的紫灵芝文创产品走俏市场，荣获龙岩市文创大赛第一名。得益于科技特派员推动主导产业的发展，捷文村集体经济收入年均增加 8 万元，村民收入年均增加 0.5 万元。

（三）激活乡村发展创新业态

科技特派员不仅推动了产业全面融合、高质量发展，而且激活了乡村发展创新业态，带来了更多发展经验模式和特色成果。捷文村兴起"认养经济"模式，由产业基地生产，经科技特派员提供技术指导、向外宣传推介等，面向市场销售。发起碳中和乡村建设行动，打造碳中和未来乡村生态社区，开发全国首套碳中和研学课程和系列教具，建成首个村级碳中和科普研学基地，碳中和研学业态成为村庄发展全新动力,捷文村获评省级中小学生研学实践教育基地。

四、经验与启示

(一)坚持加强对外合作

实现科技特派员覆盖所有基地,形成科技特派员全面下沉的浓厚氛围,不是一件简单的事,需要在以我为主、为我所用的方针指导下,加强对外合作,积极向外引流,引进外部资源,特别是加强与高校及科研院所的交流合作,发挥其科技人才充足、技术力量雄厚的特点及优势,借助国家实施乡村振兴战略的契机和科技特派员制度的平台,把专家教授引进来、用起来。

(二)坚持厚植自身优势

科技特派员作为宝贵的社会人力资源,并非一引就来、一问就有,而是有一套严谨完善的培育机制和选认流程。这也意味着我们要用好科技特派员的力量,将好钢用在刀刃上,匹配到自身优势产业中,把主导产业做大做强,从而带动其他产业发展。

(三)坚持创新发展业态

科技特派员作为科技下乡、技术兴农的重要力量和强大支撑,其效用有多维度、多方面的体现,其中最深层次、最大意义上的体现是给创新乡村发展业态带来持续动力。落实科技特派员制度、完善科技特派员"引、选、育、用"机制,要始终围绕创新乡村发展业态这个目标,最大程度发挥科技特派员制度优势、挖掘科技特派员人才潜力、体现科技下乡治理效能。

优化农业结构，促进优势产业发展——葡萄棚内套种马铃薯

——周宁县农业技术推广站 兰毓芳

作为市级科技特派员，经常深入周宁县纯池镇挂点村，通过入户走访、开座谈会、实地考察等多种形式深入村里户里了解村情、民情，以乡村产业振兴为核心，按照现代农业"五化"思路，抓好"3+N"农业产业体系与电商产业，积极引进优新品种等方面技术，推动三门桥示范村和桃坑、前溪薄弱村整体提升。

周宁县属中亚热带海洋性季风气候，平均海拔886米，年平均气温为13～17℃，日照充足，气候温和，昼夜温差大，山地立体气候十分明显，十分有利于葡萄、马铃薯的生长。纯池镇葡萄种植面积有6000多亩，具有"十里葡萄长廊""醉美葡萄小镇"美称，三门桥村是纯池镇葡萄的种植大村，面积达1500亩，在家农民的收入主要靠葡萄产业来支撑。"是否可以在葡萄棚内套种马铃薯呢？如果在葡萄棚内套种马铃薯，既可提高土地利用率，增加农民收入，又可扩大旱粮的种植面积，这可是双赢的选择呀！"一直以来，周宁高山马铃薯被县委县政府作为一项产业来抓，也是我国确保粮食稳定的一种重要粮食作物，况且周宁特殊的地理条件造就了周宁高山马铃薯淀粉含量高、黏性强、口感好的独特品质，2017年通过了国家地理标志，2022年"周宁马铃薯"入选"全国名特优新农产品"名录。围绕这一思路，2020年9月依托纯池镇果蔬协会在三门桥葡萄观光园内做葡萄棚内套种秋马铃薯试验。

一、主要做法与创新举措

（一）引进"五新"技术，促进农业增收

利用自己的专业优势，服务于农民，积极推广农业"五新"技术。三门桥村葡萄种植面积1500多亩，全村家家都种有葡萄，利用自己的专业优势，

查阅相关资料，也请教了有关专家、老师等，收集了大量材料，种种资料表明葡萄与马铃薯都是忌氯作物，葡萄收获后的第二年，对于生长过旺的葡萄，也需采取断根的做法，所以影响不大，还能起到肥效共享的作用。有了理论上的支持，在三门桥葡萄观光园，由纯池镇果蔬协会带头负责一片试验基地，利用10亩葡萄园开展秋马铃薯试验，引进新品种费乌瑞它，施足基肥、适时播种（9月上旬播种）、合理密植，加强水肥管理，从病虫害预防等技术措施入手，12月上旬收获。经测产，亩产达到900公斤，每公斤价位平均为7元，除去种子、肥料、工价后每亩可多入4000元左右，"马铃薯产量不错，但畦的两边都种植马铃薯，在马铃薯收成时两边开挖会造成整棵葡萄的根系受损（断根），对葡萄树是否有影响呢？"带着这个问题，2021年2月由原来的10亩秋马铃薯增加到30亩春马铃薯试验时，不仅做了品种筛选试验，还做了葡萄畦边两侧种植与单侧种植试验。马铃薯品种筛选试验引进周宁脱毒本地种、费乌瑞它、陇薯7号、鄂薯10号、闽薯1号等10个马铃薯品种，推选出适合本地种植的优新品种，经过省市专家现场测产鉴定和评议，一致认为这些品种总体表现都还不错，特别是费乌瑞它、鄂薯10号与高山本地脱毒薯在产量和品种生长特性上表现较好，具备发展潜质；葡萄畦边两侧种植与单侧种植试验中，确定哪种种植方法更有利于两种作物生长，试验表明在葡萄畦的单侧种植比两侧种植更有利于两种作物生长，效果更好，且每年轮流在葡萄畦的单侧种植，大大克服了马铃薯的连作障碍，起到双赢的作用。葡萄棚内套种春马铃薯选择在2月初开始播种，在5月初葡萄叶片开始生长时可开挖马铃薯，这样既不影响马铃薯生长过程的日照需求，又不影响葡萄生长管理，秋马铃薯选择9月中旬播种，这时葡萄园内葡萄已开始采收，可以充分利用收获清园后的空闲季节来种植马铃薯，12月上中旬收获。2021年4月，本人通过果蔬协会及群众的邀请，在纯池镇举办葡萄棚内套种马铃薯高产栽培技术培训班，参会学员共46人次，不仅在室内培训理论，还将学员带到三门桥葡萄观光园内，向他们展示棚内套种马铃薯的各个技术要点及注意事项。让群众更好更容易接受农业"五新"技术，让试验、示范片起到辐射带动作用。

（二）驻守生产一线，帮助解决疑难杂症

经常深入挂点村，通过入户走访、实地考察等多种形式与村民群众建立良好的互动关系，帮助农户解决在生产过程中遇到的农业生产栽培、病虫害防

治等问题。例如：2020 年在葡萄盛花期 5 月上旬遇到高温干旱，棚内通风不良，温度过高，导致葡萄授粉不良，引起葡萄"圆果"问题，群众特别着急，本人特邀省农科院葡萄专家陈婷教授、市经作站袁韬站长、市种子站杨卓飞站长等专家轮番前往三门桥村田间地头，现场查看葡萄长势，针对"圆果"问题，总结原因并提出有效止损措施，除了疏果、做二次果的措施外，专家还提出将两串疏果后的稀疏葡萄编为一串，成熟后两串葡萄能抱紧，果实紧实，外形好看，口味更佳，有了这些专家指导，损失大大降低，农民个个点头称赞，为三门桥村果农挽回经济损失 700 多万元。2021 年 4 月，三门桥葡萄观光园存在部分葡萄品种叶片卷曲、长势偏弱等问题。特邀市农业农村局乡村振兴专家服务团前来考察，结合实地情况，专家组针对存在的病虫害防治用药不当，药剂浓度偏高产生药害造成叶片卷曲、烧叶，以及留枝量偏多，且肥水供应不足引起树势衰弱、萌芽不整齐、枝梢无法正常生长等问题，建议多种药剂复配，更要注意浓度的掌握，同时建议适当疏除密枝、直立枝，合理控产定梢，及时追肥，逐步恢复树势。

（三）积极推行脱毒种选育，提升周宁本地种品质

"周宁本地种"品质优，深受群众厚爱，但品种老化、退化现象严重，软腐病等疫病发病率较高，产量低。2019 年委托省农科院对已种植多年的马铃薯当地品种"周宁本地种"进行脱毒，在马铃薯繁育基地繁育微型薯 2.8 万粒。分别由周宁县金碧庄园种养专业合作社、周宁县农汇种植专业合作社、周宁县大丰景种植专业合作社承担种植，在种植期间本人利用自己的专业知识，积极参与田间管理。2020 年 6 月 12 日，宁德市农业农村局组织专家对福建省科技重大专项"薯类（甘薯、马铃薯）新品种选育及安全高效栽培技术研究"项目，对周宁高山本地马铃薯脱毒种进行现场测产验收，经加权平均亩产为 1152.1 公斤，比对照增产 34.3%，为宁德市薯类作物产业的发展提供技术支撑。

（四）开展技术培训，培养农村技术人员

围绕周宁县农业产业"五新"技术，加强科技培训工作，手把手、面对面地将各种种植技术传授给技术骨干、种植大户。两年来，本人分别在纯池镇政府、残联、农业农村局、基层农技推广、新型职业农民等培训班授课 7 次，培训 300 多人次。共组织开展现场观摩 3 次，观摩 82 人次，印发资料 2300 多

份,在新福建、学习强国、新宁德、生态周宁、周宁县电视台等平台发布有关宣传报道十多篇。

(五)推进项目申报,辐射带动周边群众

2021 年,本人积极向上级有关部门申报科技项目,建立试验示范基地,一年来,共争取上级项目资金 14 万元。其中,向市科技局申请三门桥村葡萄棚内套种马铃薯后补项目 7 万元,向省农业农村厅申请葡萄棚内套种马铃薯品种筛选试验 5 万元、前溪村复垦抛荒地茶树幼苗套种马铃薯示范片 2 万元等。在项目申报的同时,将这些试验示范通过培训会、观摩会、田间测产等方式向外展示。

(六)搭建电商平台,助推农产品销售

在帮助农产品销售方面,通过搭建网络平台积极开展电子商务助推,集中培训村中青年新型农民使用微信、小视频等简易平台,从这几个村的巨峰葡萄、锥栗、茶叶等农产品入手寻求销售渠道,帮助农民增收;积极联系"印象周宁""万城易购""寻味周宁"等销售平台来帮助农民寻求销路。

二、实施进展与成效

试验表明,葡萄棚内种植马铃薯可大大提高土地利用率,可实现肥料共享,避免梅雨季节给马铃薯带来影响,减少病虫害发生。2021 年,购置 6500 公斤种薯分发给农民种植,带动百亩农户种植积极性,增加农民收入。2022 年,纯池镇葡萄种植农户主动积极地在棚内套种马铃薯,辐射全县面积达 1000 多亩,推动农业提质增效,助推乡村振兴。

三、经验与启示

一是科技特派员工作下沉基层一线,扎根挂点村,通过入户走访、开座谈会、实地考察等多种形式深入村里户里了解村情、民情,要将工作做细做好,在第一时间了解群众的需求,想方设法地帮助解决问题,将服务"三农"的积极性、主动性调动起来,释放出乡村振兴的科技力量,更好地推进乡村振兴。

二是要利用工作优势，借助项目依托和抓手，多向上级争取资金，用于补助示范基地建设，开展试验示范，通过培训会、观摩会、田间测产等方式开展展示活动，用事实说话，用数据说话，用成效说话。

三是在科技特派员选派过程中，乡（镇）村和企业农户要主动参与，要根据当地发展特色、优势产业，选派专业技术能力强、科学素质高、工作有担当的科技特派员，实现供求双方精准对接。全镇及全县的科技特派员不要单打独斗，要报团合作，根据各自的专业优势，整合资源，取长补短，这样能更好地服务基层的需求。

平和蜜柚与有益微生物的结缘

——蜜柚废果生物处理技术团队

　　随着人们消费水平的提高和保护生态环境意识的增强，我国水果产业的发展已由数量扩展型向质量效益型转变。近年来，人们越来越重视水果的无污染、无残留、口味独特、营养丰富和保健功能等，加之全球市场对优质水果需求量的增长，绿色种植、有机种植的水果供不应求，价格也日益高涨。蜜柚含有丰富的维生素 C 及大量营养素，是医学界公认的最具食疗效益的水果，深受人们的喜爱。

　　蜜柚为芸香科柑橘属多年生木本作物，是福建省平和县的名牌水果，至今已有 500 多年的栽培历史，在清代乾隆年间被列为清廷贡品。平和县是我国蜜柚主要生产基地，素有"世界柚乡、中国柚都"之称。蜜柚以其果大、汁多、口感酸甜等优良品质而享誉海内外，是中国特有的优良柚类品种。同时，平和县被认为是重要的蜜柚原产地和中国蜜柚资源的宝库，这足以说明平和县在蜜柚栽培历史上具有的重要地位和在当今世界蜜柚产业发展中的重要作用。自 20 世纪 80 年代开始大面积种植以来，经过 30 多年的发展，现种植面积达 68 万亩，年产量 180 万吨以上，并被推广到浙江、广东、海南、广西等柑橘种植主产区。

　　由于大面积的单一种植和种质与苗木的频繁交流，蜜柚病害发生日趋严重。对蜜柚生产造成严重危害的包括蜜柚黑点病、炭疽病、黑斑病、脂点黄斑病等，其中蜜柚黑点病、炭疽病在蜜柚整个生长期均可发生，受害的部位包括主杆、枝干、叶片、花朵和果实，对蜜柚果实品质、质量、树势、产量有一定的影响。目前，这些病害的防治主要单独依赖化学防治，多种化学农药长期大量使用导致病原菌产生抗药性，需要不断地加大施药剂量，进而导致农残超标问题越来越突出，严重影响蜜柚的食品安全性，已成为蜜柚出口及果农增收的限制因素。另一凸显的严重问题是果园管理粗放，生态环境脆弱。主要表现在化学肥料施用失衡，土壤有机质含量低，面源污染日益严重，树体负载过大，造成树体衰弱，植物生长调节剂过量使用，果品质量下降，这已成为制约蜜柚产业健康可持续发展、农产品质量安全和生态环境安全的最大障碍。自 2015 年国家实施"农药化肥使用量零增长"政策以来，我国农药化肥使用量总体呈下降趋势，但减量任务依然艰巨，尤其是热带、亚热带地区，蜜柚地处亚热带地区，病害频发，树势衰弱，种植户频繁施药施肥，该区域的农药化肥减量非常迫切。为生产绿色健康的果品、保护生态环境，需要不断创新防控技术，做好果品病害生态防控，增施有机肥，改良土壤，有效提高果品质量和市场竞争力，以获得较好的综合防治效益。

此外，在蜜柚生产、加工和消费的过程中会产生大量的病虫果、残次果、落果、果渣和非食用部分等蜜柚废弃物，占总产量的 20%。如遇蜜柚价格不好的年份，高海拔的果园延迟采收或无人问津，废果更是随处可见。对种植户和蜜柚加工企业来说，处理废果需要耗费大量财力，得不偿失。因此，种植户常将废果直接丢弃在果园中，成为各类病菌和害虫的滋生场所，引起果园二次侵染，增加翌年防治难度。收购商多将废果就近丢弃在生活垃圾堆、道路旁及河道中，其腐烂后散发恶臭，严重污染人居环境。因此，将蜜柚废果生物处理技术纳入蜜柚病害综合防控中对平和县蜜柚产业健康可持续发展意义重大。

作为农业科学工作者，我们始终牢记"创新科研、服务国家、造福人民"的职责使命，立志"把论文写在大地上"，着力解决制约农业产业发展的关键问题。将蜜柚主要病害防治从化学防治转向生物防治，将污染环境的蜜柚废果高效、低成本地使用微生物处理"变废为宝"，切实从科技创新角度解决平和县农业发展中面临的资源耗竭、环境污染、质量安全等问题。

一、主要做法和创新举措

科特派团队发起人赖宝春自 2007 年至今，每年都在平和县为果农培训蜜柚病虫害诊断与识别、绿色防控等方面的植保实用技术，十几年来足迹踏遍了平和的每个村落，一心为农，情系平和，受到果农的欢迎。同时，为贯彻习近平总书记关于科技特派员制度的重要指示批示精神，把论文写在车间企业里、田间大地上，该团队通过积极开展蜜柚病害及废果处理等课题研究，切实为果农和企业办实事、办好事。2014 年，平和县霞寨镇大湖村的蜜柚果园黑点病发生得非常严重，发病率最高达 100%，果农们施用大量的化学农药还是没办法控制下来，每斤果实比健康果实便宜 0.3～0.5 元，为此，该村村委找到漳州市农业科学研究所帮忙解决这一问题，赖宝春通过对大湖村蜜柚果园黑点病进行详细调查，于 2015 年申请漳州市科技计划项目"蜜柚黑点病发生规律及防控技术研究"，开始对蜜柚黑点病进行详细研究，并找到了防控方法。2018 年以来蜜柚价格一落千丈，果农种植管理积极性普遍降低，产生大量的废果资源成为平和县蜜柚产业面临的又一严重问题，只有一小部分废果被采用堆腐方式制造成有机肥，但存在腐解速度慢、质量差等问题，无法充分利用废果中的有机物；而绝大部分蜜柚废果则被运往山上挖坑填埋，不仅造成巨大资源浪费，还易导致土壤和水资源污染，严重影响生态环境。福建巴威生物科技有限公司负责人找到我们询问能否从微生物的角度帮助解决蜜柚废果发酵关键技术问题。因此，为解决上述问题，我们于 2020 年申请福建省科技计划项目"蜜柚主要病害绿色防控及废果无害化处理技术研究"及漳州市科技计划项目"蜜柚炭疽病病原种类多样性及绿色防控技术研究"，旨在通过绿色防控减少蜜柚废果的产量及对当前大量的废果实施"变废为宝"循环利用，增加果农收入，促进企业转型升级。

①通过对蜜柚黑点病发生规律的研究、黑点病病原菌的分离鉴定及田间药效试验，总结出了一套蜜柚黑点病综合防控技术措施，解决了黑点病影响果实外观品质这一难题。

②通过对蜜柚黑点病和炭疽病进行病原种类多样性研究，摸清了黑点病及炭疽病的病原种类，为蜜柚主要病害绿色防控提供技术支撑。

③针对平和县蜜柚主要病害（黑点病、炭疽病、黑斑病）开展"以菌治菌"生物防治技术研究，减少化学农药施用量，改善果园生态环境。

④对蜜柚主要病害进行农业防治、物理防治、生物防治及科学用药的绿色防控技术研究与集成，使果农从以化学农药为主的防控措施向绿色防控措施转变，并使果农能辩证看待病虫害与作物、益虫、环境、耕作等因素之间的关系，从而学会善于协调应用各种防控措施，牢固树立绿色发展的理念，切实做到化学农药的减量增效。

⑤利用有益微生物（真菌、细菌、放线菌）处理蜜柚废果，大大缩短腐熟时间，增加肥效，减少环境污染和安全隐患。

二、实施成效与影响

通过将有益微生物引入平和县蜜柚生产中,得到了以下 3 点成效。

一是利用有益微生物防治蜜柚病害对人畜无害,对环境友好,能解决果实农药残留、病菌的抗药性等问题。经过多年的努力,我们筛选到 2 株高效链霉菌对蜜柚黑点病、炭疽病和黑斑病均具有较好的防治效果,并申请了 2 件发明专利,均已授权,分别为"深红紫链霉菌及其生物防治菌剂和制备方法"和"一株小串链霉菌 XG40 及其应用"。其中 1 件发明专利"深红紫链霉菌及其生物防治菌剂和制备方法"已进行成果转化,将专利使用权转让给福建巴威生物科技有限公司,作为外源菌剂应用到工厂化大规模生产制成复合菌肥。用了这款菌肥的山格镇平寨村村队长林中国说:"原来我们对病害生物防治和菌肥一无所知,以前只知道施用化学肥料和农药,成本增加了,果实品质却越来越不好,现在有了这款产品,相信它能为我们带来更大的收益。"如今,在林中国的蜜柚园里,蜜柚不仅长势喜人,而且果实品质也得到了提升,病害发生的次数也减少了,果园里害虫天敌种群数量在不断增加。

二是通过有益微生物(降解菌)将蜜柚废果中的有机物快速转化为更有经济价值的生物活性成分或小分子物质。经过 2 年的筛选及试验,我们筛选到 1 株高效降解菌,能够在自然条件下高效、低成本降解蜜柚废果,代谢组测定结果表明,应用该降解菌处理的蜜柚废果最终菌肥产品品质更佳,主要表现在 1478 种代谢产物发生变化,其中最明显的是 103 种氨基酸的含量显著提高、48 种能促进植物生长的植物激素显著提高、45 种对作物有害的芳香族化合物的含量显著降低等。利用本实验室科研成果破解了阻碍福建巴威生物科技有限公司的蜜柚废果实现高效、低成本处理关键技术问题,福建巴威生物科技有限公司董事长吴永川对这项技术赞不绝口。目前,福建巴威生物科技有限公司利用该项技术每年可处理废果 8000 吨左右,总价值达 3500 多万元,对该企业的转型升级发挥了关键性的作用。

三是通过十几年不间断的集中培训及田间地头指导,蜜柚病虫害绿色防控技术逐渐深入果农的心中,让果农认识到除了化学防治,还可应用农业防治、物理防治、生物防治等措施,撰写的专著《蜜柚常见病虫害速诊快治图鉴》(中国农业出版社出版)方便果农时时对照查阅,助力化学农药减施增效。

三、经验与启示

赖宝春科特派团队开展蜜柚废果微生物发酵研究,变废为宝,生产菌肥,最后还于果园,不仅实现蜜柚废果高效循环化利用,还将废果的处置纳入蜜柚病害综合防控中,使综合防控技术实现完整的闭环,并治理了蜜柚废果对环境污染问题。可产生巨大经济效益、生态效益和社会效益,缓解当前平和蜜柚对化学肥料的过度依赖问题,符合中央对农业绿色发展和高质量发展提出的新要求,对持续推进肥料减量增效和使用量负增长具有深远的意义。

生产上防治蜜柚病害主要依靠化学农药,从蜜柚抽发春梢开始至冬季清园结束,果农每隔20天左右施用一次化学农药,大量使用化学农药导致了一系列问题日益严重。利用有益微生物防治蜜柚病害对人畜无害、对环境友好,能解决果实农药残留、病菌的抗药性等问题。从化学防治向生物防治转变是一个质的飞跃,对琯溪蜜柚可持续生产具有重要的意义。

四、创新亮点

将蜜柚废果使用微生物高效处理,变废为宝,还于果园,不仅提质增效,还减少了环境污染和安全隐患。对蜜柚主要病害进行较全面的系统研究,利用生防菌及其代谢产物进行生物防控技术研究,集成一套琯溪蜜柚主要病害绿色防控技术。

跨专业组团助力企业转型升级，延伸产业链建设农业示范园

——食品加工及其剩余物资源化利用技术团队

由团队负责人福建农林大学黄莹牵头，与福州大学骆念蓓和温翠莲、福建省微生物研究所罗立津、福建省原道生态环境研究院徐智勇等组成的跨区域、跨专业、跨领域、多学科融合的党员专家团队秉持着服务"三农"的初心，在食品保鲜、微生物防控、包装材料、大数据智能化、电商物联网等技术领域密切合作，强强联合，优势互补。2020年被选认为省级团队科技特派员。

面对乡村振兴发展机遇，原本从事畜禽养殖的福建幕村鲜味食品有限公司遭遇了转型升级的困境。在福州市高新区科技局和高新区产学研办公室牵线下，幕村公司与我科技特派员团队对接成功。针对服务对接单位生鲜冷链物流管理相对滞后，生鲜冷链物流设施、加工技术、信息技术含量偏低，生鲜电子商务支撑系统不健全的问题，大家发挥各自专业技术优势，共同为服务企业幕村公司的快速发展出谋划策，旨在将服务对接单位幕村公司建设成为专业从事生态农产品鲜切标准化产品研发与生产的科技型企业，并着力助推一二三产融合。

一、主要工作内容

（一）全程冷链质量监控体系建设

从软、硬件配套，质量管理制度完善，以及人员培训等多个方面构建了全程冷链质量监控体系，实现了从原料质量到产品质量都得到监控保障，严格保证产品质量，延长产品货架期，树立品牌口碑。

（二）基于微生物量纲模型的冷鲜肉货架期影响研究

结合微生物生长学和数学模型建立微生物生长模型，用微生物生长模

型定量评估食品中微生物的数量及动态变化,为延长冷鲜肉货架期提供科学依据。

(三)基于气调包装的保鲜技术研发

选取合适的包装材料和正确的气体比是气调保鲜的两个核心,团队通过优化气调保鲜工艺并结合全程冷链进行保鲜技术研发,延长了冷鲜肉的保鲜时间。

(四)基于新零售的生鲜电子商务支撑系统建设

食品加工及其剩余物资源化利用技术团队与服务对接单位通过建立生鲜食品的原料管理、安全管理、质量管理、分拣及送货管理等支撑子系统,成为福建省新零售主流渠道的核心供应商。

(五)一二三产融合发展项目孵化

延伸受援企业产业链,集成新技术农业的生产、加工、乡村旅游等产业于一体,助推一二三产融合发展,打造一二三产融合的完整产业链(产+销+研学)数字农业乡村产业示范园。

二、主要创新举措

(一)建立了全程冷链质量监控体系

指导企业从软硬件配套、质量管理制度完善及人员培训等多个方面构建了全程冷链质量监控体系。在硬件上,改变车间滞后现状与布局,进行初级农产品(畜禽类)标准化生切分割严格区分与生鲜食品标准化生产。在软件上,我科技特派员团队结合物联网技术及信息技术研发了相关的配套管理软件系统,引入了福建省农产品质量安全追溯监管信息系统和福建省食用农产品追溯凭证,建立可追溯的生产销售信息体系,改进非标化生产的行业现状。在质量管理制度上,指导企业建立和实施 HACCP 体系,确定关键控制点及控制措施。在人员培训上,我科技特派员团队不定期对企业管理层及一线作业员工进行培训,提升员工作业素质。

（二）完成了基于微生物量纲模型的冷鲜肉货架期影响研究

冷鲜肉在贮藏和销售过程中易受到理化及微生物的影响，造成冷鲜肉保质期缩短，严重阻碍供应链的发展。我科技特派员团队结合微生物生长学和数学模型建立微生物生长模型，对微生物生长学一级、二级模型进行研究，从微生物和物理角度来对冷鲜肉货架期进行评价。用微生物模型定量地评估出食品中微生物的数量及动态变化，为延长食品货架期及对安全性的评估提供科学的依据。

（三）研发了基于气调包装的保鲜技术

气调包装产品的品质及货架期受产品贮藏温度、原料初始带菌量、包装内气体组成及配比、包装容器内气体体积与物料质量比、包装材料等多种因素的影响。我科技特派员团队通过试验比较分析，最终选用氧气透过率低，并且对二氧化碳和氮气也有较好阻隔性的德国希悦尔牌包装膜。此外，通过采用选定的高阻隔包装材料，针对大田黑猪、闽清毛脚鸡、河田鸡、莆田黑鸭、泰宁金湖乌凤鸡等特色畜禽产品优化气调保鲜工艺。

（四）建设了基于新零售的生鲜电子商务支撑系统

我科技特派员团队与幕村公司一起，面向福建省的新零售平台，进行了基于新零售的生鲜电子商务系统建设，主要包括原料管理3个子系统、安全管理系统、质量管理4个子系统、分拣及送货2个子系统。通过以上基于新零售的生鲜电子商务支撑系统的建设，目前公司已成功对接福建省新零售主流渠道，成为朴朴电商、谊品生鲜、苏宁小店等新零售企业的核心供应商。

（五）建设洋里高山数字农业示范园

结合乡村振兴战略，基于受援企业前期从事畜禽养殖的优势基础，我科技特派员团队为幕村公司未来发展出谋划策，助力产业链延伸。我科技特派员团队经过实地考察和项目评估，以洋里乡茶苑村为示范基地，通过"数字农业+生态农业"科普基地建设，以4年的项目总体建设期打造洋里高山数字农业示范园，形成第一产业养殖业、第二产业农产品初加工，以及第三产业休闲、旅游服务业的一体化解决方案。2022年为一期建设期。

三、实施成效与影响

（一）助力企业转型升级

我科特派团队与服务对接单位通过全程冷链质量监控体系构建、保鲜工艺研发升级、生鲜电子商务支撑系统建设等，实现农产品冷链流通标准化，为农产品生鲜保供企业提供了技术示范，使幕村公司从传统养殖企业成功转型升级为专业从事生态农产品鲜切标准化产品研发与生产的科技型企业。已成功对接福建省新零售主流渠道，成为朴朴、土土优选、多多优选、美团优选等新零售企业的核心供应商。服务企业2020年实现产值近2000万元。2021年产值达3600多万元。2021年企业获评省级规模以上企业。

（二）保障福州市生鲜供应

我科特派团队指导幕村公司实现智能化加工和标准化生产，可实现产品的保鲜时间达到国内外领先水平；建立了1条可日产3万盒冷鲜肉及加工制品的冷鲜肉保鲜加工产业化示范生产线。在疫情期间，幕村公司充分展现了一个生鲜保供企业的责任与担当，利用与科技特派员团队一起建立的服务体系，以更短、更快的链路提升生鲜供应链运营效率，从大年三十开始每天保质保量、不提价完成冷鲜肉配送服务，丰富供给，保障供应。

（三）推进一二三产融合

我科特派团队助力幕村公司的产业链延伸，推进一二三产融合。洋里高山数字农业示范园项目的实施，带动第一产业养殖业，第二产业农产品初加工和第三产业休闲、旅游服务业的发展。为发展特色现代农业提供示范园，形成"一村带数村，村村连成片"的农业格局。

（四）服务乡村振兴战略

服务企业作为市级农业产业化龙头企业、市级现代农业技术创新基地，通过科技引领、产业带动，实现长效机制的产业扶贫。带动上游畜禽养殖企业或合作社6家，通过产业带动50户农户增收，并为当地失地农民提供120～130个就业岗位，带动下游新零售平台的产品转型和升级。同时，洋里高山数字农业示范园项目的实施，实现"小农户"与"现代农业"有机衔接，让农户分享产业链增值收益。

（五）形成产学研合作新模式

在福州高新区科学技术局和高新区产学研办公室的大力支持下，我科技特派员团队与幕村公司深度合作，助力企业抓住市场机遇，成功转型升级。根据国家乡村振兴战略为企业发展出谋划策，助力受援公司产业链延伸。2021企业获评市级科技特派员工作样板点、高新区产学研校企合作典范企业。团队成员在服务过程中通过交流和借鉴学习，科技水平和服务能力也得到提高。团队申报项目获市级立项。团队工作事迹被人民网、《福建日报》、《福州日报》、东南卫视报道，受到企业和当地政府认可。

四、经验与启示

（一）科技特派员制度搭起了企业科技需求与科研单位成果转化双向交流的平台

通过践行科技特派员制度，企业在科技上有依托，科技特派员团队的入驻为企业送上科技"定心丸"，企业在科技创新上有"贴心人"，激发了企业的创新活力和生产积极性，使企业敢于也乐于应用新的科技成果。与此同时，科研人员对生产中实际问题进行更深入的探究，科技研发人员有"试验田"，科技成果有用武之地。

（二）科技主管部门主动服务，"科技政策敲门入企业"，"科技服务直达科研人员"

福州高新区科学技术局和高新区产学研办公室重视科技特派员工作，努力营造良好的科技特派员工作环境和氛围，加强与派出、派驻单位的联系，做到"科技政策敲门入企业""科技服务直达科研人员"。科技主管部门及时主动把有关的科技政策、项目服务传达和对接给企业和科研人员，为企业和科研人员开展科技创新营造良好的环境和氛围，激发了技术对接和成果转化的积极性。

（三）跨行业、多领域、跨专业配合组团，更好地解决生产过程中的科技问题

企业在实际生产过程中涉及的科技问题往往是综合的、多方面的。我科技特派员团队以跨单位、跨专业、跨领域的科技人员的"强强联合"，更好地为受援企业幕村公司解决生产过程中的科技问题，实现科技的集成创新、应用创新。团队成员在服务过程中通过交流和借鉴学习，科技水平和服务能力也得到提高。

（四）党建引领，党建与科技特派员服务深度融合

我科技特派员团队成员全部为共产党员，在对接服务过程中，注重党建引领。在推进洋里乡的洋里高山数字农业示范园乡村振兴项目时，与洋里乡党委及茶苑村党支部相关党员组成临时党支部，通过党建引领，实现党建与科技特派员服务深度融合，科技特派员派出单位原道生态与茶苑村党支部签订支部共建协议，开展以"基地联建、项目联动、活动联办、资源联享、业绩联创"为主要内容的"六联共建"活动。

（五）助推产业链延伸，发挥专业技术服务机构职能，形成示范推广模式

我科技特派员团队根据乡村振兴战略，在服务受援企业的过程中，助力产业链延伸，推进一二三产融合，形成以"科技引领企业，以企业带动基地，以基地带动产业"的示范推广模式，进一步与受援企业一起建设洋里高山数字农业示范园，通过科技助力、产业带动，实现共同富裕。在此过程中，原道生态作为省级技术转移服务机构，在促进科技特派员与农户、企业之间的精准对接方面和系统集成方面发挥了积极作用。

五、创新亮点

（一）跨专业组团助力企业转型升级，提升"价值链"

我科特派团队跨行业、多领域、跨专业配合组团，针对受援单位、幕村公司转型升级难题，通过全程冷链质量监控体系构建、保鲜工艺研发升级、生

鲜电子商务支撑系统建设等，实现农产品冷链流通标准化，使幕村公司从传统养殖企业成功转型升级为专业从事生态农产品鲜切标准化产品研发与生产的科技型企业，获评省级规模以上企业、市级现代农业技术创新基地及高新区产学研校企合作典范企业等。

（二）一二三产融合建设农业示范园，延伸产业链

结合乡村振兴战略，科技特派员团队助力产业链延伸，以洋里乡茶苑村为基地，打造洋里高山数字农业示范园，推进一二三产融合，形成以"科技引领企业，以企业带动基地，以基地带动产业"的示范推广模式。

"空巢"村变身创业"网红"村

——科技特派员创新工作站陈清

位于大山深处的福安市上白石镇占西坑自然村是畲汉共居民族村，隶属里垄坑、坪庄两个行政村，户籍人口300多人。占西坑山林陡峭，地无三尺平，基础薄弱，因交通不便发展受限，年轻人纷纷外出谋生，一度只剩下十几个老人，土地闲置荒废，田野荒草丛生，成了远近闻名的"空巢村"。作为科技特派员的陈清不愿让家乡败落，主动请缨驻守占西坑，开始实施"占西坑拯救计划"，带领乡亲们垦荒修路，改善生产生活条件，占西坑从空心孤寂向活态发展。通过"双融双促"乡村振兴模式打造乡村创业园，如今的占西坑，春来百花开，夏来竹酒香，秋来稻谷黄，冬来蜂蜜甜，曾经的"空巢村"变成了远近闻名的"网红村"，吸引着众多创业者前来取经、游客前来寻觅乡愁。

一、搭建创业平台，彻底拔除穷根

2019年，刚刚当选科技特派员的陈清，放弃城里优越的工作环境回到占西坑村，选择了一条极其艰难的路，在许多人看来就是和自己过不去，但他决心已定，不能眼看着家乡败落甚至消失，带着"爱故乡"的情怀回到了占西坑。

陈清不顾家人强烈反对，在对占西坑的地理环境及产业资源进行梳理后，拿出50多万元积蓄带领乡亲们创业致富，利用占西坑荒山闲地土壤没有农残的优势，以"稻鸭共养"的模式种植水稻，并利用丰富的生态林资源林下仿野生种植铁皮石斛，发展基地面积3000多亩，基地辐射福安、霞浦、浦城等周边城市。他将稻鸭共养技术、仿野生铁皮石斛种植技术、养蜂技术无偿传授给村民，引导村民发展生产，帮助解决生产中的技术难题及产品的销售问题。中央电视台《逐梦山海》栏目专题报道了陈清主导的生态发展模式，引得全国各地1300多人慕名前往取经。

带动困难群众脱贫致富，个人的力量是有限的，陈清劝回占西坑"青一代"村民，通过资源整合，创办了福建省首家建在田间地头、面向农村农民的"乡村众创平台"——占西坑乡村众创空间。探索提出"1243"党建扶贫工作机制，即：党建引领，带动农户实现共同脱贫致富"1个目标"，推行就业扶贫和创业扶贫"2种模式"，打造智力（培训）扶贫、项目扶贫、技术扶贫、营销扶贫"4支队伍"，提供项目和物资帮助、技术和种苗支持、无偿赞助和贫困户入股"3套方案"，形成"互联网+乡村众创+精准扶贫"的创业扶贫新模式。与97户贫困户（其中建档立卡贫困户31户）建立帮扶关系，帮扶项目覆盖周边6个乡镇，建立示范基地9个，31户建档立卡贫困户全部实现脱贫，2020年户均增收3.1万多元。

二、"筑巢引凤"聚产业，激活村庄造血功能

实现巩固拓展脱贫攻坚成果同乡村振兴有效衔接，脱贫摘帽不是终点，而是新生活、新奋斗的起点。2019年11月，在上白石镇党委、政府的支持下，陈清把占西坑乡村众创空间提升为乡村振兴（扶贫）产业园，实施"双融双促"乡村振兴模式，即乡村众创融合产业发展、乡村众创融合乡村建设，党建引领促人才培育、党建引领促乡村振兴。

陈清在占西坑乡村众创空间原有基地上新建2000平方米"乡村互联网创业孵化园"，并流转2360多亩土地，免费提供给入驻创业企业使用。截至2021年12月，占西坑众创空间入驻创业企业46家。入驻企业根据占西坑的产业资源，复兴了"制粬""烧酒"产业，并打造了1000多亩以竹酒、林下养鸡、养蜂、种植铁皮石斛为主的"林下经济产业园"。

占西坑的品牌初步形成，占西坑以众创空间为据点，在福安市委组织部、科技局、人力资源社会保障局等部门及驻乡镇科技特派员团队（卓燕、陈长义、黄晓辉）的支持下，相继成立"创业导师志愿服务团"、乡村众创空间人才驿站和乡村众创空间科技特派员创新工作站，打造了一支能够"影响一片、带动一群、造福一方"的人才队伍。在为占西坑引来人气及"活力"的同时，完善了道路、自来水、网络等乡村基础设施建设。

三、党建赋能引领，推动乡建高质量发展

占西坑乡村众创空间科技特派员创新工作站充分发挥党建引领"把方向、管大局、保落实"作用，在推进"党建带乡建"工作中，完善乡村创业服务体系，引进有乡村情怀、愿意到乡村发展的乡村创业人才，作为"新乡民"落户占西坑创业园。党支部秉承"引进来、留得住、能发展"的服务理念，为入驻团队提供创造最好的创业、生活环境。在组织部、科技局、人力资源社会保障局的支持指导下，建立完善的制度，配备了科特派工作室、培训室、路演厅、导师室、会议室、直播间、创（就）业服务平台等。以提供创业场地、人才交流、商务代理、导师辅导、品牌孵化、产品销售、政策对接等为一体为乡村人才提供服务。通过举办创业、高技能人才、农村致富带头人等培训班，提升入驻创业团队的创业能力及职业技能。2021年共举办培训班6期，参训人员326人，其中68人获得高技能等级鉴定证书。

绿水青山就是金山银山的生态发展理念深植村民与创业者心中，在占西坑建立了"林下经济示范园"和"产业扶贫孵化基地"，实现"不砍树也致富"的产业目标。利用占西坑村现有的3000多亩的林业资源，统一规划、合理布局，建立了竹酒、铁皮石斛、养鸡、养蜂等林下产业基地，带动周边19个村庄发展，辐射效应明显。其中，竹筒酒项目采用"公司＋基地＋农户"的模式，带动农户200多户，年产竹酒80多万筒，年产值6000多万元；铁皮石斛盆栽采用"订单农业"模式，与6家园艺公司合作，由园艺公司出资作为成本，并负责终端销售，年产量30多万盆，年产值达2000多万元。通过不断培育新的创业项目，里垄坑红米基地、前洋猕猴桃基地、下坪仔红心芭乐果园、姜家山黄栀子基地等一批"一村一品一特色"优势产业皆已蹚出致富路。

四、创新亮点

科技特派员陈清以一己之力拯救一个濒临消失的村庄，使得返乡青年成为振兴乡村的重要群体力量。占西坑村通过科技特派员、创业者、众创空间平台和村民的四结合，以勤勉、自助、合作为基本精神，促使农民自发开展家乡建设活动，将"外部输血"与"内部造血"有效地结合在一起，"内力"与"外力"同频共振，为占西坑经济发展打通"任督二脉"，注入了鲜活的生命力。

路径成果篇
福建科技特派员制度创新与实践

"科特派"引智招商——助力笋竹产业

——国家林业和草原局竹子研究开发中心 吴良如

福建省是中国笋竹资源最丰富的省份，资源面积和竹笋竹材产量居全国首位，但笋竹产业，特别是"二产"——笋竹加工，与笋竹产业发达省份相比，还是有些滞后，总产值和单位面积产值都差一大截；南平是福建省笋竹资源最丰富的区域，笋竹加工业也相对发达，但与浙江相比仍有较大的发展空间，特别是笋竹加工产业有自己的特点；建瓯是南平市笋竹产业最集聚的地区，相对其他市县具有笋竹产业领头羊的地位。

笋竹产业是建瓯的支柱产业，已成为提高农民收入、振兴乡村最重要的抓手。建瓯笋竹产业发展迎来巨大的机遇，同时面临一些挑战。例如，如何学习浙江安吉笋竹产业发展的成功经验，如何把笋竹资源优势转化为产业和经济优势，如何提高笋竹加工产业的加工水平和规模，特别是如何通过科技创新和成果引进支撑产业发展等。

一、主要做法和创新举措

（一）服务竹笋加工龙头企业，以点带面

1. 公司发展现状及技术瓶颈调研

2012 年，福建明良集团有限公司已是中国竹笋加工生产企业中的龙头企业，位列前三，但竹笋产品单一、产品附加值低、加工生产的机械化自动化程度低等，这些已成为企业进一步发展的瓶颈。

通过调研基本掌握福建明良集团有限公司发展中存在的瓶颈问题：如何开发高附加值的竹笋新产品，实现竹笋从一棵"小蔬菜"向"大食品"的转化，为福建省下一步开展科技服务工作明确目标和方向。

2. 研究开发项目的设计申报实施

在 7 年的时间里，公司设计并争取到 5 个研究和科技成功推广项目，通过项目的实施，较大地提升了企业的创新能力和产品的附加值。具体实施项目包括：①与世界上最大的食品生产和销售企业——美国的 Mars 公司合作，利用竹笋加工剩余物提取竹笋蛋白及膳食纤维，再以竹笋蛋白和膳食纤维为原料或添加剂开发宠物食品（Mars 公司提供研究经费 16 万美元）；②"十三五"国家重点研发计划课题"竹笋加工技术集成示范"（国拨经费 160 万元＋企业配套资金 110 万元）；③国家级林业科技推广项目"竹笋加工剩余物高效加工利用技术推广与示范"（国拨经费 50 万元＋企业配套资金 70 万元）；④国家农业综合开发项目"速冻无酸竹笋、蔬菜系列产品加工技术研究开发"（国拨经费 50 万元＋企业配套资金 70 万元），建成了年产 1 万吨液氨速冻生产线；⑤福建省科技厅星火办申请科技特派员后补助项目"竹笋速冻加工工艺研究与开发"（国拨经费 15 万元）；⑥通过牵线搭桥，促成"十三五"国家重点研发计划课题"竹笋保鲜及副产物综合高效利用"落户企业。

（二）建立笋竹产业公共服务平台——福建省协同创新院竹产业（建瓯）分院，全面服务和加速笋竹产业发展

1. 全力以赴完成筹建任务

经建瓯市政府共同努力，"6·18"协同创新院竹产业（建瓯）分院于 2017 年 3 月由中国·海峡项目成果交易会组委会办公室批准成立。在此基础上，分院认真对照《福建省发展和改革委员会关于进一步做好"6·18"协同创新院产业技术分院有关工作的通知》要求，认真按照"五个一"的建设要求，形成一套完善的管理体制及运行机制。一是初步建成一套完善的运行机制。技术方面依托单位为国家林业和草原局竹子研究开发中心，运营方面依托单位为慧眼食珍（建瓯）网络科技有限公司。二是解决了场所和资金保障问题。分院为更好地服务企业，办公场所设在建瓯市城东工业园区的省级高新技术企业孵化器内，办公场所为 600 多平方米，办公设施完善，市政府还拨专款 30 万元用于协同创新院竹产业（建瓯）分院建设。三是建立了一个网络平台。市政府拨出专项工作经费 10 万元，聘请福建特力惠信息科技股份有限公司对原有网站进行全面改版升级，目前，网站建设已全面完成并投入使用。四是组建一支

高素质专家团队。入驻高校机构 10 余家、专家 100 余人，尤其是聘请中国科学院赵玉芬、中国工程院蒋剑春院士为首席专家，院士团队也入驻分院。在省发展改革委、南平市发展改革委的精心指导下，2018 年 8 月通过福建省的年度考核验收并正式授牌。

2. 全面启动分院创新工作

吴良如作为分院筹建负责人和院长，全面谋划和实施分院工作，促进区域竹产业的发展。

①开展竹产业发展趋势和政策梳理。通过深入了解建瓯及南平笋竹生产加工企业（15 家笋竹企业）、竹林基地（7 个主要的产笋竹的乡镇）、笋竹产品交易市场（电商园、竹笋交易市场、连地白笋交易场等 6 家）、竹农（30 余人），对建瓯竹产业发展现状进行了较全面的调研，收集了大量一手资料，现正处于资料汇总和梳理阶段。

②开展共性关键技术研发服务。分院技术依托单位国家林业和草原局竹子研究开发中心与中国药科大学、南京财经大学、福建明良集团有限公司共同承担了"十三五"国家重点研发计划课题"竹笋加工技术集成示范"，现建成竹笋粉试生产线 1 条，设计年生产能力 500 吨，细度达 100 目以上，并研制竹笋粉企业标准 1 项，还以竹笋粉为原料，经复配组合，研制开发新产品——竹笋饼干。同时，开展了竹笋营养学和药理学应用基础等研究，取得了一些创新和突破，为竹笋高值化、食品化利用推广打下了良好的基础。

③开展创新成果对接和转化。从 2019 年开始，分院每年主办 2～3 次笋竹培育和加工利用技术成果对接会，共邀请国内外专家学者 110 余人，笋竹地方政府官员、企业代表 500 余人参会，进行了技术推介、洽谈，取得了良好的效果。

④共同创立和承办了 3 届中国笋竹产业（建瓯）高峰论坛。分院作为承办单位之一，从 2018 年 5 月 20 日开始已连续 3 届承办了中国笋竹产业（建瓯）高峰论坛，共吸引涉农领域、笋竹行业的专家、学者、政府领导、企业家 1200 余人参会。签订企业投资合同订单 11 项，合计 6 亿元以上，对接技术服务 19 项。论坛在宣传建瓯笋竹产业、提升知名度方面都取得了较好的效果，深得各界的关注和好评。

⑤开展创新型企业孵化。选取 2 家竹笋加工企业（福建省建瓯市美森竹

业有限公司、建瓯市迪口安然笋竹专业合作社）、1家竹编安全帽生产企业（福建省建瓯市朝阳竹编帽业有限公司）、1家竹炭生产企业（福建省建瓯市恒顺炭业有限公司）、1家竹生物质材料生产企业（三明市缘福生物质科技有限公司）共5家小微企业、合作社作为分院培植孵化企业，进行了一对一帮扶，选引对应的专家与企业对接，开展了共同研发攻关，促进企业发展，其中2家企业成功入库福建省科技型中小企业名单。

⑥成功举办两届"竹乡杯"挖冬笋大赛活动。2018年、2020年分院联合其他部门共同主办两届"竹乡杯"挖冬笋大赛活动，共有32支队伍近100人参赛，对加强与笋竹企业、合作社、竹农的联系，提高创新院的知名度起到了较好的宣传效果。

⑦分院根据建瓯市政府的部署，积极参与建瓯市政府与国际竹藤中心的战略合作商谈，2020年市政府与国际竹藤中心签订了竹产业发展战略合作协议，国际竹藤中心授权建瓯市筹建中国竹藤集群品牌联盟笋用竹分部，旨在集聚国内竹笋行业优势资源，建立协调机制，推动竹笋品牌发展、提升品牌效益、扩大品牌影响力、拓展国际市场空间，树立中国竹笋话语权。这为创新院的发展提供了一个更广阔的平台。

⑧分院多渠道、全方位推介建瓯、闽北的竹产业。吴良如在中国科协主办的竹产业大讲堂等各种论坛上做主题报告和讲座20场次，全面推介建瓯竹笋、南平竹笋和中国竹笋，产生了广泛的影响，提高了建瓯、南平笋竹产业的知名度。

二、实施进展和成效

吴良如研究员及其团队的科特派工作，有效地助力建瓯当地企业的做强做大，促进了笋竹产业发展。

①竹笋在传统意义上只是一种蔬菜，但通过吴良如及其团队的技术创新和新产品（竹笋饼干、面包、面条等）开发，初步实现了竹笋产品（现在是蔬菜）进入大食品行业，大大拓宽了其产业链。

②把建瓯、南平逐步打造成了中国笋竹技术研发、产品加工和交易的中心，现已初具雏形，未来可期。

③建立了协同创新院竹产业（建瓯）分院，运转良好，有效实现笋竹产

业的引智和引技术成果，促进建瓯笋竹产业发展。

三、经验与启示

吴良如一方面利用自身技术专长组织集智引智实现成果转化，有力地促进了区域笋竹产业和企业的提升发展；另一方面积极发挥以智招商，做好建瓯市政府的参谋助手。

2022年初，厦门联华食品有限公司组织高管到建瓯实地考察。吴良如研究员根据市委、市政府安排，为考察团开设笋食品加工专题讲座。1月13日他应邀前往厦门联华食品有限公司总部为其高层作了中国竹笋产业发展前景深度专业剖析，进一步坚定了企业投资竹笋食品加工产业的信心，有效促进了企业的项目对接。2月7日在南平市政府集中签约现场，厦门联华食品有限公司与建瓯市顺利签约，农产品综合深加工生产项目落地。该项目以笋深加工产品为主，采用先进的工艺及贮藏条件，引进日本笋冻眠处理工艺，对进一步促进建瓯乃至整个南平市竹笋产业的发展和提升具有里程碑意义。

吴良如研究员与福建笋竹产业结下了不解之缘，以自己所学所研服务福建的笋竹产业。20世纪80年代他就跟着老师服务南平（浦城、邵武）、漳州（华安、南靖）笋竹产业，历时10余年指导建成了全国自然条件下保存活体竹种数量最多（330余种）的华安竹种园；1996年他自己独立承担项目，第一个"九五"国家重点科技攻关计划子课题"人造板竹材优质高产林分生产结构及调控技术研究"就落地建阳黄坑——中国两个大毛竹产地之一；2001年国家林业总局竹子研究开发中心与永安合作成立了"永安分中心"，他担任主任，指导建立永安市大湖竹种园，开展相关的笋竹产业科学研究，大大促进了永安笋竹产业发展。

高性能纤维增强复合材料开发和示范应用

——中国科学院福建物质结构研究所王剑磊

纤维增强聚合物基复合材料，也称纤维增强塑料（FRP），是以高分子聚合物为基体，以无机纤维或有机纤维为增强材料制造而成的复合材料。纤维增强聚合物基复合材料具有高强度、高刚度、高韧性、承载能力大、重量轻、耐腐蚀、不导电等优良特性，是一种高性能复合材料，可应用在高技术产业领域。

福建省的纤维增强复合材料产业从总体上看和发达省份相比还有较大的差距。多数复合材料企业主要生产中低端产品。高端产品，即使是本省所需要的，也要从省外或国外购买。省内各院校和科研单位在碳纤维复合材料研发上也少有在国内有影响的成果。目前各相关企业、高校和科研单位普遍希望能组织建立福建省的高性能复合材料研发平台，跟踪引进国内外复合材料的先进技术，并通过消化吸收和自主创新确立福建省在全国复合材料产业上的技术优势和竞争优势。在此背景下，中国科学院福建物质结构研究所王剑磊从2016年开始作为省级科技特派员服务福建海源新材料科技有限公司，经过多年努力，突破了纤维增强复合材料的共性关键技术，并在建筑领域和新能源汽车领域实现了产业化，在福建海源新材料科技有限公司、中建海峡建设发展有限公司和宁德时代新能源科技股份有限公司进行示范应用。

一、高性能热塑性复合材料建筑模板的成套技术及工程应用

建筑模板是混凝土凝结成型的一种框架，在现浇混凝土结构工程的项目中占据了重要地位。相对于传统木建筑模板，复合材料建筑模板节约资源，周转次数达60次以上，可全部回收再利用，且重量仅为钢模板的1/4，市场占比逐年增加。2020年建筑模板的需求量约为1.2亿平方米，预计到2025年可达3亿平方米，市场规模达千亿元。

国内复合材料建筑模板在材料配方、成型工艺、结构体系上存在技术瓶颈，相关产品普遍具有力学性能低、单板尺寸小、产品类型单一等缺点。中国科学院福建物质结构研究所王剑磊团队和福建海源新材料科技有限公司等单位经过多年努力，突破了高性能热塑性复合材料建筑模板技术，并实现了工程应用。

（一）主要做法和创新举措

1. 首创了具有优异性能的长纤增强热塑性复合材料建筑模板

基于"本体＋表面"分离的设计思路，提出了采用多种维度纳米材料对纤维表面杂化改性的思想，解决复合材料中纤维和树脂界面结合不足的问题，实现其高性能化；发明了功能层热贴合的方法，实现建筑模板阻燃、憎水等特性，并利用复合材料建筑模板的可回收性，追求全链条的最优化。

2. 发明了具有自主知识产权的复合材料建筑模板新型成型工艺

兼顾纤维长度特性和分散性，开发了"二阶双螺杆串联异步共混"工艺；基于热力学耦合理论，设计了大吨位热压成型专用模具；实现压塑成型工艺精确调控，解决了异步同序二次加工中贴面与模板的界面结合问题；提出"纤维再生"思想，通过优化挤出工艺，显著提升回料中纤维的增强作用，提高回料的利用效率。

3. 开发了满足快速施工需求的轻量模块化建筑模板结构体系

基于"材料—结构—性能"一体化设计思想，综合有限元优化、可视化配模方法，开创满足现代施工需求的带肋式组合模板新模式，解决了少规格量产和现场高效施工的平衡矛盾，将塑料模板开创性地应用到工建领域。

（二）实施成效与影响

本项目打破了复合材料建筑模板的传统理念和方法，在多个方面实现了技术突破。在材料方面，突破了高性能界面结合、功能层热贴合、生命周期管控等关键难题；在工艺方面，突破了二阶共混工艺、二次贴膜工艺、大吨位热成型专用模具等关键难题；在结构方面，突破了结构轻量化、少规格模块化、快速拼接等关键难题。模板的拉伸强度为 91 MPa、弯曲强度为 145 MPa、简支梁冲击强度为 34.1 kJ/m^2，高于国内外同类产品，居国际先进水平；获得发明专利 7 项、实用新型专利 3 项，发表学术论文 3 篇。整体技术自 2016 年起在福建海源新材料科技有限公司、中建海峡建设发展有限公司、中建四局等企业得到了应用并实施产业化，在中国台湾、雄安新区、福州地铁、成都机场，以及老挝等国家的工程项目中得到批量应用。近 3 年实现新增产值 15.41 亿元，新增利税 2.26 亿元。项目开展中，参编行业仅有的两项标准，创造了显著的经济效益和社会效益。此外，本项目荣获 2020 年度福建省科学技术进步奖二等奖。

二、轻量化复合材料汽车动力电池箱的关键技术研究及产业化

新能源汽车动力电池是福建省重点发展的战略性新兴产业。国际各大电动汽车制造商正越来越多地采用全复合材料替代金属来制造动力电池箱，可减重 30% 以上。例如，日本聆风纯电动车、美国特斯拉纯电动车、德国宝马纯电动车及美国通用沃蓝纯电动车的电池箱均采用复合材料，但我国的汽车厂因为在强度、抗冲击、阻燃和电磁屏蔽等性能上的技术瓶颈，极少使用复合材料电池箱。对于动力电池包，轻量化主要是指单体轻量化和箱体轻量化两个方向。宁德时代新能源科技股份有限公司是国内生产动力锂离子电池的龙头企业，所生产的动力锂电池的能量密度已达到 250 Wh/kg，处于国内领先水平，进一步提高的空间有限。箱体轻量化，即采用纤维增强复合材料替换原金属材质，可以有效减轻电池箱重量，实现动力电池包轻量化的目的。基于此，中国科学院福建物质结构研究所王剑磊团队、福建海源新材料科技有限公司及宁德时代新能源科技股份有限公司共同努力，成功开发纤维增强复合材料动力电池箱体并实现产业化应用。

（一）主要做法和创新举措

1. 箱体复合材料的耐冲击性能和阻燃性能研究

纤维复合材料的耐冲击性能和阻燃性能是动力电池箱的关键性能指标，但目前高分子材料的阻燃改性大多以牺牲材料的力学性能为代价。基于此，本项目通过研究纳米粒子与聚合物增韧剂的协同增韧作用，获得适用于纤维

复合材料的新型协同增韧体系；研究阻燃剂（如氢氧化铝、氢氧化镁等无机阻燃剂、膨胀型阻燃剂、DOPO等磷系阻燃剂，以及聚二甲基硅氧烷等硅系阻燃剂），或者与目标树脂基体相匹配的新型阻燃剂对纤维复合材料阻燃性能的影响，遴选合适的阻燃剂；研究协同增韧体系和阻燃剂对纤维复合材料防护性能（包括绝缘、水、气体和化学试剂等防护）和耐电解质性能的影响；通过优化纳米粒子、聚合物增韧剂、阻燃剂和基体树脂的选材和配比，找到能够满足动力电池对壳体材料性能要求的实用配方，并使其综合性能、成本、长期连续工业化生产达到最佳平衡。

2. 纤维复合材料的成型工艺优化

由于复合材料结构件在成型过程中有组分材料的物理和化学反应发生，而不同成型工艺所用原材料种类、增强材料形式、纤维体积含量和铺设方案也不尽相同，因此纤维复合材料成型件的性能对复合材料工艺方法、工艺参数，以及工艺过程等的依赖性很大，所以科学合理的成型工艺对纤维复合材料满足动力电池对壳体材料性能要求至关重要。本项目通过研究成型工艺对纤维复合材料力学性能的影响，通过优化其工艺参数，开发具有自主知识产权的动力电池壳体材料的新成型工艺。

3. 动力电池的结构轻量化设计、优化和评估

根据"材料—结构—性能—工艺—寿命"一体化设计原理，通过计算机模拟（如有限元分析）和3D打印技术的辅助，根据电池箱结构件要求对材料组成、结构、铺层、工艺等进行设计和优化，获得优化的纤维复合材料结构外形，使纤维复合材料的强度、刚性和原料加工性达到最佳平衡，以节约材料用量，减轻结构重量，降低成本。同时根据电池总成的集成要求，设计与研制相应纤维复合材料成型模具及满足一体化快速成型的专用工艺设备，建立电池箱结构件的验证平台，并推动电池箱在量产项目中的应用。

（二）实施成效与影响

福建海源新材料科技有限公司目前已广泛为宁德时代（CATL）、国轩高科、孚能科技、华霆动力等国内出货量排名前五的动力电池厂商配套动力电池复合材料上壳体（PACK）。动力电池目前已广泛应用于宇通、金龙、中通等新能源公交车及吉利帝豪EV、小鹏G3、P7、云度汽车π1、π3，北汽新能源

EC220等新能源车型上。项目截至2021年底已实现新增产值近4亿元。同时，在项目实施过程中，中国科学院海西研究院根据福建海源新材料科技有限公司提供的产品生产的实际情况反馈，对自主开发的技术、工艺进行合理的完善和优化，努力提高技术的完备性和工业可行性，授权发明专利8项。双方的合作提高了参与人员的科学素养和职业素质，为中国科学院海西研究院培养了多名博士和硕士，同时为福建海源新材料科技有限公司培养了多名具有丰富经验的技术人员，为当地新增就业人数近50人。

（三）经验与启示

王剑磊在任省科技特派员的6年中，服务了一些地方企业，也收获了不少经验与启示，具体包括：①把论文写在祖国大地上，充分运用所学的科学知识深入一线生产。扎根中国大地，着眼人类社会发展新需求、世界科技革命新趋势，始终秉持求真求实的科学精神，不断向未知领域挺进、向科技高峰进军，推动自主创新实现新突破，勇当科技报国的国家队。②开展技术培训，推动产品质量和生产效率提升。充分发挥科技特派员的资源优势，采取"带出去、请进来"等各种培训方法对厂里技术工人进行技术培训，培育和造就了一大批本土科技人才。实践证明，哪里有科技特派员，哪里的科技工作就能更快地发展。③依托科技项目，开展产学研合作。始终坚持遵循市场经济规律，充分发挥政府引导作用，创新机制体制，把科技、资金、管理等创新要素融入企业和地方发展，实现了生产要素在工业生产和经济中的有效配置，为构建现代产业体系提供了新途径。

（四）创新亮点

一是针对复合材料在建筑领域中的应用，首创了具有优异性能的长纤增强热塑性复合材料建筑模板，发明了具有自主知识产权的复合材料建筑模板新型成型工艺，开发了满足快速施工需求的轻量模块化建筑模板结构体系，并广泛应用于工程各大领域的诸多结构中，其中包括城市综合管廊工程、城市轨道交通、公路工程、铁路工程、桥梁工程、建筑工程等。项目打破了传统复合材料建筑模板的设计理念和方法，实现了诸多技术突破：在材料配方方面，突破了高性能界面结合、功能层热贴合、生命周期管控等关键难题；在成型工艺方面，突破了二阶双螺杆串联异步共混工艺、大吨位热成型专用模具、纤维再生挤出等关键难题；在结构体系上，发明了满足高性能复材模板施工需求的标准化体系。

二是针对复合材料在汽车领域中的应用，通过结合纳米技术，在传统离位增韧和聚合物弹性体增韧技术的基础上，采用纳米增韧剂和弹性体协同增韧纤维复合材料体系；开发了纳米粒子原位富集技术、共固化一体成型技术，提高了纤维复合材料结构件的力学性能，降低了生产成本；结合计算机软件仿真模拟和3D打印技术辅助验证技术，设计和优化纤维复合材料结构件的外形，同时验证复合材料结构件和电池系统总成间集成的稳定性和安全性，大大缩短了产品的研发周期，同时在保证结构件力学性能的基础上，实现其"结构减重"。目前动力电池复合材料上壳体已批量配套给宁德时代（CATL）、国轩高科、孚能科技、华霆动力等国内出货量排名前五的动力电池厂商。

让七叶一枝花成为"致富花"

——福建省农业科学院苏海兰

随着中医药产业的迅猛发展，福建省各地利用丰富的中药资源和森林资源，大力发展中药材种植产业。七叶一枝花也叫华重楼，是我国稀缺珍贵的药用植物资源，为云南白药、片仔癀、季德胜蛇药等260多种中成药的原料之一，七叶一枝花的原料市场需求旺盛。2010年以来，南平市光泽县不少企业和农民探索发展七叶一枝花等药材种植，但由于七叶一枝花在福建种植历史短、基础薄弱、技术水平不高，很多农民因为缺乏技术，又购买不到适宜品种，每亩损失好几万元。2014年，根据企业和农民技术需求，苏海兰主动请缨，来到南平市光泽县进行科技帮扶。

七叶一枝花生长周期长，从种子到药材采收要10年，其性"娇贵"，不易栽培。药材长期依赖野外采挖，导致野生资源遭到毁灭性破坏。福建省七叶一枝花从云南引种种植失败，其人工栽培存在缺乏主栽品种、种苗短缺、育苗和规模化栽培技术空白等"卡脖子"产业问题，再加上七叶一枝花科研基础较薄弱，科技人才匮乏，其在华东地区一直未形成产业。

一、主要做法与创新举措

（一）主要做法

1. 破解关键技术

2014年苏海兰接到任务后，到光泽县进行调研，发现问题比想象中更严重。苏海兰不顾光泽县偏远，安顿好年幼的孩子，在深山基地住下来，将实验室搬到田间地头。

为了解七叶一枝花的生长习性，她深入全省各地的深山老林，多次到云南等地取经。山区蛇多虫盛，基地山高林密、蚊蝇成群，她包好头部、穿上雨鞋、拿着木棍，白天钻山林、进大棚做试验，晚上整理资料并总结，每年实施

100多个试验。她这样日积月累地进行一线观测，为研究七叶一枝花打下了坚实基础。经过7年的协同攻关，克服常人难以忍受的困难和挫折，苏海兰带领项目组终于破解了七叶一枝花人工仿野生栽培和种苗繁育技术瓶颈，实现了出苗时间由2年缩短至6个月，出苗率提高了12倍，建立了七叶一枝花仿野生栽培技术体系，建设了种苗繁育及栽培核心示范基地。经专家评审，成果达国际领先水平。

2. 培育乡土人才

光泽县嘉禾种植专业合作社的负责人杨水明是七叶一枝花产业的受益者，合作社种植七叶一枝花近500亩，年收益60多万元，带动周边农户种植2000多亩，成为当地有名的省级乡土专家。然而就在5年前，他种下的七叶一枝花颗粒无收，10多万元投入打了水漂。

杨水明是苏海兰指导培育的乡土人才之一。这些年，苏海兰一边开展科技帮扶，一边不忘培养乡土人才。苏海兰坚持"授人以渔"，以打造可复制、可推广的模式为目标，积极推动成立光泽县科特派之家、光泽县科特派协会，以此为平台，把有积极性的农民、年轻科技人员、返乡大学生、乡贤都整合在一起，开展外出学习、技术培训，培养乡镇产业带头人和乡土专家，建设示范基地。

她通过电话、微信、视频等远程方式及课堂培训、现场指导，每年在省内外组织培训20多场，共培训超过2万人次，全省80%以上七叶一枝花的基地都跟她有联系。她发起光泽县级乡土人才培育和评选活动，截至2022年共培养了种植能手16位，其中7位获得光泽县人才办的"乡土人才"认证，并成为县级科特派。让他们从依靠科特派到成为科特派，成为脱贫致富"火车头"。苏海兰还带领乡土人才把七叶一枝花栽培技术推广到省内各地和江西井冈山等老区苏区。

3. 构建产业模式

破解七叶一枝花关键技术后，苏海兰将七叶一枝花仿野生栽培和育苗技术成果应用于多花黄精等其他药材的开发与指导，并根据不同林分情况，研究七叶一枝花、多花黄精、灵芝等长短周期药材的林下复合发展模式，增强了农民发展林下经济的信心。随着七叶一枝花产业的发展，"80后"的苏海兰成了闽粤赣山区地方政府、农民争抢的"名人"。七叶一枝花等林下中药材种植规模迅速扩大，有力地促进了当地脱贫攻坚和乡村振兴工作，逐渐发展成为农民增收致富的地方特色产业。

"一枝独秀不是春",一位科技特派员的科技服务力量是有限的,只有培育众多本土化的"科技特派员",才能有效解决产业发展的科技需求。在科技特派员制度和政策的不断带动下,苏海兰通过培育乡土科技人才,不断充实产业链科技环节,促进产业的快速"扩繁",一套"龙头企业+科特派+示范基地+乡土人才+农户"的产业发展模式应运而生,并从扎根一个县到服务省内外多个苏区老区。

2019年11月,通过科技部的科技特派员平台牵线搭桥,苏海兰带着团队来到井冈山市指导七叶一枝花种植技术,开启了跨闽赣两省的科技特派员服务,也成为井冈山市科技特派员队伍中的一员。苏海兰团队在井冈山市服务的两年间,到基地一线指导累计80多人次,召开培训会11场,培训了近500人次,培养了"乡土人才"9名,建设示范基地6个,指导七叶一枝花、多花黄精、灵芝等林下中药材生态种植500多亩。2021年6月5日,央视《焦点访谈》栏目——以"送'智'下乡 点'识'成金"为题,用6分多钟的篇幅报道了苏海兰科技特派员助力井冈山老区乡村振兴。

(二)创新举措

在科技扶贫路上,一个人的力量是有限的,只有让更多的农民掌握技术、传播技术,才能真正打通科技扶贫的最后一公里。在苏海兰的指导和引领下,许多农民从依靠科特派变成有知识、有技术、有热心的"本土科特派",成长为带动乡村致富的"科技领头人"。从服务龙头企业,建立示范基地,到精心培育科技农民,再到带动一批农民增收致富,苏海兰一步一个脚印,循序渐进,在科技服务实践中不断总结摸索了一套"龙头企业+科特派+示范基地+乡土人才+农户"的可复制、可持续的产业发展模式。

二、实施进展与成效

苏海兰近年来主持项目36项,包括国家中医药管理局子项目、国家农业综合项目和企业横向项目。在国家一级学报等刊物发表了63篇论文,获得3项省级科技成果奖项,其中《七叶一枝花种苗繁育及栽培关键技术研究与应用》(排名第一)于2022年获得福建省科学技术奖三等奖;获得授权发明专利

4 件、其他专利 5 件；制定了省级地方标准 1 项（《七叶一枝花种子生产技术规范》）、企业标准 7 项，编制七叶一枝花、多花黄精栽培技术手册 3 套。光泽七叶一枝花示范基地，于 2021 年被评为国家林下经济示范基地，指导的光泽县华桥乡和崇仁乡先后入选省级林下经济示范乡镇。在福建、江西、广东等省山区，苏海兰培训农民超过 2 万人次，培养持证"乡土人才"10 名，其中国家级 1 名、省级 2 名、县级 7 名；带动建设了 26 个示范基地，帮扶 200 多户贫困户，技术指导 100 多家单位；示范推广七叶一枝花、仙草、多花黄精等药材种植近 20 万亩，产值达 30.8 亿元。

三、经验与启示

（一）专注一件事

一个人要做成一件事不容易，一名女青年科特派要做成一件事更难。苏海兰的成功，在于对一件事情的专注与执着。在 8 年的时间里，一年 365 天中有近 300 天，苏海兰一头扎进光泽的深山老林中，把实验室建在田间，实施超过 300 个田间试验，成为一名蹲守在大山里的科特派。而今，七叶一枝花如同苏海兰的化身，绽放在山间林下、田园沃野。

（二）带出一群人

产业发展，人才为先。苏海兰只是一名科技特派员，精力是有限的。科技服务只有进行人才"裂变"，让科技特派员带出更多本土化的科技特派员，才能更加持续、有效地服务产业发展。

四、创新亮点

科技特派员苏海兰在进行科技服务的过程中，真正体现了以人民为中心的思想，她对农村和农民群众充满感情、饱含深情，总是不遗余力地帮助农民。苏海兰知道，只有致力于挖掘、培养乡土科技人才，使更多农民群众成为懂技术、爱家乡、带不走的科特派，为乡村振兴积累更多的"秀才""能人"，才能充分激发乡村振兴的内生动力，才能将科技特派员服务做得更实、行得更远。在广大中药材种植户眼里，苏海兰俨然就是最美的七叶一枝花。

政和白茶的科技"追梦人"

——福建省农业科学院陈常颂

政和曾是有名的贫困县,地处闽东北,属武夷山脉丘陵山地,海拔200~1000米,是一个四季分明、气候适宜、雨量充沛、无霜期长的山区县。全县平均气温为13.9 ℃,境内山峦叠翠,云雾缭绕,森林密布,土地肥沃,得天独厚的自然条件孕育着各种佳茗。政和茶种类齐全,形色香味独珍。主要茶类有红茶、白茶、绿茶和花茶,其中白茶和红茶尤为出色。多年来,政和县委、县政府把茶业发展作为强县富民的重要产业,充分利用资源优势,着重打造政和白茶、政和工夫茶两大品牌。政和县有10个乡镇(街道)80%的行政村、75%的农户种茶,茶叶是当地农民的主要收入来源之一,全县茶园面积近10.1万亩,茶产业成为政和县的主导产业之一,成为农业增效、农民增收的有效途径。自2017年起,福建省农业科学院茶叶研究所的陈常颂,在挂职政和县科技副县长期间和挂职结束后,结合科技特派员工作,发挥自身茶学专业和单位茶叶科技优势,长期深度帮扶政和县茶业发展。

政和茶业先天优势明显,但由于地处偏远山区,科技人才缺乏,茶树品种较为单一,种植、加工管理粗放,标准化和科技意识淡薄,市场开拓意识不强,政和茶业在长期发展中既没有形成有影响力的公共品牌,更没有树立有竞争力的商业品牌,在供求信息不对称、信任机制不健全的茶叶市场中,政和好茶卖不好,茶农守着茶山喊穷。

一、主要做法和创新举措

(一)主要做法

1. 谋划茶业"好项目"

2019年11月28日,中国白茶城开工建设。中国白茶城是陈常颂挂职期间参与推动和指导的重大项目之一,他调动利用各种资源,积极引进茶业良种示范推广,指导绿色生态茶园管理,弘扬政和茶制作技艺和文化,提升了茶科技,推动茶产业绿色发展。作为国家茶业体系岗位科学家,陈常颂充分发挥专业优势,在科技服务中积极谋划推动一批具有"造血"功能的茶产业发展项目。

2. 破除茶农"旧思想"

过去,政和茶农思想保守,不愿意互相交流制茶技术。陈常颂从"比"字入手,通过"请进来""走出去",让政和茶农找差距、改观念、谋进取。陈常颂曾推动在政和县组织举办"中国茶叶学会第七届茶叶感官审评研究学术沙龙""第二届政和白茶全国品鉴会""第七届政和白茶全国斗茶赛"等大规模茶事活动,邀请众多全国茶界专家学者交流体验政和良好生态和茶业氛围;牵头组织举办"清华大学、北京语言大学政和白茶宣传推介""政和茶竹福州推介会"等活动,参加杭州、青岛等地大型专业展会,不断增进政和茶业内外双向交流,破除封闭落后的"旧思想",树立比学赶超的"新观念"。

3. 构建茶种"大数据"

"多彩闽茶"闻名于世,与福建独特的生长环境、丰富的茶种资源和持续的筛选利用密不可分。优良种性的发挥,离不开原生环境,对优特种质进行长期定点观测,可为其高效、持续利用提供科技支撑。福建省虽建立了优异茶树种质保护基地,但不少保护单位受人才、技术等制约,缺乏长期观测,在资源利用方面更是鲜有作为。为发挥福建省农业科学院茶叶研究所人才、科技、平台等优势,尤其在茶树资源鉴定与新品种选育方面的优势,陈常颂提出逐步在福建不同茶区建立原生茶树种质资源野外定点观测站的规划,并推动落地实施。原生境群体种是天然基因库,也是种质创制、新品种选育的重要材料。陈常颂在政和县建立了福建省首个"原生茶树种质资源野外定点观测站",有组织、规范性地逐步理清福建省原生茶树种质资源的分布情况,对原生茶树种质资源进行长期定点观测、深度鉴定和系统评价,从而开展科学保护与有效利用。同时,相关数据可为后期仿生境栽培提供参考,实现茶种与产地的匹配。

4. 培育茶人"新技术"

"90后"的爱茶者叶志鹏曾是政和县事业单位的公职人员,自从陈常颂在政和开展各种茶业培训以来,叶志鹏几乎每课必到。经过一段时间的"熏陶",叶志鹏毅然放弃公职"下海",一位"茶迷"从此走上专业的"茶人"之路。"'政和茶堂'既让我学到专业的茶叶技术,更让我对政和茶业的前景充满信心。"

叶志鹏每次谈起自己的创业初衷，总是流露出对陈常颂开展培育"茶人"活动的感激之情。陈常颂在政和创办"政和茶堂"，不仅自己讲，还邀请了许多知名的茶界专家来授课，累计组织茶叶技术培训、讲座或现场会40场次，授训3000人次以上，赠送茶叶书籍、实用技术资料2000多份，普及茶叶技术，培育了大批爱茶业、懂技术的乡土茶人茶农。

（二）创新举措

长期以来，茶叶市场中普遍存在一对矛盾：一方面，茶企茶叶不好卖、茶叶价卖不高，以至于大量茶业薄利多销走"低端路线"；另一方面，消费者是好茶不易找、天价茶买不起，只敢上网买"九块九包邮"的特价茶。之所以如此，主要原因在于茶叶供求市场信息不对称和信任机制不健全。

陈常颂在担任科特派的实践中，发现可以通过完善科技特派员制度解决这一对矛盾。原先，科技特派员制度的初衷在于解决农业生产中的科技服务有效供给不足问题。如今，随着生产性技术难题被逐渐破解，销售难题越发凸显。如何让农产品销售得好，成为新时代科技特派员面临的新难题。

他提出通过科技特派员的参与，搭建供求双方的信息桥梁，建立市场两端的信任机制，打造茶产业公共品牌，提高茶叶市场附加价值。这个想法后来与政和县有关领导沟通后，被积极采纳并付诸实施。

政和县从5个方面实现茶叶增值。第一，由政和县全资国企——国投集团向县内茶叶非遗传承人征集茶叶样品；第二，组织科技特派员对茶样进行盲评，评选出对外形和内质认可的茶叶，并撰写审评评语；第三，对选中的茶叶样品进行农残检测，确保食品安全；第四，结合当地茶文化设计文创包装，提升产品文化内涵；第五，由国投集团监制茶叶包装，实行一品一码防伪设计，并统一定价。

这个举措被形象地称为"科特卖"。"科特卖"不仅是一款简单的产品设计，也并非一种单纯的销售方式，而是通过"非遗造、专家选、权威检、国企监"的多维认证，实现三茶融合的实践创新、五重赋能的机制创新和公共品牌的管理创新，实现以下5个效果：一是通过非遗传承人"做"，可以确保茶叶具有正宗的制作技艺，让消费者喝到"用心茶"；二是通过科技特派员"选"，可以让其专业知识和社会公信力为茶叶品质提供保证，让消费者喝到"优质茶"；三是通过权威机构检测，可以确保茶叶食品安全性，让消费者喝到"放心茶"；

四是通过文化创意赋能，让茶文化提高茶品味，让消费者喝得懂茶；五是通过国企监督保障，合理定价，让消费者喝到"贴心茶"。

二、实施进展与成效

陈常颂挂职期间参与推动建设的中国白茶城已投入运营，吸引200多家茶企落地，正快速发展成为以白茶交易为核心、多品种茶叶交易相融合，集茶叶展示交易、检测认证、年份茶仓储、物流服务、信息发布、期货拍卖、金融服务、白茶价格指数及茶文化旅游等功能为一体的"一站式"全国茶叶集散中心。陈常颂在政和县建立10多个优特新品种示范点，累计引进30多个特异叶色、高香、优质茶树新品种（系）40万株；指导政和争取茶业项目900多万元，并指导落地实施；指导茶企申报发明专利6件，其中陈常颂的2件发明专利也在政和茶企转化应用，2019年实现了高新技术企业从0到3家的突破。技术帮扶福建省香入林茶业有限公司快速发展，2021年它被认定为省级农业产业化龙头企业，公司负责人获非遗传承人、"大武夷新茶星"等称号。

三、经验与启示

科技扶贫，产业支撑是关键。产业发展的瓶颈是什么？就是科技精准切入的关键。一是科技特派员要以身份优势，邀请省内外各方向知名专家"把脉问诊"，为产业发展开拓思路，引领可持续健康发展。二是要选有较好基础、较大规模、较强带动能力、较强科技意识、较强协作精神的企业作为合作单位，根据企业优势，引导其走规范化、规模化之路，以更好带动周边农民致富。三是要加强与科研、高校部门合作，建立科研教学、科普示范基地，加强科技服务、技术培训、文化宣传，结合区域特色打造差异化、特色化茶叶品牌，从而助力乡村振兴发展，促进农民增收致富。

四、创新亮点

结合科技人员挂职机制开展科技特派员工作，充分发挥了"县长＋专家科技特派员"的作用，有利于整合政策、科技、流通等方面的综合手段，厚植深耕地方产业和农业科技事业发展，推动了科技特派员服务区域产业形成全过程、全链条品牌效应。

梁野山下耕耘忙，稻花香里谱新篇

——福建省农业科学院水稻研究所喜浪科技服务团队

"绿水青山就是金山银山"。梁野山是国家 4A 级旅游景区、国家自然保护区、福建省生态旅游示范区。武平作为福建省粮食主产县，以稻为基、以创为核，极具天然绿色生态和资源禀赋优势。在大众创业、万众创新的背景和乡村振兴战略中，星创天地成为农村创新创业的"新引擎"，武平梁野农业科技星创天地应运而生，与此同时，福建省农业科学院水稻研究所组建了科技特派员团队——喜浪科技服务团队，入驻武平梁野农业科技星创天地。团队以助力武平大米产业转型升级、提升武平大米高档大米品牌市场竞争力为目标，以"高产、优质、高效、生态、安全"为导向，充分利用武平县生态优势、政策优势及企业优势，针对武平优质稻品种多而杂，甚至退化导致品质不稳定及抗性不强等问题进行研究，让武平优质大米"买得不贵、吃得放心"，为农户排忧解难、为企业增产增效、为创客充电赋能。

一、创新举措

（一）突出模式创新

以团队科技特派员为抓手，以武平梁野农业科技星创天地为载体，依托福建省农业科学院水稻研究所和福建省喜浪农业科技发展有限公司，推行"团队化服务＋生态化生产＋品牌化经营＋电商化营销＋农旅化发展"的产业融合发展模式，全程全产业链跟踪指导，取得良好的经济效益和社会效益。

（二）突出机制创新

喜浪科技服务团队利用武平梁野农业科技星创天地为平台，以示范基地为依托，聚集科技、人才、信息、政策等资源，面向返乡农民和本地农民、创业大学生、专业合作社、家庭农场、小微企业等创业群体开展全方位的创业服务。突出服务新型农业经营主体，辅导大学生、新农民创业，助力乡村振兴，打造科技兴业、融合创新、多层辅导、服务有效的创业平台。

（三）突出服务创新

喜浪科技服务团队充分利用武平梁野农业科技星创天地的资源与优势，创新服务模式，在孵化过程中，把科技成果转化与入驻者创业相结合、平台常规辅导与生产现场指导相结合、线下生产技术培训与线上合作营销相结合，起到较好的效果。

二、实施成效

（一）品种创新，示范先行

引进单位具有自主知识产权的新品种"福香占""内6优7075""泰优2165"等，其中"福香占"米饭色、香、味俱佳，荣获第三届全国优质稻品种食味品质鉴评（籼稻）金奖。与企业有效协作，高标准打造武平喜浪水稻新品种科技示范基地。2021年，"福香占"在龙岩市武平县岩前镇大布村建立全程机械化示范片，面积达300亩，验收产量达584.03千克/亩；在龙岩市武平县武东镇黄埔村建立全程机械化示范片，面积达220亩，验收产量达624.8千克/亩。通过一系列高效高产试验示范，探明了品种的产量潜力，集成一批可推广、可复制的优质稻产业关键和共性技术，取得了良好的示范推广效果，助力武平发展优质稻米产业的事迹得到了中央电视台CCTV13《新闻频道》的报道。

（二）资源整合，联合攻关

"政科企"三方有效协作，利用福建省农业科学院的技术资源和当地龙头企业的优势资源，推动建立了以政府为主导的武平优质稻米产业研究院。团队申请"优质稻新品种'泰优2165''福香占'及绿色高产栽培配套技术示范推广"科特派后补助项目，协助完成"功能性优质稻米绿色高效生产技术集成应用与示范"后补助项目，研发一批新品种新技术和功能性产品，助力武平优质稻米生产发展。

（三）服务企业，打造品牌

服务省级龙头企业1家、种植合作社2家，在岩前、象洞、武东建立标准百亩示范基地3个，绿色生态防控基地2个，成功申报并获授权国家发明专利1件。协助服务企业福建省喜浪农业科技发展有限公司将武平梁野农业科技星创天地创建为2020年省级星创天地，2021年列为省级科技特派员助力产业融合发展示范点。开发了喜浪大米系列产品及功能性食品，"福香占"满足优质稻品种丰、优、抗、长、香、美的特性需求，提高了商品率和稻米价值。打造了"欢天喜地""福香占""玉渊香"等品牌。服务企业发展订单农业，引导农民种植优质高档水稻新品种。

（四）辛勤耕耘，务实为农

为促进武平县稻米品质整体提升，改普通稻为优质稻，开展优质稻生态区划布局和品种筛选试验。在岩前镇、象洞镇建立优质稻新品种生态防控示范基地，通过团队和公司的有效协同合作，组织农民参加农民田间学校培训，推广绿色防控技术等农业新技术，将绿色轻简配套栽培技术试验与示范、致富带头人的技术培训有机结合，带动农民增产增收，提高种粮积极性，形成有力的推广机制。示范推广优质稻新品种"泰优2165""福香占"，辐射带动周边农户种植超过11 600亩，每亩节本增收550元，直接提高农民种植收益30%以上，增加收入640多万元。其中，服务农民40多户，助力20多户农民增收，有效带动建档立卡贫困户脱贫致富10余户。

三、经验启示

（一）加快科技成果转化应用并与现代农业对接

依托福建省喜浪农业科技发展有限公司兴办的优质稻种植试验地和优质稻示范基地，提供农业新技术试验和创业成果展示平台，进行创业试验、技术引进、技术合作的系列服务，利用优质稻种植示范基地与现代农业对接，与新型经营主体对接。

（二）加强先进科技应用指导与培训服务

科技专家依托武平梁野农业科技星创天地平台进行农业科技项目合作、成果转化、技术攻关和先进科技应用指导，突出农业先进技术试验、示范、推广应用服务，利用技术优势举办优质稻新品种及技术要点培训班，开展优质稻新品种、栽培新技术的现场指导服务。科技特派员团队将最好的优质稻新品种"泰优2165""福香占"等，配套绿色高产栽培技术进行示范推广，使农场、合作社、团队、创客当年获得良好的收益。

（三）加强生产管理服务与指导

对武平梁野农业科技星创天地创业企业、创业团队、创客重点进行经营管理、拓展提升方面的服务指导，经常性地开展企业生产和管理方面的系列服务。通过加强新业态发展和投融资服务指导，为入驻者增加驱动力，特别是为龙岩松花寨网络科技有限公司和创客利用互联网创业和电商化营销做出了重要贡献，取得了显著成效。

四、创新亮点

（一）强化项目成果示范、对接和企业服务

组织武平梁野农业科技星创天地入驻企业、团队、创客实施应用优质稻新品种、富硒大米开发新技术等科技成果转化项目，促进现代农业科技供需对接，使入驻企业、团队、创客提高了创业层次与水平。指导创客争取融资支持，促进了各创业企业及团队的创业效益提升，增强了发展动力。协助服务企业福建省喜浪农业科技发展有限公司将武平梁野农业科技星创天地创建为2020年省级星创天地，2021年它被列为省级科技特派员助力产业融合发展示范点。

（二）强化技术培训、创业指导和孵化培育服务

注重技术培训、创业指导、孵化培育服务，为企业、团队、创客加强技术创新、成果转化、产业创意、产品创新、产品检测、市场营销等综合服务。帮助武平梁野农业科技星创天地通过优化运营方案，吸引入驻的初创企业12家、创业团队3个、创客7个，合计22个。22个创业者在入驻期间总收入达4102.14万元，上缴税金0.46万元，实现利润318.67万元。截至2021年12月，已有6家企业、3个团队、5个创客顺利毕业，合计14个，取得了良好的孵化效果、形成了广阔的发展前景、取得了较好的经济效果和社会效益。

"万山"佳果富"万家"

——福建省农业科学院龙眼枇杷团队

龙眼、枇杷等常绿果树在我国种植历史悠久，分布地区广泛，区域特色多样。福建省是我国龙眼、枇杷的传统产区，主要集中在福州、莆田、漳州等地区，曾是县域农村经济发展的重要产业之一。目前，福建省龙眼、枇杷仍是全国重要产区，据初步统计，2021年福建省龙眼种植面积为44.7万亩，产量达23万吨；枇杷种植面积为31.5万亩，产量达33万吨。

随着现代果业的发展，新水果品种层出不穷，龙眼、枇杷等传统水果地位受到挤压，竞争优势逐渐丧失，产业出现萎缩趋势。主要原因包括以下两个方面。一是品种老化。福建省各龙眼、枇杷主要产区的品种多已沿用十几年甚至二三十年，无法满足市场日益丰富的品质需求，种植成本高涨，市场效益低下，渐成当地果农的"鸡肋"。二是技术滞后。由于市场效益差，果农对新技术的应用热情不高，大多凭经验、随"大流"，果园管理粗放，进一步造成品质下降，产业发展陷入不良循环。

一、主要做法和创新举措

（一）主要做法

1. 久久为功，一"树"兴一地

枇杷是重庆市万州区农民增收致富的主要特色产业，"麻子枇杷""贵妃枇杷"成为当地响当当的一张名片，每年的枇杷季都会吸引众多游客前来旅游观光。然而在20多年前，这里只有农户零星种植的枇杷，品种差、技术缺乏、品质低下。

万州区是福建省三峡移民工作的对口支援地区。万州区在三峡库区建设进程中具有特殊的地位和作用，三峡工程移民100万人，万州区移民26.7万人，占全库区移民的1/5。万州区属北回归线以北暖湿亚热带东南季风气候

区，适宜枇杷生长，但由于传统枇杷生产技术粗放，缺乏主栽品种，品种品质良莠不齐，单产不高，商品率低，加之滥用农药、植物生长调节剂等，造成粗皮大果、肉粗味淡、果色不均、果锈过多等问题，导致万州区枇杷产业效益低下，严重制约着产业发展规模。

自1997年福建省农业科学院果树研究所参与万州区对口支援工作以来，团队结合科技特派员工作，先后向万州区引入福建省枇杷良种"早钟6号""解放钟""长红三号""贵妃""新白1号""新白8号""钟香25号""78-1""城津8号"等，建立产业化示范基地，研究总结出一套适合当地枇杷的配套栽培技术体系，培训当地果农，提高枇杷种植技术水平。

近20年来，团队分批次派科技特派员频繁赴万州对接指导，扶持地方枇杷协会，依托当地科技力量，开展技术培训，推动枇杷评优选优工作，不断提升当地果农科技文化素质，加快枇杷产业推广力度。利用枇杷成熟之机和栽培管理关键时期，举办各类技术培训班41次，培训农民群众5600人次，印发各类技术宣传资料2700多份。

团队还发现万州区适宜发展晚熟龙眼产业，依托当地龙头企业，建立1000亩的晚熟龙眼栽培技术集成示范基地，助力万州果业持续发展。

2. 高位嫁接，"老树"发"新枝"

枇杷为莆田四大名果之一，常太镇是莆田枇杷产业大镇。目前，常太镇现有枇杷栽培面积4.6万亩，有8000多户农民从事枇杷生产，枇杷是当地的支柱产业和农民的主要收入来源。当前主栽品种为"解放钟"和"早钟6号"，鲜食品质已达不到市场要求，加上栽培管理技术跟不上，导致种植效益低下，严重制约着常太镇枇杷产业发展。

为振兴常太镇枇杷产业，当地政府主动找到福建省农业科学院，并与其建立紧密的科技合作。团队担负使命于2020年底驻扎常太镇，开启常太镇枇杷"复活计划"，引入团队自主选育的特早熟白肉枇杷杂交新品种"白雪早"、特晚熟白肉枇杷杂交新品种"香妃"等一批具有国际领先水平的二代杂交枇杷新品种。划出1000亩的枇杷品种改良基地，通过采用高位嫁接技术，更新嫁接"白雪早""香妃"等新品种。同时建立20亩枇杷名优新品种5G智慧果园。

经过一年多的努力，常太镇枇杷"复活计划"已初见成效。经过品种改良的1000亩枇杷示范园硕果累累，20亩5G智慧果园生机勃勃。

3. 种业创先，果香飘四方

种业是农业的芯片，是农业科技的灵魂。团队在开展科技特派员工作中，结合推广和生产实践，大力开展龙眼、枇杷种业创新工程。多年来，团队始终站在龙眼、枇杷种业创新的最前沿，不断推陈出新，极大地丰富了龙眼、枇杷品种结构。团队育成符合市场需求的龙眼、枇杷系列新品种（系）23个，通过审（认）定15个。

团队创立了花果发育"光温钝感"理论，建立高效龙眼、枇杷育种技术体系。通过杂交育种创制的新种质（品种）童期短、投产早、丰产、稳产、适应性广、适宜轻简化栽培，有效解决了龙眼生产方面"大小年"现象严重和枇杷管理成本较高的问题。育成的"冬宝9号"为国际上第一个杂交龙眼新品种，被农业部确定为全国龙眼主导品种，开创了龙眼杂交育种先河，实现了龙眼杂交育种从0到1的突破；育成的"早钟6号"生产表现为早结、丰产、稳产、适应性广，连续20年成为我国枇杷主栽品种，种植面积占世界枇杷面积的22.4%，成为世界上种植面积最大的杂交枇杷新品种，结合创新的配套技术，实现了枇杷鲜果周年供应；充分利用保存的种质资源，根据性状遗传规律，挖掘出优异亲本，科学配置杂交组合，培育出"三月白""早白香""香妃""宝石1号""翠香""冬香"等6个二代杂交新品种，综合性状优异，居国际领先地位。

团队育成的系列龙眼、枇杷新品种，推广范围已经覆盖全国主要优势产区。选育的不同熟期龙眼、枇杷新品种在四川泸州、攀枝花，重庆万州，福建莆田，云南屏边等产区示范推广，表现优质、丰产、稳产，得到当地政府和果农的高度认可，成为当地发展的首选品种。

（二）创新举措

"老"产业做出新价值。水果从种苗培育到开花结果，往往需要数年的时间，淘汰一个老水果产业，更新一个新水果产业，时间漫长，对于果农而言是一种巨大的经济效益损失。针对龙眼、枇杷这样的传统"老"产业，团队没有盲目地推广新品种水果，而是充分研究"老"产业存在的制约问题、短板环节，在关键问题上持续发力、久久为功，补短板、破瓶颈，避免大面积淘汰"老"产业，通过高位嫁接及配套栽培技术，以最短的时间更新品种，提高效益，发挥新的产业价值。

二、实施进展与成效

1. 枇杷成为万州主要特色农业之一

万州区枇杷生产基地遍布熊家、分水、天城、小周、武陵、溪口等6个乡镇，面积超万亩，产值超亿元，适栽品种及生产模式辐射推广到重庆市云阳县、忠县、涪陵区。经过20年对品种、技术的持续援助，万州区枇杷已从当时的零星种植向良种化、规模化、产业化发展，成为三峡库区又一道风景。

2. 选育的良种成为全国多地产业首选

团队选育出的枇杷新品种已成为我国枇杷的主栽品种，良种覆盖率达50%以上；选育出的龙眼新品种在主产区大面积应用，成为福建、广东、广西、浙江、重庆、四川、云南、贵州等产区的主导品种，经济效益显著。

三、经验与启示

一是服务一个产业要久久为功。一个产业的发展必然会不断遇到科技新问题、新挑战，要推动一个产业持续良性发展，科技服务只有根据产业发展需求，持续不断地开展科技创新，才能跟上产业发展的步伐。

二是科技研究要坚持实践第一。科技研究要从科技服务实践中来，到科技服务实践中去。科技研究来源于科技服务实践的需求，应用于科技服务实践，只有扎实有效的科技服务才能找准科学研究的方向，做出有用的科学研究，开展高效的科技服务，才能使高质量科研成果迅速、精准地应用于产业发展，才能为农业产业发展和农业科技进步提供源源不断的创新原动力。

四、创新亮点

围绕一个地区、一个产业，持续开展科技创新与科技服务工作，多出大成果、大项目、大平台，聚焦聚力，久久为功，不断提升科技贡献率，通过一个产业，带富一个地区。

多茶类加工技术与产品创新

——福建省农业科学院 张应根

福建省卢峰茶业有限公司是省级重点龙头企业，拥有茶园面积 1000 多亩，生产加工工夫红茶、优质绿茶、乌龙茶、白茶等，长期致力于研制、生产、销售"恬香溢"系列成品茶，同时引领"永泰绿茶"区域公共品牌的发展。在现代茶产业快速发展的背景下，企业呈现茶园管理粗放、茶叶加工设备陈旧、技术落后、人才匮乏、发展后劲不足等问题。为此，2017 年永泰县卢峰茶业有限公司（现为福建省卢峰茶业有限公司）通过福州市科技局向福建省农业科学院提出茶叶生产技术需求，希望借助科技力量提高企业茶园整体管理水平和产业素质，改进加工技术，改善茶叶品质，开发新产品，增强企业市场竞争力。企业于 2017 年与福建省农业科学院茶叶研究所建立了"三区"人才、科技特派员工作机制，并延续至今，形成长期工作机制。

一、主要做法和创新举措

（一）深入了解服务企业及相关产区企业在茶叶加工中存在的问题和实际技术需求

除大宗绿茶外，其他茶类产品加工技术薄弱，尤其是乌龙茶、白茶，无论加工技术还是设备均显薄弱。白茶萎凋时间长，茶季时车间生产压力大，生产效率低。自然萎凋条件下，白茶萎凋历时均在 48 小时以上，大部分厂家或多或少均有一定的室内加温萎凋设备，萎凋历时最短也在 30 小时以上，茶叶洪峰时萎凋车间周转困难，只能通过加大萎凋摊叶厚度的办法度过洪峰，导致成品茶出现"渥闷"的品质缺陷。白茶外形松散，包装、储运成本高，急需在不影响白茶品质风味的前提下，改善白茶松散外形的方法。另外，白茶萎凋工艺流程依劳力安排而行，未能从产品质量要求方面合理安排工艺，香气、滋味偏淡，产品、风味相对单一。

（二）向企业示范茶叶加工技术

现场示范绿茶杀青技术，指导企业技术人员正确掌握绿茶杀青技术，现场示范杀青设备技术参数调整及杀青程度掌控，纠正绿茶生产中存在的技术缺陷；指导企业通过正确的茶叶品质感官审评方法，认清绿茶品质缺陷产生的原因并及时改进工艺技术。示范白茶变温变湿萎凋技术，在萎凋前期采用低温低湿萎凋，至萎凋减重率达40%以后，采用中高温、中低湿萎凋，缩短白茶萎凋时间，实现24小时内结束白茶萎凋，减缓茶叶洪峰期白茶萎凋车间生产压力。示范白茶造型工艺技术，萎凋结束后采用适当的整形工艺，提高白茶滋味浓度，并缩小白茶体积，节约包装运输成本。

示范花香型小块白茶饼加工技术。鲜叶采用变温变湿萎凋，至萎凋减重率达60%时，结束萎凋，用压制机具将萎凋叶直接压制成4.5厘米×4.5厘米的方形饼块后，用食品包装纸包好，再经80℃烘至足干。所得产品外形色灰绿、鲜亮、有白毫，饼块紧实、平整；内质香气微甜香，有花香，白茶风味明显，汤色杏黄稍深，味浓醇、鲜爽，叶底软亮、稍碎、略有花青、梗脉微红。进行老旧品种改植、改制与新品种推荐，向企业推荐金观音、黄玫瑰、金牡丹等高香型品种，用于加工绿茶、红茶、白茶等，创新产品。

（三）注重技术示范的同时，更加注重茶叶科普

①详细向企业相关人员介绍茶叶分类知识、各类茶加工技术原理，并以简单的生活例子解释为何茶叶加工中要采取各种各样的措施。例如，利用炒青菜的原理解释绿茶加工技术中鲜叶嫩度、匀度、新鲜度的重要性，以及绿茶杀青过程中的温度、杀青程度技巧。

②及时纠正企业对茶叶知识的误解。从科学的角度解释绿茶伤胃的主要原因、白茶枣香的形成机制，引导企业正确认识陈年白茶。

（四）建立长期的科技特派员工作机制，建立良好的沟通机制

自2017年起，通过"三区"人才，省、市、县科技特派员建立了长期的技术帮扶机制，为企业技术改进及项目工作提供了有力的技术支撑。

特派员除前往现场进行技术服务外，还通过电话、QQ、微信等多种方式与企业联系，适时远程服务企业解决生产中的相关技术问题。例如，利用语音

通话、微信视频解答乌龙茶做青程度掌控技术、乌龙茶品质把控、白茶萎凋技术、萎凋温湿度控制技术及各类科技项目申报、实施等工作。

二、实施成效与影响

①引导企业树立了较强的科技意识与人才意识。在技术示范的基础上，将茶叶科学研究成果应用于本企业的生产实际，使企业拓展多茶类加工、经营；将人才培养工作列为长久策略，无论新老员工，每年必须经过一次或多次的技能培训或技术观摩，培养了2名一专多能型茶叶加工技术人员，至少已有10人次参加各类茶叶生产技术培训或技术观摩活动。

②指导企业建成了生态茶园200亩，产品通过绿色食品认证；更新了杀青、理条、炒干等加工设备，改进了杀青、造型、炒干等工艺技术，解决了"恬香溢"绿茶加工关键技术难点，开发出"永泰绿"和"原生绿"2个绿茶新产品，荣获2019年"张天福杯"暨第十六届"闽茶杯"（春季）绿茶评审一等奖。

③在生态茶园建设的基础上，继续向有机茶园建设迈进，已连续2年获得了有机转换证；茶园改植换种200多亩，种植了龙井、金牡丹、肉桂、梅占等优良品种。

④完成"'恬香溢'绿茶生产关键技术研究""优质茶叶示范基地及绿茶加工技术创新应用""'永泰绿茶'生产关键技术与示范"等科技项目3项，带动周边占柄村、兰口村、西安村、芹草村、洋尾村等10个村1560户农户增收。

⑤将福建省农业科学院茶叶研究所白茶加工新技术应用于企业白茶生产，实现成果转化。

⑥积极助力企业产品营销，参加科技特派员直播带货活动，活动相关内容被新华网、人民网、东南网等媒体报道。

⑦2018年卢峰茶场获得"有福之州，最美茶山"称号；2019年福建省卢峰茶业有限公司获省级重点龙头企业称号；2021年科技特派员工作机制与成效被央广网、海峡网等媒体报道；2022年4月21日，《人民日报》社会版头条刊发《福建持续帮扶脱贫劳动力就地就近就业——"只要愿意干，家门口就有钱赚！"》，点赞福建省卢峰茶业有限公司助力脱贫劳动力就地就近就业。

三、经验与启示

一是科技特派员与企业之间应当建立长期的协作、帮扶关系,切实将专业技术传授给企业,解决企业生产、经营中的实际问题,助力企业成长壮大。

二是在传授专业技术的同时,更应注重将科普知识传递给企业,使企业正确认识产品生产技术原理,科学辨别产品质量的好坏,理智投入开发新产品,不走偏路,不入"坑"。

四、创新亮点

一是利用通俗易懂的生活常识、技巧将茶叶生产、加工技术精准传递给企业技术人员,切实有效地提高企业整体水平和产业素质,增强企业竞争力。

二是专业技术传授与茶叶科普同时并进,提高企业的专业技术水平和产业认识水平。

三是专业技术服务与成果转化并行,在技术服务的基础上,将科技特派员的研究成果在服务企业进行转化,加速技术转化为生产力的进程。

数字"裂变"里的农业"聚变"

——福建省农业科学院数字农业法人科技特派员

光泽县是国家级生态县,地处闽江源头,境内森林覆盖率达 78.85%,大气环境质量和水环境质量分别达到国家规定的一级和二级标准。近年来,光泽县依托其生态优势,确定了打造"中国生态食品城"的战略定位,围绕"生态+食品"产业发展新模式全力优化营商环境,实现"绿水青山"与"金山银山"二者兼得。

光泽县坚持把生态优势转化为产业优势,以食品科技创新为重点,整合各类休闲食品、传统食品生产企业资源,集中精力推进以圣农肉鸡为主,以水饮品、中药饮片、鱼制品为辅的"1+3"食品产业集群发展模式。2019年以来,光泽县抢抓被生态环境部列入全国唯一"无废城市"县级试点建设契机,坚持先行先试,推行农业绿色生产技术示范,在农业固体废弃物源头减量化、利用资源化、处置无害化等领域加大探索创新,推动农林牧各业实现资源共享、优势互补、循环相生、协调发展,走具有光泽特色的"无废农业"绿色发展道路。但仍存在产业结构有待优化、特色农业短板明显、经营主体普遍不强、科技应用普及不足、产业振兴资金缺乏等问题。

2017年福建省农业科学院数字农业研究所被确认为省法人科技特派员以来,始终牢记"许党报国、科技为民"的初心使命,按照院党委部署,坚持"新思想"领航法人科技特派员的集团服务,围绕科技帮扶光泽县,将资源优势转化为产业优势,推动数字农业与传统农业深度融合,破解产销难题,以助农增收的实际成效,贯彻落实习近平总书记脱贫攻坚、乡村振兴、数字中国、科技特派员制度的战略决策,推动生态食品产业"数字变革"。

一、主要做法与创新举措

（一）主要做法

1. 集成示范数字农业技术

实施"互联网＋生态食品产业链关键技术开发应用"重大科技项目，建成光泽生态食品产业链信息服务平台，覆盖水稻、畜牧、中药材等七大产业，示范应用于17家企业，实现产业决策、生产管理、产品流通、技术服务全程数字化，支撑生态食品区域品牌建设，推动光泽成为全国生态食品生产龙头县。发挥数字农业研究所技术、成果和人才优势，帮助光泽县争取智慧农业重大专项、特色生态食品 VR 开发、国家数字农业示范县等项目，累计获得立项资助经费 2048 万元。协助探索"互联网＋农业产业"数字经济新模式，推动水稻、稻花鱼、蔬菜、油茶等十大板块生态食品，实现全产业链生产、包装、检测、物流追踪、销售、溯源的数字化。

2. 构建产销对接"云"平台

利用数字技术，破解光泽生态食品产销信息不对称难题，打通"田园到餐桌"的信息链。在崇仁乡洋塘村，建立"互联网＋社区支持"的优质稻示范基地，开发生态大米认养运营平台，实现生产智能化、管理数字化、销售网络化、服务在线化。配合南平市和光泽县，为第三届中国（武夷）生态食品博览会的数字农业展示馆提供技术支撑，研制中国生态食品城可视化认养平台，支持南平生态食品产销对接暨品牌产品认养，现场认养金额超 80 万元。在止马镇仁厚村，建立农业物联网示范基地，促成联农合作社，生态养殖 300 亩稻花鱼直销永辉超市福州门店。

3. 探索集团化服务机制

组织全院近 80% 研究所 13 个科特派团队近 130 名专家，联合中国水产科学研究院、福建省省水技总站、产业技术创新联盟单位及市、县、乡、农技专家，推动科技服务从"单人单点"向"集团联动"转变，对接服务全县近 70% 行政村 60 多家农业经营主体。通过联合示范、办培训班、科技抗灾等，实施多专业的集团服务；充分应用科技特派员云平台、科技特派员网站、"慧农信"客户端、12396 科技服务呼叫、全省农村实用技术远程培训等信息化平台，打破科技特派员"一人一村一企一基地"的服务局限,实现信息共享。

4. 探索"五级"党建联创

组织省、市、县、乡、村五级党组织 26 个单位,设立党组织联盟、联合党支部、党员先锋岗和科技示范基地,统筹党员突击队、青年文明号、巾帼文明岗和新时代文明实践站(所),组织国家、省、市、县、乡五级农业机构 70 多位党员专家(党员占 65%),围绕产业链关键技术引领集团服务工作,实现从严治党、廉政建设与科技服务的同部署、同落实。

5. 注重培育乡土人才

组织专家团队,围绕光泽县发展绿色高效特色农业及农产品加工,通过基地建设、田间示范、现场教学、课堂培训、远程培训、在线培训、观摩交流、规程制定等方式,强化产业乡土人才科技培训,突出抓好中药材、药技员、生态稻渔、农产检测、绿色牧医、特色蔬果、产品行销农产品加工等领域乡土人才培养,努力培育一支带不走的乡土科技队伍。依托福建省科技特派员云平台、"慧农信"客户端,建立光泽中药材农技知识学习、资源分享信息平台。与福建广播电视大学合作,举办光泽县乡土人才专题培训班,提升新型职业农民学历。

(二)创新举措

1. 开展集团服务

组建国家、省、市、县、乡五级农业机构专家,对接光泽县生态稻渔产业化联合体,开展科技特派员集团服务,覆盖光泽主要农业产业、各产业环节,注重牵头机构与核心示范单位的对接服务,探索工作机制,形成服务模式。

2. 深化党建联创

强化发起机构与核心示范村党组织的牵头作用,设立党员先锋岗,引导党员突击队、青年文明号、巾帼文明岗,聚焦生态稻渔产业链关键技术、困难群体帮扶、乡土人才培养、区域品牌建设等,强化党性锻炼,构建"亲""清"党企、科企关系,获得第三届全省机关体制机制创新优秀案例二等奖。

二、实施进展与成效

（一）"数字+科技"推动农业提档升级

发挥科技、成果、人才等优势，帮助县里争取智慧农业、生态食品、冷链加工、数字农业示范县、农业科技现代化先行县等项目，累计获得立项资助3000多万元，2020年协助申报国家储备项目7000万元。支持县政府、福建农鼎检测有限公司，共建第三方检测机构，2020年10月通过国家检测实验室资质认证的现场检查；协助县政府推进总投资450万元的"互联网+"光泽生态食品产业链服务平台建设，在生态食品七大板块建设20个示范点，破解了产销信息不对称难题，打通了"田园到餐桌"信息链条。光泽生态大米示范基地400亩全部实现网络认养，得到央视七套专题报道。全国科技特派员典型苏海兰和她的团队，破解七叶一枝花、多花黄精、元胡种植技术难题，扩建基地0.6万亩，带动全县农户种植1万亩，实现年增收5000万元，帮助井冈山市共同发展中药材产业。

（二）乡土人才培养增强内生驱动

专家指导园岱村的嘉禾种植专业合作社杨水明，发展林下中药材500亩，实现每亩年收益近3万元，被授予省林业乡土人才。李和善、吴仙旺、张少智、单寄萍、徐水森、黄国良、雷兴贵等7位中药材种植农民，被授予光泽县优秀乡土人才。生态稻渔产业吸引8个村10多位青年农民、大学毕业生返乡创业，1人成为南平市优秀农村实用人才、省水稻产业技术创新联盟理事、省农技协会员、省大地之子。在中药材、生态稻渔产业等领域，打造了一支带不走的农村科技队伍。

（三）媒体密集聚焦彰显工作品牌

新华社、央视《致富经》、《科技日报》、《农民日报》、《福建日报》、八闽快讯、今日要讯、"学习强国"福建学习平台、福建广播影视集团乡村振兴公共频道、福建农村新闻联播、东南网、文明风、中国网、中国福建三农网等主流媒体，密集报道光泽生态农业发展典型事例，树立了光泽区域农业特色品牌形象。

（四）党建联创共建综合效益显著

党建联创共建在稻米产业上开展试点探索工作，建设党性教学基地，筹建县生态稻渔协会，集成示范全国首创年养三季稻田鱼亩产值超万元的生态稻渔技术模式，吸引 4 位青年农民入党，带动 45 个贫困户 121 名贫困人口实现增收脱贫，争取扶持资金 210 万元。2020 年 10 月，这项探索通过第三届全省机关体制机制创新优秀案例二等奖公示。

三、经验与启示

（一）创新工作机制，实施科技特派员集团服务

光泽县探索表明，依靠科技特派员"单打独斗"无法破解全产业链关键技术，要实施科技特派员集团服务工作机制，要组建全产业链科技服务团队，实现整县推进，同时要实现牵头单位、发起专家与核心示范单位的对接服务，才能推动科技要素资源下沉一线，助力全县域乡村特色产业振兴。

（二）坚持党建引领，强化乡村振兴的科技支撑

坚持政治统领，认真贯彻落实习近平总书记有关省、市、县、乡、村五级书记抓乡村振兴的工作理念，以省、市、县、乡、村五级基层党组织联创共建为抓手，落实省、市、县、乡、村五级党委的领导责任。要强化共建发起的科研机构党组织与核心示范村党组织的"领头雁""排头兵"作用，在科技支撑区域特色产业高质量发展中，践行"科技为民、服务三农"的初心使命。

（三）传播科技文明，培养乡土科特派队伍

农民依靠科技实现增收致富的成功案例，是最有效、最典型的科技示范，关键要培养造就一支专家带不走的科特派队伍。必须推进先进适用技术与区域特色的优秀农耕文化的深度融合，通过现场培训、远程培训、学历培训、科技开放日、农民丰收节等方式，聚焦产业链关键技术的推广示范来传播科学文明，培养青年乡土人才。

四、创新亮点

推动紧密型院地合作、科企协作，聚焦光泽农业全县域、全产业、全链条的问题和需求，探索科技特派员全方位、全过程、多层级的服务方式，以数字农业、数字乡村为主线，通过多专业、多学科服务光泽农业产业，变科技特派员"单兵作战"模式为"集团作战"模式。基本构建"科技+书记""科研机构+政府部门""特派员+基地"的科技特派员工作新业态，形成国家、省、市、县、乡五级科技特派员服务大体系，上下联动、深度融合，推动科技特派员制度在县域乡村振兴中进一步走深、走透，走出成效、走出品牌。

稻花香里庆丰年

——福建省农业科学院优、特水稻推广服务团队

种子是农业的"芯片"。习近平总书记强调，种子是我国粮食安全的关键。只有用自己的手攥紧中国种子，才能端稳中国饭碗，才能实现粮食安全。水稻是福建省主要粮食作物，但总体规模小，产业分散。在脱贫攻坚和乡村振兴战略实施的关键时期，水稻作为福建省传统农业产业，必须紧紧围绕粮食安全，加大气力提升种业科技支撑水平。以谢华安院士为代表的福建省农业科学院水稻研究所的科技工作者们，牢记历史使命，在水稻良种创新征程中不断勇攀高峰，科研成果灿若繁星，选育出"宜优嘉7""福香占""野香优676""永香优517"等20多个新品种，在全国和福建省优质稻品种食味品质鉴评中荣获金、银、铜奖。2018年以来，在谢华安院士的关心支持下，福建省农业科学院水稻研究所组建优、特水稻推广服务团队科技特派员；2019年，团队项目"优质特色稻新品种全产业链开发示范推广"获院立项资助。团队依托水稻研究所在水稻产业链中的优良品种、先进技术、示范推广及专业人才等优势，围绕优质特色稻新品种全产业链开发示范推广开展技术服务，经过多年服务，福建省水稻产业由吃得饱向吃得好、种得美转变，有力地推动了福建水稻科技事业阔步向前，保障了福建乃至国家的粮食安全，促进了福建水稻产业可持续高质量发展。

福建峰岭耸峙，丘陵连绵，河谷、盆地穿插其间，山地、丘陵占全省总面积的80%以上，素有"八山一水一分田"之称。福建受耕地特征限制，种粮效益不高。连片耕地少，山垄田多，耕种难度大，种粮成本高，除少数传统产粮区外，水稻种植多出于与其他经济作物水旱轮作的需要，种粮效益不高。随着其他经济作物的发展，水稻种植兼业化，成为附属产业，种植技术传统滞后，管理粗放，科技应用水平普遍不高。由于气候和地理优势，建宁、泰宁、尤溪、宁化等地逐渐发展成为全国重要的杂交水稻制种区之一。近年来，农村务农人口老龄化加剧，劳动力短缺，人工成本不断提高，制种效率低下，产业

发展不快，依赖人工作业的杂交水稻制种产业面临严重挑战。

一、主要做法与创新举措

（一）主要做法

1. 推广优质、特色稻良种

稻菜水旱轮作是福建省蔬菜种植业防范病虫害的主要生产模式，但由于种植水稻成本高，不仅无利可图，反而亏本，因此很多蔬菜种植户宁愿泡水或不耕。南靖县龙山镇就是一个典型的大棚蔬菜种植区，种植周期集中在冬春两季，土地闲置时间长达半年。2020年个别种植户试种"紫两优737"进行轮耕，没想到不仅产量高，而且价格好，十分畅销，为蔬菜种植户带来了可观的效益。龙山镇政府对此十分重视，积极引导蔬菜种植户轮种"紫两优737"，在提高土地利用率、改善土壤环境的同时，还增加经济收入。

"紫两优737"粒大饱满、乌黑光亮、回味香甜，平均亩产在1000斤以上，接近优质白米品种，稻谷收购价平均接近3元/斤，种粮效益远高于其他稻米品种。"紫两优737"是团队根据市场需求选育推广的特种稻米品种之一，除"紫两优737"外，"闽红两优727""闽红两优177"等品种也深受种业、米业及种粮大户的青睐，常常在制种期间就被预订一空。

近年来，结合脱贫攻坚和乡村振兴工作，团队在宁化、上杭、沙县等地建立30多个优质稻百亩示范片，通过研究不同生态区相应的高产配套栽培技术，形成实用的高产、高效生产技术体系。

2. 推广制种机械化技术

过去制种靠天"吃饭"。建宁等福建主要制种县地处山区，气候多变，一到晾晒时节，不仅晒场"捉襟见肘"，而且要时刻防备随时突变的天气。团队因地制宜，利用当地密集的烤烟房进行"微"改造，加装烘干床，做到烤烟、制种两不误，不仅盘活了闲置资源，而且彻底解决了曾经困扰当地晒种依赖自然天气的制种问题。

杂交水稻制种环节中母本插秧用工多、劳动强度大、成本高，在农村劳动力日益短缺的社会现实下，机械化大势所趋。团队在国内率先探索出制种母本机插技术，并与农机制造企业协作研发出适应福建丘陵地貌特征的杂交水稻制种专用插秧机。近年来，团队在福建主要杂交水稻制种区大力推广全程机械化制种技术，全面提升制种效率，促进制种产业提档升级。

3. 推广绿色生态防控技术

位于尤溪县联合镇连云村的联合梯田，是全球重要的农业文化遗产之一，每年到此观光摄影的游客络绎不绝。然而，随着农村劳动人口老龄化，耕作难度大、成本高的梯田迫使越来越多的农民弃耕荒废，同时化肥、农药的滥施严重影响着梯田景观和生物多样性。

2019年，团队开始对联合梯田可持续发展进行集成技术研究服务。稻飞虱号称稻米的"癌症"，过去主要靠农药防治。团队历经反复实践，自主研制出具有精准针对性的稻飞虱行为干扰器，利用特定波长和经编程的光照强度高低频率变换，影响夜间水稻害虫视觉感受器，打乱其昼夜节律，干扰其取食、求偶、交配及产卵等行为，改变稻飞虱生长、发育历期，减少受精卵数量和后代孵化数量。同时创新应用稻飞虱卵寄生蜂人工释放技术。自主培育稻虱缨小蜂、稻虱赤眼蜂两种稻飞虱卵寄生蜂，开展批量释放技术，让稻飞虱卵寄生蜂在稻飞虱卵内产卵寄生，导致稻飞虱卵无法孵化，减少后代数量，从而有效控制稻飞虱病害。连云村的"千亩"示范梯田覆盖安装1150台稻飞虱行为干扰器、60盏太阳能风吸式杀虫灯，对二化螟、大螟、稻飞虱、稻纵卷叶螟等重点害虫成虫进行有效诱杀，大大降低了农药投用量。梯田套种田埂豆、格桑花，一到丰收时节，金灿灿的梯田仿佛镶边描色，更添多姿多彩。2020年，联合梯田的丰收景象在央视新闻播出，震撼人心。

联合梯田是团队推广绿色生态防控技术的一个缩影。团队将生态栽培技术和绿色病虫害防治方法与优质、生态大米的生产过程相配套，结合烟后稻、中稻、中晚稻、晚稻等不同水稻种植时期的特征，通过建立示范基地，大力推广水稻害虫绿色防控新技术体系。

（二）创新举措

1. 推进一二三产业融合发展

历史上曾被列为贡品的河龙大米名扬四海，被誉为"米中珍品"，2008年被认定为地理标志产品，是宁化县河龙乡的标志性支柱产业之一。随着乡村振兴战略的推进，农业休闲化日益发展。结合河龙贡米产业特色、客家祖地文化和红色文化，团队在宁化县河龙乡和石壁镇开展示范种植浅绿色、黄色、红色、黑色的彩色稻米，推广稻田彩绘艺术，促进稻米产业三产融合，助推当地乡村旅游发展。近年来，团队利用水稻研究所培育出叶片色彩丰富的彩叶水稻创制"画笔"，结合区域农耕文化和产业特色，创意稻田艺术图案，在沙县夏茂镇、宁化县河龙乡、大田县济阳乡、晋江九十九溪田园综合体等 28 个示范点示范推广，使福建省的大型稻田彩绘基地从无到有、从小到大，图案由简入繁，发展迅速。

2. 拓展全链条农业科技服务

为了助力优质稻米种植单位卖出"好价钱"，团队积极延伸和拓展科技服务链条，将联合种业公司、农业专业合作社、米业公司创建的"优质稻品种研发 + 种业 + 米业 + 超市（电商）"全产业链融合发展模式应用于服务区域，成功创建了优质米品牌"泰丰优 656"，成为福建省第一个被米业公司直接以品种名称用作大米商品名在终端市场销售的优质稻品种。

二、实施进展与成效

团队自 2018 年组建以来，与省内 50 多家企业和农业合作社形成了长期、稳定的合作关系，团队全体成员每年下乡累计 600 天以上，通过现场和视频远程技术指导，累计培训人员 2000 人次以上，帮扶 100 多户种粮大户。

1. 优、特稻良种成为产业品牌

优、特稻良种逐渐成为福建省水稻主栽品种，在脱贫攻坚和乡村振兴中形成产业特色。据统计，近 5 年全省累计推广福建省农业科学院水稻研究所选育的优、特稻新品种种植面积超 100 万亩，新增产值 1 亿元。

2. 杂交水稻制种产业稳居全国第一

2021 年全省杂交水稻制种收获面积达 35.8 万亩，生产种子 7600 万千克，平均亩产 212 千克，3 项指标均居全国第一，满足了全国杂交水稻制种面积 25% 以上用种需求。2022 年，农业农村部公布新一轮 32 个国家级水稻制种大县认定名单，建宁、泰宁、宁化、尤溪四县上榜，福建省稳居全国杂交水稻制种第一大省位置。建宁全县制种面积和产量各占全国杂交水稻种子的 10% 以上，也就是说，全国每10粒杂交水稻种子里就有一粒来自建宁，建宁被誉为"中国杂交水稻制种第一县"。

3. 生态种植模式形成共识

团队在各地建立的绿色防控新技术体系示范基地示范成效显著，生态种植的稻米收购价格普遍高于传统种植的稻米，村民种粮积极性显著提升。光泽、浦城、顺昌、尤溪等粮食主产区开始推广水稻绿色防控新技术体系。

人民网、东南网、《泉州日报》、晋江电视台等新闻媒体争相报道，宣传和示范效果显著。目前，团队正积极探索稻田彩绘产业融合发展的盈利模式，助力福建乡村振兴。

三、经验与启示

在解决温饱问题之后，水稻产业发展向"吃得更好"迈进，生态稻、保健稻、美味稻逐渐成为水稻产业新的效益增长点。优、特水稻推广服务团队科技特派员在开展科技服务中，按照现代农业发展模式，紧紧围绕粮食主产区、粮食制种特色产业发展和市场消费品质需求，抓良种良法融合，抓产业技术瓶颈，抓龙头示范带动，重点开展优、特稻新品种示范推广、全程机械化高效制种技术应用、水稻病虫害绿色生态防控技术试验示范及稻米三产融合发展等方面的相关技术服务，持续提升产业效益，激发农民种粮积极性，在不具有水稻生产优势的福建，推动水稻产业走出一条独具特色的发展之路。

四、创新亮点

从福建省粮食产业特征出发，找准福建水稻特色和优势，因地制宜地开展优质特种稻米及配套技术推广科技服务，走差异化、品牌化发展道路，有力地提升稻米产品市场竞争力。从福建省地形地貌特征出发，因地制宜地推进粮食制种产业机械化，摆脱人工成本高企对产业发展的制约，提升粮食制种生产效率。福建省农业科学院水稻研究所优、特水稻推广服务团队科技特派员的工作探索与实践，奠定福建省粮食生产的特色和地位，有力保障了粮食安全，提升了产业效益，让种粮在福建更有奔头、大有可为。

科技下乡，为养殖保驾护航

——福建省农业科学院畜牧兽医研究所吴胜会

"民以食为天，食以安为先。"随着人们物质生活水平的不断提高，食品的安全性越来越受到人们的关注。国家也陆续出台了相关政策和法规。2010年国务院食品安全委员会主任李克强强调要深入贯彻落实科学发展观和《中华人民共和国食品安全法》；2016年国家卫计委提出在"十三五"期间进一步完善食品安全标准与监测评估工作体系；2017年习近平总书记对食品安全工作做出重要指示，必须抓得紧而又紧；2019年发布的《中共中央 国务院关于深化改革加强食品安全工作的意见》提出食用农产品生产经营主体和食品生产企业对其产品追溯负责。从这些法规政策可以看出，对食品的要求越来越严格。

近年来，随着畜牧业结构调整，福建省养禽业发展迅猛。据不完全统计，2020年全省存栏蛋鸡2000多万羽，共有规模化蛋鸡场300多个，其中存栏1万羽以上的占70%以上，存栏5万羽以上的占60%以上。畜禽规模养殖是未来的发展趋势。规模养殖面临着两大风险：一个是市场风险；另一个是疾病风险。市场风险是不可控的，疾病风险是可控的，防控疾病风险对养鸡场更为重要。多种常见的病原微生物（大肠杆菌、沙门菌、球虫、住白细胞虫病、败血支原体等）不断地威胁着福建省鸡只健康，近年来尤其是滑液囊支原体、副鸡嗜血杆菌、白血病病毒等病原微生物更是对鸡群造成巨大威胁。在食品安全监管体系日益严格的形势下，为了生产出合格的鸡蛋，疫病防控成了养殖场的最大难点。但是，目前还有很多规模养殖场存在疫病防控意识淡薄、知识欠缺、疫病防控技术不完善等情况，这些都亟须通过科技特派员指导、培训来提高。

一、主要做法和创新举措

（一）主要做法

为了防止这些病原微生物导致鸡群发病，科技特派员吴胜会通过以下4

个方面对养殖场进行指导。

1. 疫病监测

通过对该地区、该鸡场的流行病学调查及福建省农业科学院畜禽疾病诊疗中心平台的门诊病例情况进行本地区的流行疫病分析，并定期抽取血样、蛋样、粪样进行抗体和病原检测，若抗体没有达到保护要求，要及时查找原因并加强相关疫苗的免疫接种，以免发生相关疫情。再结合本鸡场的情况不断进行优化免疫保健程序，确保该鸡场不发生大的疫情。

2. 疫病防控

规模化养殖场要做好疫病防控才能保证产蛋鸡产出合格的鸡蛋。而要生产出合格鸡蛋必须做到产蛋期间的鸡群健康，因此，必须要有一整套适合本鸡场的免疫保健程序来保证鸡群健康。根据疫病监测、抗体检测和病原检测情况，制定最适合本场的优化免疫程序来防护。每年5—10月福建省的开放型和半封闭型鸡舍都有白冠病的侵袭情况，以前治疗白冠病的特效药是磺胺类药物，特别是磺胺间甲氧嘧啶效果最佳，但是近年来产蛋期间不得应用这类抗生素，因此寻找合适的方法来防治白冠病尤为重要，经过近几年的临床实践发现在白冠病流行期间可以用中药白头翁、青蒿等来防治。

3. 人员培训

对养殖场管理人员、技术人员、饲养人员进行技术培训，不断提高养殖场疫病防控水平，补齐技术短板，达到小问题早发现、早诊断、早处理，最大限度地减少因疫病等原因造成的经济损失。同时还通过现场指导、微信、电话等手段进行实时指导。科技特派员吴胜会把20多年临床实践经验编写成通俗易懂的科普书籍，共主编和合著出版17本科普书籍，这些书籍成为提高科学防疫、提升管理人员和技术人员水平的参考资料。

4. 新技术推广

开展新技术推广，特别是鸡滑液囊支原体防控技术、鸡肠道保健技术、蛋鸡无抗蛋生产技术的应用能有效提高鸡场的饲养管理水平和蛋鸡健康水平，从而提高鸡群成活率及蛋鸡产蛋率。

（二）创新举措

一是发挥科技特派员自身优势，将诊疗中心平台与养殖场紧密联系在一起，通过周边畜禽流行病学调查和血液抗体监测情况来优化免疫程序，构建鸡群完备的免疫屏障，能保证鸡群的疫苗免疫到位、免疫无漏洞，保障鸡群健康。

二是科技特派员与养殖场实时对接，通过微信、QQ、慧农信等远程服务软件与养殖场构建一个实时连通的桥梁，可以及时了解鸡群的健康状况，即使遇到突发事件，科技人员也能及时为养殖户提供解决方案，减少经济损失。

二、实施成效与影响

通过科技服务，森旺养殖场的鸡群各项疫苗免疫抗体合格率都在95%以上，没有发生大的疫病，蛋鸡全程成活率由原来的83%提升到96%，每羽蛋鸡的年产蛋量由原来的15千克提高到19.3千克，生产出的鸡蛋完全达到无抗生素残留，提高养殖场蛋品质量，每年可增加企业经济效益100多万元。这种服务模式还辐射推广到周边十几个蛋鸡场，有效提高这些蛋鸡场的疫病防控能力和生产性能，年增社会经济效益1000万元以上。

三、经验与启示

①科技特派员要与养殖场有机联系在一起，精准掌握养殖户需求，提升养殖水平，最终产出合格的产品，创造更多的经济效益，真正实现科技兴农。

②好的科技服务模式可以示范推广，辐射到周边、全省、全国，让更多的养殖户受益，使科技服务在新时代焕发出异样的光彩。

四、创新亮点

科技特派员与养殖场有机联系在一起，通过周边畜禽流行病学调查和血液抗体监测情况来优化免疫程序，结合现场指导和远程服务为养殖保驾护航。

"国鱼"的健康守护者

——福建省农业科学院生物技术研究所许斌福

福建省海域面积广大，海岸线长度居全国第 2 位，是著名的海洋水产大省。其闽东沿海内湾具有得天独厚的自然生态条件，非常适合养殖大黄鱼，宁德的官井洋更是大黄鱼的天然产卵场。大黄鱼肉质鲜美、营养丰富，深受人们的喜爱，有"国鱼"之美誉。大黄鱼是我国海水养殖量较大的鱼类，同时大黄鱼产业也是福建省的支柱产业，位列福建省重点打造的渔业千亿产业链之首，且具有广阔的发展前景。

大黄鱼自 1985 年人工繁殖成功以来，经过 30 多年的不断发展和壮大，种质资源、养殖技术、饲料营养、病害防控和加工销售等产业链都得到了完善；但由于养殖布局规划不够合理、养殖规模盲目扩大，大黄鱼的病害问题日趋凸显。大黄鱼疾病，如刺激隐核虫等寄生虫病、变形假单胞菌等细菌病和虹彩病毒等呈现逐年加重趋势，常年发病率轻则 10% ~ 20%，重则 50% ~ 80%，严重制约了大黄鱼产业的健康发展。另外，大黄鱼养殖过程中的网箱养殖大黄鱼病害防控操作难、养殖从业者预防意识弱、渔农"有病乱投医、滥用药、乱用药"等问题仍然存在，对大黄鱼产业发展的影响也不容小觑。

一、主要做法和创新举措

许斌福，1997 年从华中农业大学（水产专业）毕业，同年分配至福建省农业科学院，开启了水产养殖与病害防控工作。1998 年，开始关注大黄鱼产业，他专注于大黄鱼的病原学、免疫学和疫苗学研究，通过生态健康养殖与精准综合防控等技术服务于大黄鱼的渔农和渔企。研究的同时，许斌福密切关注病害防控方面的动态与问题，他最早发现并报道了池塘养殖大黄鱼淀粉卵甲藻病；为了帮助大黄鱼产业解决关键技术问题，许斌福从 2010 年开始，在福建省农业科学院科技下乡"双百"行动等项目支持下，与大黄鱼龙头企业——

宁德市富发水产有限公司（国家级大黄鱼原种场）一起助力大黄鱼健康发展；2015年在宁德等地开始科技特派员工作，2017年主动对接服务单位——宁德市富发水产有限公司（市级企业，大黄鱼育种国家重点实验室），连续5年作为福建省个人科技特派员服务三农；2020年成为福建省团队科特派发起人。多年来，许斌福始终坚持以习近平新时代中国特色社会主义思想为指导，带头科技创新，积极投身科技服务，助力乡村振兴和水产业的绿色、高质量发展。具体做法和举措如下。

（一）创新研发产品，精准服务市场需求

长期扎根基层，调研大黄鱼养殖与病害情况和渔农渔企的市场需求，积极探索关键技术难题；通过项目带动创新研发科技产品、技术和工艺，精准有效服务市场。研发并示范了海水鱼病原监测与耐药检测和精准用药等综合防控技术、变形假单胞菌口服型免疫制剂和预防大黄鱼内脏白点病的功能化膨化颗粒饲料等。负责蕉城、霞浦、福安、福鼎等宁德大黄鱼主养区养殖技术与病害防控的科技特派员工作，精准服务渔农、渔企，提质增效。

（二）集合多部门，致力解决区域性难题

时刻心系"三农"，经常与福建省水产技术推广总站、宁德市海洋渔业局、宁德市科学技术局、宁德大黄鱼协会、闽东水产研究所、宁德市水产技术推广站等主管部门共同关注大黄鱼产业的健康发展，联动服务三农。长期分阶段合作进行大黄鱼流行病调查、病原监测、病情预警预报及水产养殖投入品的安全科学使用等，共同探讨产业区域共性难题、关键技术等。及时处理区域性重大问题，共同解决区域难题，为渔农渔企排忧解难。

（三）多渠道、全方位技术咨询和技术培训、指导

秉持科技为民原则，通过到海水鱼养殖现场进行流行病调查、病害诊断和综合防控技术指导，或疫情期间通过电话语音点对点服务、微信视频群互动等方式及时了解病情，提供精确诊断、精准用药与科学防控等科技服务；以服务单位宁德市富发水产有限公司为大黄鱼健康养殖科技示范基地，以点带面，开展新技术、新产品、新工艺等示范推广、现场观摩等，实现科普惠民。

（四）切实践行科技特派员制度和工作职责

按时申请个人科特派和团队科特派项目，及时撰写科特派工作总结和填报福建省科技特派员服务云平台、慧农信平台的相关资讯等，保质保量完成科特派工作各项任务。积极参与福建省科技特派员技术成果推介会和"6·18"科技成果展会等。

二、实施成效与影响

2017—2021年连续主持福建省个人科技特派员专项，2020—2021年积极组建省级科特派技术服务团队，结合福建省科技厅公益项目"大黄鱼内脏结节病免疫防控技术研发"等，带头创新研发新产品、新技术；协助服务单位合作申报了省重大项目"湾外离岸智能潜升养殖网箱与集群管控装备研发与示范"及省团队科特派后补助项目；2018—2020年担任院科技服务项目"水产病害防控科技服务团队"及水产病害防控岗位专家和院科技示范基地项目"蕉城富发大黄鱼健康养殖科技示范基地"责任专家；率先研发大黄鱼变形假单胞菌免疫制剂并研制功能化水产膨化颗粒饲料（专利案号：11569C22FI01491），经测定相对免疫保护率可达73.3%；研发并推广了大黄鱼病害综合防控技术和生态健康养殖技术等，在宁德等海水鱼主养区示范应用累计辐射面积达6000多亩，有效促进渔农、渔企提效增收，保障"菜篮子"安全，创造超亿元的经济效益、社会效益和生态效益。

结合乡村振兴战略，入驻宁德乡村，帮扶基层渔企、渔农，与服务单位共同建立用于大黄鱼等病害防控监测的主要方法。以2020年为例，对大黄鱼养殖区开展了全面的病原跟踪调查，全年共采集25个批次、150份样品，共检出致病细菌62株、寄生虫病原43份、病毒60份，掌握了大黄鱼病害的发生规律。与多部门联动，用科技服务宁德大黄鱼主养区，解决了区域产业和企业的关键技术难题并取得良好效果：①提出大黄鱼内脏结节病精准用药方案；②建立了假单胞菌病免疫防控方法；③推广应用了大黄鱼等主要病原检测技术；④明晰并解决了大黄鱼区域性重大疑似病害问题等。例如，2018年3月应邀至蕉城长壁诊断出大黄鱼盾纤虫病，平复了广大渔农因不明虫病致鱼大量死亡而引起的恐慌情绪；2019年7月至福鼎沙埕和霞浦岱歧头等地确诊并防控大黄鱼刺激隐核虫二类重大病害；2020年3月在新冠疫情期间火速至蕉城了解、分析并处理大黄鱼育苗场鱼苗普遍孵化率低等疑难问题；2021年4月至霞浦排查出大黄鱼鱼苗罕见车轮虫病并妥善处理因病造成鱼苗大量死亡的买卖双方渔民纠纷等。团队还为大黄鱼示范基地制定无疫化苗种繁育方案，2020年宁德市富发水产有限公司培育的大黄鱼鱼苗被中国渔业协会大黄鱼分会和国家大黄鱼产业科技创新联盟评为优质鱼苗。

通过技术指导、技术咨询和举办培训班等方式实现科技下乡，每年累计科技下乡近百天，足迹踏遍4个县市20多个行政村，给渔农、渔企传经送宝；通过服务单位观摩示范，辐射宁德周边海洋水产养殖区域。例如，2017年5月于蕉城授课"大黄鱼常病害概况和防控探讨"，2018年12月在城澳"小渔村"举办"大黄鱼病害防治与精准用药"培训班，2019年4月在蕉城参加第二届国鱼论坛并宣讲"大黄鱼绿色养殖的病害防控策略"，2019年6月在福建省公共电视频道面向观众授课"海水鱼细菌病防控技术"，2020年9月至海水鱼主养区宁德蕉城、福安、霞浦和福鼎四地巡回作"网箱养殖鱼类病害防控技术"讲座等，共培训技术人员1000人次以上；带动帮扶宁德蕉城、福安、霞浦和福鼎的渔农和渔企增收，提高渔农甚至水产产业链的科技水平，提升服务企业人才队伍素质，助力乡村振兴。

实施福建省科技特派员专项的病害防控科技服务期间，2019年起先后签订了"福建省水产养殖规范精准减量用药行动7个水产养殖品种病原菌耐药性监测"技术服务项目、"2019年水生动物疫病监测项目"服务协议、"2020年水生动物疫病监测项目"技术服务、2020年"大黄鱼变形假单胞菌疫苗效果评估"服务项目等。2015—2016年被聘为宁德市蕉城区三都镇精准扶贫科技特派员；2018年被聘为福建水产千亿产业链推广示范基地科技服务队专家；2019年、2021年均被福建省农业科学院评为院科技服务先进个人；2020年7月授权国家发明专利"一种杂交瘤细胞株、创伤弧菌膜蛋白单克隆抗体和创伤弧菌检测试剂盒"；2020年被聘为鱼病远诊网省级平台专家。2020年年底被推荐为福建省科技特派员先进个人；2021年院科技示范基地"蕉城富发大黄鱼健康养殖示范基地"考评优秀并被授予"核心示范基地"称号；2021年荣获福建省直机关"最美家庭"称号；2021年被聘为福建水产学会第九届理事会渔业病害防控专业委员会委员。2020年3月科技特派员服务"三农"为乡村振兴加码助力（宁德电视台"今日闽东"客户端）；2021年11月参与中国渔业协会大黄鱼分会编写并发布《2020年中国大黄鱼产业发展报告》；2021

年 12 月蕉城区推动产学研合作，助力大黄鱼产业健康可持续发展（蕉城广播电视台蕉城新闻）；2022 年 1 月撰写并申报福建省地方标准《大黄鱼变形假单胞菌病诊断规程》等。

三、经验和启示

坚持和深化科技特派员制度，要"不忘科技为民初心，牢记服务'三农'使命"，坚持以问题为导向，坚持以项目为抓手，坚持以创新为动力，"把论文写在大地上、把成果送到百姓家"，充分发挥科技特派员在实施科技创新、服务"三农"发展、助力乡村振兴的生力军和排头兵作用，通过产学研有机结合，推进供给与需求、科技与产业精准对接，促进精准科技服务"三农"与水产业高质量发展。

四、创新亮点

一是精准。通过科技服务精准对接产业需求，扎根生产第一线调研行业关键问题，科技攻关研制高科技产品精准服务三农，促进大黄鱼产业健康、高质量发展。

二是创新。通过科技项目带动创新团队研发新技术、新产品、新工艺，以服务企业为科技示范基地进行创新孵化、技术转移、成果转化推广示范，提升服务水平和行业升级，助力乡村振兴。

三是集成。充分发挥行政、科研、高校、协会等各行业优势，完善大黄鱼养殖、病害、饲料、加工等产业链，集成多专业、多学科特长，通过科企联合、部门联动，集中解决产业关键难题等，让"国鱼"健康地游到百姓餐桌。

优质水稻品种"佳辐占"助推农业产业升级

——厦门大学水稻遗传育种团队

2018年6月,经晋江市农业局相关领导牵线搭桥,受厦门大学生命科学学院水稻遗传育种组组长王侯聪教授委派,黄荣裕团队与福建省长鑫农业科技有限公司进行需求对接,首次申报福建省科技特派员并成功入选。福建省长鑫农业科技有限公司主营业务为水稻及其他优质农作物新品种的示范推广及产业化,在晋江市磁灶镇通过土地流转的方式,承包了1000多亩耕地,平时的耕作方式为"稻—菜"一年两熟制,早季种植一季水稻于8月底收获后,11月中旬再开始种植一季蔬菜,中间有2~3个月的闲置。因时间短,已不足以再种植一季完整的传统水稻。农田闲置,这对农民来说就是一年收成的减少。如何提高农田的使用效率成为困扰科技特派员的问题。如果可以引进一种在2~3个月内就能收成的粮食,这个问题也就迎刃而解了。

一、主要做法与创新举措

国以农为本,农以种为先。如果可以引入优良的种植品种,有效提高农田使用效率,那么,农民的收成也能大大提高。黄荣裕与团队成员到该企业了解到这一实际情况后,与企业协商,引进厦门大学育成的具有强再生能力的优质水稻品种"佳辐占"进行种植并进行技术指导。因"佳辐占"再生能力强,头季收获后,可利用稻桩再生,无须育秧及插秧,70天左右即可成熟,大大提高了土地利用率及周转率,每亩可增收500斤左右稻谷,每亩增收700多元。

二、实施进展与成效

黄荣裕长期从事水稻遗传与育种应用研究,先后主持或参与育成10多个水稻新品种并在生产上推广应用;在 *Trends in Plant Sciences*、*Journal of*

Experimental Botany、The Crop Journal、《分子植物育种》等学术刊物上发表多篇研究论文。研究成果两项获泉州市科学技术进步奖一等奖，一项获福建省科学技术进步奖三等奖。育成的"泉珍10号""Ⅱ优131""佳禾165"等多个优质水稻新品种已大面积推广应用，获得了显著的社会效益和经济效益。黄荣裕自担任科技特派员以来，在晋江市、南平市延平区及周边地区从事水稻新品种及新技术的推广工作，先后承担福建省种业创新与产业化工程项目、国家水稻生物学国家重点实验室开放课题等项目，推广优质水稻新品种3个，新技术2项，每年为合作社成员举办水稻科普知识讲座3次。

为了更好地在指导农民种植的同时提高研究工作效率，厦门大学生命科学学院水稻遗传育种组在南平市延平区设立了水稻异地生态筛选与穿梭育种研究基地，基地的日常工作由黄荣裕负责。本着服务地方经济的初衷，黄荣裕主动与当地农业专业合作社——南平市延平区初八农业专业合作社对接，同时申报2019年福建省科技特派员并顺利入选。经与帮扶合作社协商，双方合作开展优质高产杂交水稻新组合制种。工作中，黄荣裕多次对合作社主要人员进行技术指导，并对制种地的隔离条件选择、播种差期的安排、田间除杂、割叶片、"920"喷施、赶花粉等各项工作在田间进行手把手的示范及指导。在黄荣裕的悉心指导下，合作社人员熟练掌握了杂交水稻制种的关键技术要领，当年的试制种取得了成功。通过承接相关种业公司的杂交水稻制种订单，可有效实现当地农民增收及农业增效。

三、经验与启示

作为农业研究工作者，黄荣裕长期工作于水稻科研工作及生产一线，早期在福建省泉州市农业科学研究所从事水稻育种工作，后工作调动到厦门大学生命科学学院，继续从事水稻遗传与分子育种工作。水稻育种团队成员在黄荣裕的带领下长期扎根田间地头，与当地农民保持长期密切联系。将农田作为水稻育种研究的实验室，通过线上线下的方式指导当地农民种植新型水稻，使得研究和服务指导当地农民融为一体，让论文写在实践的基础之上。

工作期间，黄荣裕多次获得社会性奖励，于2003年被评为"泉州市农业系统先进个人"，2012年入选泉州市第十一届青联委员及福建省青联委员，2015年入选泉州市第二届青年拔尖人才并获泉州市青年五四奖章。

解码大黄鱼体色，助推渔业产业升级

——厦门大学高品质大黄鱼育种研究团队

发现现象，探究问题的本质，将产业的需求作为自己事业追求的方向。大黄鱼作为福建省主要海水养殖鱼类之一，一直以"黄"的深浅为判断品质的标准。陈仕玺教授多次到大黄鱼养殖鱼排，主动与渔民沟通，他发现大黄鱼存在一个很有意思的现象，即大黄鱼白天变白，到晚上就会变成黄色，而且只要经过灯光照射，大黄鱼又会变白。因此，渔民总是在晚上进行捕捞，并且不能开灯进行操作，这为大黄鱼的捕捞带来了很大的难度和安全风险。作为一名鱼类生理学的专家，他敏锐地抓住了问题的关键，带领团队多次深入基地，积极开展研究，勇于探究，经过5年的摸索和试验，终于弄清楚大黄鱼体色遇光变白的机制，成为第一个解码大黄鱼体色的科研人。

一、主要做法与创新举措

着眼于实际，将渔民的需求作为自己探索的方向。坚持着眼于渔民实际生产过程中遇到的问题，注重将产学研用相结合，促进科技成果转化，用实际行动着力破解产业的技术难题。根据已经研究的大黄鱼体色机制，着重解决两个难题：第一，如何保证白天维持大黄鱼金黄体？第二，是否能够在夜晚捕捞时进行照明？陈仕玺带领团队，不断改良方法和改进思路，发明了一种功能肽，其能够让大黄鱼在光照下依然维持金黄体色；同时，发明设计了一种夜间照明设备，可防止大黄鱼体色变白，让养殖户可以在夜晚安全捕捞，极大地降低了安全风险。

总之，"坚持人才下沉、科技下乡、服务'三农'，努力成为党的'三农'政策的宣传者、农业科技的传播者，使广大农民有了更多获得感、幸福感"，是陈仕玺作为科技特派员一直以来的信仰。

二、实施进展与成效

将论文写在大黄鱼养殖池上。陈仕玺教授2018年担任省级科技特派员以来，每年多次到大黄鱼养殖鱼排与渔民沟通，从不端"教授"的架子，在多次深入养殖场调研的过程中发现大黄鱼受光变色的问题。在驻场调研时，渔民夜间捕捞，且无法使用探照灯的问题困扰着陈教授，他心系渔民的安全。以此作为研究的切入点，带领团队多次深入基地，积极开展研究，勇于探究，经过5年的摸索和试验，终于弄清楚大黄鱼体色遇光变白的机制，成为第一个解码大黄鱼体色的科研人。

三、经验与启示

授之以渔，努力向渔民开展科学知识的普及工作。陈仕玺教授在与渔民深入接触的过程中发现，当地渔民不具备太多的科学基础知识，对于超出常识的科学知识都不愿意接受。在开展大黄鱼研究时，渔民都对此持怀疑态度，不相信黄金肽能够带来这么大的效果。陈教授为了给渔民开展科普工作，多次带着他研发的产品，走过大大小小的鱼排，耐心地向各个养殖户讲解大黄鱼的变色原理，也将团队研发的照明设备供渔民使用，以保证他们夜间工作的安全。当渔民亲眼看到黄金肽带来的神奇效果时，大家都心服口服，终于相信科学才是促进大黄鱼产业发展的重要基础。

四、创新亮点

陈仕玺自担任科技特派员以来，在宁德市及周边地区从事服务乡村振兴实用技术普及和大黄鱼体色的研究，致力于解决大黄鱼捕捞过程中体色变化问题。作为首次揭示了大黄鱼体色"见"光变白的分子机制的第一人，承担了福建省科学技术厅农业引导（重点）项目——"保持大黄鱼金黄体色的新技术研发"，该课题研发了可在光照下依然维持大黄鱼金黄体色的黄金肽，以及一种夜间捕捞照明设备，该设备既能使得大黄鱼不受光照影响，维持金黄体色，又能给捕捞过程提供照明，极大地降低了夜间捕捞风险。他每年给当地渔民举办科普知识培训4～6次，每次都耐心向渔民普及大黄鱼养殖专业知识，每年走访十几家大黄鱼养殖鱼排，研发的照明设备累计推广至数十家大黄鱼专业捕捞队。疫情防控期间，他多次通过微信或电话与养殖户沟通，以解决设备使用过程中遇到的问题等。

"旧时豪门名贵品，今日百姓桌上餐"，种业创新助推鲍鱼产业高质量发展

——厦门大学福建省鲍鱼种质创新与良种繁育技术服务团队

鲍鱼味道鲜美、营养丰富，有"海洋软黄金""餐桌黄金""海味之冠"等美誉，自古都是海味珍品。21世纪以来，随着养殖技术的进步和鲍鱼新品种的成功培育，中国目前已成为世界上最大的鲍鱼生产国和消费国，年产值超200亿元。福建省作为我国鲍鱼养殖主产区，素有"世界鲍鱼看中国，中国鲍鱼看福建"之说，全球每生产10只鲍鱼就有7只来自福建；鲍鱼产业是福建省海洋渔业"十三五"重点打造的9条"百亿产业链"之一，鲍鱼也是福建省产值最大的海水养殖种类，在促进沿海经济发展和渔民就业等方面发挥着重要作用。

当前，国内鲍鱼产业的发展正面临两大"卡脖子"问题：一是养殖鲍夏季死亡率高；二是缺乏高端大规格鲍。首先，主导养殖种——皱纹盘鲍原产于温带的黄渤海，在大跨度南移至亚热带的福建海域开展养殖后，虽然部分适应了南方夏季的高水温条件，使得南方的鲍鱼养殖产业得到了迅速发展，但受到原有生态习性的限制及近年来全球气候变化加剧的影响，在夏季频发无显著病征的大规模死亡事件，这成为困扰我国鲍鱼产业健康发展的主要问题。其次，虽然我国鲍鱼养殖产量占全球鲍鱼养殖产量的九成以上，但养殖品种小型化，无法养成大规格鲍，每年仍要花费大量外汇从国外进口大鲍鱼。针对这些产业问题，从20世纪90年代中期开始，厦门大学柯才焕教授所带领的鲍鱼育种团队便开展了鲍鱼生物学与遗传育种研究。在随后的二十几年时间里，团队先后突破一系列育种关键技术，共培育出3个国审鲍鱼新品种。柯才焕教授团队成员在入选福建省科技特派员以来，深入开展校企合作，充分发挥科技特派员的科技引领作用，大力推广新品种和规模化繁育技术，推动了鲍鱼产业升级发展，助力乡村振兴。

一、主要做法与创新举措

国以农为本,农以种为先。种子作为农业的"芯片",是发展现代农业的核心,做强鲍鱼种业"芯片"对推动鲍鱼产业高质量发展、赋能乡村振兴意义重大。

2000年伊始,团队就已着手开展鲍鱼种质资源库的建设工作,收集并保存来自不同海区的鲍鱼品种。充分调研了世界各地鲍鱼的地理分布和生物学特性,根据性状互补原则,团队于2003年和2007年有针对性地分别从日本和美国引进西氏鲍和绿鲍,建立了相应的引种驯养和保种技术,掌握了西氏鲍、绿鲍在本土海区的繁殖规律,在国内首次批量培育出西氏鲍、绿鲍的苗种并成功实现继代繁育。进一步,团队针对生长速度和抗逆等性状,构建了西氏鲍和绿鲍的配套系,为后续新品种的培育提供了丰富的种质资源。

针对我国重要养殖品种皱纹盘鲍存在的种质背景混乱、近交衰退等问题,团队在探明我国皱纹盘鲍野生与养殖群体种质现状的基础上,采用群体选育、家系选育并结合分子标记辅助育种的方法,育成一批具有速长、耐高温、耐低氧等特性的皱纹盘鲍新品系,建成了国内规模最大的鲍种质资源库,保存了7个鲍鱼种类,33个鲍鱼选育系和325个鲍鱼育种家系,不仅有效解决了我国鲍种质资源匮乏的问题,也为鲍鱼新品种的持续培育提供了丰富而可靠的育种材料。

特别是在长达11年的探索和努力后,团队培育出了国审认定的鲍鱼新品种——绿盘鲍。绿盘鲍具有耐高温、生长快、规格大三大特点,相较于皱纹盘鲍,其度夏成活率提高20%以上、产量提高2倍、产值提高3倍。绿盘鲍能养成单只250 g以上高价值的大鲍鱼,这更是打破了国内市场大规格精品鲍和高端干鲍长期被国外野生鲍垄断的局面,大幅提升了我国养殖鲍鱼产品的国际竞争力,带动了中国的鲍鱼养殖业踏上从以规模数量增长为主到以质量效益提升为主的产业转型之路,有力推动了我国鲍鱼产业的高质量发展。

二、实施进展与成效

针对鲍种间杂交亲本性腺发育不同步和南方夏季高温期性腺促熟难等制种痛点问题,团队通过搭建循环水控温系统、人工调控不同鲍种的有效积温、优化饵料营养和投喂策略、筛选特定波长光照条件等方法，创建杂交亲本性腺同步化成熟技术和最优杂交授精技术，为绿盘鲍等新品种的产业化应用奠定了重要技术基础。

此外，团队还通过创建鲍无损抗逆精准测评技术及种间杂交鲍快速分子鉴定技术，破解了鲍抗逆性状的精准评测等困扰抗逆品种培育的主要技术难题。团队首创鲍高效远缘杂交育种技术体系，采用种间杂交技术相继培育出西盘鲍（2014年获认定证书）和绿盘鲍（2018年获认定证书）两个国审鲍新品种，为种间杂交鲍的产业化应用奠定了重要技术基础。与皱纹盘鲍相比，西盘鲍的耐高温性能提高 2.5 ℃、度夏成活率提高 20% 以上、生长速度提高 15% 以上；绿盘鲍的生长速度提高约 2 倍、耐高温性能提高 2.2 ℃、产量提高约 3 倍，增产增收效果十分显著。绿盘鲍等新品种推出后受到广大鲍鱼养殖户的追捧，养殖效益大幅提高。

团队还建立了与良种配套的规模化杂交制种和多元化育苗养成新工艺，创建了鲍高效"育繁推服一体化"技术体系，通过亲鲍输出的方式，在福建、辽宁、山东等海区推广新品种鲍苗 7.76 亿粒，新增产值 53.55 亿元。绿盘鲍等新品种的产业化应用有效解决了鲍鱼产业夏季高温死亡难题，显著缩短养殖周期，帮助鲍鱼养殖户增产增收，而且打破了国内大规格精品鲍鱼长期依赖进口国外鲍鱼的局面，填补了国内产业空白。如今，绿盘鲍被业界誉为"中国大鲍"，同时还催生了一条全新的大规格精品鲍产业链和"皇金鲍"等国产高端鲍鱼品牌，形成养殖鲍鱼高端、中端和大众化 3 类产品合理搭配的新格局，有力推动了我国鲍鱼产业提质增效和转型升级。2017 年，皇金鲍成为厦门金砖国家领导人会晤指定用鲍，在第十七届中国·海峡项目成果交易会（简称"6·18"）上作为代表性成果在首次设立的科技特派员展区进行推介，得到了中央电视台等主流媒体的多次报道。2020 年 11 月，绿盘鲍新品种被中国农学会评选为 2020 中国农业农村重大科技成果十大新产品。2022 年 2 月，团队成果"鲍远缘杂交育种技术与产业化应用"获 2020 年福建省科学技术进步奖一等奖。团队带头人柯才焕教授被评为"全国优秀科技工作者""享受国务院特殊津贴专家"，并入选首批福建省科技创新领军人才计划，团队成员骆轩获"全国农业农村劳动模范"称号。

三、经验与启示

作为福建省科技特派员，鲍鱼育种团队成员在柯才焕教授的带领下长期扎根产业，与业界同人保持密切互动。由团队发起举办的全国鲍鱼产业发展研讨会至今已举办10届，除了得到来自内地鲍鱼产业同行的积极响应外，每年都吸引来自新加坡、韩国、中国香港和中国台湾等地的产业界同人参加，该研讨会已发展成为亚洲地区最具影响力的鲍鱼产业盛会。

除此之外，团队负责人柯才焕教授还担任中国水产流通与加工协会鲍鱼分会首任执行会长，主持编制多个地方行业标准。近年来，团队与福建省水产技术推广总站及沿海县市海洋渔业主管部门开展合作，通过举办技术培训班和现场观摩会的方式，累计培训人员2000多人次，有效提升了基层水产技术人员的技术服务水平和养殖从业者的能力。特别是自2020年以来，团队克服疫情带来的影响，联合福建省水产技术推广总站、连江县鲍鱼行业协会等，采用线上线下等多元化方式开展赤潮防范和新品种养殖技术推广，利用新闻媒体、远程教育教学平台等新媒体持续对外发布系列授课视频，为鲍鱼养殖业者开展赤潮防范及鲍鱼健康养殖提供科技指导与培训，养殖渔民数千人次受益。

"产教融合，科技兴农"，通过柯才焕等科技特派员的不懈努力，团队以产业需求为服务方向，为产业带来了先进的鲍鱼育种成果和现代鲍鱼全产业链生产理念，为养殖户增收、企业致富、产业发展提供了强大助力。

四、创新亮点

作为福建省科技特派员，厦门大学鲍鱼育种团队成员在柯才焕教授的带领下长期扎根产业，以产业需求为服务方向，破解了一系列鲍种间杂交技术难题，首创鲍高效远缘杂交育种技术体系，培育出性状优异的国审水产新品种西盘鲍和绿盘鲍，并实现产业化应用。2012年至今已累计推广新品种鲍苗7.76亿粒，创社会经济效益53.5亿元。鲍新品种的产业化应用有效解决了我国南方鲍养殖夏季高死亡率问题，填补了我国鲍产业大型高端鲍养殖品种的空白，创建了一条全新的大规格精品鲍产业链，有力推动了鲍鱼产业提质增效。

品牌研创，服务乡村振兴

——厦门大学嘉庚学院林筠

林筠于2021年度先后获批漳州市市级科技特派员、福建省科技特派员，负责在华安县高安镇九且自然村开展工作，受援单位是漳州市古且旅游发展有限公司，为华安县高安镇平东村和坪水村的乡村振兴做服务工作。同时，还是漳州市科技特派员团队"乡村振兴品牌研创团队"的发起人与负责人，积极探索团队合作参与乡村振兴的有效方式与方法。目前该团队齐心协力、各显其能的架构优势正日益突显出来。

一、在乡村创建"大学生创新创业创意"品牌实践基地

2020年10月与九且觅境山庄联合建立人文与传播学院第一个"大学生创新创业创意"实践基地（图1）。

图1 乡村振兴品牌研创团队推动基地建设

2021年5月与华安县文化体育和旅游局签订"大学生三创实践基地"及

战略合作框架协议。

2021年5月与华安大地土楼景区成立"厦门大学嘉庚学院清爽华安影视创作基地",建立媒体文化传播矩阵(图2)。

图2 乡村振兴品牌研创团队推动基地建设,揭牌清爽华安影视创作基地

二、围绕乡村振兴创建文化活动品牌,开展大学生专业实践及教育活动,与乡村建立多个利益共同体

2021年7月实践周期间,人文与传播学院师生创建"青年创意训练营"活动,分为摄影组、品牌组、影像组、文化调研组等多个矩阵,带领大学生走进新乡村、发现新乡村、传播打造新乡村。在10天的时间里,大学生们利用专业所学创作出一大批有思想高度、有文化内涵、有艺术造诣且接地气、独具特色的影像、品牌设计、广告、图片、摄影、推文、旅游观光地图作品,构建乡村文化品牌,并完成3篇"乡村振兴"调研报告等。

2021年5月与华安县文化体育和旅游局合作"华安微电影影像"项目,地方政府注入资金,开启"我嘉华安"首届校地微电影影像大赛,林筠老师带领乡村振兴品牌研创团队师生在华安县各个村进行取景拍摄。

在乡村振兴主题下指导"大学生创新创业项目",指导学生们通过实地调研和抖音视频的创意传播重新建立与乡村的智力衔接,带领大学生关注乡村发展,将其与自己的个人成长紧密关联,甚至为未来的就业打下良好的基础。

三、利用品牌理论智库优势，协助乡村企业解决实际问题

2021年4月，团队科技特派员帮助九且觅境山庄参加在福州市举办的"两岸文旅博览会"；5月向福建省住房和城乡建设厅报送九且觅境山庄建设规划书等；自2021年以来，协助九且觅境山庄完成公众号推文10余篇，帮助企业进行品牌文化宣传打造及有效传播；制作两部在山庄取景拍摄的微电影作品，有效提升乡村的知名度。

2021年10月，与漳州古且旅游发展有限公司共建"九且耕读文化博物园"项目，此举也是创建乡村文化品牌的重要措施，目前各项工作正在有序推动中。

四、实施成效与影响

形成讲师团队，进行乡村振兴政策、文化相关内容的宣讲：团队科技特派员们在厦门大学嘉庚学院、厦门大学附属中学、厦门文化科技馆等完成乡村振兴主题讲座培训，还将中学生们带到乡村实现近距离接触。在厦门大学嘉庚学院开设乡村振兴的相应课程组，为大学生解读乡村振兴政策、时代需求、调研方法、创意技能、未来发展趋势等。

推出一系列宣传作品，获得较好社会影响。在乡村进行实践工作，取得了一系列创作成果，在福建省电视台《乡村振兴》公共频道、官方微信公众号等省级媒体平台系列播出。节目播出清单如下：微视频《老人与家》《山哈坪水舞蹈队采访》《山庄的早晨》《寻梦九且》《阿勇的回忆》等。

华安微电影创作项目执行全程都得到华安县各级领导的关注，相应内容在"清爽华安"微信公众号陆续推出。

已形成科研团队，陆续完成科研论文并准备发表。

举行大学生乡村振兴实践成果展，扩大乡村振兴事业的宣传力度，为乡村振兴战略培养后继力量。

五、创新亮点

林筠及其所负责的"乡村振兴品牌研创团队"在乡村与高校之间架起了一座紧密沟通的桥梁，以"乡村振兴、品牌研创、新媒体传播"为中心开展各

类型全新的乡村振兴举措，在文化振兴和人才振兴方面助力乡村，为乡村振兴事业培养后备力量。自 2020 年至今，已经着手乡村文脉与文化的挖掘、影像呈现、传播与报道等工作，其成果大大提高了服务对象的社会知名度与认可度。成立专业的工作站和工作队伍，研究与服务乡村振兴，于 2021 年 9 月 1 日成立厦门大学嘉庚学院"人文与传播学院乡村振兴研究与服务中心创新团队"，林筠担任"人文与传播学院乡村振兴研究与服务中心"常务副主任。

以草代木粮，
菌草技术助力福建省乡村振兴

——福建农林大学林占熺团队

20世纪80年代初，为了解决菌业生产与林业生态平衡之间的"菌林矛盾"，福建农林大学林占熺开始"以草代木"栽培食药用菌研究，发明了菌草技术。经过近40年的研究，菌草技术已从"以草代木"栽培食药用菌拓展到菌草生态治理、菌草饲料、菌草菌物饲料、菌草菌物肥料和生物质能源与材料等领域。2017年5月，菌草技术被列为中国—联合国和平与发展基金重点关注和推进项目在全世界推广。菌草技术展现出巨大潜力，可促进落实联合国2030年可持续发展目标中的消除贫困、粮食安全、健康、教育、清洁能源、可持续消费和生产、生态环境保护、防治荒漠化和保护生物多样性等13项目标。

菌草技术乡村振兴服务团队采取"高校+科研首席科学家+科特派"的专家制领衔工作制度，形成一支老、中、青年龄结构合理、专业知识交叉的骨干队伍，协同推广，探索出一条"政—研—推—农"的高效扶贫和乡村振兴模式，为福建省和全国菌草技术服务扶贫攻坚与产业发展提供了有力的科技支撑和经验方法。

一、"以草代木"解决菌林矛盾，促进产业升级

1989年，林占熺及其团队为了让菌草技术尽快走出实验室，走向农村和贫困地区，选择在推广难度较大的福建省尤溪县开展大规模推广，尤溪县是全国24个重点林业县之一，林业资源相对丰富，但因发展菌业影响林业生态平衡，菌林矛盾突出。在福建省科委、省农委和三明市政府的支持下，林占熺带领助手选择了溪口镇、梅仙乡和联合乡开展试点推广，推广过程中他和助手经

常周五上午忙完学校生产处的事务，下午便急匆匆赶到福州台江码头，搭乘渡船前往尤溪县，常常每个月来回跑四五趟。林占熺常常惦记着菌草香菇的长势如何，有没有发生意外；思索着菌草事业的发展，新技术推广过程中充满着种种磨难，起初村民不了解、不接受，他就承诺亏了全赔，挨家挨户进行指导，甚至遭遇车祸都阻止不了他为农户服务的决心。"工作随着志向走，成功伴着坚持来"，当年林占熺在尤溪县推广菌草技术获得成功，最早选择菌草种菇的27户农户全部获得丰收，共种植香菇5.23万筒；随后，菌草栽培香菇技术在尤溪县14个乡镇112个村全面推广，共有4236户农户参与示范生产，当年生产菌袋584.3万袋，产值达1300多万元，农民纯收入900万元，为全国重点林区运用菌草技术发展菌业提供了成功案例。1989—1995年，林占熺和助手先后47次赴尤溪县推广菌草技术，举办培训班120多期，培训学员近2万人次，足迹踏遍尤溪县100多个村落。

2008年至今，在福建省科技特派员的政策支持下，林占熺带领团队成立菌草技术脱贫攻坚（乡村振兴）服务团队，为福建省顺昌县、罗源县等地开展服务。福建省顺昌新菌都菇业发展有限公司常年生产海鲜菇、灰树花、长根菇等食用菌，年产400万袋；其中，采用甘蔗渣作为原料栽培的海鲜菇经第三方检测，粗蛋白含量高达20.90%，重金属铅、砷、汞均符合《食品安全国家标准 食品中污染物限量》（GB 2762—2017）；2014年，在福建省顺昌县采用菌草技术进行林下仿野生竹荪栽培，省去菇棚的搭建工作，林下土地利用率高达80%，成本降低10%，菌草林下栽培竹荪（干品）每亩产量达160.5 kg，每亩子实体数约11.11万朵，收入达0.96万元/亩，促进了林下经济的发展。同时，菌草作为栽培料为林地土壤提供丰富的有机肥料，形成"林—草—菌"生态共生群落，调节林地小气候，促进林木快速生长。

二、"以草代粮"缓解饲料短缺，实现脱贫致富

漳平溪南镇金菊村曾是有名的贫困村，8年前，村民陈振忠开始荒山养羊，结果羊吃不饱，全跑了，本想脱贫致富，却连本也保不住。林占熺团队指导其开发一条"以草代粮"的新路，繁殖扩种高质量、高产量的巨菌草，没几年3棵草变成漫山遍野的菌草坡，20多头羊变成400多头，且"围网轮牧+种巨菌草"的模式吸引了周边县市的农户及客户前来参观，山羊主要销往闽南

一带，年产值达30多万元。尝到甜头的陈振忠2017年又从其他农户处流转了200多亩山地，让他的养羊事业更加规模化，并在流转山地上动工建起了巨菌草专业养畜场；同年11月，买回30头牛犊做实验性养殖，一年后出栏120头肉牛，现代化牛场初具规模，实现了脱贫致富。

福建省顺昌县洋口镇谢坊村是畲族村，2017年林占熺团队为该村引进菌草种植技术，在水土流失区种植菌草，将巨菌草作为饲料开展菌草养殖试验示范，并采用"科技特派员+村委+农户"的组织模式进行推广，当年饲养3000尾草鱼、110只鹅、200只鸡和300只鸭，节省饲料60%以上。建立林下生态猪舍，应用菌草饲料微生物发酵床技术养殖生猪，降低养殖成本、保护生态环境，建设羊舍、猪舍2000 m^2，在谢坊村形成了以菌草种植、畜禽养殖、饲料加工、畜禽养殖粪污资源化利用等为一体的高效循环微生物生态农业，提高了家禽家畜的产品质量，深受消费者欢迎，为我国少数民族村庄乡村振兴探索了新的发展路径。

三、菌草助平潭降服风沙，实现生态奇迹

长江澳是平潭最大的风口之一，风大沙猛。多年来，已采用多种办法植树造林、治理风沙，但在风口种下的植物难以成活，治理难题仍未能得到根本解决。2018年4月，实验区管委会、实验区科技研究院与国家菌草工程技术研究中心合作，选择长江澳这个治理难度最大的风口开展研究。林占熺带领团队挑战这一难题，通过筛选适宜滨海风口流沙生态治理的巨菌草、"绿洲1号"等菌草，探索、总结出菌草治理风口流沙的关键技术与模式。菌草根系发达、蓄水固沙固土效果好，能够在水土流失严重的环境下生长发育，因此成为有效治理生态环境的新途径。在长江澳菌草种植示范基地四围，原本随风流动的沙地被菌草阻挡，形成了2~3 m高的沙丘，而被风沙掩埋的菌草却能从沙丘中向上生长。移栽菌草50天后即可起到固沙作用，可有效降低风速47.99%~91.93%，成功解决了植物在风口难以成活的难题。目前，菌草已经成为滨海防风固沙的"先锋"，可以让沙地变绿洲，成为绿色生态屏障。林占熺及其团队下一步将在平潭继续示范推广菌草生态治理，发展菌草产业以助力平潭绿岛花城建设，促进循环利用、生态系统良性循环，增加生物的多样性，推动平潭生态文明建设。

四、创新服务模式,提高服务效率

林占熺团队在福建省内采用"高校+企业/合作社+示范农户"的形式进行菌草技术的示范、技术培训和推广应用,有效解决菌业生产、畜禽养殖等过程中的原料来源问题,带动(少数民族)村落中"老、弱、病"等留守农户增收,促进产业发展和脱贫攻坚。同时,团队还将依托科特派服务企业,设立"科技小院""示范基地",可作为福建省科技厅、省科学技术协会领导下科技成果推广的载体(包括企业、合作社或村委等);并充分利用现代网络技术,支持鼓励新型农业经营主体和农贸经销商构建具有本土或少数民族特色的个性化电商平台,促进菌草培育农产品的销售,进一步提高农民收入。

林占熺团队成员数十年如一日,帮助农民、企业攻克难题,呕心沥血、奋斗不懈,助力乡村振兴,用发明创造和无私奉献践行为党为人民奋斗一生的忠贞诺言,团队身上散发出的是科技特派员以天下为己任、不畏艰难险阻、勇攀科技高峰的时代精神之光。

五、创新亮点

一是采用"以草代木""以草代粮"发展菌业、畜牧业,有效推动"草—菌—畜"三物循环发展,实现经济、社会、环境三大效益结合,有利于生态、粮食、能源安全。

二是率先利用巨菌草、"绿洲一号"等植物,研发滨海菌草治理风口流沙关键技术与模式。

三是团队采取"高校+科研首席科学家+科特派"的专家制领衔工作制度,形成一支"老—中—青"年龄结构合理、专业知识交叉的骨干队伍,协同推广。

四是形成"政—产—学—研"相结合的运行模式,加速成果转化和应用推广。

耕耘茶情三十载，茶香芬芳蕴科技

——福建农林大学郭玉琼

郭玉琼 2002 年起担任省级科技特派员，发挥福建农林大学的科技与人才优势，致力于福建省茶产业生态茶园建设、茶叶品质提升和茶文化传播等科技服务工作，每年开展技术培训和技术服务 20 场以上，培训茶产业从业人员近 6000 人次，辐射带动茶园面积 50 多万亩，实现示范企业和示范农户增收 15%，融一二三产助力福建千亿茶产业升级发展。以福建省老区苏区产茶县（市）为重点服务对象，攻关共性关键性技术难题，开展尤溪红、漳平水仙茶、政和高山白茶、大田美人茶等茶叶工艺优化与品质提升增效科技工作，一片朴实叶子因科技赋能托起了致富梦。入选福建省科技特派员典型案例，荣获"闽茶之星""中国茶叶学会优秀女茶叶科技工作者"等荣誉称号。

一、开启科技特派员道路生涯

自 2002 年起，郭玉琼老师开始担任科特派，那时刚留校参加工作不久，南平市委第一次到福建农林大学对接一批科特派，她就是其中一员。整整 6 个月时间驻扎在建阳市莒口镇茶埠茶厂，帮助企业一起做有机茶申报和品牌建设工作，当时企业的文化知识、科技水平非常有限，他们把希望都寄托在她身上，压力很大；且交通非常不便，大部分是坐长途汽车，然后企业用摩托车去接，半年时间就是以茶厂为家。有时就在建阳、武夷山、福州三地连续跑，最终帮企业拿到了有机茶认证证书和品牌包装产品，也被授予"福建农林大学赴南平市科技特派员工作先进个人"称号，交出一份令人满意的科特派工作成绩单。现在的老茶人还都会亲切地叫她"当年的小丫头"。

二、扎根茶区，科技助力共推"尤溪红"

为加快台溪乡现代茶叶产业示范园和"尤溪红"茶叶加工集中区建设，

2015—2018年,郭玉琼老师作为科技特派员,带领团队充分发挥高校人才优势、科技优势和专业优势,与尤溪县建立了密切的产学研合作关系,通过建立研究生工作站、共同举办茶事活动、开展技术培训、共同研发新产品、拓展茶市场等形式,用科技助力提升尤溪生态茶科技含量和品位,共同推动尤溪茶产业发展(图1)。

图1　台溪茶叶加工集中区福建农林大学园艺学院研究生工作站成立

作为省级科技特派员,将新科技、新成果、新技术引到尤溪县台溪乡红茶加工集中区。研发降低夏暑乌龙茶苦涩味和提升夏暑茶附加值的加工技术,举办了尤溪县台溪乡夏暑茶提质增效研讨会,在CCTV三农网报道。

利用梅占夏暑茶中的成熟新梢,按闽北乌龙茶加工工艺进行加工,产品推送给深圳相关茶饮料生产企业,延伸了尤溪县茶叶生产的产业链,拓展了茶叶市场,带动茶企增收。利用当地的金柑和柚子资源,试制开发新产品,如金柑红茶、柚香岩茶等,并指导提升产品包装设计技巧,开拓市场,在《三明日报》(2018-11-29B2版)给予报道。

三、发挥科技与人才优势,助力闽西老区苏区脱贫致富

自2009年福建农林大学园艺学院党委茶学教工党支部与漳平市南洋水仙

茶合作社党支部结对共建以来，通过"走出去，请进来"等方式，深入开展了包括技术培训、技术咨询、科研项目对接、困难党员帮扶活动及斗茶赛评审服务等一系列服务活动，郭玉琼老师十几年如一日，充分发挥高校科技优势，助力闽西老区苏区脱贫致富。

紧密围绕科学研究、产业发展和文化交流，实现闽台茶产业有机融合。与漳平台湾农民创业园联合申报承担福建省科技厅区域重大专项"台湾新优茶树品种引进与配套新技术产业化"、福建省教育厅产学研项目"闽台乌龙茶种质资源历史渊源与亲缘关系的 SSR 分析"。联合录制 CCTV-7《科技苑》节目"茶香从哪儿来"。

近年来，随着产业的发展，茶农对科技知识的需求更加强烈。郭玉琼以茶区为课堂，每年开展加工、品牌、文化等专题讲座 5~6 场，助力做强做优漳平茶产业。围绕漳平水仙茶"紧压"特殊工艺对品质造成的不稳定性问题，带领研究生深入漳平茶区开展漳平水仙茶制作工艺与品质研究，进行科研数据采集与分析，开展专项研究，相关成果发表在《食品科学》。同时，指导 3 名全日制茶学研究生，深入漳平茶区，围绕茶产业存在的问题，立题研究，服务茶产业，真正实现把论文写在大地上。

针对漳平市人民政府各部门茶叶专业技术人员还比较短缺的问题，加强漳平市茶叶科技队伍建设，利用福建农林大学资源优势，为漳平市培养 2 名非全日制研究生。

四、攻关高海拔山区茶叶品质稳定提升课题

政和县是福建省重点茶区之一，全县茶园面积 11 万亩，2020 年全县年产茶 1.6 万吨，产值 16.2 亿元，茶企 280 家，茶产业在政和县农村经济中占有重要地位。但政和县有一大部分茶区在高海拔山区，春季高湿气候条件给茶叶加工带来很大障碍，品质的稳定和提升出现了瓶颈，其中政和县澄源镇云根茶业有限公司拥有 5000 亩高山台地茶叶基地，地理环境优越，生态链完整，亟待优化春茶加工工艺。因此，从 2018 年开始，郭玉琼在云根茶业有限公司建立福建农林大学乡村振兴茶产业技术服务团队工作站，连续 3 年以省级科技特派员身份下沉政和云根茶业有限公司，带领研究生调研，开展白茶生产过程的取样工作，跟踪加工数据，将科研成果与企业发展紧密结合。同时对成品茶进

路径成果篇

行定期和不定期感官审评、交流，为企业加工工艺优化提供实际的技术指导和科学数据支撑（图2）。经过3年科技特派员工作，带领茶区茶农脱贫致富，直接带动政和东部高山区3000多名茶农茶工致富增收，相关内容在《经济日报》进行了报道。在一二三产业的融合推动下，辐射带动了当地住宿、餐饮等相关人员从中受益，助推乡村振兴。云根茶业有限公司也被评为中国白茶十强企业。

图2　指导生态茶园标准化采摘

五、作为科技小院责任专家，为茶产业发展插上智慧翅膀

作为全国第一个建立在茶产业上的科技小院——福建建瓯闽北乌龙茶科技小院的责任专家，带领专家团队和入驻的研究生从茶叶科技创新、技术服务、茶叶科普及技术人才培训等方面有针对性地帮扶当地茶产业。

在科技创新与技术服务方面，采用生物质颗粒燃料更新传统做青机，改善做青环境，降低人工费用，电费成本比同期节约24%左右。申请并获批"一种软枝矮脚乌龙的栽培方案""一种研膏茶制备方法"2件专利，《机采条形乌龙茶加工技术规程》1项团体标准，实现机采鲜叶原料的条形乌龙茶加工有了标准化的衡量指标。

举办2次大型全国培训推介会，来自全国20多个省（自治区、直辖市）

的 1000 多名代表参加。举办 5 次茶文化等科普活动，发放宣传手册 1200 余本。开展 "建瓯·北苑贡茶千年飘香"网络直播活动，短短 2 小时，吸引 102 万名观众观看，互动量超 10 万次，成交量近 4000 笔，成交金额达 78.53 万元。

经过 2 年建设，在精准科技推广和科普服务、积极推动茶企茶农科学素质的整体提升和助力乡村振兴方面取得了显著成效。2019 年、2020 年连续 2 年被评为"十佳中国农技协科技小院"，2021 年获得了"福建省优秀科技小院"称号。

六、以项目平台为依托，积极开展技术推广与服务

作为福建省发展改革委协同创新院茶产业分院执行院长、福建省茶产业技术创新联盟副理事长、福建农林大学茶产业研究院负责人、茶产业乡村振兴技术服务团队负责人，在福建省不同茶区开展产业技术服务工作。推广复合生态茶园建设模式，组织福建省特种茶品质提升关键技术的培训与推广，通过茶文化推广与传播、"互联网+信息化"服务，提升福建茶叶品牌。2016 年以来，以国家级福建省茶产业重大农技推广服务试点为契机，在全省建立 5 个区域示范区，设立 19 个基层推广站点，每年定期、不定期在茶区开展技术培训和技术服务 20 场以上，融一二三产业助推福建茶产业升级发展。2019 年，积极参与"福建省科技助力乡村产业振兴千万行动对口帮扶"活动，对接大田县龙坑村、科里村、内洋村、里洋村、美阳村、和洋村 6 个村茶区，调研茶树品种、茶叶生产技术、品质、市场与流通等环节，现场指导茶叶加工。提出"齐心保护生态，合力助推大田美人茶品牌"的指导方针，确保大田茶产业可持续发展。在长期的社会服务中，郭玉琼对闽茶振兴做出了突出贡献，2019 年，荣获海峡两岸茶业交流协会"闽茶之星"荣誉称号，2020 年荣获第三届"中国茶叶学会优秀女茶叶科技工作者"称号。

七、让茶产业在乡村振兴中绽放光彩

从 1993 年选择福建农学院茶学专业，2002 年开始担任科技特派员以来，致力于福建省科技特派员工作 20 年，郭玉琼深切体会到科特派工作在基层、在农村的重要性。回想起来，最让她感到欣慰和感动的是，老百姓说："作为一个面朝黄土背朝天的茶农，做梦也没想到大学里的专家教授能到家里来，跟

我们一起吃住，能走到我们的田间地头，一起解决产业问题。"其实说到底，就是科特派制度的开拓创新。

　　郭玉琼说，科技特派员工作就是做一些很平凡、力所能及的事情，如技术培训、技术服务、茶文化传承和推广等，但是细想可以带动茶园茶区提质增效，让茶农的钱袋子鼓起来，能为福建省成为首个茶产业综合产值超千亿元的省份贡献绵薄之力，感到非常荣幸。牢记习近平总书记嘱托，继续做好科技特派员工作，践行"因茶致富，因茶兴业"理念，助力"十四五"期间乡村振兴工作。最后，如果让她用一句话表达20年科技特派员工作的感想，她想说："一片朴实的叶子，因科技赋能托起了致富梦"。

晚熟桃品种选育及配套栽培技术示范推广

——福建农林大学邱栋梁

桃是我国重要的落叶果树之一，面积与产量居世界第一，也是我国六大水果之一。福建省是南方桃的主要产区，面积近40万亩，产量达15万吨，在乡村振兴中占据重要位置。推广良种、实现良种化是迅速提高桃品质和产量的关键技术措施。古田县是福建省桃产业大县，也是我国南方桃主要生产县，品种资源较丰富，但生产中存在着早熟和中熟品种比例过大、晚熟优良品种极少的缺陷，因此，选育优良耐贮的晚熟桃品种成为生产中的急需。通过新品种选育，培育具有自主知识产权的优质桃新品种，既是福建桃产业持续发展的需求，也是实现自主创新、建设创新型社会的重要内容，对福建省农业产业发展和科技引领具有重大而深远的现实意义。

一、主要做法与创新举措

（一）建立晚熟桃生产示范样板

率先在古田县吉巷乡韦端村建立晚熟桃示范村示范种植，收到较好的社会效益、经济效益和生态效益。经测产，晚熟桃优良株系"韦端蜜红"具有果大质优（单果重259 g，可溶性固形物含量为12.0% ~ 14.5%）、晚熟（7月下旬至8月上旬成熟）、耐储运（硬溶质、抗逆性强、货架期长，延长了鲜果供应期）等特点。定植2 ~ 3年结果，5年进入盛果期，3年后亩产可达1012 kg以上。具有早结、丰产、质优的特点，综合开发利用的成本低，产品竞争力强。该村累计推广2000亩。指导成立古田县吉巷"韦端蜜红"水蜜桃专业生产合作社，并带领专业合作社参加第二届中国农业科技创新创业大赛（初创组）。帮助创建"韦端蜜红"水蜜桃等特色水果品牌，韦端村入选全国"一村一品"示范村及省级"一村一品"示范村名单（2019年）。

（二）建立绿色食品桃果生产基地

在凤埔乡福建省益康园农场有限公司和古田县杉洋镇东双村福建省飞虎农业发展有限公司古田杉洋分公司建立绿色桃果生产示范基地 2 个，共 560 亩（其中核心示范区 1 个 110 亩），并进行辐射推广。晚熟桃"韦端蜜红" 5 年生树 94.41 kg/ 株，亩产可达 2402.66 kg。产品达到绿色食品要求，其中福建省益康园农场有限公司获绿色食品认证，古田县吉巷"韦端蜜红"水蜜桃专业生产合作社获绿色食品认证。绿色食品桃生产技术在古田县推广，带动古田县杉洋镇、吉巷乡、凤埔乡等乡镇、街道农户近 3000 户增收。

（三）建立企业带农户致富样板

指导福建省飞虎农业发展有限公司和福建省益康园农场有限公司做好农民致富带头人的理念，引进新品种、集成桃绿色生产技术，以"公司＋基地＋农户"的形式经营，带动农业转型升级，提升农产品附加值，让农民得到实惠。引进晚熟桃新品种"秋彤""映雪""秋甜""燕红""金秋""绿化 9 号""映霜红""黑桃""黄金蟠桃""珍品王桃""大花黄金蜜 4 号""黄金蜜 4 号""蜜黄 2 号""翔黄""秦黄 3 号"等，建立晚熟桃品种园 50 亩。在福建省飞虎农业发展有限公司基地建立"黄金蜜桃"（"黄金蜜桃 1 号""黄金蜜桃 2 号""黄金蜜桃 4 号""翔黄""秦黄 3 号"）、"韦端蜜红"等晚熟桃品种苗木繁育基地，培育桃苗木 30 万株。在古田县杉洋镇东双村基地建立绿色食品桃生产基地 260 亩。指导公司让荒山变成桃园，2019 年带动周边农户 1200 多户，带动面积 1700 多亩，带动农户每户增收 13 000 元；2020 年带动周边农户 1300 多户，带动面积 1800 多亩，带动农户每户增收 14 000 元。这不仅改善了古田县大东地区部分乡村的农田抛荒现象，也带动了周边乡镇老百姓种植水蜜桃的热情，经济效益、社会效益、生态效益明显提升。桃生产企业——福建省飞虎农业发展有限公司古田杉洋分公司获批 2021 年福建省农业龙头重点企业。

二、实施成效与影响

①推广的晚熟桃"颐红""韦端蜜红"获福建省品种审定。

②新引进"秋彤""映雪""秋甜""燕红""金秋""绿化 9 号""映霜红""黑桃""黄金蟠桃""珍品王桃""大花黄金蜜 4 号""黄金蜜 4 号""蜜黄 2 号""翔

黄""秦黄 3 号"等晚熟桃品种，建立晚熟桃品种园 50 亩。

③总结《绿色食品——桃生产技术规程》，培训 1120 人次，发放手册 700 份。服务的企业和专业合作社基地获绿色食品桃认证 2 个。

④服务的桃生产企业——福建省飞虎农业发展有限公司古田杉洋分公司获批 2021 年福建省农业龙头重点企业。

⑤服务的吉巷乡韦端村入选全国"一村一品"示范村及省级"一村一品"示范村名单（2019 年）。

⑥选育的晚熟桃品种已推广至屏南、福安、福州、南平、三明、龙岩等地，推广面积逐年增加，影响力逐年增加。

三、经验与启示

（一）加强学习，提高工作效率

全面践行习近平总书记提出的"绿水青山就是金山银山"的新发展理念，认真履行科技特派员的神圣职责，努力推动农业可持续、绿色、协调和高质量发展。自选派为科技特派员以来，带领服务团队成员为古田县及福建省的桃产业高质量发展做出了积极贡献，取得了显著成绩。

（二）立足本职，依托专业，助推乡村振兴

1. 认真履职，深入基层，找准乡村振兴的发力点

古田是福建省桃产业大县，也是我国南方桃生产的主要县域，品种资源较丰富，但生产中存在早熟和中熟品种比例过大、晚熟优良品种极少的缺陷，因此，选育、推广优良耐贮的晚熟桃品种成为生产中的急需。到韦端村进行深入调查研究，掌握群众想什么、想做什么、适宜做什么等，结合当地资源条件，因地制宜，为当地农民开展各项技术培训和新品种、新技术的引进试验推广；使农民意识到社会经济的发展必须依靠科学技术，通过做示范、做样板，引导农民学科学、用科学、爱科学。

2. 加强科普宣传和技术培训

自邱栋梁教授被聘为福建省科技服务团成员、福建省级扶贫重点县科技人员、福建省科技特派员后，带领"果树振兴乡村产业"服务团队深入基层，

采取各种形式进行科普宣传和技术培训，共举办室内培训 10 次，受训人员 520 人次，培训对象有乡镇基层技术员和乡村干部；举办现场培训 8 期，受训人员达 600 多人次，培训对象主要是农业科技企业负责人、科技示范户及农民，建立科技示范企业 2 个、专业合作社 2 个、科技示范户 16 户，培养营销大户 3 户。开展科普宣传活动 3 次，发放《绿色食品——桃生产技术规程》手册 700 份。

3. 认真做好示范样板

选好示范村和示范基地，引进桃新品种、新技术，建立示范样板。通过示范样板建设解决农民学科技难的问题，带动农民群众利用科学技术发展各种产业，培育一批科技致富典型，造就一批乡土人才和新型职业农民，促进县域经济繁荣、社会稳定、农民增收稳步增长。

（三）理论联系实际，总结经验不断提高

在科技特派员服务乡村振兴中，邱栋梁教授以晚熟桃"韦端蜜红"等优良品种的选育、推广为切入点，通过新品种选育，培育具有自主知识产权的优质桃新品种，晚熟桃"韦端蜜红"（于 2021 年 12 月获福建省品种审定）既是福建桃产业持续发展的需求，也是实现自主创新、建设创新型社会的重要内容。总结了《绿色食品——桃生产技术规程》，为福建省农业产业高质量发展、乡村振兴积累了经验。

四、创新亮点

生产中存在着早熟和中熟品种比例过大、晚熟优良品种极少的缺陷，选育推广了晚熟桃"颐红"（获福建省品种认定）、"韦端蜜红"（获福建省品种审定）；新引进"秋彤""映雪""秋甜""燕红""金秋""绿化 9 号""映霜红""黑桃""黄金蟠桃""珍品王桃""大花黄金蜜 4 号""黄金蜜 4 号""蜜黄 2 号""翔黄""秦黄 3 号"等品种，建立晚熟桃品种园；集成《绿色食品——桃生产技术规程》，服务的企业和专业合作社获绿色食品桃的认证；服务的桃生产企业——福建省飞虎农业发展有限公司古田杉洋分公司获批福建省农业龙头重点企业；服务的吉巷乡韦端村入选全国"一村一品"示范村及省级"一村一品"示范村名单。

绿色提质增效技术助力平和县乡村振兴

——福建农林大学土壤改良助力蜜柚提质增效团队

平和县作为琯溪蜜柚的原产地，是我国最大的柚类生产基地，被誉为"世界柚乡、中国柚都"。2018年，平和县种植蜜柚68.8万亩，产量达176.6万吨，产值50.31亿元。蜜柚产业已成为平和县的主导产业，是平和县经济发展的支柱和农民收入的主要来源。

在巨大的经济效益驱动下，果农盲目追求高产，投入了大量化肥。根据2016—2018年农户调查结果，平和县蜜柚园养分投入量远超过果实的带走量，导致投入的养分存在大量盈余。平和县蜜柚氮肥年平均施用量为1206千克/公顷，是美国佛罗里达州柑橘施氮量的6倍，氮肥偏生产力远低于国外水平。

同时，根据平衡施肥原理，蜜柚年需求氮仅为267.2千克/公顷、P_2O_5 77.9千克/公顷和K_2O 216.1千克/公顷，而氮磷钾肥施用量远超蜜柚养分实际需求量，导致土壤中氮磷钾养分富集。此外，生产中往往忽视钙镁等中量元素的补充，导致土壤中钙镁出现负盈余。

化肥的不合理施用不仅导致蜜柚品质下降，还带来了一系列的土壤问题，其中土壤酸化问题尤其严重。目前平和县90%的柚园土壤样品pH值低于蜜柚适宜生长的下限值（pH值=5.5）。根据前期大量调研发现，蜜柚根系吸收根主要分布于距离树体20～80 cm的树冠范围以内，肥料在此区域最易被蜜柚吸收。然而在实际生产中，农民习惯施肥位置为滴水线（距离树体1.4 m外），此区域蜜柚吸收根较少，肥料吸收利用率较低。此外，过量施肥导致平和蜜柚产区的单位面积碳排放也远超出国际上其他水果产区。过量化肥施用造成径流和淋溶排到水体中的养分量大，会进一步污染江河和地下水体，加剧面源污染风险。

综上所述，平和县蜜柚集约化种植过程中存在施肥过量、养分供应不平衡、施肥位置不合理等问题，并导致土壤酸化、养分不平衡及农业面源污染问题等，迫切需要蜜柚绿色提质增效技术创新与示范推广。

路径成果篇

一、主要做法和创新举措

科特派团队采取"科特派团队+科技小院"的模式,面向产业需求开展了系统的科技创新、人才培养和社会服务工作。

1. 引进人才,驻扎一线

2019年10月,由中国农村专业技术协会、福建省科学技术协会、福建农林大学、国际镁营养研究所、福建省农业科学院、福建省农村专业技术协会、漳州市科学技术协会、平和县科学技术协会和平和县坂仔镇五星村民委员会共同组建平和蜜柚科技小院,入驻指导老师8名,每年常驻硕士研究生3~6名,围绕琯溪蜜柚产业问题开展科学研究(图1)。3年间,共计38名硕士、博士研究生开展40余个与蜜柚相关的课题研究。

2021年,由吴良泉带领福建省科技特派员团队9人及个人科技特派员5人,以"科技特派员+科技小院"模式,充分发挥科特派和科技小院驻扎生产一线的优势,尽心尽力将科研成果转化为实用技术服务于广大柚农,以"提质增效、绿色增产"理念为驱动,以构建绿色生态蜜柚种植体系为目标,广泛深入生产一线发现科学问题并作为科研课题进行深入研究,同时积极开展调研、测土服务、技术交流活动等科普宣传及农技推广活动。

图1 蜜柚科技小院揭牌、省科技特派员团队

2. 围绕蜜柚绿色发展需求,开展科技创新,建立绿色提质增效技术体系

自2016年以来,吴良泉组织科技小院师生在全县进行大量实地调研走访,发现平和县果农施肥量大,导致肥料成本大、土壤酸化严重、温室气体排放大,水源安全受到影响。吴良泉充分发挥科研团队优势,凝聚师生力量,努

力科研攻关，建立了"减肥压酸、补镁增效"的蜜柚绿色提质增效技术。

该技术基于蜜柚养分需求规律和土壤养分供应特征，精确定量养分的投入用量，针对蜜柚普遍缺镁黄化的问题补充镁肥施用。同时，针对平和蜜柚园土壤酸化，采用石灰或土壤调理剂进行土壤改良。此外，根据蜜柚根系分布规律，调整农户常规施肥位置（滴水线附近及以外），将施肥位置移到离树干20～80 cm范围内（该区域蜜柚吸收根分布最多），以提高养分的利用效率。最后，应增加地表生草覆盖，以减少水土流失（图2）。

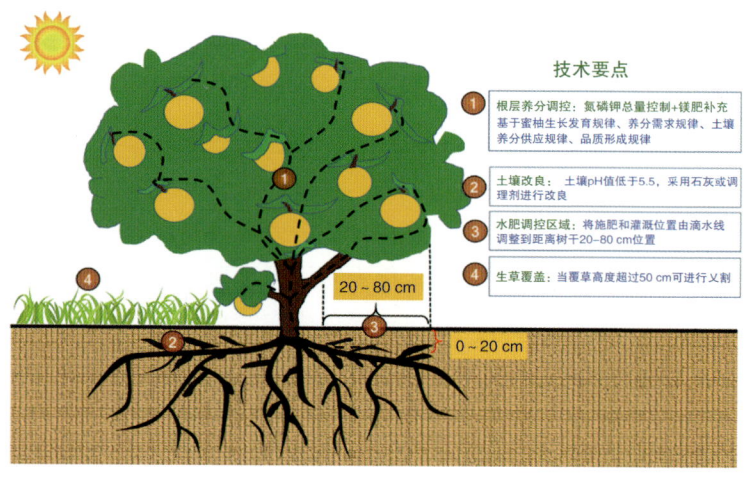

图2 蜜柚绿色提质增效技术思路

通过长期定位试验，与示范户合作开展绿色提质增效试验示范，研究减肥提质增效和补镁增效技术在蜜柚生产中的效果，加强农业面源污染防治，促进蜜柚产业绿色发展。

3. 联合政府和企业开展社会服务，多方位服务广大柚农

结合政府行动和市场机制，吴良泉组织团队以培训、田间观摩、宣传等有效技术传播和技术服务手段，在全县范围内积极推广蜜柚绿色提质增效技术。面对农户的质疑，吴良泉通过"带着柚农干，做给柚农看"，与示范户持续合作，通过扎实的试验效果让柚农眼见为实，逐步说服农户减肥，示范户的肥料成本大幅下降。

与平和县政府部门合作，共建蜜柚产业研究院，提供蜜柚科学管理研究平台，整合各方资源，多方位深入探究蜜柚产业绿色发展道路，真正服务产业发展，服务乡村振兴。

与平和县科学技术协会、霞寨镇人民政府、高寨村村委会和公益组织共同发起成立平和县琯溪蜜柚科普推广站。科普推广站以推广旅游文创产品为特色，依托高寨旅游产业优势，科特派团队与平和蜜柚科技小院携手开展蜜柚产业的科学研究和科普推广，广泛开展社会服务，共同推出科普文章与科普视频等。

与德钾盐、云天化、新洋丰、江平生物等肥料企业合作，生产含镁复合肥、低磷配方专用肥、土壤改良调理剂等适合蜜柚生产的专用肥，达到降低环境污染和资源浪费的目的。

4. 社会实践与创新创业有机结合，培养"一懂两爱"的农科学子

为培养学生"一懂两爱"的三农情怀，结合农业生产需求，吴良泉创建了"社会实践—创新创业"相结合的创新创业训练模式。组织了 6 支暑期"三下乡"服务队，在《人民日报》、中国网、腾讯网、搜狐网等媒体做了大量报道。在此过程中，学生在生产一线能深入了解农业痛点问题，在解决这些问题的过程中锻炼了学生的思维模式，达到人才培养的目的。

平和蜜柚科技小院与福建农林大学资源与环境学院共建创新创业实习基地和科教实习基地，与平和职校拟建校外实习基地，为新农科人才的培养提供平台。

二、实施成效与影响

在试验示范效果上，2016—2021 年经过 28 个田间试验示范，农户平均减少 55% 以上的氮磷钾肥投入，产量不仅提高 5.5 吨/公顷（增幅 11%），品质也明显提高（可滴定酸含量降低 10.6%，固酸比增加 13.1%），无用夏梢生长减少，利润平均增加 2.9 万元/公顷。如果该技术在全县范围内推广，可实现化肥用量减少 50%，将节本增收 10 亿元以上。优化减肥方案每亩地可以减少 1.33 吨 CO_2 排放，平和县蜜柚园每年可以减少 1.52 吨 CO_2，相当于 36 万家庭 1 年集中供暖的碳排放量。同时，还有利于土壤健康，减少面源污染和增加蜜柚产业竞争力，将为蜜柚产业提质增效和绿色发展提供有力支撑。

在科普推广上，截至 2022 年 6 月，就相关技术建立核心示范区 2300 余亩，参与示范农户 700 余户，辐射带动面积近 50 000 余亩，并联合当地政府在全县进行技术推广。科特派团队、科技小院师生深入田间地头与入户农户交

流，有针对性指导柚农 1100 余人次。同时，线上开通的微信群集合了专家学者、企业人员和柚农 470 余人，积极开展政策方针解读、实际生产问题研讨和解答；在微信公众号累计发送推文 170 余篇，总阅读量达 122 000 余次；科技小院师生通过网络直播平台直播蜜柚绿色种植技术 4 期，受众 40 000 余人次；科技小院责任专家吴良泉老师通过做客福建教育电视台《乡约科普》栏目讲解蜜柚提质增效绿色种植技术 1 次，在平和县电视台滚动播放。线下与政府合作组织开展系统性的专题培训，在全县 15 个乡镇开展技术培训会和田间观摩会 127 场，并到 37 个村进行入户指导，共发放《蜜柚绿色提质增效技术手册》约 7000 册，总受众达 11 000 余人次。

在人才培养上，2016—2021 年共组织了 8 支大学生"三下乡"社会实践队，参与人数达 90 余人，团队分别荣获 2015 年和 2019 年全国大中专学生志愿者暑期"三下乡"社会实践活动优秀团队称号，获得团中央、省、市、县、校奖励 8 次，获得《人民日报》等媒体报道 20 次（《农资导报》1 次）。科技小院和实践队的同学也从生产需求中提炼创新创业的项目，发表论文 30 余篇，出版专著 1 部《科技小院——青年学子新时代逐梦随笔》，获得了 2 个国家级和 2 个省级的创新创业项目，获得中国研究生乡村振兴科技强农＋创新大赛——"拼多多杯"第一届科技小院大赛特等奖，获得中国机器人及人工智能大赛奖项 3 次、福建省"互联网＋"大学生创新创业大赛奖项 1 次，4 名同学分别获得 2020 年度、2021 年度"中国农技协科技小院联盟优秀研究生"称号，6 名同学获得优秀日志奖。

三、工作经验与保障

本科特派团队为植物营养学、土壤学、农学、园艺学、生态学等多学科合作团队，结合科技小院的"政产学研用"一体化技术服务模式，为化肥减量增效技术的研发—试验示范—推广应用提供了有力保障。

同时，本科特派团队将科研成果及时转化，服务广大百姓。团队提出的琯溪蜜柚化肥减量增效技术中的养分投入标准已经列入《关于开展化肥投入定额制工作的通知》（闽农土函〔2021〕169 号），由福建省农业生态环境与能源技术推广总站和平和县农业农村局组织乡镇干部和果农开展培训宣讲，并由福建省平和县农业农村局制成农户果园施肥指导卡下发给广大果农。

"再生稻+"低碳高效节能新农业模式应用

——福建农林大学生命科学学院浦城再生稻优植团队

实施乡村振兴要求确保国家粮食安全,把中国人的饭碗牢牢端在自己手中,坚持人与自然和谐共生,坚持因地制宜、循序渐进。位于福建北大门的浦城县是南平市下辖县,地处闽、浙、赣三省交界处。这一带刚好是武夷山麓,由于交通等缘故经济发展受限,人均 GDP 全省排名较低,但其素有福建粮仓的美誉。水稻是浦城的主产业,在确保粮食安全形势的前提下,如何发挥浦城米业优势,将其做大做强做优,同时辐射其他农作物,带动其他产业发展,促进农民增收是浦城乡村振兴的重要方向,也是科技特派员工作的重要指向。

浦城再生稻优植团队是以福建农林大学林文雄教授团队为核心组建的科技特派员团队,其对口的服务单位是浦城县万鑫农机服务专业合作社,其负责人马芳华自 2016 年起种植水稻,机械化程度低的传统水稻种植盈利低,亟须科技种稻指导。再生稻是新型双季稻生产模式,与传统双季稻相比,再生稻一种两收,总的生长周期短、农业投入低,产值可与双季稻媲美。林文雄教授团队的再生稻种植技术成熟,连续多年高产稳产,该再生稻种植模式"再生稻高产高效清洁生产关键技术与应用"曾获 2017 年教育部高等学校科学研究优秀成果奖科学技术进步奖二等奖。浦城再生稻优植团队发挥科研优势,立足福建浦城优势产业水稻,基于服务企业需求,重视生态减排和资源高效利用,通过与科技小院相结合等形式,与地方科协和农业部门紧密合作,着力发挥高校科研人员和研究生的专业优势,构建和应用"再生稻+"低碳高效节能新农业模式,提高土地和人力资源利用率,促进浦城稻发展和农企增收,培养当地再生稻种植人才。

一、主要做法和创新举措

(一)构建"再生稻+"低碳高效节能新农业模式

为了打破稻田种植单一、化肥用量高、土地资源利用率低、育秧大棚闲置、农民收入低等局面,浦城再生稻优植团队提出"再生稻+"低碳高效节能新农业模式。

"再生稻+"指的是"再生稻+应季蔬果"。"再生稻+"低碳高效节能新农业模式从资源利用上,农田3—7月进行头季稻种植,8—11月进行再生季稻生产,12月至次年2月开展冬季农业;温室大棚2—4月进行水稻育秧,4月至次年2月进行应季蔬果种植。从生产投入产出比看,"再生稻+"提高了人力和土地资源的利用率。从碳排放看,冬季作物如油菜茎叶还田,可改良土壤、减少化肥使用、降低碳排放和水稻生产的碳足迹。还可发展、丰富作物产业链及开发七彩油菜花等冬季观赏农业,打造特色乡村旅游产业链。

(二)"再生稻+"低碳高效节能新农业模式建设要点

1. 优化再生稻种植

近年来,林文雄教授团队持续开展机收再生稻关键技术攻关研究,创建了"全程机械化再生稻丰产高效品种筛选及其'三保两促一攻'丰产高效栽培技术体系",攻克了机收再生稻"低产"难题。林文雄教授团队在南平水吉的再生稻种植基地,连续5年实现亩产吨粮,2021年再生季稻突破亩产600公斤,光明网、人民网等媒体进行了报道。浦城再生稻优植团队对浦城县万鑫农机服务专业合作社从育秧、机播、机洒农药到收割全程机械化管理及水肥管理关键技术开展全程跟踪指导,着力培养地方农业科技人员和农企工作人员,提升其科学种稻技能。

2. 水稻种植外的蔬果轮作

团队指导马芳华再生季稻收成后在大田种植七彩油菜花,收成之余开发春季的近郊旅游;大棚育秧后按照季节种植七彩圣女果、贝贝南瓜、包菜、花菜、钙菜等应季蔬果。蔬果轮作过程中,浦城再生稻优植团队主要为农户筛选优良的蔬果种子并提供大棚种植指导。

(三)"再生稻+"低碳高效节能新农业模式运行

1. 科技特派员入户指导

浦城再生稻优植团队成员共7人,以林文雄教授为首席专家,依托团队再生稻种植科研成果,定时定点特别是在水稻种植关键时期入户入田开展科技指导工作。

2. 科技小院"四零"服务

团队成立福建首个建立在水稻产业上的福建浦城再生稻科技小院，派驻博士和硕士零距离、零门槛、零时差和零费用服务农户及生产组织。同时针对农企生产过程中存在的种植问题开展研究，将科研论文写在广阔的大地上，培养能研究能下田的新农人。

3. 疫情下的"三方联动，线上线下混合式"科技指导

针对疫情，团队以高校科技特派员专家组、浦城县农业农村局和科协，对接农企，通过慧农信和微信平台开展工作。专家组根据视频和照片及实时气候因素给予线上指导；线下由浦城县农业农村局的工作人员到户指导农企开展春种；农企配合实施。通过这种线上线下混合式精准技术指导，保证春耕各项工作有序推进，助推乡村振兴。

4. 农户受益辐射带动

在"再生稻+"低碳高效节能新农业模式推广运行过程中，团队直接对接和指导的农企受益后，辐射带动周边农户及其他务农亲戚，这种口口相传、手手相授模式让更多农民受益。

二、实施成效与影响

（一）"再生稻+"模式实现高效减排，促进农民增收。

"再生稻+"新农业模式的运转，实现了"两减三提"：减少生产成本、减少碳排放，提高土地和大棚资源利用率、提高人工效益、提高单位面积收入，实现农作物种植现代化和保障粮食安全的情况下产品多样化。在浦城再生稻优植团队指导下，万鑫农机服务专业合作社首次开展再生稻种植，亩产增收500元。再生稻种植后在大棚种植包菜15亩、菜花等蔬菜4亩、七彩圣女果2亩，在大田种植七彩油菜花5亩，其中包菜、菜花和七彩油菜花亩产收益2000元，七彩圣女果果期长，单价高，每斤售价8~10元，据负责人马芳华介绍2亩七彩圣女果预估可收万斤，即大棚半年亩产收益近5000元。再生稻种植技术再次攻克机收产量低的问题，2021年产量创全国再生稻新高，突破

600 公斤，获得媒体极大关注。谢联辉院士参加了浦城再生稻验收工作，对再生稻种植的重要性做出正面评价。浦城万鑫农机服务专业合作社温室大棚培育的七彩圣女果的种植成果得到浦城新闻等媒体的关注和推广。浦城万鑫农机服务专业合作社再生稻种植面积从最初的 500 亩增加到 2022 年的 2700 亩，并且辐射带动周边 4 个乡镇种植机收再生稻近 1.2 万亩，2021 年，马芳华获评全国粮食生产先进个人。

（二）农民综合素质获提升

通过福建农林大学生态学团队教师和研究生提供的技术指导与培训，农民突破传统模糊的耕作概念，切实地学到专业的农业生产知识，培养了本土农业科技人才，促使农业增速发展。服务团队带领地方农企开展科研攻关项目，其中浦城万鑫农机服务专业合作社"头季稻—再生季稻—冬季农业"低碳高效节能新农业模式获得 2021 年南平市优秀科研项目资助。

（三）形成"生农互利"模式

科技小院、福建农林大学生态学博士后流动站临江野外试验站、浦城县博士科技特派员工作站派驻研究生开展"四零"服务，不仅惠及农民、培养本土科技人才、打造新型农民形象、助力农业经济，同时促使博硕士研究生在实践中提升自我，形成"生农互利"教育生产模式。

三、经验与启示

（一）夯实土特产业，拓宽产业结构

首先，从当地特色产业出发，深度挖掘如何通过科技成果转化促进特色产业升级，浦城再生稻团队就是立足浦城传统优势产业水稻，指导再生稻科学种植，提高水稻产能，促农民增收。其次，发挥科技特派员的科研优势，从资源高效利用、节能减排、农业产品多样化和农民增收多渠道多角度考虑，实现"再生稻＋应季蔬果"的种植模式，在保证粮食安全的情况下，实现节能减排和农民增收。

（二）灵活开展科技指导，急农所急、谋农所需

科技指导不是一朝一夕，也不是替农民开展生产运动，而是"补"农不足、急农所急、谋农所需，在信息整合、科学种植和产业规划等方面给予关键性的指导，同时培养当地科技人才。浦城再生稻优植团队考察了浦城万鑫农机服务专业合作社的整体情况，根据对方的需求，提出并指导实施"再生稻+"低碳高效节能新农业模式，切实实现了其产业的多样化和经济增收。

（三）将乡村振兴与学生培养相结合，实现"生农互利"

科技特派员不仅要实现科技下乡、促进农业农村发展和农业增收，还要培养造就一支懂农业、爱农村、爱农民的"三农"工作队伍。浦城再生稻优植团队将科技特派工作与研究生培养相结合，通过研究生常驻科技小院，开展"四零"服务，不仅有利于农民素质的提升，也让研究生培养的理论与实践真正融合，成为能做科研能下田的新农人。

四、创新亮点

（一）产学对接、引学入户，多渠道科技指导

在县科协和农业农村局牵头下，福建农林大学生态学林文雄教授团队与当地农企对接，实现引学入户。以该团队为核心先后成立了福建浦城再生稻科技小院、福建农林大学生态学博士后流动站临江野外试验站、浦城县博士科技特派员工作站，形成教授专家—本土科技农技专家—博士后—博硕士研究生梯队，让博硕士研究生根据实际情况精准开展科技指导工作。

（二）机械化种植，节能减排，提高稻田产能

传统农业人力成本高且耕作效率有限，碳排放相对高，制约了水稻产值和碳排放。再生稻一种两收，总的生长周期短、投入低但产值可与双季稻媲美，是新型双季稻模型。在林文雄教授团队的指导下，全程实施机械化，提高了稻田的产能和水稻的产值。

(三)"再生稻+应季蔬果"的低碳节能新农业模式

通过对大田和温室大棚进行合理的再生稻和各种蔬果的轮作,提高农田和大棚的利用率;利用落叶回田、绿肥管理等方法进行土壤改良、降低碳足迹;融合观赏和食用两种价值,结合本地物质和非物质文化特色,按照"一村一品"的发展思路,通过几年时间打造属于自己的品牌,形成当地名片。

开展蔬菜种业创新,保障菜篮子安全,助力老区乡村振兴

——福建农林大学钟凤林

福建农林大学钟凤林教授从事蔬菜种业创新及产业化研究25年,为国家青梗菜良种重大联合攻关专家组专家,农业农村部蔬菜生产全程机械化专家指导组成员,通过科特派、福建科技小院的形式,带领研究生驻扎八闽大地,长期深入农业农村一线,足迹踏遍全省9地市的579个村庄,建立72个示范基地。

一、主要做法和创新举措

(一)开展蔬菜种业创新,保障菜篮子安全

种业是国家战略性产业,打好种业翻身仗,是党中央布置的一个政治任务。蔬菜栽培面积大、产量高、效益好,在菜篮子工程和促进农民增收中发挥重要作用。福建农林大学钟凤林教授的团队紧抓种业创新这一关键突破口,开展种质资源系统收集与保护,加强对种质资源表型和基因型的精准鉴定及综合评价,挖掘出高产、优质、广适、多抗等优异性状的关键基因和调控因子,开展育种创新研究,申请育种方面的发明技术专利12件;建立分子生物学与常规育种相结合的现代高效创新技术体系,育成15个各具特色和优势的新品种,获授权专利7件,使生产成本减少20%,水肥利用率提高30%,产量增加30%。以现代农业经营管理理论出发,依托科技创新,获软件著作权11件,建立标准化的推广模式。

图1 钟凤林教授（左二）利用高光谱分析青梗菜资源

（二）开展海洋环境蔬菜技术创新，服务一带一路

福建海岸线逾3300公里、海域面积13.6万平方公里，岛屿众多。但是由于台风暴雨、高盐高腐蚀海风等恶劣环境，"吃菜难"一直是沿海及海岛居民、守岛官兵、远洋渔业和海军难以解决的问题。福建农林大学钟凤林教授开展"海洋环境蔬菜品种选育及应用"项目研究，建立海洋环境闽台蔬菜种质资源库，从耐热耐盐技术手段出发，搜集资源5370份，建立生物育种体系，发明滨海土壤改良法，优化应用水培、雾培技术，优化温室荷载等结构设计及骨架材料，发明多款设施大棚，解决蔬菜生产难题，保障沿海及海岛居民、守岛官兵及远洋渔业和海军吃菜问题，同时产品和技术服务70多个国家和地区，出口创汇4705万元。

（三）依托蔬菜产业，开展科普，服务乡村振兴

钟凤林教授作为农业农村部蔬菜全程机械化专家指导组成员，将福建特色蔬菜种业创新中心新品种、新技术、新机械，通过科特派、福建科技小院的形式，带领研究生驻扎八闽大地，深入农业农村一线开展科普，足迹踏遍全省

9 地市的 579 个村庄，建立 72 个示范基地，有效助力蔬菜产业发展，被评为"福建省十佳科学传播人物"、闽江科学传播学者、中国农技协最美科技工作者、中国农技协科技小院联盟最美科技工作者，事迹被光明网、《福建日报》、东南网、福建公共频道、福州电视台等媒体宣传报道。

图 2　钟凤林教授在大棚管理茄子

二、经验与启示

（一）论文写在大地上，做农民的贴心人

钟凤林教授当科特派不但要克服环境差异、语言不通等客观困难，关键要改变农户长期形成的固定思维模式，需要到田间地头和定点农户家中，以及时发现和立即解决生产问题为己任，切实打通科技助力精准扶贫的"最后一公里"。

（二）服务福建乡镇一线，助力老区产业振兴

钟凤林教授深入农业农村一线开展科普，针对上杭、长汀等老区苏区的萝卜等蔬菜产业种植模式不合理，开展优化轮作，建立土壤科学管理和高效施肥技术，集成病虫害和连作障碍防治技术，建立与良种、良法、良机配套的蔬菜高效栽培技术体系，有效促进农户增产增收。

图 3　钟凤林教授进行苦瓜品种资源调查

红土铸魂，深耕大地，服务乡村产业发展

——龙岩学院王海斌

中国是世界上从事水产养殖历史最悠久的国家之一，改革开放以来，我国渔业确立了以养为主的发展方针，水产养殖业获得了迅猛发展。2021年，我国水产养殖面积扩大至10 000公顷以上，养殖产量连续20年居世界第一，占全球总产量近七成。2021年，水产养殖产量高达5000万吨以上，总产值达到万亿元以上。

水产养殖对于我国经济的发展和乡村产业的发展具有重要的意义。福建省科技特派员王海斌教授团队成员开展该方面的工作并取得了一定的成果源于6年的坚持，也源于6年前的一次下乡实践。回溯过往，2016年7月，福建省科技特派员王海斌教授作为团队负责人，带领不同专业、不同研究领域的老师及学生，组建"科技支农—助力乡村农业发展"实践团队，历时2个月，深入龙岩市新罗区、连城县、上杭县、永定区、长汀县、武平县、漳平市，共计6个县（区）15个村，开展科技支农活动，行驶里程达6114公里。在活动开展过程中，实践队主要针对企业或农户在作物栽培、农产品加工方面存在的问题进行技术支持，然而对大量农户在虾养殖过程中存在的问题，由于团队组建不完善，没有深入了解，导致无法有效解决养殖户提出的问题。因此，2016年11月，团队深入总结，优化团队成员，重新出发。

2017年1—7月，王海斌教授再次带领重新组建的"科技支农—助力乡村农业发展"团队，深入龙岩市、漳州市等各地的虾苗养殖场、饲料厂、药剂厂、养殖户、销售商等进行深入调研。通过调研团队发现，首先，水产养殖中，虾类的经济价值较高，并且可进行大规模的人工饲养；其次，虾的养殖成本低、利润高，农户养殖虾可获得2~5倍的利润，虾养殖经济效益十分可观，有利于农户迈向致富道路，可助力乡村实现产业振兴。然而，虾养殖虽然利润高、能给养殖户带来了可观的经济利益，但是也存在诸多问题，如养殖过程中，养殖水体环境恶化、微生物平衡失调、有害藻类滋生、有毒物质大量积累

等，导致虾产生众多疾病，如红腿、空胃空肠、白便、拖便及红体等。养殖环境恶化，加之疾病暴发，极易导致虾在短时间内急性死亡，养殖户损失巨大，甚至会破产。目前，在虾养殖过程中主要采用不同的微生物菌剂进行养殖水体的病菌及有害物质控制。然而，市面上微生物菌剂一般为单一菌群或简单的复合菌群，菌群繁殖能力弱，使用效果较差，功能低下，改善速度慢，需要不同种类产品配合使用、频繁使用才能达到效果，而且成本高，导致常规养殖户无法有效使用，无法达到预期的效果。于是，2017年8月，王海斌教授带领团队成员开始致力于水产养殖微生物水质改良剂的配方研究。

一、主要做法和创新举措

2017年9月至2018年6月，在团队成员的共同努力下，微生物水质改良剂的研究有了眉目，初步获得了微生物复合菌剂的配方，但菌剂配方效果不佳，且从未在养殖场实际应用过。2018年8月，在一次偶然机会中，团队对接了当时刚成立的专门致力于微生物复合菌剂研发的易之泰生物科技（龙岩）有限公司（简称"易之泰"）。深入了解后发现，团队所欠缺的正是易之泰所擅长的。2019年5月，王海斌以福建省个人科技特派员的身份服务于易之泰，同时带领团队成员与易之泰研究人员开展横向课题研究，联合申报龙岩市科技计划重点项目、奇迈科技基金项目，全面开展水产养殖专用微生物复合菌剂的研发（图1）。团队成员共13个人，经历了400多个日日夜夜的奋战。菌剂的配比、实验室效果评估、养殖场效果评价、菌剂中试生产、菌剂流水线生产等无不倾注了团队成员的心血。

图1　王海斌教授（左二）与易之泰团队分析微生物菌剂培养基问题

2020 年 7 月，微生物复合菌剂配方及产品初步成形，推出了微生物水处理剂和微生物水质改良剂 A、B、C 等 4 款，一套系列产品。该系列产品经第三方检测机构经口生物毒理测定表明，产品属于无毒级，对人及动物不存在安全隐患。第三方检测机构进行有效活菌数测定表明，产品的有效活菌数是市面上微生物菌剂产品的 15 倍。在完成前期工作后，同年，王海斌教授带领团队成员，组建福建省科技特派员团队——复合微生物菌剂研制团队，团队成员联合易之泰公司着手开展微生物复合菌剂在南美白对虾养殖中的试用与推广。2020 年 8 月至 2022 年 3 月，团队成员先后前往龙岩市的新罗区、漳平市，漳州市的台商投资区、长泰县、南靖县、龙海区、漳浦县、芗城区等主要的虾养殖地区开展微生物复合菌剂的试用与推广，共设立推广点 10 个，支持养殖场 38 个，涉及养殖户 147 户。团队成员与推广点密切联系，菌剂使用过程中，团队成员实时监测常规指标，3 天一测重点指标，确保全程记录、全程跟踪。经历了近 600 天的日夜奋战，团队成果的可靠性得到了有效的验证，复合微生物菌剂使用效果良好，远优于市面产品，养殖户获得了大丰收。

二、实施成效与影响

历时 6 年，在王海斌教授的带领和团队成员的共同努力下，服务企业易之泰已于中国工业微生物菌种保藏管理中心保存母菌 28 种，联合申请并获授权专利 48 件、软件著作权 16 件，作品登记版权 120 多项。易之泰入驻龙岩市科技创业园，获得国家高新技术企业、福建省科技型中小企业等荣誉称号。另外，团队成员联合企业开展成果推广，先后于龙岩市、漳州市的海安养殖场、少俊养殖场、少玲养殖场、石仙养殖场等 10 个点进行推广与技术扶持，直接性扶持养殖面积达 379 亩，累计提产 137.43 吨 / 年，累计带动养殖户增收 879.41 万元。服务开展期间，团队成员间接服务企业 5 家，累计开展培训 12 场，累计培训养殖户 576 人次。由于项目前期的推广与应用和示范点建立了密切的联系，示范点起到了示范带头作用，在一定程度上已经开始带动周边养殖小户实现以点带线、以线成面、联合发展、共同富裕，有效助力乡村养殖产业振兴。团队工作的开展受到了《福建日报》、福建省农业农村厅、中国青年网、东南网、腾讯网等多家媒体的报道。

三、经验与启示

科技特派员对于国家乡村振兴战略的实现、乡村产业的振兴具有重要的作用。科技特派员的工作主要以两种模式开展，一种是科技特派员结合自身的专业知识、专业技能等方面，选择合适的产业、企业、农户等进行帮扶；另一种是通过科技特派员系统进行双向需求对接帮扶。两种模式在一定程度上能够有效解决产业、企业、农户存在的一些问题，但依然受限于系统信息，无法做到全方位或者是更有针对性的服务。通过多年的科技特派员工作总结发现，首先科技特派员可深入社会、深入乡村、深入产业，调研并了解乡村产业中存在的问题，针对性地开展科研和技术服务工作，才能使科技特派员的成果更快、更好地实现转化，更高效地服务乡村产业。其次科技特派员在对接服务过程中，可不局限于一家企业、一个农户、一个问题等，能够根据自身的知识、技术和专家资源，实现资源整合和资源互补，通过团队协作，共同助力乡村产业发展。

科技特派员是一种身份，更是一种责任。科技特派员的工作不是短暂的一年、两年，而是一个持久的过程。乡村产业发展是一个过程，科技特派员在工作开展过程中，先以自身成果、自身技能服务产业，在服务产业的过程发现新问题，再探讨、再研究、再服务。因此，科技特派员不能将服务看成是一种工作，而应该明白服务是一种责任，是一种为人民服务的责任，只有拥有这种精神并持之以恒，才能有效地服务乡村产业，才能真正助力乡村产业的发展。

乡村振兴任重而道远，需要各行各业共同努力，其中科技特派员更肩负着独特的责任和使命，为了乡村振兴战略的落实落地，科技特派员将继续躬身力行，将论文写在大地上，怀揣信念、勇于担当奔赴在助力农业发展的一线。

四、创新亮点

该案例中，科技特派员服务项目来自乡村实践一线调研，从一线中发现问题，针对问题开展研究，研究成果转化后服务乡村，针对性地解决乡村产业中存在的问题。

一届科技特派员的选认虽然只有 1~2 年的时间,项目团队通过 6 年的坚持与实践,从个人科技特派员发展到团队科技特派员,始终坚持服务一线,6 年的坚持换来乡村产业的发展。科技特派员将高校专家、大学生、企业、农户有效衔接,一体化共同服务于一个产业,共同助力产业发展。

产学研结合，提升企业创新力

——龙岩学院童长青

随着集成电路向高度集成化、高密度封装化、多功能化、小型化和大功率化的方向发展，要求引线框架材料的性能更高、质量更轻。Cu-Ni 系列合金是一种时效硬化合金，是一种理想的框架材料（图1）。发达国家（如德国、日本、美国）已相继开发出 20 余种 Cu-Ni 引线框架铜合金材料，性能达到抗拉强度为 800 MPa、导电率（IACS）为 40%。而我国在该领域研发起步较晚，需要大量进口高性能的引线框架铜合金材料。与发达国家相比，我国引线框架铜带在研究和生产上差距较大，生产规模小、品种规格少、质量精度差、产品单一、产品质量也不高。"十三五"时期《"重点基础材料技术提升与产业化"重点专项 2016 年度项目申报指南》提出，要开发高精度铜及铜合金材料。

图1 引线框架

针对国内企业在生产引线框架铜合金中存在合金成分设计不够合理、轧制过程的晶粒大小和取向还无法精确控制、去应力退火的生产效率低和成品率较低等问题，2017年童长青教授主持的福建省高校产学研合作"高性能高精度C7025铜合金带材制造技术研究"获立项。随着合作的开展，发现铜合金带材在不同的应用范围，对其性能的要求也在不断变化，需进一步开发Cu-Ni系列产品。正值上杭县奇迈科技创新基金项目成立的契机，2017年年底，龙岩学院、福建紫金铜业有限公司和福州大学三方共同申报了"新型高强高导Cu合金带材的研究与产业开发"项目，并获立项。

一、主要做法

Cu-Ni合金制备研发工艺流程（图2）。采用不同的工艺，研究了Ni和Si总含量及比例对Cu-Ni合金组织和电学及力学性能的影响；研究Co、Te、Er、Gd元素及添加量对Cu-Ni合金组织和电学及力学性能的影响；研究轧制温度及回归再时效工艺对Cu-Ni-Si合金组织和电学及力学性能的影响。

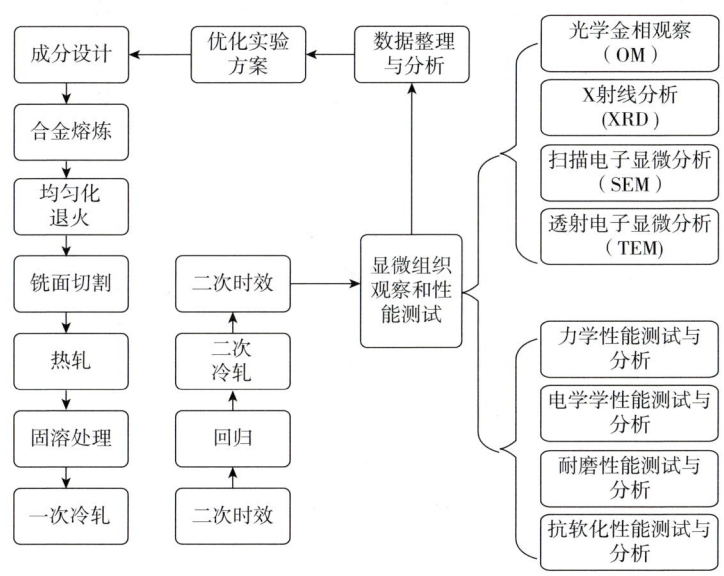

图2　Cu-Ni合金制备研发工艺流程

合作之初，童长青教授作为福州大学硕士研究生导师与福州大学材料科学与工程学院王晨教授共同带领硕士研究生结合生产实际，设计了新的成分和工艺方案，在实验室进行研发，每个月在福建紫金铜业有限公司进行一次研发工作交流会。

利用企业现有设备进行中试，通过试产并调整工艺生产装置，形成了一套新的生产工艺方案，且生产出了合格的产品。

二、实施成效

项目组通过产学研合作，设计了新的合金成分，提出了精确的轧制工艺和形变组织控制、精准的形变热处理工艺与析出组织调控工艺流程，掌握了成分、轧制温度及回归时效等工艺对新型铜合金微观组织、电学和力学性能的影响规律。解决了国内企业在生产引线框架铜合金存在合金成分设计不够合理、轧制过程的晶粒大小和取向无法精确控制、去应力退火的生产效率低和成品率不高等问题。通过试产并调整工艺生产装置，形成了一套"高性能细晶Cu-Ni-Si合金冷轧和热处理工艺技术"新工艺，开发出具有自主知识产权的铜合金带材。

该项目成果在福建紫金铜业有限公司进行产业化，生产了4种不同状态、不同厚度的铜合金带材——TM01~TM04，产品性能经第三方检测：与国外产品性能相当，达到国内领先水平，能替代进口产品。项目合作从2017年至2020年底，生产的Cu合金带材产量从2017年的16.6吨增长到2020年的207.9吨，新增产值2369.3万元，新增利润240.6万元，新增税金31.8万元，开发的新型铜合金带材在40余家企业得到推广应用。

三、创新亮点

本项目通过完全利用企业现有设备，针对新型铜合金带材，设计了新的成分、形成一套生产工艺，研发出拥有自主知识产权的高强高导铜合金新产品，形成核心竞争力。三方共同申请并获授权发明专利7件，为企业申报高新技术企业提供了支持。"高性能高精度Cu合金带材的研究与产业开发"获2021年度中国发明协会发明创业奖创新奖二等奖。

项目充分利用了上杭县现有的铜矿资源，有利于铜产业链延伸，为上杭县和龙岩地区铜产业的发展提供具有科技高附加值的产品和技术支持。研发的高强高导电铜合金，市场前景广阔，不仅能填补福建省在高端高强高导铜合金产业的短板，同时创造了可观的经济价值。

不忘初心担使命,科技下乡解近渴

——三明学院邢建宏

生物医药产业是三明市的重要支柱产业之一,也是巩固脱贫攻坚成果、推进乡村振兴的重要抓手。三明市生物医药产业小企业居多,大都集中在一产(农业)领域,由于技术缺乏,造成很多企业经济效益不佳。三明学院紧紧围绕产业存在的技术难题,积极利用科技特派员制度,派出各领域专业人才,深入基层提供技术服务,为地方高校服务地方找到了一条正确道路。

金花茶属于山茶科、山茶属,原产地在广西防城,是国家一级保护植物之一,因为其具有较高的观赏、药用价值,被称为神奇的东方魔茶、"植物界的大熊猫"、"茶族皇后"。三明市元盛金花茶开发有限公司为福建省第一家从广西引种金花茶的企业,但由于引种地与原产地气候差异较大,企业花费大量资金和人力,先后3次引种均告失败,正当企业陷入困境之际,三明学院科技特派员邢建宏博士的技术支持使企业负责人重新燃起了希望。从2017年至今,邢建宏博士重点帮扶三明市三元区中村乡的金花茶产业,与三明市元盛金花茶开发有限公司合作开展了金花茶优良种质资源开发与产业化研究。利用专业知识和前期研究获得的金花茶资源开发方面的技术,从优良品种引种、遗传改良、种苗繁育、标准化种植及相关产品开发等方面对受援单位的金花茶种植与产业化开发工作展开了对口的技术指导与帮扶工作。5年多来,邢建宏博士奔波于田间地头、种植基地、实验室,利用专业知识帮扶三元区中村乡的金花茶产业走上正轨。

一、主要做法和创新举措

(一)引进新品种

根据受援单位的发展需要,组织相关技术人员成立了金花茶优良种质资源引种、快繁与示范种质项目小组,开展了金花茶优良种质资源的引种工作。

组织相关技术人员深入金花茶开发，到较为成熟的广西北海、防城等地进行实地考察，引种金花茶优良品种 12 个，在三明市三元区中村乡营建良种引种园对其适应性、生长习性展开观测。项目组已经在三元区中村乡营建金花茶种质资源圃 5 亩、引种测定林 20 亩，开展引种试验研究，从中选育出经济价值高、适应性强、抗性好的优良无性系品种 6 个。

（二）研发新技术

为实现金花茶在三明市三元区的产业化，组织开展金花茶在三明市三元区的快速繁育技术。邢建宏博士多次前往受援企业，深入金花茶繁殖圃和示范栽培基地指导技术人员开展金花茶扦插、嫁接及种子实生育苗。通过项目组不懈的努力，目前，已经完全掌握了金花茶种子实生育苗培育的技术要点、扦插快繁和嫁接繁殖的技术关键，种子实生育苗成活率达到 85% 以上，春季扦插成活率达到 90% 以上，一次嫁接成活率达到 75% 以上，攻克了山茶花老树嫁接金花茶的技术难题，为高品质金花茶盆景苗培育提供了技术示范。此外，项目组还开展了金花茶林下套种技术示范，在科技服务的三元区中村乡回瑶村建成竹林套种金花茶 100 亩，目前成活率较好，预计 5 年后可开花收益。此外，邢建宏博士还组织其所在单位的科研力量系统开展金花茶活性成分测定和鲜花快速干燥等技术研究工作，通过前瞻性技术探索，为将来更进一步地给予企业高层次的技术指导提供技术储备。针对中村乡大力开展金花茶产业发展中产品缺乏、产业链不完善等难题，邢建宏博士带领三明学院生物技术专业 7 位同学开展了金花茶洗护用品、保健茶和休闲食品的开发研究。目前已成功配置出金花茶沐浴露、洗发水、洗手液等洗护产品和金花茶袋泡茶饮料及金花茶果冻休闲食品。邢建宏同志还协助服务企业成功申请到中央财政林业科技推广示范资金储备项目"珍稀植物金花茶林下栽培与推广"建设项目，获得国家补助 200 万元，帮助企业建立了 20 亩现代化大棚作为优质金花茶采穗圃，年产穗条预计达 20 万支；建立现代化金花茶扦插圃 5 亩、嫁接繁殖圃 3 亩，预计年培育苗木 10 万株，创造经济收益 50 万元。

（三）推广新成果

针对受援企业在金花茶良种繁育和资源培育领域专业技术人才不足的难题，邢建宏博士连续 3 年，深入受援企业开展相关技术讲座。以多媒体授课方式就金花茶产业化前景和丰产栽培及加工利用技术为企业员工和广大种植户进行详细讲解。为了增强培训效果，在技术讲座后，还组织受训人员深入金花茶栽培基地进行现场技术培训，结合生产实际详细讲解金花茶丰产栽培及采收与加工利用等方面的技术关键。通过多次技术培训，使企业员工和种植户系统地了解了金花茶种植的技术关键和产业化前景，既学到了技术又增强了持续深入开展金花茶种植及系列产品开发的信心，培训效果良好。

二、实施成效与影响

（一）扎根基地，培育"金种子"

挂点明溪县九节生物有限公司后，邢建宏博士从草珊瑚遗传改良、种苗繁育、标准化种植和产业化开发等方面对服务企业的草珊瑚种植与产业化开发工作展开了对口技术指导工作，将课题组选育的 2 个草珊瑚林木新品种提供给企业种植推广。2017 年，挂点中村乡后，针对金花茶引种三元区后成活率低、适应性差等问题，邢建宏博士选择三明市元盛金花茶开发有限公司为驻点单位，对金花茶种植与产业化开发工作展开了对口技术指导与帮扶工作。联合企业成立了金花茶优良种质资源引种、快繁与示范种质项目小组，深入金花茶开发，到较为成熟的广西北海、防城等地进行实地考察，引种金花茶优良品种 12 个，开展不同品种金花茶的适应性、生长习性评价研究。经过近 3 年的不懈努力，成功选育出经济价值高、适应性强、抗性好的 6 个品种，为金花茶基地提供优质种苗。

（二）攻克难题，技术"传帮带"

挂点明溪县九节生物有限公司后，针对企业在草珊瑚资源培育领域专业技术人才不足的难题，邢建宏博士先后深入服务企业，以多媒体授课方式，就草珊瑚栽培及加工利用技术给企业员工和广大种植户进行了详细讲解。草珊瑚丰产栽培技术视频课被"福建省农村实用技术远程培训视频库"收录，受益人群扩大到全省草珊瑚种植户。为了攻克金花茶种植过程中成活率低的问题，邢建宏博士多次在繁殖季节来到金花茶种植基地，指导企业技术人员开展金花茶扦插、嫁接及种子实生育苗，不断摸索金花茶在三明市三元区栽植的最适条件，最终使金花茶种子育苗成活率达到 85%，春季扦插成活率达到 90%，一次嫁接成活率达到 75%。

从书本到实验室再到田间，邢建宏博士通过开展相关技术讲座，组织受训人员深入金花茶栽培基地进行现场技术培训，针对金花茶栽培技术要点编写了简明扼要的《金花茶栽培技术手册》供企业及种植户使用。邢建宏博士还经常与企业相关技术人员进行交流沟通，提供金花茶种植加工及产业化开发方面的咨询建议，帮助企业解决生产过程中亟须解决的科技难题。同时，邢建宏博士协助服务企业成功申请到"金花茶优良种质筛选、快繁及林下套种研究"及"金花茶人工促花及丰产栽培技术研究"两项三明市科技项目，为企业科技创新争取到可贵的资金支持。

（三）成果转化，服务"增效益"

挂点明溪县九节生物有限公司后，针对草珊瑚资源开发利用的实际，邢建宏博士将所在课题组完成的福建省科学技术进步奖三等奖和三明市科学技术进步奖二等奖"草珊瑚优良种质资源筛选与快繁利用研究"的成果无偿贡献给服务企业，帮助企业营建草珊瑚良种繁育圃 50 亩，示范栽培林 1200 亩，取得了良好的经济效益。挂点三元区中村乡后，在邢建宏博士和企业的共同努力下，营建金花茶良种生产及示范栽培基地 140 亩，其中引种测定林 20 亩、种质资源圃 5 亩、采穗圃 5 亩、繁殖圃 10 亩，为金花茶在三明市三元区的产业化开发提供技术示范。面对金花茶产业发展中产品缺乏、产业链不完善等问题，邢建宏博士带领生物技术专业 7 位同学利用金花茶叶片提取物开展金花茶洗护用品、保健茶、休闲食品的开发研究，经过不懈的努力，成功研制出金花茶沐浴露、洗发水、洗手液等洗护产品，金花茶袋泡茶饮料及金花茶果冻休闲食品。

2019 年 10 月 8 日，《三明日报》以"邢建宏：科技下乡解'近渴'"为题，对邢建宏老师参与科技特派员的事迹进行了专访报道，学习强国平台也进行了转载报道。2020 年 2 月，邢建宏博士被评为三明市优秀科技特派员，并获嘉奖。作为科技特派员，邢建宏博士希望能够搭建起科技入户的桥梁，带领着学生利用自身专业知识，为金花茶、草珊瑚等资源打开更广阔的市场。

三、经验与启示

（一）深入调研是前提

企业技术需求和科技人员之间有效交流沟通的缺乏，导致双方在需求和服务专长之间互不了解。深入生产一线调研，及时了解产业技术需求和亟须解决的问题是科技特派员工作开展的前提。

（二）科技创新是关键

在生产实践中，科技特派员不仅要向农民推广先进农业技术，还要针对具体问题，与企业合作研发，不断地进行科技创新。最终在解决企业难题的过程中促进技术进步，进而创造更大效益。

（三）立足奉献是根本

科技特派员的工作很多需要在田间地头投入大量的时间，取得的增产增收却不能体现为科研成果与学术论文。科技特派员要牢记习近平总书记的要求，坚持"把论文写在祖国的大地上，把科技成果应用在实现现代化的伟大事业中。"

以"氟"造福促发展，服务地方再出发

——三明学院氟新材料科技特派员团队

三明市已成为福建省两大氟化工产业基地之一，其周边500公里范围富集了全国70%的萤石矿资源，吸引了新宙邦、中欣氟材、浙江三美等上市公司进行投资，产业链不断拓展延伸，资源优势不断转化为技术优势。

《福建省"十四五"制造业高质量发展专项规划》和《福建省"十四五"战略性新兴产业发展专项规划》提出，推进三明氟化工产业技术研究院等创新平台建设，开展技术联合攻关、中试及工程化试验等，推动氟化工新材料产业集聚发展。在此背景下，由肖旺钏副教授牵头组建了省级团队科技特派员——三明学院氟新材料科技特派员团队，分别对接服务三明市海斯福化工有限责任公司、福建三农新材料有限责任公司、福建三明金氟化工科技有限公司、福建省清流县东莹化工有限公司和邵武永太高新材料有限公司等氟化工龙头企业，联合开展技术攻关和成果转化，有效促进了福建省氟新材料产业绿色转型发展。

一、主要做法和创新举措

（一）深入企业调研，精准对接企业技术需求

氟化工是技术密集型产业，福建省传统的氟化工企业以购买技术为主，没有技术储备，在竞争中形成不利的局面。三明学院氟化工研究院根据国内外氟新材料发展趋势，组建了由日本、美国留学回国和国内北京大学、上海交通大学等毕业的8名博士人才组建的科研团队，通过举办全国氟新材料高峰论坛、沙溪专会论坛和专家技术对接会等学术研讨会4场，精确对接企业技术需求，与三明市海斯福化工有限责任公司共建福建省氟新材料工程研究中心、与三明金氟化工科技有限公司共建中试基地等，针对含氟表面活性剂、含氟助剂、含氟农药医药中间体等下游高附加值产业链缺乏的情况，进行布局和技术

攻关，在含氟表面活性剂、聚四氟乙烯新工艺研究及应用等方面累计带动新增产值超过 15 亿元，获得福建省科学技术进步奖二等奖 1 项、三等奖 5 项。

（二）智力把关新入园项目，助力地方招商引资

氟化工产业随着产业链的延伸，从氢氟酸 1 万元/吨延伸到含氟表面活性剂 50 万~150 万元/吨，产品附加值呈指数增长，地方政府对引入高附加值的氟化工产业下游产品企业特别重视，但是下游氟化工产品往往存在污染物难以处理、生产工艺危险系数高等问题，三明学院氟新材料科技特派员团队利用自身的专业知识，对明溪、清流和三元等新入园项目的工艺路线和污染物进行调研，提出专业性建议。累计为明溪氟新材料产业园、清流福宝氟新材料产业园区和三元区黄砂工业园区新引进的 10 多个项目进行论证把关，主要论证项目有明溪氟新材料产业园引进的"氟硅新材料系列产品""年产 500 吨五氟苯甲酸和 500 吨对三氟甲氧基苯胺"，福建氟美医药科技有限公司"氟医药高端精细化工项目的建议""原料药及中间体生产基地及细胞工厂转化平台""和立气体电子特气新材料"等项目，清流福宝氟新材料产业园的"年产 500 吨五氟苯甲酸和 500 吨对三氟甲氧基苯胺"和三元区黄砂工业园区"四氟磺内酯及配套 SO_3 原料生产""年产 6000 吨有机胺中间体及特种助剂"等项目，对新上项目进行严格筛选，避免引进高污染、高安全隐患、低技术水平的产品，助力氟化工产业绿色高质量发展。

（三）创新成果转化，助力企业提升技术水平

三明学院氟新材料科技特派员团队依托福建省氟新材料工程研究中心和三明市氟化工产业技术研究院等省市平台的研发设备和研发场所，积极开展技术开发，示范推广了一批国内领先的新工艺、新技术和新产品（图 1）。

因全氟辛酸类（PFOA）表面活性剂存在生理毒性，难以生物降解，成为全球共同限制和禁止的持久性有机污染物，开发其替代产品迫在眉睫。目前，发达国家已经完成 PFOA 和 PFOS 替代品开发，并且设置了技术保护和贸易壁垒。团队主动对接海斯福化工，与企业建立联合研发团队，设计类"聚甲醛"结构的氧杂碳氟主链，打破了国外技术垄断，开发了替代 PFOA 的系列含氟多氧杂表面活性剂新产品，产品在山东东岳、中昊晨光、江西理文化工、福建三农新材料等国内主要含氟聚合物公司获得推广，2018—2020 年表面活性剂产

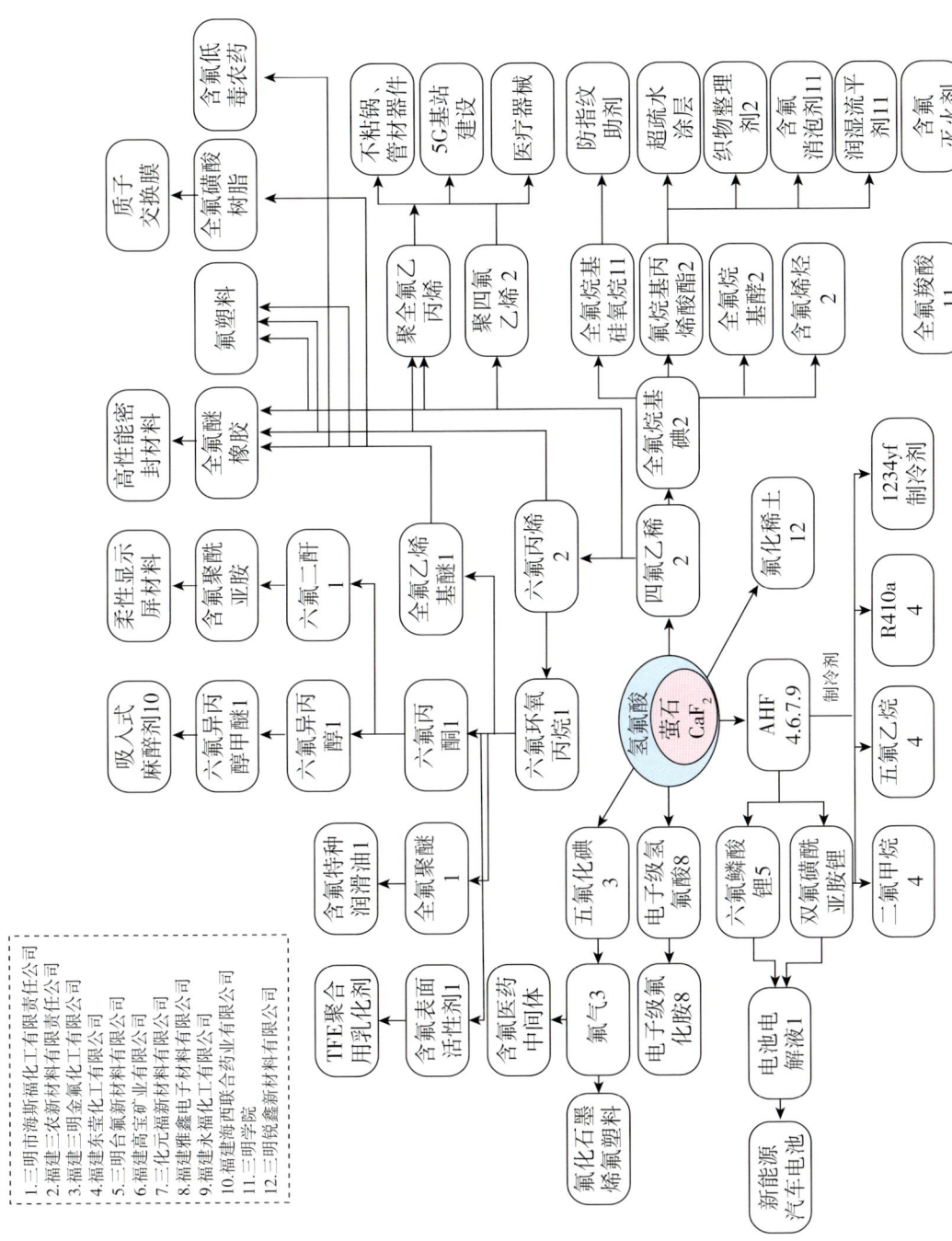

图 1 团队通过调研三明市氟化工产业绘制的产业链

品累计实现产值超 6300 万元，利税 4300 余万元，项目成果获得福建省科学技术进步奖三等奖。

针对高压缩比长丝专用聚四氟乙烯分散树脂的合成存在难以获得超高分子量（大于 5000 万）和聚合过程需要用到难降解的全氟辛酸类表面活性剂问题，团队与福建三农新材料共建研发团队，采用复合单体和分步加入的工艺，并使用全氟烷氧基羧酸代替全氟辛酸作为分散剂制备 PTFE，所得产品相对分子量提高到 5000 万～6000 万，拉伸强度大于 30 兆帕，断裂伸长率大于 300%，标准相对密度 2.15～2.18，压缩比 1600∶1 时的挤出压力为 35.6 兆帕，性能符合长丝专业 PTFE 分散树脂要求，实现年产 1500 吨，年新增产值超过 5000 万元，已申请并授权发明专利 4 项、实用新型专利 5 项，新增就业 150 人，培训技术人员 500 人次。项目成果达国内领先水平，获得福建省科学技术进步奖三等奖。

废弃氢氟酸的循环再利用是氟化工行业的当务之急，通过绿色途径"变废为宝"是行业亟待解决的共性技术难题。团队联合三农新材料、金氟化工开展"R22 副产物氢氟酸制备无机氟金属添加剂"技术开发，首创氢氟酸的气降膜吸收装置，突破了传统工业废气氢氟酸治理成本高、环境不友好等技术瓶颈，实现氢氟酸的回收及纯化，同时也消除了尾气中有害气体的排放，开发了氟钛酸钾系列产品制备新工艺，有效提升产品的品质和颗粒度。项目开发的氟钛酸钾系列产品近 2 年累计实现产销 2.4 万吨，实现营业收入 1.5 亿元，利润 1154 万元，成为美国先进冶金集团 AMG 的指定原料供应商。

二、创新亮点

一是瞄准绿色循环发展，补齐产业要素链条。三明学院联合三农、海斯福等区域龙头企业开展产业关键技术攻关，助力将含氟萤石矿资源形成从萤石→氢氟酸→二氟甲烷→四氟乙烯→六氟丙烯→六氟环氧丙烷→六氟异丙基甲醚→吸入式麻醉剂（七氟烷）比较完整的氟化工主产业链。

二是瞄准关键技术创新，打通科技成果转化路径。与海斯福合作的高校产学研重大项目"环保型含氟表面活性剂产业化研究"，开发的可替代 PFOA 表面活性剂应用于三农公司聚四氟乙烯分散树脂的生产。萤石矿尾矿石英砂制备建筑外墙用彩砂产业化项目取得新突破，致力于从源头开发到末端治理。

三是瞄准技术人才培养，促进产业持续发展。吸引企业高级技术人员参与研究院建设，聘请知名专家担任顾问，共同研发含氟新产品、新工艺。大力引进高层次人才，构建一支由博士为主60余人组成的相对稳定的研发团队。全省首家本科院校获批"二元制"应用化工技术高职办学，培养和推荐企业需求的专门化、本土化人才。选派博士科研工作者到企业对接，为地方氟新材料产业发展提供切实、精准服务，氟化工研究院入选省级科技特派员团队。2021年8月，研究院科技特派员助推新材料产业发展事迹被《福建日报》头版头条、人民网、学习强国等主流媒体宣传报道。

妙用菌渣变废为宝，"小菌菇"成就大产业

——福州市蔬菜科学研究所珍稀食用菌技术创新团队

福建容益菌业科技研发有限公司是一家专门从事食用菌研发、生产、销售的国家级重点农业产业化龙头企业，也是国家高新技术企业，其主要产品绣球菌属于珍稀食药两用菌。公司致力于食用菌产业的标准化、工厂化、智能化、产业化的发展，技术力量和产能规模均居全国绣球菌工厂化生产的行业之首。公司现有两大绣球菌生产基地，其中一个位于闽侯县南通镇洲头村，占地101亩，已投产18幢厂房，拥有3条日产菌包1.5万袋的生产线，最高日产绣球菌达8～10吨，产品销往全国各地，很受市场欢迎。但公司在发展中也深受"产量仍不高、栽培有局限、废物难处理、销路待通畅"等问题困扰。尤其是废菌包随意丢弃或堆放还会带来霉菌害虫滋生、污染环境等问题，严重影响生产和发展。

2020年，福州市蔬菜科学研究所所长陈秀娟被选认省级科技特派员，作为食用菌专家入驻福建容益菌业科技研发有限公司。她调研发现绣球菌一次出菇后的菌渣主要用于育苗基质、饲料、有机肥等，但在这些方面的应用有限，研究内容较浅。通过对菌渣的多次试验分析发现，菌渣中含有蛋白质、脂肪、还原糖、灰分等营养物质可用于绣球菌二次栽培，且废菌渣中的营养物质对植物生长具有很大的促进作用，可进一步开展废菌渣二次栽培技术和菌渣多次多途径循环利用技术研究。该技术研究成功不仅能够实现资源循环化利用、降低成本、提高经济效益、解企业当前难题，而且为食用菌和蔬菜产业推进"低碳、绿色、可持续"发展提供了重要途径。

带着问题，陈秀娟迅速组建了由食用菌、蔬菜栽培及农产品加工等相关专业人员构成的技术创新团队。2020年、2021年连续两年作为省级科技特派员，在福建容益菌业科技研发有限公司开展绣球菌高效栽培、废菌渣循环利用、绣球菌深加工等技术的系统研究，并帮助企业进行技术培训，促进技术成果转化，增强企业自主创新能力。

一、总体工作情况与成效

珍稀食用菌技术创新团队被选任福建容益菌业科技研发有限公司（以下简称"容益菌业"）的省级团队科特派团队以来，依托科技特派员制度，围绕提质增效、创新驱动发展、优化产业环境工作，坚持科技服务企业，以"科特派+科研院所+协会+企业"模式开展工作，研发绣球菌废菌渣二次栽培技术1项，废菌渣在番茄、莜麦菜、草莓无土栽培中的应用技术3项，废菌渣用于十字花科蔬菜种子的包衣技术1项，优化绣球菌冻干工艺1项；申请并获授权发明专利2件、实用新型专利4件；举办绣球菌高产高效栽培技术及废菌渣循环利用技术培训班2场，累计培训61人次；废菌包二次循环利用技术累计推广应用760万袋，节约成本350多万元，经济效益显著。

陈秀娟积极组织容益菌业参加2021年中国食用菌产业博览会；拓宽碎菇销售渠道，提高企业收入；成立民进会员之家，提高企业知名度；帮助该公司联系有机肥企业拓展废菌包销售渠道，指导企业成功申报"国家级农业产业化龙头企业"，并成为闽侯县首家"国字号"龙头企业等。

二、特色做法与典型经验

（一）迎向企业需求，研发技术，针对企业生产中难点和需求，研发多项技术

1. 绣球菌高产高效栽培技术研究

针对绣球菌工厂化栽培过程中存在的生长慢、真菌污染、废菌包利用率低等问题，本团队成员多次前往实地调研，从栽培原材料选取、基质配方优化、光照、培养温度、菌丝萌发速度、生长速率、菌丝长势、出菇时间、单位产量及产品质量、包装等方面进行现场指导，大大提高了绣球菌产量和品质，解决了绣球菌废菌包环境污染和资源可重复利用的难题。

2. 研发适合莜麦菜生长发育的绣球菌菌渣复合基质

结合莜麦菜生长发育特性，以绣球菌废菌包为基础配料，按照不同体积配制9种绣球菌菌渣复合基质，记录不同复合基质下莜麦菜植株长势、株高、茎粗、叶片数、产量等指标，筛选出一个适合莜麦菜生长的基质配方。该配方

种植的莜麦菜生长势强,整齐度较好,株高、茎粗、叶片数显著高于对照组,单株产量较对照组增加40%。

3. 绣球菌菌渣复合基质用于设施高品质番茄栽培的技术研究

在2020年绣球菌菌渣复合基质栽培番茄研究的基础上,结合番茄生长发育特性和基质理化性质,进一步完善复合基质配方和栽培技术,在保证高菌渣含量的同时使番茄果实品质指标明显提高,口感更佳,产量较上一年增产近40%,为废菌料在设施高品质番茄高效、规模化栽培上的高效利用提供技术创新。

4. 研发适合草莓的绣球菌菌渣复合基质

以绣球菌废菌包为基础配料,按照不同体积配制8种绣球菌菌渣复合基质,记录不同复合基质下草莓的长势、结果数、产量、糖度等指标,筛选出一个适合草莓生长的基质配方。该配方种植的草莓缓苗快、植株长势强、结果性好、甜度较高,前期单株产量较对照组高20%。

5. 研发废菌渣用于十字花科蔬菜种子包衣的技术

以绣球菌废菌渣为基础材料,将α-萘乙酸、噁霉灵、精甲霜灵等混合药物与甲基纤维素按一定比例搅拌混合均匀制成十字花科蔬菜种子包衣剂。该包衣剂能够显著提高十字花科蔬菜种子的发芽率、发芽势、促进幼苗生长。该技术已获国家发明专利授权。

6. 优化绣球菌冻干工艺,寻求企业增收点

采用专利技术优化绣球菌冻干工艺,最大程度保留其营养价值,延伸产业链,让企业找到新的增收点。

(二)开展技术培训,赋能创新

为加快研发技术的应用与推广,2021年福州市蔬菜科学研究所珍稀食用菌技术创新团队在容益菌业组织开展2场专业技术培训,内容涵盖绣球菌高效栽培,废菌包的二次循环利用,废菌包在蔬菜育苗基质、栽培基质中利用等。团队还指导公司与福州市蔬菜科学研究所合作研发蔬菜育苗、栽培基质专利配方,获授权发明专利1件、实用新型专利4件。为推进绣球菌菌渣资源化利用

及蔬菜绿色发展提供技术支撑，为提升该公司创新能力和知识产权保护能力奠定基础。

（三）积极宣传企业，助力销售

该公司整朵绣球菌装盒时修整下的碎菇有 70% 可以食用，但缺少销售渠道，全部堆放丢弃，造成资源的极大浪费。在了解此情况后，陈秀娟带领团队成员帮忙联系农时通公司、闽江师范高等专科学校、福州职业技术学院食堂采购，积极组织福州市蔬菜科学研究所和福州市农业农村局同事团购，在提高企业收入的同时，让普通人可以品尝味美可口的"万菇之王"。

三、创新亮点

陈秀娟团队研发多项技术挖深绣球菌废菌渣利用，解企业难题。研发专利技术优化绣球菌冻干工艺，丰富产品，给产业延链。拓宽销售，帮企业增收。指导企业积极参加中国食用菌产业博览会，成功申报"国家级农业产业化龙头企业"，使企业成为闽侯县首家"国字号"龙头企业，助力企业发展。

优质粮食作物新品种引进及绿色高效栽培技术研究示范

——宁德市农产品质量安全检验检测中心 王和寿

水稻、甘薯是重要的战略物资，对保障粮食安全具有重要作用。当前，随着人民生活水平的提高，对水稻、甘薯的品质和质量安全的要求越来越高。古田县大甲镇、黄田镇属典型农业乡镇，气候条件良好，适合发展水稻、甘薯等粮食生产。由于当地农民种植的水稻、甘薯等品种老化、种植水平不高、产量和品质偏低，严重影响种植效益。王和寿在科技特派员工作中，指导古田县致富水稻种植农民专业合作社、福建省古田县百家宴食品有限公司，引进优质特色的水稻、甘薯新品种并开展绿色高效栽培技术研究示范，提高产量和品质，取得较好的社会效益和经济效益。

一、主要做法与创新举措

1. 引进优质新品种并开展试验示范研究

2020年，引进"野香优676""中浙优8号""广8优673""福两优366""南红3号"等一批优质特色水稻新品种，在古田县大甲镇前桃村等地开展绿色高效栽培示范。经田间观察、产量测定和品质评价，"野香优676""中浙优8号""南红3号"等3个品种，综合评价好、种植效益高，较适合古田大甲镇山地生态区域种植。2021年，引进"泉薯19""闽福薯188""龙薯34""福薯811""福宁薯21"等一批优质淀粉型甘薯新品种，在古田县黄田镇后坪村进行田间试种，鉴定其产量、品质、淀粉含量等性状，筛选适合本地种植、经济效益高的优质淀粉型甘薯新品种。试验结果表明，"泉薯19"鲜薯亩产量达到3009.96公斤，淀粉亩产量达559.11公斤，均显著高于其他试种品种。试验发现，"泉薯19"植株半直立，结薯集中，薯块红皮黄心、纺锤形、表皮光滑，薯形美观，食味品质好，综合性状优良。

2. 开展绿色高效栽培技术研究

围绕绿色高效栽培、绿色优质大米的生产目标，选用优质特色抗病水稻品种，研究病虫害绿色防控技术，推广绿色高效栽培技术，指导古田县致富水稻种植农民专业合作社按绿色食品标准生产"中浙优8号""野香优676"等优质水稻，向中国绿色食品发展中心申请认定绿色食品。研究甘薯增施有机肥、钾肥高产栽培技术，研究结果表明增施有机肥可大幅提高鲜薯产量，鲜薯亩产量增加570公斤；按淀粉率18.90%计，每亩增收淀粉107.9公斤，可取得较高的经济效益。增施钾肥在提高鲜薯产量的同时，促进了淀粉的合成与积累，提高了淀粉产量。开展甘薯性诱剂、黑光灯、健康种苗、水旱轮作等病虫害的绿色防控技术研究，结果发现采用放置斜纹夜蛾性诱剂的田块，田间叶片受到斜纹夜蛾危害的程度较轻(36.5%)，但与对照(37.4%)相比，差异不明显，这与当年斜纹夜蛾总体发生率较轻有关；放置黑光灯的田块，薯块表皮受金龟子危害的程度为12.6%，比未放置的田块（25.8%）明显下降，说明使用黑光灯具有很好的金龟子防治效果，这也可能与生产田块因施有机肥而使金龟子的虫口数量较大有关；使用自繁的健康种苗结合田间放置黄板，田间未发现任何SPVD或卷叶病毒病的发生，作物生长较为旺盛，叶色浓绿，长势长相好；水旱轮作的田块，发现薯块表皮相对光滑，受地下害虫危害的程度很轻，商品性佳。所提取的淀粉及淀粉制品经检测，各检测指标均符合绿色食品要求，已向中国绿色食品发展中心申请认定绿色食品。

3. 建立绿色高效栽培基地和集中示范片

2020年，在古田县大甲镇前桃村等地建立优质特色水稻新品种绿色高效栽培基地449亩，其中，前桃村集中示范片251亩。前桃村优质稻新品种"中浙优8号"绿色高效栽培示范片测产验收，亩产632.7公斤，比对照"丰两优4号"亩增产36.7公斤，增幅6.2%。2021年，在古田县黄田镇后坪村建立优质淀粉型甘薯新品种绿色高效栽培示范基地85亩。2021年11月，邀请专家进行现场测产验收，"泉薯19"平均亩产3218公斤，比对照"湘薯75–55"亩增产448.2公斤，增幅16.18%；淀粉亩产量608.2公斤，比对照"湘薯75–55"亩增产65.3公斤，增幅12.03%。

4. 研究甘薯淀粉及粉丝高效优质加工工艺

研究甘薯淀粉及粉丝高效加工工艺，建立全自动化淀粉及粉丝加工生产线一条，每日可生产淀粉 10 000 公斤，比原有的生产线每日增产 2500 公斤，生产效率提高 1/3；生产的甘薯淀粉及其制品各项指标均达到国家标准，有效提高了产品品质和企业效益。

5. 研究甘薯薯渣的加工利用

淀粉生产过程中产生的薯渣是主要的污染物之一，先前薯渣往往丢弃于田间，造成环境污染。经团队研究，指导企业对薯渣进行脱水加工，作为饲料喂养鸭子，每吨售价 200 元。这样不仅降低了淀粉生产过程对生态环境的污染，还可以提高经济效益，实现生态循环利用。

二、实施成效与影响

优质特色水稻新品种绿色高效栽培示范项目在古田县大甲镇推广"中浙优 8 号"、"稻野香优 676"和"南红 3 号"等优质特色水稻新品种及其绿色高效栽培技术 1850 亩，其中"野香优 676""中浙优 8 号"等优质水稻 1600 亩，"南红 3 号"特色水稻 250 亩；辐射带动周边农民 120 户、260 多人种植，提高经济效益 110 万元。优质淀粉型甘薯新品种绿色高效栽培示范项目在古田县黄田等乡镇开展优质淀粉型甘薯新品种"泉薯 19"及其绿色高效栽培技术示范推广，示范推广面积 2100 亩，辐射带动周边农民 105 户、210 多人种植，增加经济效益 235 万元。

三、经验与启示

1. 组建科特派团队，帮助企业解决实际困难

从 2016 年开始王和寿就积极参与省级个人科技特派员工作。早期由于时间短、人手少、经费不足，只能开展一些简单的技术培训和农业技术指导工作，无法开展农业新品种新技术等项目研究，成效不明显。从 2020 年开始，不仅作为个人科技特派员，而且二次组建省级科技特派员团队，挂钩服务古田县致富水稻种植农民专业合作社、古田县福建省古田县百家宴食品有限公司，对企业及当地群众的需求做了较为深入的调查研究，开展特色水稻和优质淀粉型甘薯新品种引进和绿色高效栽培技术研究，帮助企业解决了一些生产上遇到的困难，并申报省级科技特派员后补助项目，取得较好的成效。

2. 实行院（校）企合作，提高企业专业化水平

指导服务企业——福建省古田县百家宴食品有限公司与福建省农科院作物所对接合作，正式签订"福薯604使用权授权转让协议"，成功申报福建省科技厅星火项目"优质抗病甘薯新品种'福薯604'示范推广"。在古田黄田后坪村流转平整抛荒地200亩，示范推广优质抗薯瘟甘薯新品种"福薯604"，研发适合宁德地区的配套高效栽培技术，开展优质甘薯淀粉加工。摸索"菜—瓜—薯"轮作模式，12月至次年2月种植盖菜，3—6月种植西瓜，9—11月种植甘薯，提高种植效益。2020年11月，经专家测产，"福薯604"每亩产3228.6公斤，比对照"湘薯75-55"增产29.93%。先后邀请福建省农业科学院邱永祥研究员、福建农林大学陈选阳教授，举办甘薯绿色高效高产栽培技术培训班、甘薯品种与栽培技术讲座，指导农民科学用肥、用药，提高甘薯的品质和效益。

3. 推动品牌化建设，提高企业示范带动作用

充分利用企业经营产品多、营业范围广、客户群体多等优势，积极申报省级龙头企业示范品牌，发挥企业的示范带头作用。目前，福建省古田县百家宴食品有限公司成为"国家甘薯产业体系科技示范基地"合作单位；2021年，企业被福建省农业农村厅评为"2021年度农业产业化省级重点龙头企业"，被福建省科技厅评为"福建省星创天地"；形成"公司+科研院所+基地+农户"模式，带动古田县黄田镇后坪村（省级贫困村）群众种植蔬菜300多亩、种植西瓜300多亩，增加农民收入。

四、创新亮点

紧扣当前市场发展需求，针对宁德市优质特色水稻品种缺乏、绿色高效栽培技术落后等情况，引进优质水稻新品种"中浙优8号""野香优676"及特色水稻新品种"南红3号"，并研究推广适合本区域的绿色高产高效栽培技术。针对当地甘薯种植品种产量低、淀粉提取率低等情况，引进"泉薯19""闽福薯188"等优质淀粉型甘薯新品种进行田间试种，从中筛选出适合当地栽培、经济效益高的甘薯新品种"泉薯19"，并开展增施有机肥、钾肥和放置性诱剂、杀虫灯等绿色高效栽培技术研究。研究结果表明，栽培过程中增

施有机肥、钾肥可有效提高鲜薯和淀粉亩产量,采用性诱剂、杀光灯等技术可有效降低食叶虫害的发生。对企业原有的甘薯淀粉提取工艺进行优化,建立全自动化淀粉及粉丝加工生产线一条,提高了淀粉及其制品产量、品质;开展薯渣的脱水加工利用,降低淀粉生产对环境的污染,增加经济效益。

助力企业高质量发展，促进连城甘薯产业全面振兴

——龙岩市农业科学研究所何胜生

福建省连城县是享誉海内外的连城地瓜干发源地，连城地瓜干也是著名的闽西八大干之一。2021年，连城县地瓜种植面积6万亩，连城县30万农民中就有一半农民直接从事甘薯产业，全产业链产值50亿元，地瓜干产品销售量占全国薯类食品市场份额的80%。连城县先后被评为"中国红心地瓜干之乡""全国农产品加工业示范基地"，"连城红心地瓜干"被评为福建省名牌产品、中国驰名商标、中国地理标志保护产品，也是龙岩市首个农产品驰名商标品牌。2021年，龙岩市政府正聚全市之力在连城创建国家级现代甘薯产业园，甘薯产业成为龙岩市脱贫攻坚、乡村振兴的优势特色农业产业项目。

连城地瓜干尽管已形成产业规模，但仍存在诸多问题，严重制约甘薯产业的进一步发展：当地地瓜干加工企业对新产品开发投入不足，粗加工生产，未能跳出传统地瓜干加工思维，产品附加值低；连城县甘薯面积沿用"龙岩7-3""金山57"等品种，品种出现退化，适合地瓜干加工高产优质甘薯专用新品种少，规范化栽培推广滞后。虽然龙岩市政府高度重视甘薯加工业的发展，但由于缺乏先进加工技术，而未真正实现在传统产品上的升级换代，已严重影响了加工企业的发展和农民种植甘薯的积极性。

针对上述情况，为保障产业的可持续性健康发展，保持其在全国同行中的引领作用和龙头地位，推动连城甘薯产业的发展和壮大，引进加工专用型甘薯新品种种植和提升加工企业的产品技术含量成为甘薯产业的当务之急。

一、主要做法和创新举措

2017年，何胜生以省级科技特派员身份对福建金永润食品有限公司开展技术服务。

建立加工型甘薯新品种示范基地，有效延伸甘薯产业链，促进一二三产业融合发展。依托龙岩市农科所的科研优势，指导挂钩企业建设加工型甘薯新品种"龙薯601""黄金薯1号"示范基地2个，通过"示范基地＋加工＋推广"的模式，以科技特派员为技术支撑，充分发挥挂钩企业的示范带动作用，对推动龙岩市区域特色产业深度融合具有重大意义。指导新产品研发，开辟企业利润增长点，充分发挥自己的专业优势，指导企业研发倒蒸地瓜干和拔丝地瓜2种新产品，并积极参与新产品的中试及小批量生产工作。组织申报各级科技部门项目，以项目促进企业技术进步。挂钩企业2019年承担龙岩市农业科技重大项目1项；2020年承担龙岩市闽西南协同发展区科技特派员专项"龙岩市科技特派员特色农业产业示范基地"建设示范点1个；2021年承担福建省科技厅项目1项。获授权发明专利1件、实用新型7件；另有4件发明专利已进入实质审查阶段。2021年推动企业燃煤锅炉改建为燃生物质锅炉，改建后每年直接减少2240吨煤炭的消耗，二氧化硫年排放量下降0.28吨。挂钩企业于2020年获得"福建省高新技术企业"称号，2021年获得"龙岩市知识产权优势企业"和"福建省科技小巨人企业"称号，同年入选"全国科技型中小企业信息库"。面对面开展食品加工技术人员及专业合作社、家庭农场和种植大户培训3期，培训192人次，极大提高了相关人员的技术水平。利用民主党派专业技术人才优势，由九三学社龙岩市委牵头，根据挂钩企业订单式需求，采用菜单式服务供给模式在龙岩市九三学社社员中遴选出5名骨干社员，以团队发起人身份组建九三学社龙岩市委甘薯产业科技特派员团队，该团队是省级科技特派员团队中唯一一个以民主党派申报并全部由党派成员组成的团队。

团队对企业闲置土地进行空间设计，提供产品检验检测技术支持，规范财务管理，在企业车间改造、质量管控、协助企业快速办理食品生产许可证等方面给予全方位帮助，并针对甘薯产业中不合理的政策法规，积极撰写社情民意上报有关单位。

二、实施成效与影响

① 2019—2021年，甘薯新品种"龙薯601"在全省推广超9万亩，帮助农民增收5500万元，带领9000户农民脱贫致富。

②企业2020年投资3千万元新建倒蒸地瓜干和鲜切油炸薯片新产品生产

线，直接带动甘薯专业种植户 500 户及新增附近乡镇 100 人稳定就业。

③通过科技特派员的精准有效帮扶，企业在市场经济中心无旁骛不断做强做大。2017—2021 年企业销售规模从 4000 万元跃至 9000 万元。科技特派员进驻企业的短短 5 年内，把福建金永润食品有限公司从一个家族作坊打造成连城县地瓜干行业的示范企业和领导品牌。

④号召企业安排家庭比较困难的人员就业，实现共同富裕。企业目前有建档立卡脱贫户 15 户在稳定就业，还设有"就业扶贫车间"1 个，2019 年被福建省评为"省级劳动关系和谐企业"称号。

⑤利用连城县是甘薯产业聚集区的区域优势，以点带面，推动整个连城地瓜干行业高质量发展和壮大。目前由该公司辐射推广的倒蒸地瓜干产品销售额占连城地瓜干总销售额的 1/3，拔丝地瓜已成为连城地瓜干新的利润增长点，极大促进连城甘薯产业全面振兴，为乡村振兴提供不竭动力。

三、经验与启示

科技特派员要结合本职工作，热衷于服务企业，科技特派员不单单要有水平，而且还要有热情和激情。在帮扶企业过程中要秉持初心，对企业抱有感情，全身地投入帮扶中。由于单一科技人员和单位技术力量有限，根据企业需求，发挥民主党派专业技术人才优势，党派牵头遴选技术骨干社员，成立科技特派员团队服务企业的模式可以复制。2020 年，九三学社龙岩市委根据相关企业需求，牵头成立九三学社龙岩市委米粉加工科技特派员团队为企业提供技术支持，目前得到企业的欢迎和肯定。

四、创新亮点

一是依托科技特派员单位的科研优势，结合挂钩企业进行加工型甘薯新品种的示范推广。以科技特派员为技术支撑，充分发挥挂钩企业的示范带动作用，有效延伸甘薯产业链，实现产业可持续、健康发展，促进一二三产业深度融合。

二是立足专业优势，开发新产品，开辟挂钩企业利润增长点。利用连城县是甘薯产业聚集区这一区域优势，以点带面，推动整个连城地瓜干行业高质量发展和壮大，为乡村振兴提供不竭动力。

三是利用民主党派专业技术人才优势，在九三学社龙岩市委支持下，针对企业订单式需求，采用菜单式服务供给模式从民主党派中遴选技术骨干社员组建科技特派员团队提供全方位技术服务，并实现民主党派牵头组建科技特派员团队服务企业的复制模式。

产研融合谋发展，深耕一线助振兴

——莆田市涵江区白沙乡村振兴服务团队

2018年1月，中共中央、国务院发布《中共中央 国务院关于实施乡村振兴战略的意见》，提出"提升农业发展质量，培育乡村发展新动能"，实质上是在村庄发展中牢固树立并切实贯彻"创新、协调、绿色、开放、共享"五大发展理念的进一步行动战略。实施乡村振兴战略，加快推进农业农村现代化建设，从总要求来看，实现产业兴旺、做大做强，迫切需要科技支撑，保障产出高效、产品安全，走科技兴农之路。

以丘陵地貌为主的莆田（福建）山区村庄，土地资源有限，加之以往交通不便、劳动力流失等，农作物品种更新换代滞后、农业生产技术相对落后、土地产出效益不高，制约了农村经济社会发展。涵江区白沙镇澳东村是典型的莆田山区村庄，其生态资源环境优越、历史文化底蕴深厚，近年来交通等基础设施不断完善，劳动力呈回流趋势。在当地开展科技服务并开展乡村振兴模式研究，利用现代生产要素和手段促进传统产业优化升级、农村一二三产业融合发展，进一步带动农村村财收入和农村居民收入持续增长。

涵江区白沙乡村振兴服务团队自组建以来，连续3年重点挂钩服务莆田市涵江区白沙镇，团队成员按照科技特派员的工作要求，强化科技服务意识，全力履行科技特派员职责，认真负责、科学全面地开展各项科技服务工作，群策群力助推乡村振兴。

一、主要做法及实施成效

（一）深入调查研究，科学谋划蓝图

团队成员每年深入白沙镇10多次，调查研究白沙镇实际情况，紧密围绕白沙镇实施乡村振兴战略的实际情况，联系莆田市兴田生态农业有限公司等农业企业对当地条件进行分析与评价，商讨确定发展方向和发展途径，创新科技

特派员组织形式,加强横向协同联动,突出区域统筹,组建跨学科、跨部门的团队,形成学科对接产业,积极开展科技创业和服务,推动精准服务,整合科技、信息、资金、管理等现代生产要素,推动农村大众创业、万众创新。

团队成员主动沟通协调,指导创建了涵江区白沙镇科技特派员工作站,旨在"科技服务三农,引领乡村振兴",营造的科技服务乡村振兴浓厚氛围。挖掘开发东泉村区域及周边村落深厚的红色底蕴和丰富的红色资源,旨在打造"教育＋文化＋生态＋旅游"的新智慧文旅产业。

(二)勇于开拓创新,发挥龙头作用

团队成员以推动乡村振兴战略为抓手,勇于开拓创新,发挥龙头企业"领头雁"作用,按照"有标采标、无标创标、全程贯标"要求,打造绿色优质农产品品牌,助力乡村产业加速由产品经济、数量经济向绿色经济、品牌经济转变,大力发展现代设施农业,不断引进玉米、大豆、马铃薯、菜椒等农作物优良新品种。同时,针对企业技术需求,开展科技服务进行推广示范应用。改进种植模式,提升生产管理水平。

目前,莆田市兴田生态农业有限公司在涵江区白沙镇、仙游县龙华镇、游洋镇、秀屿区月塘乡租用土地3000多亩,主要种植娃娃菜、西蓝花、上海青、地瓜叶、韭菜、菜薹、菜椒等时令鲜蔬20余种,建成集良种引进、推广示范,绿色蔬菜基地生产、加工、冷链运输、销售于一体的现代蔬菜产业化生产基地,产品通过与福州优野公司的合作在沃尔玛、朴朴、麦德龙等大型超市销售,年产各类新鲜绿色蔬菜12 000多吨,销售额4000多万元。

(三)坚持科教兴农,助推乡村振兴

团队在努力促进莆田市兴田生态农业有限公司壮大的同时,积极配合政府部门组织培训工作,围绕农业产业发展中存在的问题,通过开展科研攻关、专业培训、专题讲座,培养造就一支懂农业、爱农村、爱农民的"三农"工作队伍,培训一批爱农业、懂技术、善经营的新型职业农民,着力提升当地农民运用适用技能增产增收的能力,参与推广多种蔬菜、玉米、大豆、马铃薯、水稻等良种150多个,推广面积8多万亩,培训人员1500多人次。

加强科研攻关,促进在白沙镇落地的农业推广和科技计划项目落实,包括"国家青梗菜联合攻关项目""省级娃娃菜农业农村综合标准化示范区""春大豆'莆豆5号'高产优化栽培技术的示范推""兴田公司优质农产品标准化示范基地创建""甜玉米新品种高效栽培技术研究与示范""大豆新品种选育及其优化栽培技术研究""莆田市山区乡村振兴发展模式研究"等；同时，在白沙镇广山村的生产基地设立福建省辣椒、马铃薯、特种稻试验示范基地，不断激发创新活力。

二、经验启示

科技创新是提升现代农业发展力、推动农业产业化经营的重要力量。把科技创新作为第一动力，推进农作物品种、品质提升，打造特色农产品基地。白沙乡村振兴服务团队引导当地建立科技特派员工作站，建立了农作物良种繁育项目基地，引进农业产业化龙头企业建立生产基地，为村庄编制乡村振兴发展规划，立足优势资源，串联乡村发展特色，走好特色发展之路，为科技服务产业发展和乡村振兴提供参考经验。

3年来，白沙乡村振兴服务团队在白沙镇的科技服务工作，在全体成员的共同努力和有关部门的支持下，取得了较好的成效，得到当地群众和各级领导的高度肯定。2020年5月30日，时任涵江区委书记陈万东到白沙镇广山村兴田公司基地调研，充分肯定了团队在当地开展科技服务工作取得的成效；2021年4月20日，《福建日报》登载《青年建功 正当其时》，报道了团队发起人莆田市农业科学研究所助理研究员顾智炜服务白沙镇澳东村的事迹；团队成员柯庆明、李清华、顾智炜分别荣获福建省"优秀科技特派员""福建省青年岗位能手标兵""莆田市青年岗位能手"；团队挂钩服务的莆田市兴田生态农业有限公司获评"莆田市农业产业化市级龙头企业"。

三、创新亮点

一是团队成员深入涵江区白沙镇调研，了解当地自然条件、历史文化、农业生产现状等基本情况，探索当地实施乡村振兴战略的必要性和可能性，指导创建了"涵江区白沙镇科技特派员工作站"，致力于"科技服务三农，引领乡村振兴"，作为党的"三农"政策的宣传队、农业科技的传播者，努力引导企业带领群众发展经济，成为科技创新创业的领头羊、乡村脱贫致富的带头人，创造美好幸福的生活。根据实际工作需要，团队成员积极主动组织编制了的《涵江区白沙镇澳东村庄乡村振兴发展总体规划（2022—2035年）》，以期为合理开发自然和社会资源提供依据，并通过科学实施、树立典型，带动同类地区农业综合开发的健康持续发展。同时，团队还主动参与指导白沙镇《东泉村列宁小学及东泉村集体公社民宿发展规划》的制定，挖掘开发东泉村区域及周边村落深厚的红色底蕴和丰富的红色遗迹，构建一条红色研学文化旅游线路，打造"教育+文化+生态+旅游"的新智慧文旅打卡地，引领着行业朝着专业化、高端化、品牌化的方向高质量发展，助推乡村振兴。

二是团队在涵江区白沙镇及周边地区致力于开展科教兴农和乡村振兴工作，指导创建了"涵江区白沙镇科技特派员工作站"，围绕"科技服务三农，引领乡村振兴"营造了科技服务乡村振兴浓厚氛围；创新文化资源转换模式，打造具有区域特色的"教育+文化+生态+旅游"红色研学文化旅游模式；参与推广蔬菜、玉米、大豆、马铃薯、水稻等良种150多个，推广面积8多万亩。其中推广参与育成的大豆新品种有6个；主持和参与的国家、省、市农业推广和科技计划项目8项均落地白沙镇；开展科研合作攻关，突出品种和技术两条线，切实把创新的动能扩散到田间地头，坚持将论文写在大地上；通过开展科研攻关、专业培训、专题讲座，培训一批爱农业、懂技术、善经营的新型职业农民，培训人员1500多人次，帮助当地科技人员和农民提升运用适用技能增产增收的能力，着力解决农民生产经营中的科技难题。

发挥部门优势,气象"高科技"助力生态"高颜值"

——漳州市气象局枇杷气象服务团队

科技特派员是推动县域经济发展的强大动力,是加强科技与农村产业需求更直接、更紧密结合的高效、便捷桥梁,是整合城乡资源、形成服务"三农"合力的牢固纽带。漳州市是农业大市,目前本市农业正处于加快转型升级的关键时期,迫切需要更好地发挥科技特派员创新推广农业科技、指导服务广大农民的作用,切实解决农业科技产学研结合不紧密、成果转化率不高、推广应用不够等问题。漳州市气象局气象服务中心主任廖燕珍特派员团队挂钩云霄桉树村,为进一步提高气象科技特派员服务成效,发挥气象趋利避害优势,团队充分发挥气象部门资源优势,秉承为民初心,躬耕基层,"知农时、懂农事、察农需、接地气",不定期深入田间地头,利用气象科技引领,常态化开展气象直通式服务,搭起服务"三农"的"长梯",为乡村振兴工作贡献着自己的力量,展现科技特派员最美的风采。

一、主要做法

(一)需求对接,靶向服务

要当好新时代的科技特派员,必须找准农民的需求点,提供可行的技术路线,既要深耕基础研究,又要突破产业发展的瓶颈,在解决实际问题中多点突破,才能又好又快发展。通过实地走访、座谈交流,以"解剖麻雀"的精神,加强需求调研对接,梳理汇总挂钩村产业发展瓶颈,围绕支柱产业——枇杷生产,提供气象灾害防范、生长期天气预警预报等需求的有效指导,建立微信服务群,每周发布一期枇杷气象服务专报。出现关键性、转折性、灾害性天气时,及时通过电话、微信传递气象预警预报信息。加强与当地农业农村局专家的沟通,制作枇杷农业气象服务手册,明确枇杷1~12月主要农业气象服务任务，在枇杷主要生育期、生长期、采收期等在有利、不利气象条件下，给予农事建议，扎实开展直通式气象服务。在枇杷园区加密布设一套六要素自动监测设备，通过采集枇杷物候期的气象数据，递进式开展服务，让气象助农的触角向基层延伸，为云霄枇杷生产插上科技的翅膀。

（二）实践探索，惠民无边

在实践中探索"气象助力品牌强农"服务新模式。"气象+农业"以气象"高科技"助力生态"高颜值"，围绕"一县一品"，开展不同品种枇杷的气候适应性种植研究和风险区划、"早钟6号"枇杷种植、生长气候适应性研究分析、气候品质认证服务。对枇杷进行动态认证，确保每一批次的枇杷拥有自己的"气候身份证"，提升枇杷的产品附加值，推动枇杷从"种得好"向"卖得好"转变。"气象+旅游"制作"枇杷气象科普专题"，从枇杷发育进程、前期天气实况及影响、果期气候趋势预报、交通线路、温馨提示等内容入手，为游客采摘提供指导，并在漳州气象官方微信、微博、抖音同步发布，释放"气象品牌福利"。"气象+保险"深化气象监测预报预警在保险领域的应用，探索开展枇杷灾害风险评估和天气指数保险产品，提高天气指数保险的覆盖面。构建枇杷气象灾害指标、枇杷干旱寒冻害指数保险，设计枇杷干旱寒冻害指数保险产品和枇杷干旱寒冻害风险区划和评估。已着手开展2项枇杷指数保险产品研究。

（三）情倾田间，心系增收

谋划利用融媒体平台开展直通式服务，不定期深入田间地头，指导农户根据云霄枇杷种植气象条件进行科学种植，针对影响枇杷生长和生产的气象灾害进行点对点服务，同时将科学的种植方法录制成短视频，在平台进行推广，与当地主流媒体《海峡导报》合作推广，增加读者粉丝和阅读曝光量（至2022年4月粉丝数44万），从而增加服务的受众面。积极探索在扩穴改土、增施高钙肥、气象灾害防范、病虫害防治等方面，加强有效指导，为枇杷丰产增收提供技术支撑。订购8000斤牡蛎壳煅烧的珊瑚生物高钙肥，用于60亩枇杷试验园。

（四）研学结合，成果丰硕

打造"气象科研—业务服务—用户生产—显现效益"的应用型农业气象

科研链，促进科研和服务的深度融合，实现科研与服务双提升。注重理论联系实际，善于总结凝练，积极撰写论文、申报科研课题。近 3 年来，获福建省气象局科技成果奖 1 项、科技成果登记 1 项、软件著作权 1 项；主持 2 项省级课题、1 项市级课题，作为技术骨干参与省自然科技项目（省部级）课题研究 1 项，积极撰写交流、发表论文 2 篇；连续 3 年年度考核优秀，获省气象局事业人员记功表彰。

科技特派员扎根农村，上联科研院所，下联农户，内联基地，外联产业，成为产学研相结合的纽带，促进了科研与需求的有效对接，将许多束之高阁的技术成果带到了生产一线，快速熟化并得到推广应用，大大提升了科技成果转化的效率，不仅使科研与农业生产真正结合了起来，而且极大地激发了科技人员的创业热情。

二、创新亮点

（一）用好资源，品牌助力

好气候成就好产品，围绕棪树村支柱产业枇杷，开展"早钟 6 号"枇杷气候品质认证服务，为枇杷贴上农产品"气候身份证"，以气象"高科技"助力生态"高颜值"，营造"优质产品有依据，农民增收有保障"的浓厚氛围。邀请农业气象专家陈家金、云霄农业专家柳福寿等深入棪树村调研，开展枇杷种植适应性分析和枇杷生长气候适宜性分析，完成《云霄县枇杷气候品质认证》项目服务方案，拟通过自动站点数据采集分析，设置枇杷认证气候条件指标，建立认证模型，评价确定天气气候对枇杷品质影响的优劣，综合评定枇杷气候品质等级。对枇杷进行动态认证，确保每一批次的枇杷拥有自己的气候身份证，提升枇杷的产品附加值，推动枇杷从"种得好"向"卖得好"转变。

（二）部门联动，统筹推进

开展枇杷气候品质认证，需要落实资金委托福建农产品气候品质认证的第三方认证机构开展气候品质认证技术研究与服务，经过近半年的奔波，在云霄县蔡权城副县长的关心下、在云霄县农业农村局、工信局的支持下，项目资金已有眉目。同时在省、市、县气象部门领导重视下，派出专家团队 6 人多次深入枇杷基地开展工作，目前已完成枇杷 3 个批次 7 个园区样品的采样、检测化验，认证工作正有序推进。

（三）创新模式，科技兴农

探索"气象+保险"服务模式，气象加出新效能。创新服务模式，进一步深化气象监测预报预警在保险领域的应用，加强气象保险跨行业合作创新，联合县农业农村局、保险公司开展基层调研，探索开发适应云霄枇杷天气指数保险产品、开展枇杷灾害风险评估和天气指数保险，构建特色农产品气象灾害指标、设计云霄枇杷干旱指数保险产品；同时加强风险评估、防灾防损、灾后救援等方面合作；加大专业技术交流和气象知识宣传方面进行深入合作，推动农业指数保险高质量发展，全面服务乡村振兴战略。

三、实施成效与影响

5月10日漳州进入入汛以来最强暴雨过程，此次过程最大雨量出现在云霄县和平乡棪树村，持续性暴雨天气给当前的农业生产带来不小的压力。作为省、市科技特派员的廖燕珍牢记总书记的嘱托，"把论文写在大地上"。13日雨势稍微减弱，她的身影出现在棪树村枇杷产业观光园里，看到500多亩枇杷并未受到太大的影响。

我及时制作发布枇杷气象服务专报，告知村委未来几天有明显降水，并提出农事建议"要清沟排水"。"这场雨是'喜雨'，收到枇杷专题预报信息后，村里组织人员及时清沟排水，一来防范渍涝发生，二来准备雨后及时施肥。你们真是仙女啊，除了带来雨水，还带来肥料"，村支委吴素华开心地说。"明天雨势会减小，雨后要及时进行清园，抢施夏肥，特别是高钙肥，增加土壤活性，保证下年高产。"廖燕珍边查看枇杷生长情况边给出种植建议。她用特派经费购买了8000斤高钙肥，赶在雨停之前送到村里，就是为了让果农在雨后及时施洒，以促来年丰产。科技特派员团队还深入下河村阳桃、黄皮果基地，查看持续强降水天气对阳桃、黄皮等开花坐果的影响情况。建议果农在天气转好后要及时清理烂果、病果等，加强病虫害的监测和防治；利用雨后及时施用花前肥，促进阳桃花芽分化和花穗抽生，黄皮果园及时施用膨大肥促进果实膨大。

组团队，精技术，助力推食用菌产业

——省市两级科技特派员金文松

宁德市古田县素有"中国食用菌之都"的美称，古田县 70% 的农业人口从事食用菌产销活动，70% 的劳动力从事与食用菌产业相关工作，农民现金收入的 70% 来自食用菌产业。古田县食用菌产业虽然全县覆盖面积较大，但多以家庭田园式栽培为主，存在种植规模较小、技术不精、管理较为粗放、缺少系统种植能力和抗风险能力差等问题。2013 年 4 月，为满足古田县食用菌产业转型升级的技术要求，福建农林大学与古田县政府共同签订"共建福建农林大学（古田）菌业研究院"协议。2014 年 3 月，福建农林大学（古田）菌业研究院建成运行。自研究院运行以来，在学校和地方政府领导支持下，专家团队先后建设福建省发展改革委"6·18 协同创新院食用菌（古田）分院"、福建省教育厅"福建省专业学位研究生联合培养示范基地"、福建省科技厅"福建省食用菌产业技术创新研究院"等；专家团队以解决食用菌发展过程中需要攻克的科技问题为导向，建立校地共同投入的科技攻关新机制，汇聚多元化的科技攻关资源服务产业，争取省部级以上课题 16 项、金额 3000 余万元。福建农林大学（古田）菌业研究院副院长金文松同志自 2017 年始开始担任省级科技特派员，服务于古田食用菌产业，依托研究院平台，于 2020 年组建了凤埔乡科技特派团并担任首届团长，团队成员包括胡开辉、郑峻、李佳欢、叶里波与林杰。团队基于多年在古田开展推广工作及充分调研产业的基础上，深入剖析古田食用菌产业的优势与短板，制定了持续引领真姬菇产业发展策略、银耳产业转型升级路线等。团队以胡开辉教授为技术总指导，金文松统筹安排成员工作并执行具体方案的实施。近两年来，在团队成员的共同努力下，科技赋能菌业发展取得了一些成效。

一、主要做法与创新举措

（一）育良种，筑基础

团队于 2020 年完成真姬菇新品种"闽真 3 号"与"闽真 5 号"省级鉴定与银耳新品种"绣银 1 号"省级鉴定。在"木生型——真姬菇食用菌品种选育与产业化工程"项目的资助下，团队持续开展真姬菇新品种良种选育工作。"闽真 4 号"是团队海鲜菇良种繁育攻关研究过程中产生的优势特色材料，具有原基形成快、菇蕾数多、子实体菇型一致性好、单袋产量高，味道鲜美等优良性状，且容易栽培；但因其菌盖颜色偏米黄色、菌柄质地偏软，市场认可度较低。FQX-1 为企业主栽菌株，其特征为原基形成较快、菇蕾数较多、子实体颜色白、菌柄硬、菇型美观、容易栽培、市场认可度高；但单袋产量偏低。遗传相关性分析表明"闽真 4 号"与 FQX-1 遗传距离远。"闽真 4 号"与 FQX-1 杂交有望实现两亲本菌株间的优势性状互补，甚至可实现超亲育种。采用单孢弹射方法获取双亲单核菌丝，分析单核菌丝遗传稳定性与测定交配型，以单核菌丝在栽培基质内的生长速率快慢作为筛选标准，选择分泌降解栽培基质的酶系活跃、基质利用率高、生长速率快的单核菌丝作为杂交材料。显微镜检配对菌丝体有无锁状联合结构作为判定配对是否成功的标准筛选候选杂交菌株。经过瓶栽实验初步筛选得到 15 株杂交菌株。选择生物学转化效率高且农艺性状好的 4 株杂交菌株，2021 年在企业进行示范生产，经省内食用菌行业相关专家现场测产鉴定，"GT5"菌株与"FB4"菌株具有进一步示范生产的潜质。

（二）精技术，助推广

团队成员长期服务于企业，帮助企业梳理生产线中的各个环节，解决生产线中的技术瓶颈。针对企业无法执行的研究任务，团队近年来指导十余名研究生，以研究院为研发平台，在实验室开展研究，研究结果确定后再示范于企业并帮助企业定型工艺技术路线。例如，生产用种的生产稳定性直接关乎企业的生死存亡。为了明确传代次数与菌种生产性能的相关性，团队指导研究生模拟企业持续用种的实际情况，连续制作 10 代系列继代菌种，测定系列继代数菌种的生理生化指标与出菇产量，明确继代培养 4 代以内的菌种生产特性良好，5 代后生产性能逐渐退化。菌包成熟程度表征菌丝降解培养基质程度，直接关联出菇阶段菌包营养成分与子实体生长发育，决定了单袋菌包是否高产的问题。因此，建立科学可靠的菌包成熟度的判断体系，有助于提升企业生存竞争力。分析不同培养阶段菌包的外观指标（菌丝生长速率、菌包转色、菌包软件与菌包重量）、菌包的理化指标（含水率、pH、还原糖、可溶性蛋白）、菌包的酶系指标（纤维素酶、半纤维酶、木质素酶、淀粉酶、中性蛋白酶、漆酶、锰过氧化物酶）与单袋产量的相关性，建立了真姬菇菌包成熟度判断体系。针对古田真姬菇企业均为袋栽企业，自动化程度不高，传统半自动化打包的方式存在着劳动强度大、用工量大、制包成本高的生产问题。团队联合福建海源三维打印高科技有限公司，开展真姬菇袋栽打包自动生产线的研发工作。现阶段，该打包自动生产线已在古田真姬菇企业落成使用，极大地提升了制包环节各参数稳定性，提高袋栽真姬菇生产自动化水平。类似的例子不胜枚举。团队经过系统地研究廉价栽培基质配方、扩容增氧制包工艺、液体菌种工艺、分阶段养菌工艺及精准出菇管理工艺，构建了一整套真姬菇高效栽培技术体系，助力古田真姬菇袋栽技术体系领跑全国。

团队研发了玉米芯替代棉籽壳栽培银耳新工艺示范推广，该工艺较传统工艺每袋可节约成本 0.3339 元，团队以举办示范生产观摩会的方式让百姓现场考察示范生产效果，增加百姓对科技力量的认知度，银耳新工艺正逐步被银耳种植户所接受，惠及数万银耳菇农。值得注意的是，当前我国已由大型家庭向小型家庭转变，家庭人口以 3~5 人居多。主流银耳生产模式以单袋生产 3 朵银耳为标准，单朵银耳干重可达 30~35 克，小型家庭无法在一天内消耗完，常会导致泡发银耳的浪费。团队推广小朵银耳栽培新模式，单袋生产 14 朵小银耳，单朵仅重 5~10 克，基本满足小型家庭一天的消耗量。目前，小朵银耳市场销售火爆，单袋利润高，得到种植户的认可，已在凤埔乡大面积实施推广。

（三）开先河，增创收

鹿茸菇作为新兴的食用菌工厂化品种，市场前景广阔。金文松潜心研究鹿茸菇栽培工艺，经过近两年的努力，攻克了鹿茸菇液体菌种发酵工艺、鹿茸菇养菌阶段发生的高污染率生产问题、出菇阶段发生的低等真菌污染防控问题，帮助企业基本实现了较稳定的鹿茸菇生产工艺。2021 年度，珍菌子企业营业额已突破 2000 万元，企业的正常运转直接为当地村民提供 100 余个工作岗位，实现了平湖镇百姓在家门口就业的美好愿望，助力乡村振兴。

（四）强强联合，弄懂做实

团队充分利用研究院平台资源，以产业生产问题设定研究生研究课题，指导研究生完成毕业论文的同时，熟化技术路线，并在企业或相关基地示范。联合企业实践平台，检验基础理论研究成果的优劣性，不断在企业打磨理论成果，推动理论成果与企业生产工艺不断融合，力争做到求真务实，积累创新，引领产业。

二、实施成效与影响

真姬菇优良品种叠加配套高效栽培技术体系，实现了真姬菇单袋产量的4次飞跃（400克、500克、650克、750克），古田真姬菇企业于近年来均已实现约50%产能扩增，效益提高100%。2018—2020年11月，真姬菇新品种"闽真3号""闽真5号"分别累计示范推广1400万袋与5370万袋，累计新增产值2843万元，节约成本328万元，新增利润3171万元。真姬菇高效生产技术创新在福建、山东、江西等省份累计示范5830万袋（其中5330万袋与新品种联合应用），新增产值1901.93万元，降低成本52.97万元，新增利润1954万元。在团队持续帮扶下，古田真姬菇企业均完成产能扩增（福建福泉鑫生物科技有限公司由2万袋扩增至8万袋；古田禾兴食用菌有限公司由1万袋扩增至2万袋；古田富康农业开发有限公司由0.8万袋扩增至1.6万袋；福建省晟农食用菌农民合作社由一个工厂扩增到两个工厂）。银耳新品种"绣银1号"2018—2021年累计示范1040万袋，新增产值1180.5万元，新增利润741.3万元。鹿茸菇企业运转增创2000多万元，帮助100余名百姓实现家门口就业。古田食用菌产业的蓬勃发展，帮助乡村留住了百姓，拒绝农村"空心"现象的发生，助力了古田乡村振兴。

古田县凤埔乡科技特派团队在科技特派体系相关领导关怀与相关项目资助下，科技特派工作引领古田菌业蓬勃发展，实现真姬菇单袋产量的"四次飞跃"、银耳栽培工艺的"二次革新"、鹿茸菇工厂化栽培的"零的突破"。2021年度，科技特派团事迹被省、市、县级电视台合计报道10余次。福建福泉鑫生物科技有限公司被授予"古田县科技特派员示范基地"，胡开辉教授被评为2020年度福建省"最美农业专家"、2021年度福建省"最美科技工作者"，荣获"中国食用菌之都"终身成就奖、被评为"菌都英才"。金文松被评为2020

年度宁德市优秀科技特派员。古田县凤埔乡凤埔村被评为"农业科技推广示范村"。

三、经验与启示

（一）组团队，建机制

为更好地服务产业，规避个人技术局限性问题，组建团队，集思广益，推动产业进步。团队建立"科技特派团＋专家＋研究生＋龙头企业＋合作社＋农户"的工作机制，充分发挥团队成员专业优势与智慧，调动成员工作积极性，力争做到人人均参与，人人做贡献。

（二）深入产业，精准施策

团队成员因长期工作于基层，具有丰富的服务产业经验，对服务产业了如指掌，力争在有限的时间内开展更有利于产业发展的工作。缺乏产业背景的成员，多向团队资深专家学习，并自行深入调研产业现状，尽力熟悉服务产业。团队成员应群策群力，深入探讨，共同制定团队工作主攻产业系列"卡脖子"问题，面对产业问题，力争做到精准施策。

（三）以点带面，示范推广

即使由科技特派团开展服务产业工作，面对整个产业，不可避免地面临人手短缺的实际情况。如何将一项好的技术，惠及更多的产业群众？团队选择合适的生产示范点，示范成熟技术体系于示范生产点，观察示范生产效果，并最终帮助示范点定型技术路线。以举办示范生产现场观摩会、示范生产技术培训会等方式，扩大服务成效，极大地提高科技特派员的工作效率。

四、创新亮点

（一）品种创新

团队持续开展珍稀食用菌品种良种繁育工作，真姬菇已鉴定品种5个——"闽真1号""闽真2号""闽真3号""闽真4号""闽真5号"，银耳已鉴定品种1个——"绣银1号"。

（二）理论创新

经过系统地研究食用菌栽培过程的一系列关键技术要点，真姬菇高效育种体系、生产用种继代数标准、真姬菇液体菌种配方与栽培基质配方、分阶段养菌控制、菌包成熟度判断体系、精准出菇调控参数等，团队构建了整套真姬菇高效栽培技术体系，发表论文 20 余篇，发明专利授权 6 项，获福建省专利三等奖 1 项。

（三）工艺创新

获出菇光照控制装置、净化车间过滤装置、高效灭菌装置、养菌温控装置、升降鲜菇采收装置、鲜菇包装装置及相关装置配备的软件调节系统实用新型专利授权 6 件、软件著作权登记 7 件。

心系"三农",汗洒永春

——永春县种植业服务中心尤有利

永春县种植业服务中心尤有利,2010 年当选为泉州市科技特派员,2017—2020 年度连续选任福建省级科技特派员,2020—2021 年度发起组建永春园艺生态休闲创新团队科特派,指导研究生取得农业推广硕士学位,指导建立专家工作站、星创天地(省市级)。作为一名生在农村、长在农村的农民子弟,尤有利深深感到:农民有致富奔小康的强烈愿望,农业企业有做好做大做强的非常需求,农村天地广阔,但却是那么的缺技术、缺人才。

一、投身基层一线

"疫情就是命令,防控就是责任";面对新冠感染疫情的严峻形势,作为一名科技特派员,尤有利响应号召,坚定信心,强化担当,科学防控,积极投身疫情防控一线,尽自己最大努力。一是不断学习,充实提升自我。第一时间学习新冠疫情的相关法律法规与科普知识,掌握、运用科学防控知识,有效落实防控措施。二是加强宣传,指导企业生产。充分利用网络新媒体优势,在其微信朋友圈、微信群等粘贴宣传标语、精准传播疫情防控知识,深入康绿隆果蔬公司、冠菌现代农业公司等企业宣传,送技术、送政策、送服务,发放《新型肺炎防控通告》等资料,落实落细防控措施与紧急排查日报告制度。三是冲锋一线,积极主动作为。2020 年 2—4 月下沉县交通检疫(苏坑点、蓬壶高速)一线执勤,开展查验身份、信息登记、体温测量等工作;负责保安保洁,落实值班与场所消杀保洁等;在下沉县集中健康管理中心负责后勤保障,落实人员用餐与防控物资等。2022 年 3—4 月下沉五里街儒林社区,自告奋勇深入封控区担任核酸登记员,不忘宣传组职责边登记边劝导群众 600 多人次,已登记采集核酸群众 2000 多人次,共同打赢疫情防控阻击战;同时,出资购买水果安抚居民;正值春季生产,通过微信朋友圈、5 个微信群精准传播疫情防控知识,送技术、送政策、送服务,指导柑橘、荔枝等春季管理,确保特色农业稳产丰收。

2017年12月—2018年11月，选派到达埔镇延寿村任党支部第一书记。一是深入调研掌握实情，认真研究分析，制订《永春县达埔镇延寿村省级扶贫开发重点村三年规划》。二是"两委"换届选举圆满，顺利完成新一届达埔镇延寿村"两委"选举工作。三是助力实施村庄工程，协助新建环村大路桥、大路后水尾水坝水圳修复、道场老区道路硬化等工程。四是大力宣传优惠政策，引导农业结构优化调整，组建新经济组织、塑造新风貌、创建好班子，经济快速发展、产业布局优化、乡村风气文明、村容村貌整洁。五是美化优化生活环境，利用多渠道广泛宣传教育，立面装修超过600 m^2。六是努力增加村财收入，延寿村入选县级扶持村级集体经济发展试点，壮大产业，助力20多户贫困家庭增加收入、脱贫，落实30 kW光伏发电项目，获补助100多万元。

二、研发荔枝融合发展

聚焦有乌叶、状元红、陈紫、元红等多种叫法的"小岵荔枝"，以及荔枝华而不实、保鲜储运技术落后等问题，主持省、市科技特派员后补助"永春荔枝产业化技术的研究与开发"项目，积极研发荔枝融合发展。

尤有利还担任福建农林大学研究生工作站站长，取得福建农林大学专业学位研究生校外指导教师资格，在其指导下已有10多名农业推广硕士毕业；与福建农林大学等积极开展产学研紧密合作，运用RAPD分子标记技术研究永春荔枝亲缘关系并鉴定，明确其遗传背景，丰富了福建省乃至全国荔枝的品种种质资源；"岵山晚荔"通过认定（认定编号：闽认果2012004），实施科技重大专项专题"荔枝良种选育及关键配套技术的研究与示范"；主持"荔枝优良品种'岵山晚荔'的选育与应用""永春荔枝优良单株选育与品种资源分子评价研究"，开展荔枝关键配套栽培与保鲜储运技术的研究与应用，编制、发布地方标准《地理标志产品　岵山荔枝》（DB35/T 1901—2020），总结一套成熟的荔枝保鲜储运技术，建成全国唯一的荔枝公社，开发出荔枝果脯、荔枝冰淇淋、荔枝豆腐花、荔枝饮料等系列产品40多项，推广应用6000亩以上，岵山荔枝通过国家地理标志产品保护，2021年中国农产品区域公用品牌价值5.9亿元，实现产值4.5亿元以上，在永春、泉州乃至福建荔枝产区均具有推广与示范作用，切实增加荔农经济收入。

三、研发黄龙病防控"永春模式"

柑橘黄龙病是柑橘生产上最为严重的病害，至今已有 100 多年的历史，主要通过带病种苗及柑橘木虱进行传播，传播速度快且难以防控，在柑橘黄龙病防治上，国内外至今尚未找到抗病砧木和品种、病菌的分离与纯培养方式、弱毒系交叉保护、防控木虱有效方法和药剂等；在这种情况下，如不采取有效措施加以遏制，势必会造成永春芦柑逐渐衰亡的后果。

研发黄龙病发生区（山地）柑橘种植新技术——"永春模式"，主持市燎原计划——"永春芦柑黄龙病综合防控关键技术的研究与示范"项目，建成柑橘无病良种苗木繁育基地 90 多亩，指导繁育无病柑橘良种苗木 100 多万株，建成黄龙病综合防控示范基地 60 个达 2 万亩以上，在传统的柑橘黄龙病防控技术基础上，形成了生态隔离、无毒大苗定植、动态更新病树、全园快速灭杀木虱、矮密早丰栽培等五措并举技术——"永春模式"，省地方标准《黄龙病发生区芦柑栽培技术规程》发布实施，黄龙病得到有效控制，现场未发现明显症状植株；定植第 9 年的芦柑植株，平均株高 2.20 m，冠幅 3.10 m × 3.06 m，平均株产 66.75 kg，折合亩产 4.67 吨；70 mm 大果率 76.37%，可溶性固形物含量 13.61%，永春芦柑 2021 年中国农产品区域公用品牌价值 36.57 亿元。

2016 年，美国农业部段永平研究员等专家对"永春模式"给予充分肯定，指出柑橘黄龙病在中国已严重危害柑橘产业，黄龙病发生区永春芦柑栽培新技术新模式，已走在最前面，为国内外柑橘产区黄龙病综合防控提供了借鉴的学习机会，具有非常重大意义。

2017 年，国家"黄龙病绿色防控与栽培新模式研发与示范"推进工作会议在永春召开，时任全国农业技术推广服务中心经作处处长李莉、农业农村部种植业管理司植保植检处副处长常雪艳等专家，指出黄龙病发生区（山地）柑橘种植新技术——"永春模式"实现了黄龙病发生区永春芦柑对柑橘黄龙病的有效控制与永春芦柑产业的大丰收。农业农村部科技教育司刘艳巡视员给予评价：柑橘黄龙病这一世界柑橘产业难题有了中国解决方案。

2018 年 5 月，在农业农村部"全国柑橘黄龙病防控现场会"上，永春县负责人以"柑橘黄龙病综合防控'永春模式'"为题作了典型发言。

2019 年 4 月以来，以永春芦柑黄龙病综合防控的节目"预防柑橘黄龙病的技术套餐来了"在中央电视台七套《农广天地》不断播放宣传，为全国柑橘产区普及了柑橘黄龙病知识与防控技术。

2019年8月,福建省中智科技成果评价中心邀请中国柑桔学会理事长邓子牛教授、浙江省柑桔研究所副所长徐建国研究员、华中农业大学邓晓玲教授、浙江大学李红叶教授、广东省农业科学院果树研究所曾继吾研究员、重庆市农业科学院果树研究所张云贵研究员、福建省种植业技术推广总站施清研究员等7位专家进行成果评价,柑橘黄龙病防控"永春模式"成果总体达到国际同类研究先进水平,其中"生态隔离、无病大苗定植、动态更新病树、全园快速灭杀木虱、矮密早丰栽培"五措并举"永春模式"关键技术达到国际领先水平,柑橘黄龙病防控"永春模式"值得示范推广。

研发的"黄龙病综合防控'永春模式'",2019—2021年度在福建省的永春、德化、南安、尤溪、平和、顺昌、安溪7个县累计推广应用109.35万亩,累计新增纯收益198 400万元;跨县市、跨省传授"黄龙病综合防控'永春模式'",足迹遍布5省18个县市,累计在江西、广东等推广应用500万亩以上,实现均亩节约人工成本400元;同时,累计提供劳动就业岗位15 000多人,促进农民增收1.8万元/年以上,黄龙病得到了根本控制,促进全国柑橘产业可持续健康发展。

同时,指导建标准化生态茶园5万亩以上,推广永春佛手茶标准化栽培与加工技术,亩产增加10.2公斤、提高优质茶率25%~35%,整个茶产业产值突破10亿元,促进农民增收2亿元以上;经济效益和社会效益均非常显著。

四、创新亮点

尤有利作为第7起草人参与起草、编制、发布省地方标准《黄龙病发生区芦柑栽培技术规程》(DB35/T 1768—2018)(2018年10月发布实施);主持、编制、发布地方标准《地理标志产品 岵山荔枝》(DB35/T 1901—2020)(2020年3月发布实施);担任第5编委、参与编制《永春县柑桔科技文集》(2004年编印成集);作为编委参与出版《黄龙病疫区永春芦柑种植管理新技术》;在《中国园艺文摘》《中国南方果树》等发表论文10多篇,获发明与用新型专利授权20多项,推动水果、茶叶等园艺产业现代化、规模化、集约化发展。

参与实施农业农村部"互联网+"农产品出村进城试点县、全国信息进村入户试点县等项目,参与永春三农通微信公众号运营、编辑发布上万条农业信息，设立了50个村级标准型与专业型信息服务站，实现农民视频咨询，提供各项农业信息，得到社会好评；与永春移动公司合作编辑发布1000多条农业信息；协助县法院、公安等司法部门做好10多起农业案件的技术咨询与鉴定工作，有效维护农民合法权益；积极参加科技"三下乡"活动，深入芦柑、荔枝果园生产一线，宣传、指导果农科学防控柑橘黄龙病，参与编印《现代农业（柑橘）产业技术100问》等资料，与《病虫情报》《农情简报》开展现场操作示范、科技咨询与技术指导5000多场次，发放科技资料8万多份，指导农民10万人次以上。

尤有利兼任国家现代柑橘产业技术体系永春芦柑综合试验站站长，任华中农业大学研究生校外指导教师，福建省园艺学会理事，泉州市园艺学会副理事长。获福建省农业系统先进工作者、泉州市第五层次人才、泉州市科技创新领军人才、泉州五四青年奖章、泉州青年科技奖、泉州市第三批刺桐科学传播学者。

"桃李不言，下自成蹊"。多年来，他只做了很平凡很普通的工作，但是党和人民也给了他崇高的荣誉；他将把这些荣誉当作人生新的起点，充分发挥共产党员的先锋模范作用，深深扎根基层，切切实实地促进全县农业增效、农民增收，力争为实现乡村振兴战略做出更大的贡献。

科技赋能红豆杉，产业兴百姓富

——明溪县林业科技推广中心 欧建德

明溪县被誉为"中国红豆杉之乡"，是国内紫杉醇原料药市场份额最大、人工林面积最大基地县和观赏绿化种苗重点县，成就年产值超亿元的红豆杉产业，令红豆杉成长为县域主导特色产业和重要民生产业之一。回顾明溪县红豆杉产业从无到有、从弱到强、从单一产业到多元化开发的发展历程，离不开福建省科技特派员、国务院政府特殊津贴专家欧建德教授在红豆杉科技长达20多年的坚守、创新与突破。

一、成功突破红豆杉产业化育苗技术

明溪县20世纪90年代提出发展红豆杉提取紫杉醇产业，苗木主要依靠外购，且量少价高质差。发展红豆杉产业，种苗要先行。当时国内尚未突破红豆杉产业化育苗技术，产业化育苗技术成为主要拦路虎，亟待突破。

欧建德，莆田市仙游县人，1992年毕业于福建林学院（现福建农林大学），1999年进入明溪县夏坊林业站工作。"夏坊乡森林覆盖率高达90%。每年秋天，山上不少天然红豆杉树结出红通通的果子。看到满树的果子，我就萌发了尝试人工培育南方红豆杉种苗的念头。"欧建德说。

心动决定行动。他带着同事上山摘来红豆杉果子，放进大木盆，脚踩，洗净，再把种子放在冰柜冷藏，并从村民手里流转了1亩土地，次年3月播种，可是几个月后，红豆杉的出芽率1亩只有3000多株。

是不是种子皮太厚影响了出芽率？如何提高出芽率？欧建德苦思冥想。

第二年秋天，欧建德将采摘来的果子洗净，找来几桶沙子，使劲地将种子皮磨薄后，再放入冰柜冷藏。次年，为了对比出芽率，他买来尖嘴钳，将部分种子剪开口子，信心十足地播下种子。

结果出芽率还是一样！欧建德百思不得其解。

"原来，种子需要一个后熟过程。当年采摘的红豆杉种子，次年不宜播种，应放置至第三年播种，这样才能提高发芽率。"专家的点拨使欧建德茅塞顿开。

翌年春天，欧建德将储存了2年的种子播撒进土地，几个月后，地里密密匝匝地长满了芽儿，出芽率居然达到90%以上！这个突破给他极大的鼓励，但仅是个良好的开端。随后通过大量科学试验探索，他创新总结了圃地选择、种子处理、分级育苗、点播覆草、水肥管理与病虫害防治等产业化育苗技术成果，大面积培育1年生苗木，平均苗高超25 cm，平均地径超0.3 cm。

经示范引导、技术培训、现场指导培养了大量乡土人才，使明溪县大量农民掌握了育苗技术，且形成国内数量首屈一指的明溪县红豆杉苗木基地。2001年，福建南方制药股份有限公司落户明溪，公司以每千克8元的价格大量收购红豆杉枝叶用于提炼紫杉醇，掌握了育苗技术的明溪村民们的钱袋子都鼓起了。

二、红豆杉观赏苗木转型创新之路

2006年，福建南方制药股份有限公司经过对比发现，人工种植的南方红豆杉品种紫杉醇含量极低，公司决定自己打造红豆杉药用原料林基地。为节省生产成本，公司选用进口原材料，停止收购当地南方红豆杉。一时间，明溪当地红豆杉的销售陷入了困境，种植户、育苗户个个愁眉不展。

"要走观赏苗木和珍贵用材林转型之路。"调任明溪县林业科技推广中心工作的欧建德想。当时国内技术空白，只能选择自主研发。品种选优、观赏美感评价、观赏价值提升、造型技法，一个个亟待解决的科技难题，更是发展红豆杉观赏苗木产业的拦路虎。十年磨一剑，欧建德提出观赏价值评价法这一全新优树选择方法，解决了品种选优难题；采用层次分析法（AHP）构建了红豆杉观赏美感评价体系，明确了观赏价值提升方向；通过整形、改型提升观赏价值；他提出了"二段式培育法"和截干重剪、作弯变型等系列造型技法丰富造型。为保障产品质量、加快成果推广，制定了福建省《南方红豆杉盆栽技术规范》地方标准，完成了中央财政林业科技推广项目"观赏型南方红豆杉培育技术推广与示范"，联合企业研发了工厂化生产精品盆栽，开展电商化、品牌化营销，明溪"喜果源"红豆杉入选三明市首批农特产品十大龙头品牌。注册"明溪红豆杉"区域公共品牌。

经过优选与人工重塑造型，红豆杉苗木的"身价"再次提升，作为苗木盆景走俏市场，村民们再次享受到种植红豆杉带来的红利，全县不少种植户有了百万元收入，其中，陈文辉等种植大户收入突破千万元。

三、开辟红豆杉用材培育新途径

南方红豆杉木材坚硬致密，有光泽及香气，心材橘红色，是传统珍贵"类红木"资源，木材价值高。南方红豆杉常规采伐迹地造林成效差，影响着产业发展前景；南方地区森林覆盖率、采伐迹地少，限制用材林产业规模；树形多杈，树干节多、无节良材短、尖削度大的特点，影响红豆杉木材经济价值；以上特点制约了红豆杉在造林绿化中的进一步应用与用材林产业发展亟待突破。

"红豆杉喜阴，而林下光照弱，能否在现有林的林下空间营造红豆杉，提升整体林分价值，同时拓展产业规模。"经过试验种植，欧建德发现采用林下套种红豆杉模式最佳，既能降低杈干率、保证干材通直圆满、促进速生、提高干材品质，又能开辟发展用材林新途径。在品种改良方面，跨省市大规模开展优树选择、家系选择、优良基因保存等探索。在营林方面，注重种植地块的选择，提出"微生境评价选择"，科学规划用材林培育的立地控制；总结出大苗龄容器苗培育与造林技术，有效地促进幼林速生，节约抚育成本；提出开设林窗与林冠层控制技术，保证了红豆杉成林成材；在干形塑造方面，总结了修枝、多杈干预防机制、干形异常通缩诊断与处理等技术，提高干材经济价值，突破系列技术难题，集成了"材用型南方红豆杉优良种质选育与林下高效培育技术"成果，并极力推动该成果推广转化，仅明溪县就建成3万余亩高质量红豆杉用材林基地，按每亩主伐生产木材12立方米，1万元/立方米单价计算，经过40年主伐期，仅此基地即可带来收入36亿元。

四、创新药用原料林高效培育技术

坐落在明溪县的福建南方制药股份有限公司是一家国家级高新技术企业、中国林业龙头企业，长期从事红豆杉生物质开发利用，其年产紫杉醇类物质占同类产品国内市场60%、国际市场20%，成为引领明溪县红豆杉产业发展的标杆企业。2018年，公司精心培育3000亩投产仅1年多"南方一号"红豆杉基地，树势衰颓、产量大减，大家用尽办法，仍不见好转。药用原料林基地是明溪县紫杉醇产业的"第一生产车间"，关系着产业原料安全。

他主动援手研发攻关，第一时间深入公司各个种植基地，经过观察调查和现场采样检测，根据发现的积涝、日灼、病害严重、春梢萌发差、产量低，过度采收等"症状"，分别开出挖"浅边沟、深中沟"排水，搭建高遮阴网（距地面2.5 m），预防为主、对症给药、适时追施肥、配合叶肥促萌，留养弱苗、适度采收的"处方"。6个月后，该基地的红豆杉重焕生机，更让公司负责人惊讶的是，首次采收枝叶产量同比增加20%～30%，亩均增产100千克以上，直接经济效益每亩增收2000元。

经过3年多的研发创新，他创新集成了优质苗木培育、原料林高效培育、病虫害综合防治等系列配套技术，形成了"红豆杉紫杉烷原料林高效培育技术"成果，显著地提高原料林枝叶产量与药用成分含量，有效防范原料风险。2021年8月7日，在省科特派后补助项目"红豆杉紫杉烷原料林高效培育技术与示范"现场测产会上，公司财务总监钟剑峰欣喜地告诉记者"专家破解了技术难题，精心服务，让公司直接获利数百万元。"当前，该项目已成功上报福建省科技厅审批。

五、助力红豆杉产业持续发展

服务"南方制药"期间，发现当前生产工艺存在全人工、成本高、烘烤温度低、用时长、有效成分损失、粗细不分、烘烤不匀等问题，导致枝叶烘烤后的紫杉醇类物质含量仅为6‰～8‰，他提出采用自动上、下料的网链式烘烤工艺，优化烘烤温度，少量化、流水线式烘烤，枝叶分级筛选等工艺改造的建议并被公司采用，实现全自动化烘烤后，红豆杉枝叶紫杉醇类物质含量提高到10‰～12‰。

起草制定《南方红豆杉盆栽技术规范》《南方红豆杉用材林栽培技术规程》《南方红豆杉观赏苗木培育技术规程》等团体、省级地方标准，规范红豆杉栽培与产品质量，促进可持续发展。针对大量的红豆杉枝叶剩余物，他指导企业成功研发红豆杉叶枕、精油、养生香、足浴粉等，丰富红豆杉产品、变废为宝。协助企业建成红豆杉双创基地、红豆杉文化产业园，指导红豆杉电商平台建设，辅导返乡青年创业。

作为拥有大量红豆杉栽培与利用核心技术专家，还跨县市、跨省传授技术，足迹遍布 4 省 23 县市，累计技术成果推广应用 13 万多亩，帮助农民增收超 15 亿元，当下他仍奋战在红豆杉的种质创新、高效培育、产业化应用的科技第一线。

六、创新亮点

他把论文写在企业车间里、田野大地上，坚持问题导向，突破系列产业多元化发展中"卡脖子"技术难题，践行着科技创新引领理念；在红豆杉科技产业长达 20 多年的坚守与创新，践行工匠精神，为红豆杉产业转型升级、高质量发展和乡村振兴，提供强有力的科技支撑。

首席科学家带来花蛤工厂化育苗新产业

——贝类饵料微藻供给技术团队

徐继林福建省科技特派员贝类饵料微藻供给技术团队发起人，宁波大学教授，国家贝类产业技术体系"双壳类营养与饲料"岗位科学家，福建省"百人计划"企业创新人才。多年来一直从事海洋生物营养学和养殖生态学研究，系统研究了饵料微藻脂类物质在海洋生物特别是贝类食物链传递过程中的转化效应，筛选出一系列同时具备高营养价值和高繁殖能力的贝类优质饵料微藻，彻底解决了困扰我国贝类苗种行业几十年的阴雨季节微藻饵料缺口问题和贝类大规格苗种培育过程中微藻饵料的短缺问题，保证了规模化大规格贝类育苗过程中微藻饵料的高通量连续供给。科研业绩曾经获得国家科学技术进步奖二等奖，服务地方业绩曾经获得"宁波大学服务地方突出贡献奖""浙江省农业科技成果转化推广奖"。

福建省是我国贝类养殖大省，是我国贝类苗种的主产区，特别是花蛤苗种，自从 20 世纪在莆田城厢区下尾村露天池塘人工育苗获得突破后，育苗产量连年提高，福建省花蛤育苗产量已经占据全国花蛤养殖苗种 90% 以上份额。在福建苗种的支持下，我国花蛤人工养殖产量已经达到 400 万吨左右，在海水养殖品种中仅次于牡蛎养殖产量。随着养殖规模不断扩大，花蛤苗种需求日益增长，绝大部分都由露天池塘人工培育供应。徐继林教授发现，因受到温度、盐度、气候的影响，露天池塘花蛤育苗产量非常不稳定，2021 年以前，福建省露天池塘花蛤苗种产业已经连续 3 年大面积亏损。

为了破解产业困境，大幅度提高花蛤露天育苗的稳定性，通过城厢区科技局牵线搭桥，徐教授率领"贝类饵料微藻供给技术"科技特派团队和位于莆田城厢区的福建省中灵农业发展有限公司跨省对接，并与宁波大学共建"滩涂贝类产业研发中心"。3 年来，徐教授身先士卒，克服新冠疫情困扰和生活饮食习惯不适应等困难，深入育苗一线，指导帮助企业开展海洋科技自主研发、培育核心技术。生产最紧张时，徐教授将其他工作都安排到线上处理，跟企业研发人员和工人在一张饭桌上吃饭、在一间宿舍里睡觉，连续一个多月都待在生产车间和育苗池塘边。

经过3年多的努力，徐教授帮助企业攻克优质藻菌种质筛选和培养、池塘藻菌联合调控、亲贝促熟、池塘催产、浮游苗培育、稚贝培育及中苗标粗等产业链技术难题，构建工厂化人工饵料扩繁系统，使对接企业露天池塘贝类育苗稳定性大大提高。2020—2021年，公司连续2年花蛤露天池塘育苗亩产超过4.7万元，新增产值700余万元。同时，在新冠疫情期间积极联系客户和获得特别农产品通行证的物流车辆，帮助企业顺利销售积压的苗种，挽回经济损失200余万元。

在提高企业生产稳定性的同时，徐教授还利用其国内贝类苗种行业的影响力，积极帮企业牵线搭桥，扩大该企业跟其他地区龙头企业合作经营生产规模。到2021年年底，中灵农业已经与江苏、山东、辽宁多家企业达成生产合作协议，露天池塘花蛤苗种生产面积突破4000亩，海区花蛤养殖面积突破1万亩，年销售额有望超过3亿元。新的一年，徐教授又联系了国内行业领先的三倍体牡蛎育苗技术服务公司跟对接企业合作，帮助企业开展牡蛎三倍体新品种育苗技术研发，为该企业贝类苗种生产持续稳定健康发展提供技术支持。

徐教授还依托服务企业，积极开展技术培训，毫无保留地接受农民咨询。3年来，举办各类技术培训10余次，受众超过200人次。2021年度，除了服务对接企业，还给莆田市明海水产养殖有限公司、莆田市海旭水产养殖有限公司、福建省海顺水产养殖有限公司、莆田市万泽水产养殖有限公司等提供了相关育苗技术指导和相关微藻、菌种，间接服务周边池塘育苗农户15户，这些企业和农户2021年度育苗产值明显提高，创造经济效益超过1500万元。

另外，徐教授技术服务范围并不仅局限于莆田，他一年超过一半的时间奔波在福建沿海各地，通过现场指导及电话、视频等方式接受漳州、泉州、宁德等地区育苗企业的技术咨询，为超过50家企业排忧解难，及时帮助企业解决育苗及销售过程中的各类难题，为福建省贝类苗种行业健康稳定发展作出重要贡献。

为在生产过程中及时发现问题和解决问题，也为了及时把建立的新技术传授给基层技术人员和一线工人，徐教授跟企业员工打成一片。他出生于江苏泰州，饮食偏内地口味，年轻时读大学期间有牡蛎过敏史，所以饭菜中尤其排斥牡蛎。而对接企业中灵农业位于莆田城厢区，绝大部分工人来自周边村镇，为了照顾工人口味，企业食堂饮食为当地风格，主食多为咸稀饭、卤面等，牡蛎是其中最常见的食材。为了不给对接企业增添麻烦，徐教授主动要求不开小灶，工人吃啥他吃啥，3年下来，他已慢慢习惯莆田的饮食，也不再排斥牡蛎了。而在企业3年来，徐教授一直都跟公司技术负责人林天喜住在一个房间，由于两人平时工作都很繁忙，也只在睡觉前才能集中时间探讨生产和技术实践中存在的问题，企业的生产安排、技术更新、苗种销售计划都是两人利用休息时间讨论形成的。林天喜经常跟同行介绍："徐教授是跟我在一个房间睡了3年的大教授！"对徐教授的认可和敬佩溢于言表。

福建省科技特派员贝类饵料微藻供给技术团队在国家重点研发计划项目、国家自然科学基金、科技部星火计划重点项目等研究成果的基础上，结合福建东南沿海露天池塘优质饵料微藻群落调控难度大、育苗产量极不稳定等产业现状，引进专家团队系列专利技术，接连攻克优质藻菌种质筛选和培养、池塘藻菌联合调控、亲贝促熟、池塘催产、浮游苗培育、稚贝培育及中苗标粗等产业链技术难题，构建工厂化人工饵料扩繁系统，建立了"基于藻菌联合调控的海水池塘贝类苗种繁育技术"，使对接企业露天池塘贝类育苗稳定性大大提高。

科技特派员助力福建永安竹加工产业提质增效

——国际竹藤中心竹质建筑工程材料加工与利用创新团队

福建竹材资源丰富，根据第九次全国森林资源清查，全省竹林面积113.96万公顷，居全国之首，约占全国竹林面积的17.77%。在统筹百年未有之大变局和中华民族伟大复兴战略全局的新形势下，竹产业正面临新的技术变革与挑战，推动竹产业整体转型升级亟须创新技术与政策支持。

三明永安市位于福建中部偏西，拥有丰富的竹资源，竹林面积102万亩，其中毛竹林面积84万亩，中小径竹18万亩，是中国竹子之乡、中国笋竹之乡、国家竹产业科技示范园区，是我国南方48个重点林区县（市）之一。经过多年发展，永安市竹加工产业已形成以竹工程板材、普竹板为主，竹香芯和竹机制炭占优势的产业集群，产业链条日益完善，但仍存在新产品少、产品附加值低、同质化严重等产业发展共性问题。

一、针对的问题

王戈研究员及其领导的福建省科技特派团队，立足福建竹资源和竹产业优势，瞄准国家乡村振兴工程对于绿色建筑材料的高耐久和轻量化需求，开展了竹材多级碾压—均密整张化—质量评价一体化新设备、轻质耐久型竹束单板层积复合材料、轻质高强竹质双拼梁构件及模块化竹结构建筑的应用示范和成果转化，提升企业生产效率30%，产品实现增值50%以上。

王戈研究员及其团队利用国际竹藤中心平台和技术优势，特别是针对重组竹产品密度不均、重量过大、铺装效率低等产业共性问题，开展了竹束纤维单板均密整张化、竹束单板质量评价、竹束/木单板复合优化和装配式竹结构等研发和成果转化，并组织机械自动化、结构工程、防护设计、材料加工的专家团队多次来公司现场调试，指导企业开展轻质耐久型竹束单板层积复合材料制造关键技术创新和产业化转化；帮助企业员工开展技术培训、建立测试加工平台。

二、主要做法和创新举措

1. 深入企业实地调查

为更为准确地了解竹质产品加工模式及存在的问题，王戈研究员多次深入到福建竹加工公司生产第一线，开展竹束单板层积复合材料加工的技术指导，从材料加工到产品生产全面了解竹质产品的生产技术存在的问题（图1）。

图1 王戈研究员（右一）在福建省有竹科技有限公司调研

2. 研发均密竹束单板高效加工技术

联合南平市瀚邦竹业有限公司、福建有竹科技有限公司2家单位，开发了竹束单板整张提质降密技术体系示范，主要技术及方案如下。

①开发竹束单板整张化编织技术。借鉴竹帘编织方法对宽2.0～3.0 cm的窄长竹束单元进行编织，整张化处理制备成竹束单板，方法简单实用，大大提高了竹束单板整张化的效率，易工业化推广应用。通过竹束单板编织整张化，板材的密度均匀性显著提高，并方便竹束单板与木质单板的层积复合及竹束单板表层的功能化处理。同时，编织的松紧度和间距可调、编织的适用性范围更广，适用于厚度为1.5～6.0 mm，宽度12～40 mm竹束单元编织，编织竹束的长度可随机型而定。目前，该技术已推广使用，在竹质工程产品质量和速度

方面，效果显著（图 2）。

图 2　竹束单板整张化编织技术的应用

②开发竹束单板质量评价技术。采用 PC 上位机控制对竹束整张化单板的疏密均匀度和整张化刚度（柔度）进行在线监测。设备不仅对竹束本身机械刚度监测，还可对竹束单元之间的缝隙检测。根据物料透光率检测的步进长度对物料机械刚度进行检测，机械刚度和透光率检测同时进行。通过对竹束单板均匀性、刚度和疏解度等物理力学性能指标综合性能评价，为竹束单板层积复合材料提供规格化的高质量材料单元（图 3）。

图 3　竹束单板质量评价设备

③开发户外工程用竹束整张化单板复合材料加工技术。将上述竹束单板整张化用于提高板材的力学均匀性,竹木层积优化技术增强板材结构的耐冲击和连接性能,表面功能化处理用以提升板材的耐久性能。通过上述技术的集成创新,为村镇户外工程提供结构可设计、性能可控的高耐候用竹束整张化单板复合材料制造技术(图4)。

图4　竹束单板层积复合材料

三、实施成效与影响

科技特派员团队帮助永安竹企业扩建竹木复合材料生产线10条、扩建厂区面积88亩、年生产竹木复合集装箱底板100 000 m³。近2年,由新技术产生的新增产值2142万元,新增利税238.29万元。发表论文两篇,出版专著1部,构建了竹质集装箱底板专利池1个,申请及授权专利18项,制定颁布团体标准(中文版)1项、企业标准1项,已立项竹木复合集装箱底板的国际标准1项,完成科技成果认定和评价2项,颁布竹材加工工艺企业规程1项,成功申报福建省科技平台项目、福建省林业推广项目、福建省STS项目3项。荣获1项林业最高科技奖——梁希科学技术奖一等奖。

在永安市曹远镇福建和其昌竹业集团有限公司完成竹质装配式房屋1栋,首次实现了竹房屋的预制化和模块化。基于轻量化、模块化和标准化的安装理念,将竹质装配式房屋空间分为固定式主空间模块与变换式子模块2类。根据人体工程学所需功能空间尺寸的要求,各空间模块的尺寸均为300 mm的倍数。变换式子空间模块可围绕固定式主模块各端口自由变换对接。组合模式包括横向组合、竖向组合、散点状组合等。模块间组合形式与建筑形态方案，可根据建造当地地形地貌、风格需要来定制设计，采用模块化轻便式组装连接（图5）。

图5　竹质装配式房屋

2018年10月，团队帮助福建省有竹科技有限公司针对国家重大工程高质量的要求，开展了纤维精细疏解、竹束单板整张化和表面功能化改良技术，开发户外用高耐候性竹束单板层积材地板。经过多轮严格测试和比较，最终在北京大兴国际机场南航和东航基地成功推广应用竹束单板层积材高耐候户外重竹地板7000多平方米（图6）。

图6　高耐候户外重竹地板在北京大兴国际机场南航基地应用示范

针对竹材在大跨度、多场景快速应用时难度大的技术瓶颈，通过竹结构材的计算与模块化设计，解决了竹质工程材料实体构件重量过大、连接接长精准定位难的技术难题，开发了等截面和变截面竹质轻型梁柱模块化构件及轻便式的连接组装成套技术，实现了免榫连接与同步接长、斜撑—拉索协同辅助重心调节；构件减重47%～70%、增值50%以上，预制率达到90%，现场装配速度提高3～5倍。2018年7月，在永安洪田镇建成可重复拆装的竹质双拼梁生态停车棚（图7）。

图7　竹质装配式停车棚应用示范

2021年5月份，在福建省永安市上石村完成双层竹质装配式房屋民宿的应用示范，该项目的顺利实施，为促进永安市洪田镇当地生态旅游、绿色发展和国家乡村振兴战略的实施提供了应用示范（图8）。

王戈研究员说，创新技术归根结底是为了支撑竹产业开拓发展。因此，他在埋头搞科研时，总会抬头看竹材企业的发展需求。特别是在2020年成为三明市科技特派员以来，他带领团队驱车1000多千米，足迹遍布福建永安、延平、松溪等竹产区20余家竹加工企业，30余次到第一线解决竹材加工生产过程中的实际问题、推广最新的竹加工技术，提供《应对疫情竹材实用技术》《农业农村领域抗击疫情支撑春季农业生产技术成果汇编》《"十三五"竹材加工利用新技术口袋书》等实用技术,帮助竹企业在疫情期间复产复工,为福建竹企业后疫情时代高质量发展出谋划策。

图8　永安市上石村双层竹质装配式房屋

发挥星创天地优势，打造科技特派员创新创业港湾

——福建拓天生物科技有限公司

福建拓天生物科技有限公司作为福建省级星创天地和福州市科技特派员样本点，主要为福建农林大学的毕业生和高校教师创新创业提供企业注册及运营管理服务、企业市场拓展服务、企业产品技术研发服务、产品生产加工服务等各项服务，在指导入驻企业开发新产品的同时，可以为入驻企业提供委托加工服务，收取少量的产品加工费，减少企业运营成本，降低企业风险。

公司设有专门的研发中心，并购置了高效液相色谱仪、气相色谱仪、紫外分光光度计、原子荧光光度计、原子吸收光谱仪等高精端研发和检测设备，拥有一批专业的研发技术人员，并组建了科技特派员团队，为入驻企业提供研发和检测服务，已连续三年被认定为市级团队科技特派员。

一、创新经营模式，构建产学研合作平台

公司星创天地先后跟福建农林大学、福建省农科院、福建中医药大学、闽江学院建立了长期合作关系，创新了一个"星创天地＋科技特派员团队＋入驻企业＋合作农户"的经营模式，把星创天地作为一个产学研合作平台，有针对性地从各高校和科研院所挑选了一批有实战经验的科技特派员，并将科技特派员逐个对接给入驻的企业，提升企业的核心竞争力。先后为入驻企业福州三合元生物科技有限公司对接了福建师范大学生命科学学院蔡少丽教授、为福州福德恩生物科技有限公司对接了福建中医药大学王英豪教授、为福州海锐黎思生物科技有限责任公司对接了台湾籍科技特派员王长寿研究员、为福州康来生物科技有限公司对接了福建技师学院陈文韬教授、为福州帅宝生物科技有限公司对接了闽江学院张梅副教授，公司星创天地先后协助入驻企业对接了12名省市科技特派员，并定期组织科技特派员与入驻企业现场座谈，面对面

交流并解决实际问题，充分发挥星创天地的优势，把星创天地打造成科技特派员创新创业的港湾。

二、建设示范基地，积极服务当地三农

公司星创天地作为科技特派员与入驻企业交流协作的平台，不断加大宣传力度，吸引越来越多的企业和团队入驻星创天地，吸引越来越多的有实干精神的科技特派员加入，共同辅导和帮扶企业发展。在入驻企业快速发展的同时，不忘乡村振兴的使命，公司星创天地先后在晋安区日溪乡建设了有机姜黄种植示范基地、在闽清县下祝乡建设了猴头菇种植示范基地。同时，星创天地入驻企业福州三合元生物科技有限公司与福建省农科院作物研究所合作，在闽清县塔庄镇联合建设了红芽芋新品种选育基地，并在塔庄镇建设了炉溪村星创天地。通过种植基地的示范带动作用，带领合作农户种植中药材和农产品，对合作农户真正做到"五个统一"，统一提供种苗、统一技术指导、统一过程管理、统一采收标准、统一市场保护价收购，确保合作农户受益。到目前为止，公司先后建设了 500 多亩的种植示范基地，通过基地示范带动当地合作社农户共 1500 多户，种植农产品和中药材 1 万多亩。

"星星之火，可以燎原。"公司星创天地作为一个创新创业的平台，将孵化更多的入驻企业，帮扶入驻企业做大做强，引导入驻企业建设更多的星创天地，将每一个星创天地打造成科技特派员的集聚地，将每一个星创天地打造成科技特派员创新创业的港湾，服务当地三农、科技创新，通过"星创天地 + 科技特派员团队 + 入驻企业 + 合作农户"的经营模式，带动更多的合作农户种植农产品，作为原料销售给福建拓天生物科技有限公司或星创天地入驻企业。

三、创新亮点

1. 创新"星创天地 + 科技特派员团队 + 入驻企业 + 合作农户"的经营模式

努力将星创天地打造成科技特派员的集聚地，将星创天地打造成科技特派员创新创业的港湾，星创天地携手科技特派员团队，帮扶入驻企业做大做强，组建联合舰队服务当地三农、科技创新，带动合作农户种植农产品。

2. 创新星创天地服务模式和服务内容

常规的星创天地作为创新创业平台，主要是对企业工商注册、财务管理、资质申报等方面提供一些日常服务，服务能力有限。拓天公司星创天地不仅提供常规的日常管理服务，还为入驻企业提供技术研发、市场共享、产品外加工服务，为创业企业保驾护航，减少企业运营成本，降低企业风险。

一尾逆流而上的鱼

——柘荣县农业农村局林千云

林千云,柘荣县农业农村局高级工程师,长期从事淡水养殖技术推广与研究工作,2013年被评为高级工程师,2014年被宁德市海洋与渔业局聘为淡水大宗品种养殖首席推广员。2020年,他被选认为宁德市科技特派员,派驻柘荣县富溪镇。很多人认为,林千云工作多年,年龄也大,取得了很多成就,应该好好歇一歇,可是林千云始终认为:"自己被选为科技特派员,这不仅是荣誉,这是组织对我的信任,这是一种责任。"林千云是这样说,也是这样做的。他走访调研了富溪村、东山村、叶山村、陈上洋村及横龙坑村等5个产业薄弱村,并向村干部了解各村的具体情况,充分了解民情民意,为服务工作打下了基础。之后,他结合各村实际情况,先后创新地提出了在横龙坑村水源较丰富的田地进行光唇鱼(俗称淡水石斑鱼)规模化养殖建议,在富溪村、洋尾山村进行新型材料刀刮布铺设鱼池养殖新模式计划,并瞄准土著鱼类光唇鱼创办了试验示范基地。同时,经走访调查,发现福建省森鑫生态农业发展有限公司养殖基地很适合养殖光唇鱼,但存在苗种繁育无法突破,苗种主要来源外地且成本高的问题,同时在养殖技术方面也有很多技术环节需要改进。经过不断的创新实验,克服各种困难,目前已把该基地创办成为集苗种繁育、商品鱼养殖为一体的规模化苗种繁育试验示范基地,并为地方产业发展找到了一条出路。

一、主要做法与创新举措

(一)引进推广新技术,创办科技试验示范基地

为突破光唇鱼的人工繁殖技术瓶颈,林千云查阅了大量的文献材料,多次向省内外知名水产专家求教,积累了一大批基础研究资料,并走访相邻省份从事该鱼繁殖的生产企业,向光唇鱼繁殖栖息地的当地渔民群众了解其生长与繁殖习性等。经过不断的创新实验,逐步突破了光唇鱼的亲鱼培育、产卵孵

化、苗种培育等关键技术，苗种繁育技术工艺趋于成熟，并申请了"光唇鱼卵的孵化装置"和"光唇鱼收卵池"2项技术专利。在富溪镇溪里自然村创办了渔业科技试验示范推广基地，指导当地企业与养殖大户加强日常生产管理。在技术的创新下，富溪镇水产养殖企业负责人袁济森也因此获得"宁德市养殖能手"荣誉称号，进一步提高企业知名度。同时，他还从外省引进新品种铲颌鱼（目前商品鱼市场价格达 200 元 / 千克）开展养殖和人工繁殖试验，光唇鱼的人工规模化繁育技术的突破和养殖技术的提升，不仅使福建省森鑫生态农业发展有限公司发展成为集苗种繁育和商品鱼养殖规模化生产示范基地，提高了其经济效益和科技创新水平，为柘荣县光唇鱼养殖起到带头示范作用；同时也为柘荣县当地发展光唇鱼养殖特色产业开发打下了坚实基础，注入了新鲜血液，为当地渔民创造了更广阔的发展空间。

（二）搭桥科研院所，为公司提供技术支撑保障服务

为了给企业生产提供全产业链的技术支撑和综合保障服务，林干云充分发挥其基层实践经验的优势，并积极联系相关的研究所、科研院校及技术人员，多次带领福建省农科院、福建省淡水研究所、市海洋与渔业局等部门的有关养殖专家进行现场诊断、现场指导。

（三）开展技术培训，促进养殖技术普及

产业要发展创新，科技是驱动，人才与技能培养是关键，对当地渔业科技人才的培养也是林干云关注的课题之一。在科特派服务期间，林干云以科普惠农为重点，在服务地大力开展了技术培训服务，针对富溪、前宅等5个村分别进行科技培训，累计现场指导培训9次，共培训180多人次。还经常带领渔业企业负责人及养殖人员到省市科研机构和省外规模场进行参观学习，得到很好的效果。培训普及推广了光唇鱼、倒刺鲃的苗种繁育、工厂化养殖、鱼病防治等先进实用技术，并通过现场指导、试验示范等各种形式的科技服务，提升了农民的科技素质，提高了服务村农业整体水平，增强农业的竞争力，促使农民增收。

二、实施进展与成效

在科特派服务期间，他利用专业技能，克服各种困难，经过不断的创新实验，在光唇鱼人工育苗方面采取改进孵化设施、引进优质亲鱼并加强培育，集中产卵，提高单位水体出苗量，提高孵化率和幼苗成活率，规范、规模化育苗养殖方法，优化苗种培育饵料系列，大大提高苗种培育成活率：在水花平游时，采用人工培育轮虫活饵料投喂，育苗全程添加微藻调节水质，克服过去采用人工配合饲料投喂残饵污染孵化水质弊端。苗种培育过程中，水质稳定，单位培育苗种数量大大提高，苗种成活率提高了30%以上，同时培育的质量也得到大大提高，2021年经福建省淡水水产研究所组织有关专家进行现场验收繁育光唇鱼苗种年产量达到180多万尾，创造产值110万元，除供给自己养殖外，还提供山区县市养殖和溪河的增殖放流。2022年，还扩大繁育规模，繁育苗种预计可达300万～500万尾，产值200多万元。使该基地成为集苗种繁育、商品鱼养殖为一体的规模化养殖基地，不仅填补了柘荣县及宁德市光唇鱼养殖业发展的缺口，而且推动了柘荣县渔业的发展，带动了全县乃至全省光唇鱼养殖产业的发展，进一步提高福建省淡水良种养殖的覆盖率，同时丰富柘荣县鱼类品种，提高市场竞争力。并通过技术观摩、培训提高养殖户养殖技术水平，从而提高养殖经济效益，增加渔民收入。

三、经验与启示

通过对比分析当地渔业发展的资源优势及存在的问题，逐步形成了科技兴渔、因地制宜发展地方特色渔业的总体服务思路，并瞄准了光唇鱼等具特色、产业效益高、符合当地区域渔情的养殖品种的开发，指导农民从事高产、高效、特色养殖，创办了试验示范基地，以点带面促进产业发展。

林干云是这条路上逆流而上的鱼，虽说困难多，阻力大，可鱼的习性与生存繁衍需要这样，一个产业的发展也需要这样。他在富溪镇大力培训、推广了光唇鱼、倒刺鲃的苗种繁育、工厂化养殖、鱼病防治等先进实用技术，还从外省引进新品种铲颌鱼，开展养殖和人工繁殖试验。我们相信，只要林干云逆流而上的"科技之鱼"安下家，这些引进的新品种也就会在柘荣安家。

四、创新亮点

通过创办试验示范基地，在宁德市光唇鱼育苗养殖起到示范带头作用，并走出了一条良种繁、育、推一体化新路子，促进福建省森鑫生态农业发展有限公司自身价值的提升，转型升级和发展，并通过技术观摩、培训提高养殖户养殖技术水平，从而提高养殖经济效益，增加渔民收入助力产业振兴。引进科研院所开展科研项目，为公司提供技术支撑保障服务，并为该产业健康持续发展提供强有力的技术保障。2022年，福建省森鑫生态农业发展有限公司分别与福建省农业科学院合作进行光唇鱼生态养殖示范基地项目，与宁德市水产推广站合作开展光唇鱼人工批量育苗技术研究，与福建省淡水水产研究所合作进行福建省种业创新与产业化工程渔业项目（淡水名优养殖品种种业创新与产业化开发温州光唇鱼苗种繁育）。

争取政策支持，助力乡村振兴

——永安市教师进修学校荚友根

三农，指的是农业、农村、农民；三农问题，是指有关农业、农村、农民的问题；三农政策，是指国家对农业、农村、农民扶持的政策。从 2004 年农业税从 7% 降到 4%，降低了 3 个百分点，再到 2006 年 1 月 1 日起废止《中华人民共和国农业税条例》，此后逐年加大了对三农的扶持力度，从 2004 年开始连续 19 年，中央每年的 1 号文件都是关注三农问题，逐步加大了"多予少取"的政策力度。

党的十八大以后，中央对农业农村政策的表述从之前的"支农"到"支农惠农"到"强农惠农"再到如今的"强农惠农富农"，可以看出国家对农业的重视提升到了发展战略的第一位。

2017 年 10 月 18 日，习近平总书记在党的十九大报告中提出了乡村振兴战略。2019 年 6 月 1 日，习近平总书记提出，"把乡村振兴战略作为新时代'三农'工作总抓手"。2022 年 4 月 1 日出版的第 7 期《求是》杂志发表了习近平总书记的重要文章《坚持把解决好"三农"问题作为全党工作重中之重 举全党全社会之力推动乡村振兴》。2021 年 4 月 29 日，第十三届全国人民代表大会常务委员会第二十八次会议通过《中华人民共和国乡村振兴促进法》。

中央财政对推进乡村振兴补助资金逐年增多，2020 年、2021 年、2022 年分别是 1461 亿元、1561 亿元、1650 亿元。补助的项目也很多，2019 年财政安排"三农"37 类项目，2020 年 20 类项目，2021 年 29 类项目，2022 年 56 类项目。

国家有这么好的"三农"政策，但是在农村的许多村主干们和广大村民群众眼里，政策是高大上的理论，是高不可攀的事情，因而大都存在一不懂得政策、二不懂得向什么部门争取、三不懂得写申报项目书的问题。其实，政策就是资金，特别是村财薄弱村，争取政策资金支持是实施乡村振兴的重要基础。荚友根在指导上甲村申报美丽乡村建设项目、坑源村申报实施乡村振兴试点村遇到的就是这种情况。

科技特派员荚友根认真学习宣传习近平总书记关于美丽乡村建设和实施乡村振兴战略的指示精神及国家有关美丽乡村建设和实施乡村振兴试点村政策，认真对照创建美丽乡村和实施乡村振兴试点村的条件、要求、标准，认真研究分析创建村实际情况，明确优势在哪、不足在哪，帮助指导制定创建规划和实施方案，撰写项目申报书，带领村主干申请上级领导关心支持，动员广大村民群众和党员干部积极配合、主动参与。经过有关部门和各级领导的关心重视及全体村民的齐心协力，他进行科技服务的上甲村和坑源村都争取到政策补助资金上千万元，如期完成了创建任务。上甲村成了三明市首个美丽乡村建设试点村、福建省美丽乡村建设示范村，坑源村成了福建省乡村振兴试点示范村和福建省美丽休闲乡村。

一、主要做法和创新举措

（一）学习政策精神

荚友根首先带头认真学习习近平总书记有关"三农"的重要论述和党的美丽乡村、乡村振兴政策，特别是习近平总书记关于美丽乡村建设、乡村振兴战略的指示精神。弄清楚什么叫美丽乡村和乡村振兴战略，为什么要建设美丽乡村和实施乡村振兴战略，怎样建设美丽乡村和实施乡村振兴战略。其次是带领村两委班子学习，统一思想，达成共识。最后是组织党员和村民代表学习，通过他们去宣传发动全体村民群众，提高认识，增强主动参与意识。

（二）深入调查研究

荚友根通过翻阅村资料，了解村历史情况；进村入户，了解村情民情；深入田间地头，了解农业发展情况；走进山谷河川，了解资源情况。调查研究的目的是摸清家底，家底清才能方向明，清楚家底是发展的重要起步，是查找问题、梳脉理症、有效治理、发展研判、找准定位、把脉经济、提供底气的重要抓手。他在摸排民情民意的同时，适时宣传政策精神，增强广大村民群众参与创建的信心和决心。

（三）制定科学规划

荚友根认为科学规划，既是最大的节约，又能产生最大的效益。他主导制定的《上甲村美丽乡村建设实施方案》《上甲村农业科技推广实施方案》《坑源村乡村振兴实施方案》《坑源村休闲农业与乡村旅游建设实施方案》等不仅得到了领导的肯定和支持，而且得到了很好的实施效果。

（四）广泛宣传发动

荚友根深知在创建过程中一定会遇到很多阻力和困难，因此他不仅主动参与宣传，还指导村两委通过召开党员大会、村民代表会、入户、宣传栏、发放宣传单、微信、抖音等宣传方式，向广大村民群众进行广泛宣传、经常宣传、反复宣传政策精神和创建的重要意义，从而增强了村民参与美丽乡村建设和实施乡村振兴的积极性、主动性和自觉性。

（五）结合需求创建

荚友根在宣传政策精神、争取政策资金和指导创建活动的过程中，始终围绕广大村民群众关心的热点难点，即农民增收，也就是产业发展问题开展和进行。他结合村里实际，指导上甲村发展设施农业，大棚种植"福甘薯18号"（帝王菜），走"一村一品"的"两高一优"农业路子；指导坑源村以福建石林为依托，成立洪云山农民专业合作社，发展休闲农业和乡村旅游业，促进了强村富民。

（六）结合文明创建

在指导创建的过程中，荚友根非常注重乡风文明建设，他倡议通过开展"卫生户""敬老户""成才户""爱心户"等文明评比活动，提高广大村民的文明素质，通过制定和完善村规民约，培养和树立文明乡风、良好家风、淳朴民风，使良好的村风、民风与强村、富民相得益彰、交相辉映。乡风文明，是美丽乡村建设和乡村振兴的灵魂。

二、实施成效与影响

（一）完成创建任务

坑源村，建设旧村主干道、新村至部队的柏油路和罗家坪自然村的专用公路；建设100幢新村的公共配套设施；建设了坑源村和罗家坪自然村的污水处理管网系统；建设了村级亮化和绿化美化工程；建设老人幸福院和文明实践所；建设了坑源村双拥公园；发展了乡村旅游产业；完成自来水改造和"厕所革命"工程等。

上甲村，完成了"四个一、两园、两改、两节点"工程建设。四个一，即一条环村路，完成村口至上增田及环村路高等级沥青道路及安全防护设施建设；一个休闲垂钓中心，完成中心鱼塘防护栏、休闲步道、凉亭、景观风车、小木屋建设；一个农家乐休闲区；一个滨河景观带。两园，即120亩的大棚蔬菜园、100亩的大棚水果采摘园。两改，即立面改造，完成房屋立面改造52户，斜屋面改造35户，拆除老旧建筑10处；污水处理，完成污水集中处理池建设及污水处理管网铺设。两个节点，即上甲村主入口、上甲中心广场2个景观节点建设。

（二）促进强村富民

在坑源村，成立洪云山农民专业合作社，大力发展了休闲农业和乡村旅游项目，不仅促进了强村富民，而且还帮扶了9个村28贫困户53名贫困人口实现了脱贫致富。在上甲村，大力推广设施农业和优良蔬菜品种"福甘薯18号"（帝王菜），积极帮助拓展外地市场，现在，全村88户农户有81户种帝王菜，大棚规模由原来的5亩发展到100多亩。每亩产值由原来的几千元提高到几万元，农户收入大幅提高。

（三）带动乡村旅游

上甲村、坑源村的乡村旅游人次，由过去的每年几百人次增长到了现在的几千、几万人次，仅2020年国庆期间到洪云山庄农民专业合作社休闲观光娱乐的就达3万人次，大湖餐饮店天天爆满，沿街的一些农产品也被销售一空。

（四）提高文明素质

随着美丽乡村建设和乡村振兴战略实施工作的深入推进，村民们通过参观典型、学习培训、比学赶超等文明活动，文明素质逐步提升，表现为"三少三多"：邻里之间吵吵闹闹的少了，帮来帮去的多了；婆媳之间恶语相向的少了，互敬互爱的多了；村民游手好闲的少了，到中心广场健身的多了，到党员中心户、村阅览室学习教育的也多了。

（五）改善生态环境

随着基础设施的建设和完善、立面改造、环境整治、绿化美化和卫生保洁制度的建立、文明习惯的养成，村容村貌整洁了，生态环境优美了。

（六）增强堡垒作用

在美丽乡村建设和实施乡村振兴战略过程中，党员干部时时处处作表率，干给群众看，带着群众干，党支部的龙头作用发挥了，党组织的公信力提升了，号召力提高了，吸引力增强了，渴望进步的青年纷纷向党组织靠拢，积极向党递交了入党申请书。

（七）提升村级档次

通过美丽乡村的建设和乡村振兴战略实施，上甲村由贫困的村变成了富裕的村、破旧的村变成了漂亮的村、无名的村变成了明星村、落后的村变成了福建省文明村、美丽乡村建设示范村、乡村旅游特色村、乡村治理示范村。坑源村由过去的复杂村、难点村、落后村，变成了现在的福建省乡村振兴试点示范村、美丽休闲乡村、卫生村、传统村落、巾帼创业示范基地。

三、经验与启示

（一）争取政策支持大有可为

特别是在乡村振兴的起步阶段，村财薄弱的情况下，作为科技特派员，积极学习宣传"三农"政策，争取国家政策资金支持，也是助力乡村的重要举措。正如习近平总书记指示"科技特派员队伍不断壮大，成为党的'三农'

政策的宣传队、农业科技的传播者、科技创新创业的领头羊、乡村脱贫致富领头人"。

（二）发展是科技助农的关键

产业兴旺，是乡村振兴的关键。产业发展了，才能有造血功能，才能强村富民，才能带动乡村全面振兴，这也是农村、农民最重要的需求。衣食足而知荣辱，农民口袋鼓了才会维护美、发展美、创造美。作为科技特派员应努力助推产业发展。

（三）科技兴农需要各类人才

荚友根虽然是普通中学教师，没有专业精高技术，但是他的实践证明，只要重科技、沉下心、找抓手、强举措，就能在助力乡村振兴中有所作为。

后 记

科技特派员制度推行20多年来，科技特派员成为党的"三农"政策的宣传队、农业科技的传播者、科技创新创业的领头羊。科技特派员制度就本质来说，核心是"科"，前提是"特"，关键是"派"。正是"派"出的广大科技特派员秉持着初心和使命深深扎根农村，才能在科技助力脱贫攻坚和乡村振兴中不断作出更新更大的贡献。

感谢个人科技特派员、团队（法人）科技特派员为本书提供了翔实而具体的素材。虽然本书收录了多个优秀案例，但是仍有无数的科技特派员为乡村振兴付出了他们的努力和心血，囿于篇幅所限无法更多地收录。感谢省直有关单位和各地科技管理部门对本书编著工作的大力支持。特别感谢李川先生能够接受专题采访，为本书烙下了鲜明的时代印记，也让大家对科技特派员历史有了更深入的了解和认识。

"制度贵在实用，创新永无止境。"期待科技特派员制度在新时代、新征程上不断完善、不断创新、不断发展，源源不断地激发全社会的创新、创业、创造活力。